Bayerische Akademie der Wissenschaften

Sitzungsberichte der philosophisch-philologischen und historischen Classe

Der k. b. Akademie der Wissenschaften zu München

Bayerische Akademie der Wissenschaften

Sitzungsberichte der philosophisch-philologischen und historischen Classe
Der k. b. Akademie der Wissenschaften zu München

ISBN/EAN: 9783337176167

Hergestellt in Europa, USA, Kanada, Australien, Japan

Cover: Foto ©ninafisch / pixelio.de

Sitzungsberichte

der

philosophisch-philologischen und historischen Classe

der

k. b. Akademie der Wissenschaften

zu München.

Jahrgang 1877.

München.
Akademische Buchdruckerei von F. Straub.
1877.

In Commission bei G. Franz.

Uebersicht des Inhalts.

Die mit * bezeichneten Vorträge sind ohne Auszug.

Oeffentliche Sitzung zur Feier des 118. Stiftungstages der Akademie am 28. März 1877.

Oeffentliche Sitzung zur Vorfeier des Geburts- und Namensfestes Seiner Majestät des Königs Ludwig II. am 25. Juli 1877.

Philosophisch-philologische Classe.

Sitzung vom 13. Januar.

Sitzung vom 3. März.

Sitzung vom 5. Mai.

Sitzung vom 2. Juni.

Sitzung vom 7. Juli.

Sitzung vom 3. November.

Sitzung vom 1. Dezember.

Historische Classe.

Sitzung vom 13. Januar.

Sitzung vom 3. Februar.

Sitzung vom 3. März.

Sitzung vom 5. Mai.

Sitzung vom 2. Juni.

Sitzungsberichte

der

königl. bayer. Akademie der Wissenschaften.

Philosophisch-philologische Classe.

Sitzung vom 13. Januar 1877.

Herr Brunn hält einen Vortrag.

„Die Sculpturen von Olympia."

In meinem vorjährigen Vortrage über Paeonios und die nordgriechische Kunst theilte ich aus dem weiteren Umfange meiner kunstgeschichtlichen Studien einige Abschnitte mit, von denen ich glaubte hoffen zu dürfen, dass sie für die Beurtheilung der neuentdeckten Sculpturen von Olympia nicht ohne Nutzen bleiben würden. Diese Erwartung ist insofern getäuscht worden, als man sich bis jetzt wenig Mühe gegeben hat, die von mir aufgestellten Gesichtspunkte ernsthaft in Betracht zu ziehen. Unterdessen sind Photographien und Gypsabgüsse zugänglich geworden, und so ist auch mir die Möglichkeit gegeben, mit eigenen Augen zu sehen und zu prüfen, wie sich meine auf das früher zugängliche Material begründeten Ansichten zu den Resultaten der neueren Funde verhalten.

Es bieten sich diesmal der Forschung Aufgaben dar, wie sie der neueren Kunstgeschichte häufig, der alten bisher fast noch nie gestellt worden sind. Wir haben es hier nicht mit einem, sondern mit mehreren Originalwerken eines und desselben Künstlers, aber offenbar nicht aus einer und derselben Zeit zu thun, so dass uns zum ersten Male die

Möglichkeit gegeben ist, aus den originalen Werken auf die individuelle Entwickelung des Künstlers zurückzuschliessen. Dieser Künstler aber arbeitet nicht in seiner Heimath, unbeirrt von jedem fremden Einflusse, sondern in der Fremde an einem Orte, der zwar selbst nicht Sitz einer eigenthümlichen Kunstübung ist, wohl aber einen Mittelpunkt bildet, in dem sich die Arbeiten verschiedener Kunstschulen in grosser Anzahl sammeln. Er steht ausserdem an einem der Wendepunkte der Kunstgeschichte, an dem sich der Fortschritt zu höchster Vollkommenheit mit fast nie gesehener Schnelligkeit vollzieht. Ausser den Werken stehen uns dabei wohl einige sicher überlieferte historische Thatsachen zu Gebote; andere dagegen sind so schwankender Art, dass sie, statt Licht zu verbreiten, erst des Lichtes bedürfen. Es kann daher nicht überraschen, wenn manche Erscheinungen uns zunächst fremdartig oder widerspruchsvoll entgegentreten; und es erklärt sich aus der Lückenhaftigkeit des historischen Materials, dass manche Nachricht mit gleicher Wahrscheinlichkeit nach verschiedenen Seiten gedeutet werden kann. Giebt es nun keinen Maassstab, an welchem der Werth dieser schwankenden oder sich widersprechenden Nachrichten gemessen werden kann? Die Antwort ist eigentlich selbstverständlich, und doch wird so selten ihr entsprechend gehandelt! Man beeifert sich besonders in den Kreisen der deutschen Gelehrten, alle möglichen historischen Hypothesen aufzustellen und vernachlässigt dabei über Gebühr das, was doch die Hauptsache sein sollte: die Monumente selbst. Ich spreche es nicht ohne Beschämung aus, dass der künstlerische Charakter der aus deutschen Ausgrabungen hervorgegangenen Sculpturen von Olympia bisher nur von Seiten zweier englischer Gelehrten, C. T. Newton und Sidney Colvin, eine eingehendere Würdigung erfahren hat, die freilich in bescheidener Zurückhaltung noch Anstand nimmt, die weiteren historischen Consequenzen zu ziehen. Der Weg jedoch, den sie eingeschlagen, ist der einzige, der schliesslich zum Ziele zu führen vermag, nämlich der einer analytischen Betrachtung der Werke selbst. Wir müssen zuerst erforschen, was die untrüglichsten Zeugen, eben diese Werke, in ihrer eigenen künstlerischen Sprache aussagen, ehe wir an die Beantwortung der weiteren Frage gehen dürfen, wie sich diese Aussagen zu unsern sonstigen Ueberlieferungen verhalten. Es ist aber hierbei nicht gleichgültig, von welchem Punkte wir ausgehen. Zuerst war die Nike gefunden worden, und als ein für sich allein selbständiges und wenigstens in seinem Hauptmotiv verständliches Werk zog sie die Aufmerksamkeit hauptsächlich und weit mehr auf sich, als die in einzelnen Statuenfragmenten gefundene, im Ganzen lückenhafte Giebelgruppe. Ausserdem erschien die Arbeit an der letzteren flüchtig und vernachlässigt; man meinte, dass mindestens die Ausführung untergeordneten Händen anvertraut gewesen sei, und erachtete sich dadurch wohl auch berechtigt, ihr genaueres Studium ebenso nachlässig betreiben zu dürfen. Und doch sind gerade diese Sculpturen von einer so bestimmt hervortretenden Eigenthümlichkeit, dass sie vor allen uns zu einer besonderen Prüfung auffordern müssen.

Wir beginnen dieselbe nicht an den organischen Formen der Körper, sondern an dem todten Stoffe der Gewänder. In der archaischen Kunst sind wir gewohnt zu sehen, dass dieser Stoff entweder eng am Körper anliegt, oder dass er ohne Rücksicht auf die Formen desselben in künstliche Falten gelegt ist. Beides ist gewissermassen unabhängig von einander. Das Gewand soll den Körper, wo dieser hervortritt, nicht beeinträchtigen; das Gewand soll wieder, wo es nicht anliegt, den eigenen Gesetzen folgen. Eine Vermittelung ergiebt sich erst allmählich. Auf der Höhe aber, in der freien Kunst des Phidias, ist jede Falte bedingt durch die besondere Natur des Stoffes, durch seine Schwere, die

Art, wie er bricht, durch die Form des Körpers, von welcher sie sich ablöst, und durch die mehr oder minder heftige Bewegung, welche den Stoff anspannt, fliegen, flattern lässt. Alles steht hier in der lebendigsten, aber nicht minder in der streng gesetzmässigsten Wechselwirkung, die für andere Zufälligkeiten keinen Raum lässt. Es herrscht durchaus das, was wir eine strenge Stylisirung nennen, ein Abstrahiren von der Einzelnerscheinung, ein Eingehen auf die Gesetze des Stoffes, der Bewegung. Betrachten wir die Gewandung der Giebelstatuen von Olympia, die des Alpheios, des Knieenden, des sitzenden Jünglings und des Alten: sie bildet nach der Seite der archaischen Kunst, die das Gesetz sucht, wie der freien, die es erfüllt, den vollkommensten Gegensatz. Nicht wie sie fallen sollte, sondern wie der Zufall sie geworfen hat, so liegt sie regellos da: keineswegs unnatürlich, kein einziges Stück, keine Falte ist so gebildet, dass sie sich nicht gerade so in Wirklichkeit finden könnte: im Gegentheil, es würde nicht schwer sein, jedes Detail gerade so an einem Modell zurechtzulegen. Nur empfinden wir, an die im engeren Sinne „hellenische" Kunst gewöhnt, den Mangel des Gesetzes im Ganzen, d. h. in der Verbindung des Einzelnen zum Ganzen. Wir empfinden vor allem den Mangel specifisch plastischer Gesetzmässigkeit, die von innen heraus gestaltet, während uns hier der äussere, zufällige Schein entgegentritt. Die Grundanschauung, von welcher der Künstler ausgeht, ist eine nicht in den Modalitäten der Anwendung, sondern im Princip durchaus verschiedene.

Analoge Erscheinungen zeigen sich auch an den Formen der Körper. Am Torso des Alpheios z. B. finden wir grosse, breite, weiche Flächen; aber ist dies der weiche fliessende Charakter, den wir am Flussgotte des Parthenon bewundern? Die Hauptmassen sind zwar gegliedert und von einander geschieden, aber in flacher, richtiger in oberflächlicher Weise; dem Fleisch, den Muskeln fehlt die Schwellung: was Weichheit scheint, ist matte Weichlichkeit. Am Kladeos tritt allerdings eine grössere Zahl von Formen an die Oberfläche und man glaubt zuerst, hier einen sehr durchgebildeten Körper vor Augen zu haben. Aber es ist eben nur die besondere Lage, nicht eine besondere Thätigkeit, welche hier die Formen zahlreicher auseinandertreten lässt. Die Muskeln erscheinen wohl gedehnt, aber ohne energische Elasticität; und auch in der Bezeichnung des Knochengerüstes fehlt jegliche Bestimmtheit. Die Formenbehandlung des am Boden sitzenden Jünglings kann nicht anders, denn als lax und flau bezeichnet werden, und an der Gestalt des sitzenden Alten steigert sie sich fast zu derber Plumpheit. Was ist es nun, was wir überall hier vermissen? Schon an den Aegineten haben wir uns gewöhnt, den menschlichen Körper als einen festgegliederten Bau zu betrachten. Seine Grundformen sind bedingt durch das Knochengerüst, das durch die Bänder innerhalb bestimmter Grenzen der Bewegungsfähigkeit fest zusammengehalten wird. Die Bewegung selbst vermitteln die Muskeln mit ihrer Fähigkeit des sich Zusammenziehens und Wiederausdehnens. Dieses noch mechanische Princip der Auffassung wird auf der höheren Stufe, wie sie uns in den Sculpturen des Parthenon entgegentritt, zu einem organisch-rhythmischen gesteigert: alle Formen durchdringen sich von innen heraus mit organischem Leben und die formale Behandlung erhält ihren Abschluss durch eine eingehende Berücksichtigung der Haut und der unter ihr liegenden Fetttheile, welche regelnd und mässigend auf die Bewegung der Muskeln einwirken und doch ihr ineinander greifendes Wirken wie durch einen halb durchsichtigen Schleier erkennen lassen. Was hier in so hoher Vollendung geboten wird, gerade das fehlt den Giebelsculpturen von Olympia. Wo tritt hier die Bedeutung des Knochengerüstes so bestimmend hervor, wie selbst an der weichsten der männlichen Figuren des Parthenon, dem Flussgotte? Ueberall ist die Fügung lax und schlaff. Die Muskeln entbehren der elastischen energischen Spannung: der Unterschied von Muskelansätzen (Sehnen) und Muskelkörper ist nicht betont; selbst an so markirten Stellen, wie der Handwurzel, dem Knie, erscheinen die Formen rundlich und unklar. Die Bedeutung der Fetttheile, die Besonderheiten der Textur der Haut an den verschiedenen Theilen des Körpers ist nicht erkannt. Letztere bildet einen gleichmässigen Ueberzug, der sich nur bei stärkerer Biegung des Körpers ganz mechanisch zu Falten zusammenschiebt. Es soll nun durchaus nicht behauptet werden, dass Paeonios seine Figuren nach der Natur unter Benutzung des lebenden Modells ausgeführt habe. Aber in der besondern Art ihrer von verschiedenen Seiten betonten „Natürlichkeit" machen sie einen Eindruck wie Arbeiten eines Künstlers, der ohne viele Wahl aus der Menge ein Modell herausgreift, dieses auch in seiner allgemeinen Erscheinung äusserlich nachbildet, nicht aber es plastisch zu stylisiren d. h. die materiellen Formen nicht in die dem künstlerischen Stoffe adäquaten Kunstformen zu übersetzen versteht, weil ihm dazu das innere, tiefere Verständniss fehlt. Euphranor nannte seinen Theseus mit Rindfleisch, den des Parrhasios mit Rosen genährt: etwas trivialer, aber vielleicht nicht minder bezeichnend würde der Vergleich lauten, wenn wir sagen, auch die Parthenonfiguren seien mit kräftigem Rindfleisch genährt, die Figuren des Paeonios dagegen mit Kalbfleisch: daher der Charakter des Unentwickelten, Unreifen, der Mangel an energischer, kräftiger Durchbildung.

Richten wir jetzt den Blick von den einzelnen Formen auf die Erfindung der ganzen Gestalten, so überrascht uns die „Natürlichkeit" der Stellungen und Motive, eine Natürlichkeit, für die es schwer ist, unter der Masse der uns geläufigen Monumente Analogien zu finden. Die Aegineten sind allerdings gebundener; aber wir empfinden, dass hier auch bei einem Fortschritt zur höchsten Freiheit die Spuren strenger Zucht sich nicht würden verwischen lassen, in der dieses Geschlecht menschlich wie künstlerisch erwachsen ist. Was kann es aus der Blüthezeit Vollendeteres von natürlicher Anmuth geben, als die im Schoosse der Schwester ruhende weibliche Gestalt aus dem Giebel des Parthenon? Und doch: die Eleganz dieser Natürlichkeit, wäre sie möglich ohne vorhergegangene Zucht oder, sagen wir, ohne eine Erziehung, die jeden Einfluss des Gemeinen fern gehalten, immer das Edelste als Vorbild geboten hat? Selbst in dem scheinbar so nachlässig daliegenden Flussgotte des Parthenon verleugnet sich nicht eine gewisse Würde der Haltung. Ganz anders z. B. bei dem Kladeos aus dem Giebel von Olympia! Der Gott scheint fast platt auf dem Bauche gelegen zu haben und erhebt nun den Oberkörper auf den vorgestreckten Armen, etwa wie ein ruhender Hirtenbursche, dessen Aufmerksamkeit durch irgend welchen Umstand erregt wird und der nun, ohne sich gerade mehr als nöthig zu rühren, den Grund der Störung seiner Ruhe zu erkennen sucht. Aehnlich der am Boden sitzende Jüngling: auch er scheint sich möglichst wenig aus seiner Ruhe bringen lassen zu wollen und fragt daher wenig danach, wie sich die einzelnen Gliedmassen zu einander stellen. Selbst ein so zufälliges Motiv, wie dasjenige, dass die linke Hand die Zehen des Fusses berührt, wie um an ihnen bei etwaigem Schwanken des Körpers noch einen leichten Halt zu gewinnen, wird nicht verschmäht. Der Stallknecht kauert eben, wie es ihm gerade bei seiner Arbeit am besten passt. Nur der Torso des Pelops zeigt eine etwas strengere Haltung, die aber zunächst dadurch bedingt ist, dass er ruhig s t e h t. Selbst hier aber deutet die auf die Hüfte gelegte Hand darauf hin, dass er nicht wie ein Soldat unter Commando eine feste geschlossene Haltung bewahrt, sondern dass er im Stehen halb ausruht. Alles athmet also eine grosse Unbefangenheit der Auffassung, aber eben so auch — eine grosse Nonchalance. Die Motive sind aus der Natur herübergenommen, wie sie der Zufall bot, ohne dass viel gefragt würde, ob sie gewöhnlich, gemein oder edel. Weder von jener Zucht der Aegineten, welche den Körper zum wahrhaft freien und richtigen Gebrauch seiner Glieder erst befähigen soll, noch von jener Freiheit der Parthenonstatuen, welche durch die Erfüllung des Gesetzes geadelt ist, findet sich hier eine Spur. Die Natürlichkeit, die uns hier entgegentritt, ist also nicht eine künstlerisch geläuterte, ideale, sonder ein Abbild der ungeschminkten Wirklichkeit.

Bei der Beurtheilung des geistigen Ausdrucks, wie er sich in den Köpfen ausspricht, sind wir, solange die diesjährigen Entdeckungen in Deutschland noch nicht näher bekannt sind, einzig auf den sitzenden Alten angewiesen. Zwar hat man sogar bezweifeln wollen, ob derselbe überhaupt zu den Giebelstatuen, ja ob er auch nur der Zeit derselben angehöre. Allein die Behandlung der Gewandung, wie die ganze Auffassung des feisten Körpers sprechen nur zu deutlich für den engsten Zusammenhang, und der dem ersten Eindrucke nach anscheinend so fremdartige Kopf liefert die weitere Bestätigung. Worauf beruht dieser Eindruck? Es ist wieder die „Natürlichkeit" in dem ganzen Habitus, in der Gesammterscheinung dieses durch die Jahre und die Last seines Körpers etwas nachdenklich gewordenen ältlichen Mannes, die uns überraschen muss. Suchen wir aber weiter zu lesen in seinen Zügen, so gelangen wir zu den gleichen Beobachtungen, die sich uns bei der formalen Betrachtung der Körper aufdrängen mussten. Das Gesammtbild ist gegeben, aber nur in seiner äusserlichen, oberflächlichen Charakteristik. Die Formen sind breit, derb und leer: es fehlt der Person die geistige Vertiefung, dem Marmor die feinere künstlerische Durchbildung.

Nach diesen Bemerkungen wird sich leicht ergeben, was von der Ansicht zu halten, dass die Giebelstatuen des Paeonios roh und nachlässig, eines Künstlers wie Paeonios kaum würdig und daher etwa nach flüchtigen Skizzen des Meisters von untergeordneten Arbeitern ohne Verständniss ausgeführt seien. Betrachten wir sie an und für sich allein, so müssen wir gestehen, dass kein Theil mit dem andern, keine Figur mit der andern, in Widerspruch steht, sondern dass uns in ihnen eine besondere, ganz eigenartige Kunstübung entgegentritt, mit welcher unser Auge bisher kaum vertraut war. Ich vermeide vorläufig mit Absicht den Ausdruck „Kunststyl", indem die Eigenthümlichkeit dieser Kunstübung eben darauf beruht, dass ihr eine klar bewusste, eigentlich plastische Stylisirung gerade abgeht, ja von ihr fast absichtlich gemieden erscheint. Selbst wenn in der späteren Zeit die griechische Plastik naturalistisch wird, bleibt sie doch immer in erster Linie Plastik. Hier dagegen ist die Grundanschauung, von der der Künstler ausgeht, eine durchaus malerische: sie ist auf den Schein, die äussere Erscheinung der Dinge, nicht auf den Kern, das Wesen gerichtet. Wir dürfen diese Sculpturen kaum als selbständige statuarische Werke betrachten, sondern als in den Rahmen des Giebels gefasste, zwar rund ausgearbeitete, aber auf einheitlichem Hintergrunde erscheinende Hochreliefgestalten, und selbst das kaum im abstract plastischen Sinne. Denn weit mehr als sonst ist hier die Wirkung der Bemalung in Betracht gezogen worden; ja wir sagen vielleicht richtiger, dass die Behandlung dieser Sculpturen geradezu unter dem Einflusse der Malerei auf der damaligen Stufe ihrer Entwickelung stehe. Ist es auch schwerlich richtig, dass die Malerei des Polygnot nur colorirte Zeichnung war, so ist es doch sicher, dass ihr die volle Wirkung von Licht und

Schatten abging. Sie wird nicht Licht-, Schatten- und Reflextöne neben einander gesetzt und in einander verarbeitet, sondern sich begnügt haben, auf den Localton Licht und Schatten mehr durch Schraffirung als durch eigentliche Malerei aufzusetzen, so dass das Ganze mehr den Charakter eines mässig ausgeführten Aquarells als einer vollständigen Malerei trug. Nur wenn eine ähnliche Wirkung auch bei den Giebelsculpturen beabsichtigt war, erklärt es sich, dass z. B. an dem sitzenden Jüngling und ähnlich an dem Alpheios der Gewandsaum ganz flach aufliegt und der Länge nach in einer Weise über den Schenkel geführt ist, dass er bei der Entfernung des Beschauers sich nicht durch die plastische Modellirung, sondern nur durch die Farbe vom Körper loslöste. Ebenso ist gewiss die ganze wellige Gewandbehandlung darauf berechnet, breite, farbige, nicht durch starke Schatten unterbrochene malerische Flächen zu gewinnen. Aber auch die Behandlung der Körperformen wird uns jetzt in einem andern Licht erscheinen. Wir müssen die specifisch plastischen Anforderungen vergessen, die der Künster nicht erfüllen w o l l t e, um dann zuzugestehen, dass er seinen malerischen Gesichtspunkten vollkommen gerecht geworden ist.

Erst jetzt dürfen wir uns die Frage stellen, wohin der Künstler im Zusammenhange der Kunstgeschichte zu setzen sei. Man hat ihn in Verbindung mit der Schule des Phidias bringen wollen. Allein es muss hier nochmals auf das Nachdrücklichste betont werden, dass unsere literarischen Quellen davon absolut n i c h t s sagen. In der betreffenden Stelle des Pausanias (V, 10, 8) wird Alkamenes, der Künstler der hinteren Giebelgruppe, allerdings direct mit Phidias zusammengestellt, Paeonios dagegen nur als aus Mende gebürtig bezeichnet. Die Behauptung eines Zusammenhanges mit Phidias ist also eine reine Hypothese, der wir nach der Entdeckung seiner Werke keinerlei Einfluss auf deren Beurtheilung einzuräumen berechtigt sind, die vielmehr nur dann erst wieder ausgesprochen werden dürfte, wenn sich aus der Betrachtung eben dieser Werke eine nähere Verwandtschaft ergäbe. Sprechen diese aber etwa dafür? Ich denke, dass die vorhergehenden Erörterungen über die fundamentale Verschiedenheit ihres Charakters keinen Zweifel mehr lassen werden. Die Frage, wohin Paeonios gehört, ist also von Neuem zu stellen, und ehe wir uns mit neuen Hypothesen in unbestimmte Fernen begeben, ist doch wahrlich das Nächstliegende, dass wir uns fragen, ob er denn überhaupt von dem Boden loszulösen ist, auf dem er erwachsen. Noch vor wenigen Jahren würde es allerdings kaum möglich gewesen sein, die richtige Antwort zu geben. Jetzt aber besitzen wir (von zahlreichen Münzen abgesehen) einige Sculpturen, wenn auch nicht aus Mende selbst, doch aus den benachbarten nordgriechischen Provinzen. Aber, sagt man, es sind deren noch zu wenige, als dass sich auf sie ein Urtheil begründen liesse. Zu wenige allerdings für denjenigen, welcher nicht in den Monumenten zu lesen versteht oder etwa auch nicht lesen will. Würde in ähnlichem Falle die Philologie, nachdem in Olympia das Ehrendecret des Damokrates gefunden ist, sich das Armuthszeugniss ausstellen, zu erklären, dass sie noch nicht im Stande sei, über den allgemeinen Charakter der elischen Mundart zu urtheilen? Jene Monumente sprechen aber eine nicht minder deutliche Sprache als dieses Decret. Was nun die analytische Betrachtung ihrer Formen anlangt, die ich in meinem Aufsatze über Paeonios gegeben, so wird wahrlich niemand behaupten können, dass sie tendenziös abgefasst sei, um eine Uebereinstimmung mit den Giebelstatuen des Paeonios zu erzielen, die damals noch gar nicht entdeckt waren. Wohl aber können jetzt diese letzteren dazu dienen, manche Eigenthümlichkeiten der andern nordgriechischen Sculpturen in ein noch schärferes Licht zu setzen. Es konnte z. B. wie zufällig, wie eine Nachlässigkeit erscheinen, dass das Relief der Philis aus Thasos, die Kriegerstele aus Thessalonike eine schiefe, unregelmässige Umrahmung haben. Jetzt, nachdem wir erkannt, dass Paeonias in den Giebelstatuen nichts so sehr meidet, als Strenge und Herbigkeit der Linien, werden wir auch in dieser Unregelmässigkeit eine gewisse Absicht erkennen, umgekehrt aber auch wieder auf eine Eigenthümlichkeit der Giebelstatuen aufmerksam werden, nämlich die Vernachlässigung der Basen, die nur den ganz materiellen Zweck zu haben scheinen, die Aufstellung der Figuren zu ermöglichen, ohne irgendwie näher charakterisirt zu sein. Gehen wir weiter, so werden wir für die flau welligen Gewänder der Statuen keine bessere Parallele finden, als die „stylistisch unentwickelten" der Philis, besonders in den Partieen am Schenkel, für den leichten Mantel des Pelops keine bessere, als die Chlamys des Kriegers von Thessalonike. Der Charakter der Körperformen dieses letzteren musste aber früher fast mit denselben Worten beschrieben werden, wie der der Giebelstatuen: hier wie dort eine gewisse malerische Weichlichkeit, ein Mangel an plastischer Durchbildung, an einem tieferen innerlichen Verständniss. Genug, wer die Augen nicht absichtlich verschliessen will, um sich alte Vorurtheile zu wahren, wird die Uebereinstimmung gerade in der innersten künstlerischen Eigenthümlichkeit der Auffassung wie der formalen Behandlung nicht läugnen können; und diese Uebereinstimmung erklärt sich auf die einfachste und natürlichste Weise durch die Nachbarschaft der Heimath der Künstler. Nichts also liegt vor, soweit die Giebelstatuen in Betracht kommen, was uns nöthigte, zur Erklärung ihres Kunstcharakters über die Heimath des Paeonios hinauszugehen und fremden Einflüssen nachzuspüren, von denen in den Werken selbst sich auch keine Spur findet. Alles hat hier einen einheitlichen

Charakter: Tugenden und Fehler entstammen einer und derselben Quelle.

Ich sagte: soweit die Giebelstatuen in Betracht kommen. Soll damit etwa angedeutet werden, dass ich die von mir behauptete Beziehung der Metopen zu Paeonios jetzt aufgebe? Ich halte fest an dem, was ich über Herakles mit dem Stier, über die „Nymphe“ und mehr beiläufig über den Löwen gesagt habe. Aber die durch die Ausgrabungen erweiterte Anschauung verlangt auch hier manche genauere Feststellungen. Vor allem die Frage: wie verhält sich zu den früheren Funden die neuentdeckte Atlasmetope? Prüfen wir auch hier zuerst die Formen! Die Figuren des Herakles und Atlas sind in der strengsten Weise in das Relief hineincomponirt, streng zwischen die (ideelle) obere Fläche und den Grund eingeschoben, nicht etwa äusserlich accommodirt, sondern so, dass die nach aussen gerundet hervortretenden Theile der oberen Fläche stylistisch untergeordnet sind. Der Aufbau der Körper beruht ganz auf der unveränderlichen Grundlage des Knochengerüstes nach seinen Formen und seiner durch feste Bänder geschlossenen Zusammenfügung. Dieser architektonische Grundton aber durchdringt auch die ganze Behandlung des Fleisches, der Muskeln. Alles ist hier von bestimmten Flächen umschrieben, die nirgends leer oder flau erscheinen. Sie sind im Gegentheil belebt durch eine Fülle von fein und scharf nüancirtem Detail, das nicht etwa naturalistisch und in äusserlicher Beobachtung nach der Wirklichkeit copirt ist, sondern überall aus dem inneren Verständniss herauswächst Nirgends Laxheit, Unbestimmtheit, sondern überall Klarheit, Sicherheit, Festigkeit im knappsten, strengsten Vortrag echtester Plastik. Nur der kleinste Theil dieser Strenge ist auf Rechnung der letzten Reste archaischen Styls zu setzen; sie liegt vielmehr in der Schule, in der bestimmt s c h u l m ä s s i g e n Durchbildung, welche sich den Körper

in allen seinen Formen unterworfen hat. Die weibliche Gestalt der Hesperide weicht hiervon nur scheinbar und eigentlich nur dadurch ab, dass ihr Körper in Vorderansicht gestellt und also nicht so streng dem abstracten Gesetz des Reliefs untergeordnet ist. In anderer Beziehung tritt sogar an ihr das mathematische, lineare Princip fast noch stärker hervor, als an den männlichen Figuren, nämlich in den Linien und Flächen des nicht organischen, sondern leblosen Stoffes der Gewandung. Es liegt in den senkrechten Linien der gerade über den Schenkel herabfallenden Falten, in der horizontalen des quer über den Körper laufenden Randes, in den Schlangenlinien der nach den Hüften herabsteigenden Säume ein ganz eigenthümlicher Zauber, der weit entfernt ist von dem Reiz gewöhnlicher Natürlichkeit und vielmehr auf der strengen Gesetzmässigkeit, dem Walten des mathematischen Princips beruht, fast möchte man sagen, auf dem theoretischen Reiz gewisser linearer Combinationen.

Kein Zweifel also, dass der Styl dieser Metope mit dem der Giebelstatuen in einem geradezu diametralen Gegensatze steht. Sie ist ein Meisterstück peloponnesischer Sculptur, das schönste, welches wir bis jetzt aus der Zeit vor Polyklet besitzen. Im Kopf des Atlas steckt bereits der ganze Kopf des polykletischen Diadumenos, und wir lernen den Polyklet erst recht verstehen, wenn uns hier die Vorstufen vor die Augen treten, auf denen er beruht, aus denen er, wir dürfen sagen, mit Nothwendigkeit hervorgewachsen ist.

Trotz dieses scharf ausgeprägten Charakters hat man behaupten wollen, dass der Styl der neuen Metope sich von dem der früher gefundenen nicht entferne und es daher nicht statthaft sei, die letzteren dem Paeonios zuzuschreiben. Man behauptet, sie zeigten in der Ausführung einen härteren Meissel als die Giebelstatuen und die andern nordgriechischen Sculpturen, an denen gerade eine gewisse Weichlichkeit sich fühlbar mache. Namentlich am Gewande der Nymphe trete diese Härte ähnlich hervor wie an der Hesperide. Man weist sodann hin auf den kräftigen Körper des Herakles in der Stiermetope und endlich auch auf die Verwandtschaft im Typus der Heraklesköpfe. Es handelt sich hier um allerlei feinere Unterscheidungen, für die wir vielleicht unsern Blick schärfen, wenn wir von einer ganz äusserlichen Thatsache ausgehen: die Atlasmetope stammt von der Vorderseite des Tempels, die pariser Hauptstücke von der Rückseite. Es wird also die Möglichkeit ins Auge zu fassen sein, dass die beiden Seiten nicht nur, wie die Gruppen von Aegina, von verschiedenen Händen, sondern sogar von verschiedenen Schulen ausgeführt waren, dass also die Arbeit an der Rückseite vielleicht erst begann, als die Vorderseite bereits vollendet war. Prüfen wir nun diese vorläufig blos als eine Möglichkeit hingestellte Annahme an den Thatsachen.

Kann das Gewand der Hesperide und das der Nymphe das Werk derselben Hand, ja nur einer und derselben Kunstschule sein? Selten ist ein bestimmtes System der Faltenbehandlung so scharf und präcis ausgesprochen, wie im Gewand der Hesperide. Es dominiren hier durchaus zwei Flächen, eine untere und eine obere, die obere der Falten, welche sich von der unteren parallel abheben. Am deutlichsten tritt dieses System uns entgegen an der langen Falte, die über den ganzen linken Schenkel gerade herabfällt, im Gegensatz zu der unbewegten Fläche zwischen den Beinen, oder ähnlich auch an den beiden von den Brüsten herabfallenden zwei Hauptfalten im Verhältniss zu der zwischen ihnen liegenden wenig bewegten Fläche. Die Begrenzungen zwischen ihnen sind fast mehr gezeichnet als modellirt, fast nur bestimmt, zwischen der oberen und unteren Fläche die nothwendige Verbindung herzustellen. Gerade umgekehrt herrschen bei der Nymphe, natürlich abgesehen von dem nur in den allgemeinsten Formen gehaltenen lederartigen Ueberwurfe, die oberen, wenn auch abgerundeten Kanten und die ihnen entsprechenden Tiefen, aus deren Verbindung sich ein durchaus welliger Durchschnitt der Falten ergiebt. Diesen Gegensatz, der sich etwa auf das einfache Schema _‾_‾_ und ⌣⌣⌣ zurückführen lässt, als einen fundamentalen nicht anerkennen zu wollen, wäre etwa dasselbe, wie wenn ein Metriker den Gegensatz zwischen trochäischem und iambischem Metrum, der Dialektiker den Unterschied von πατρὸρ und πατρὸς abläugnen wollte. Wer aber an der Hesperide einen nur individuellen Styl erkennen möchte, dem bieten die Ausgrabungen von Olympia sofort noch weiteres Material zu belehrenden Vergleichungen. Unter ihnen findet sich ein überlebensgrosser, der Hestia Giustiniani künstlerisch verwandter Torso (Taf. XIII und XIV der Photographien), in dem man allgemein ein Werk peloponnesischer Kunst erkannt hat. Wir dürfen nun unbedenklich die Gleichung aufstellen, dass sich die Hesperide zu diesem Torso verhält, wie die Nymphe zu dem knieenden Stallknecht aus dem Giebel. Eine etwas grössere Härte des Meissels an der Hesperide gegenüber dem letzteren darf dabei immerhin zugegeben werden: sie lässt sich auf verschiedene Weise erklären. Ich will nicht betonen, dass auch an dem überlebensgrossen statuarischen Torso die einzelnen Falten meist gerundeter sind, als an dem hohen, aber immerhin auf eine Fläche projicirten Relief der Hesperide. Wohl aber mochte Paeonios für das Halblicht der Metopen eine etwas schärfere Formbezeichnung angezeigt erachten, als für die volle Beleuchtung der Giebelfiguren. Sodann aber dürfen wir nicht voraussetzen, dass die Ausführung in Marmor überall von der Hand eines und desselben Künstlers und am wenigsten von der des Paeonios selbst sei. Er mochte einige Gehülfen aus seiner Heimath mitgebracht haben, konnte aber auch elische Arbeitskräfte besonders für die in zweiter Linie stehenden Metopen verwenden, denen die Weichheit des Meissels, wie wir sie an den Giebelstatuen finden, nicht geläufig sein mochte. Dass aber auch in der nordgriechischen Heimath nicht alle Künstler sich der gleichen Weichheit in der Ausführung befleissigten, zeigt das Relief eines von einem Löwen niedergeworfenen Stiers (Clarac 223, 189; Abguss in Berlin N. 126), dessen Herkunft vom Stadtthor von Akanthos in Makedonien mir durch die freundlichen Nachforschungen der HH. Cl. Tarral und Ravaisson iun. in den Archiven des Louvre jetzt hinlänglich verbürgt ist. Jedenfalls ist die Ausführung mit dem Meissel das Secundäre; weit wichtiger ist die geistige Auffassung, auf der das Ganze beruht. Was diese aber anlangt, kann ich mich begnügen, auf die Darlegungen meiner früheren Arbeit zu verweisen: von jenen mathematischen Flächen und Linien, aus denen sich die Hesperide aufbaut, findet sich an der Nymphe auch keine Spur; sie stimmt in der malerischen Auffassung und in der laxen Durchbildung der Form durchaus mit den Statuen des Giebels überein.

Wir mögen aber auch noch die Stiermetope mit dem Atlasrelief vergleichen. Dabei wird es aber doch wahrlich keines Beweises bedürfen, dass der Stierbändiger mit dem Himmelsträger in Hinsicht auf Reliefstyl in keiner Weise auf gleiche Linie gestellt werden kann. Selbst wenn man einen Zeitunterschied innerhalb einer und derselben Schule statuiren wollte, würde man nicht behaupten können, dass der Reliefstyl des einen aus dem des andern in natürlicher Weise sich habe entwickeln können. Aber auch wenn wir den Stierbändiger nach seinen einzelnen Formen betrachten, werden wir an seinem Körper keine jener grösseren Flächen finden, denen am Himmelsträger alles Detail so klar und bestimmt untergeordnet ist. Die Formen treten, wie an den

Falten der Nymphe, gerundet hervor, jede für sich, aber ohne jene knappe energische Spannung, wie am Himmelsträger. Unser Auge ist für das Sehen plastischer Formen ein weit schwächeres Instrument, als wir in der Regel annehmen. Wir haben uns nur gewöhnt, unbewusst die Erfahrungen auf das Auge zu übertragen, die wir ursprünglich mit dem Tastsinne gemacht haben. Kehren wir also, wo wir etwa Ursache haben, unserem Auge zu misstrauen, zu dem Urquell unserer Erkenntniss zurück, d. h. prüfen wir einmal die Formen mit dem Finger, so werden wir im vorliegenden Falle dadurch vielleicht schneller zur Klarheit gelangen, als durch das Auge. Trotz der höher ausgearbeiteten Muskeln am Stierbändiger werden sich doch die Formen weichlicher, rundlicher anfühlen, als an dem Himmelsträger, wo alles knapp, streng, ja hart, aber eben so scharf, präcis und in den feinsten Modulationen ausgedrückt ist.

Aber die Aehnlichkeit der Köpfe? Wenn ein Künstler den Auftrag erhält, an der Rückseite eines Tempels den Herakles darzustellen und er findet ihn an der Vorderseite vielleicht bereits sechsmal wiederholt, wird er da nicht unwillkürlich bestrebt sein, sich dem einmal gegebenen Typus möglichst anzunähern? Dem Typus, sage ich; denn darauf beschränkt sich die Verwandtschaft. Im Einzelnen wird ein feineres Auge die Verschiedenheiten in der Schärfe der Zeichnung, wie in der Behandlung der Flächen nicht verkennen. Bei unmittelbarer Nebeneinanderstellung der Nymphe und der Hesperide macht uns der Kopf der ersteren den Eindruck eines schlichten unbefangenen Landmädchens, während uns der der Hesperide in ernsteren, strenger stylisirten Formen entgegentritt. Ueberhaupt liegt in der Kunst der Atlasmetope etwas Aristokratisches, vielleicht weniger Frische und Unbefangenheit, aber dafür mehr von der ruhigen, ernsten Gemessenheit, die, eine Folge guter Erziehung, alles Unedle oder Triviale unbewusst von sich fern hält.

Wenn ich daher meine oben ausgesprochene Vermuthung über die Entstehung der Metopen an der Vorder- und der Rückseite des Tempels durch die genauere Prüfung als bestätigt erachte, so lässt sich vielleicht noch eine Art Gegenprobe für meine Auffassung mit Hülfe einiger kleineren Fragmente anstellen. Ich sagte in meiner früheren Abhandlung (S. 322): „Wo sie (Haar und Bart) plastisch mehr ausgeführt sind, wie theilweise an einem fragmentirten weiblichen Kopfe (Clarac 145bis, Fig. *f*), verrathen sie noch deutliche Spuren archaischer Behandlung, die sich an der Mähne eines Pferdes (Fig. *D*) zu hart architektonischer Schematisirung steigert.“ Die Bemerkungen über die beiden Fragmente passen eigentlich nicht in das Bild von der Kunst des Paeonios, widersprechen aber durchaus nicht den Eigenthümlichkeiten der Atlasmetope. Die Erklärung ist jetzt leicht gegeben: die beiden Stücke gehören zu den Metopen der Vorderseite. Wer Gelegenheit hat, die Originale oder nur die Abgüsse zu prüfen, wird aller Wahrscheinlichkeit nach den Gegensatz in der Kunst der Vorder- und Rückseite auch an den Köpfen *i* (Ost) und *k*, *l* (West), ja selbst an den Füssen *m* (Ost) und *n* (West) noch bis in das Einzelnste zu verfolgen im Stande sein.

Mancher wird vielleicht der Ansicht sein, dass die Eleer nicht gerade einen Beweis feinen Kunstgeschmackes ablegten, als sie vor Künstlern der eigenen Heimath oder der benachbarten Schulen, die so Vorzügliches leisteten, wie die Atlasmetope, dem aus weiter Ferne gekommenen Paeonios den Vorzug gaben. Aber um eine früher von mir gezogene Parallele in etwas modificirtem Sinne anzuwenden: wenn etwa Tizian um das Jahr 1510 nach Nürnberg gekommen wäre, würde er nicht vielleicht auch im Urtheil der Menge den Sieg über Dürer davongetragen haben? und in gewissem Sinne mit Recht? Die Verhältnisse der griechischen Kunst zur Zeit des Paeonios bieten manches Analoge. Die Statuen von Aegina, das wichtigste uns erhaltene archaische Werk, haben trotz ihrer relativ hohen formalen Vollendung in ihrer Gesammterscheinung etwas Kahles und Kaltes. Die Behandlung ist zu abstract und einseitig formal-plastisch. Selbst die Vorzüge der Atlasmetope wenden sich mehr an unser künstlerisches Urtheil und Verständniss, als an unser Gefühl und Empfinden. Es galt also nicht nur, die letzten Spuren des Archaismus zu überwinden, sondern in die Plastik ein neues, ihr bisher fehlendes Element einzuführen: das malerische. Wie die Malerei nicht bloss Zusammenstellung von Farben ist, sondern die Wirkung der Farben an bestimmten Formen zeigen muss, so kann die vollendete Plastik, namentlich wo sie ihre Gestalten auf einem gemeinsamen Hintergrund, sei es als Relief, sei es als Giebelgruppe darstellt, auch abgesehen von der eigentlichen Färbung, doch die malerischen Gegensätze von Licht und Schatten, das Abwägen von Licht und Schattenmassen nicht wohl entbehren. Aber non omnia possumus omnes. Die peloponnesischen Schulen, zunächst bestrebt, das innere Wesen der Form zu ergründen, konnten nicht zugleich ihre Aufmerksamkeit auf den Schein, die äussere Erscheinung richten. Indem die nordgriechische Kunst den entgegengesetzten Ausgangspunkt nahm, war sie nicht nur befähigt, die archaische Gebundenheit früher zu überwinden, sondern musste unter relativer Vernachlässigung jener specifisch plastischen Forderungen zu der malerischen Auffassung gelangen, die wir mehrfach hervorzuheben Gelegenheit hatten. Keine der beiden Schulen aber vermochte ihre ursprüngliche Natur zu verleugnen. Erst relativ spät entwickelte sich eine dritte, weniger einseitig, aber gerade dadurch befähigt, die Vorzüge der beiden andern in sich aufzunehmen: die attische. Ihr war es vorbehalten, in dem einen Geiste des Phidias die bisher getrennten Strömungen zu vereinigen, zu läutern und dadurch das Höchste, in allen Zeiten Unerreichte zu leisten. Wie wir aber die umbrische, florentinische, venetianische Schule nicht verachten, weil sie durch Raphael in Schatten gestellt wurden, so werden wir auch das relative Verdienst der nordgriechischen Kunst nicht verkennen, die ein nothwendiges Glied in der Kette der Entwickelung zur Vollkommenheit bildet. Zugleich ergiebt sich aber hieraus die chronologische Stellung der Sculpturen des Paeonios. Sie können nur vor Phidias, oder genauer: vor den Sculpturen des Parthenon entstanden sein. Hätte Paeonios in directen Beziehungen zu Phidias gestanden, so würde er seine immerhin einseitige Eigenthümlichkeit nicht so rein haben bewahren können. Seine Arbeiten müssten in plastischer Durchbildung vollendeter sein, aber in demselben Verhältniss für uns weniger lehrreich. Ihr Hauptwerth für uns beruht gerade darin, dass sie uns eine breite Anschauung von einer Entwicklungsstufe der Kunst gewähren, die bisher kaum bekannt, uns erst das richtige und volle Verständniss der höchsten Blüthe zu erschliessen vermag.

Erst jetzt ist es an der Zeit, dass wir uns der Betrachtung der Nike zuwenden, die in ihrer Eigenart die Aufmerksamkeit fast zu sehr auf sich und von den andern Sculpturen abgelenkt hatte. Es ist aber hier in ganz besonderem Grade nothwendig, dass wir unser Auge klar und von Vorurtheilen rein erhalten und ohne irgend welche Voreingenommenheit an ihre Betrachtung gehen. Sprechen wir es also zunächst ohne Rückhalt aus, dass ohne äussere Zeugnisse wohl niemand die Nike und die Giebelstatuen einem und demselben Meister zuzuschreiben wagen würde. Die Zeugnisse sind aber diesmal klar und unzweifelhaft, wir haben uns ihnen zu beugen und müssen uns daher begnügen, nicht die Nothwendigkeit, sondern nur die Möglichkeit in der Entwickelung eines Künstlers, wie sie hier vorliegt, einigermassen begreiflich zu machen. Den Raphael des Sposalizio trennt von dem der Vision des Ezechiel nur ein Zeitraum von sechs Jahren: wären uns alle Zwischenglieder zwischen den beiden Werken verloren gegangen, so würde es uns vielleicht noch schwerer werden, an die Identität der Person des Künstlers zu glauben, als bei dem Paeonios des Giebels und dem der Nike. Indem wir auch hier den Weg der analytischen Betrachtung betreten, muss zuerst ganz nachdrücklich betont werden, dass dabei zwischen Motiv, künstlerischer Erfindung und Ausführung in bestimmtester Weise zu unterscheiden ist. Wir sprechen zuerst nur von der Ausführung.

Es war durch die Forderungen des Gleichgewichts namentlich bei einer Aufstellung in nicht unbedeutender Höhe bedingt, dass im Rücken der Gestalt vom Gürtel abwärts noch ein nach hinten aufgebauschter Mantel herabfiel. Es mag unerörtert bleiben, ob der künstlerische Eindruck des Ganzen dadurch gewann. Betrachten wir zunächst nur das erhaltene untere Stück, das auf den Felsen aufstösst, so wird es uns nicht ganz leicht werden, uns dasselbe in den richtigen Zusammenhang mit den fehlenden Theilen zu bringen. Namentlich an den Extremitäten gerade über dem Adlerkopf löst es sich nicht so von dem Felsen, wie wir es bei dem Fluge der Gestalt erwarten sollten; es klebt fest, und gerade an dieser Stelle möchten wir mehr als anderswo den Paeonios der Giebelfiguren wiedererkennen. Auch der Fels in seinen weichen und gerundeten Formen, aus denen sich der Adler wenigstens auf der einen Seite nur vermittelst der Farben losgelöst haben kann, darf uns wohl an den Sitz der Nymphe auf der pariser Metope erinnern. Ungewöhnlich ist die Anordnung des Gewandstückes unter der linken Achsel. Es fällt etwas heraus aus dem Zusammenhange der Linien, hat etwas nicht Nothwendiges, sondern Zufälliges oder beliebig Arrangirtes, löst sich nicht frei, sondern klebt wieder am Körper. Die Falten, welche von der rechten Brust nach dem Gürtel zu herabfallen, leiden an einer gewissen Einförmigkeit und erscheinen nicht so motivirt, wie sie in ihrer Beziehung zur Rundung des Busens motivirt sein sollten. Am wenigsten gelungen ist jedenfalls die vordere Rundung des Leibes mit den von ihm sich ablösenden harten Falten, unter denen sich namentlich die von der linken Seite nach der Mitte zu laufende in wenig angenehmer Weise bemerklich macht. Unklarheit zeigt sich wieder in der Disposition der ganz flach gehaltenen Falten, die unter ihr hervor nach hinten sich ziehen. Grössere Lebendigkeit herrscht allerdings in dem unteren flatternden Theile des Chiton: der Körper tritt klar aus den geschwungenen Linien der Falten hervor und im Allgemeinen herrscht hier ein einheitlicher Zug, eine einheitliche Bewegung. Und doch werden wir bei einer ins Einzelnste gehenden Betrachtung z. B. bei der Ablösung der einzelnen Falten von den Formen des Körpers gewisse Härten nicht ableugnen können. Es fehlt in der Ausführung die feinempfindende Hand, die uns trotz archaischer Härte z. B. in dem Relief der wagenbesteigenden Frau von der Akropolis anzieht; es fehlt in den Formen des Körpers die volle Frische, das innere schwellende Leben. Man wird sicherlich einwenden, dass ich ein kühn geniales Werk einer kleinlich missgünstigen Kritik unterwerfe. Aber erste Pflicht der Wissenschaft ist das absolute, durch keine Nebenrücksicht bedingte Streben nach Wahrheit; und die strengste Kritik ist hier geboten, um zu unbefangener Würdigung einer Behauptung zu gelangen, die man durch die erste Ueberraschung geblendet zuversichtlich, aber ohne genügende Prüfung ausgesprochen hat: dass nemlich die Nike des Paeonios unter dem unmittelbaren Einflusse des Phidias, speciell der Parthenonsculpturen entstanden sei und der Künstler desshalb als der Schule des Phidias angehörig betrachtet werden müsse. Nichts pflegt der gerechten Anerkennung eines Kunstwerkes nachtheiliger zu sein, als Ueberschätzung, wie sie sich so leicht in der ersten Freude über die Entdeckung neugefundener Werke einstellt. Sie muss nothwendig eine Reaction im Urtheil hervorrufen und zwingt die Kritik, Manches schärfer hervorzuheben als es sonst nothwendig gewesen wäre. So kann ich nicht umhin, hier in bestimmtester Weise auszusprechen, dass in der Ausführung die Nike des Paeonios den Statuen des Parthenon weit nachsteht. Am leichtesten wird man sich davon überzeugen, wenn man gute Photographien beider Werke nebeneinanderlegt, so dass man sie mit einem Blicke übersehen und dadurch in unmittelbarster Weise vergleichen kann. Da erscheinen denn an den Parthenonstatuen die Körper voll des innerlichsten Lebens, von innen herausgewachsen. In der Gewandung sind die verschiedenen Stoffe auf das Feinste und Schärfste durch den Bruch der Falten charakterisirt, diese aber stehen wieder in engster Beziehung zu Körperform und Bewegung. Alles aber ist einem einzigen einheitlichen Gedanken untergeordnet, nichts ist zufällig, sondern bis in das Einzelnste wirkt das Gesetz mit Nothwendigkeit.

Nun wird man zwar sagen, dass ja die Nike nicht durchaus auf gleiche Stufe gestellt werden solle mit diesen Statuen, dass sie sich aber doch verhalten könne oder verhalte, wie das Werk des minder bedeutenden Schülers zu dem des grösseren Meisters. Besitzen wir nun auch, abgesehen von dem, was der laufende Winter in Olympia ans Licht bringen mag, keine Werke bestimmter Schüler des Phidias, so dürfen wir doch die Sculpturen von der Balustrade des Niketempels und den Fries von Phigalia als Arbeiten betrachten, die uns von der „Schule", dem Charakter der Kunst unter den Nachfolgern des Phidias einen Begriff geben. Es mag ihnen nun allerdings die volle Frische und Unmittelbarkeit, jenes tief eindringende innere Verständniss fehlen, welches die Parthenonsculpturen unerreichbar macht. Aber die Künstler befinden sich im Vollbesitze der reichsten Mittel, die ihnen die Schule überliefert hat, und so konnten die Künstler der Balustrade ihre Virtuosität noch steigern in der Richtung einer fast raffinirten Eleganz, während die, welche den Fries von Phigalia ausführten, wohl unbesorgter, derber und äusserlicher zu Werk gingen, aber mit grösster Bravour einen um so flotteren Meissel führten. Mit andern Worten: nach beiden Seiten hin werden die tieferen Eigenschaften, in denen man dem Meister nicht gleichkommt, durch Praktik, Routine ersetzt. Die Künstler erscheinen wie die reich geborenen Söhne eines durch eigenes Verdienst reich gewordenen Vaters. Ist dies auch der Charakter des Künstlers der Nike? Ein unbefangenes Urtheil, welches ohne historische Voreingenommenheit das Auge nur auf die Werke selbst richtet, wird zugeben müssen, dass die Nike ihre Stelle nicht nach den Parthenonsculpturen einnimmt, sondern vor denselben. Die einzelnen Formen sind noch einfacher, schlichter, herber. Die Linien greifen nicht so harmonisch in einander; der Künstler ist noch nicht im Vollbesitz aller Mittel, sondern er sucht noch nach dem adäquaten Ausdruck der Form. Wäre er in der Schule des Phidias gewesen, so würde er dort bereits fertig vorgefunden haben, was er noch brauchte.

Soviel über das Einzelne der Formen und ihre Ausführung. Fassen wir aber weiter die Verschiedenheiten der Nike und der Giebelstatuen des Paeonios in's Auge, so werden wir auch die Verschiedenheit der Aufgabe scharf betonen müssen, die dem Künstler bei der ersteren gestellt wurde. Nicht zu unterschätzen sind sogleich die äusseren Umstände der Aufstellung. Das Band, welches selbst eine Giebelgruppe noch mit der Malerei, und bei Paeonios noch fester als sonst verknüpft, muss sich lösen bei einer Statue, die für sich nicht nur frei, sondern frei auf hohem Postament gewissermassen in der Luft schwebend erscheint. Hier verlangen wir nicht malerische Flächen, sondern runde plastische Formen, die durch den Gegensatz von Licht und Schatten, von Höhen und Tiefen in der Luft hervortreten sollen. Schon dadurch ist eine ganz andere Art der Modellirung, als bei dem malerischen Vollrelief der Giebelstatuen bedingt. Nicht minder haben wir zu achten auf den besonderen Gegenstand und das Motiv der Darstellung. Auch ein geringerer Künstler als Paeonios würde es nie wagen, einer so lax zusammengefügten Gestalt, wie etwa dem Kladeos oder Alpheios, Flügel anzuheften. Das Schweben verlangt schlankere Proportionen, eine strengere Fügung der Glieder, eine knappere schärfere Handhabung des Meissels in der Ausführung. Trotz dieser specifisch plastischen Anforderungen ist aber doch wiederum gerade das Grundmotiv der ganzen Composition ein so durchaus malerisches, dass es überhaupt nur durch gewisse Cautelen im Aufbau für die Plastik verwendbar wurde. Niemand wird hier dem Künstler wegen seiner eben so neuen wie kühnen Erfindung seine Bewunderung versagen, und gern vergessen wir gegenüber der glänzenden Gesammterscheinung die früher hervorgehobenen formalen Unvollkommenheiten, die nur dem Höchsten gegenüber geltend gemacht wurden. Ist es nun aber reiner Zufall, dass nach einer von zwei Ueberlieferungen aus dem Alterthum der Maler Aglaophon aus Thasos, der Vater des Polygnot, es war, welcher zuerst die Nike geflügelt dargestellt hatte? Wir werden dadurch wieder nach Nordgriechenland zurückgeführt und haben wenigstens nicht nöthig anzunehmen, dass Paeonios das Grundmotiv seiner Erfindung anderswoher als aus seiner Heimath entlehnt habe, selbst wenn Aglaophon die Nike etwa nur erst beflügelt, aber noch nicht schwebend gebildet haben sollte. Bei dem entschieden malerischen Charakter der nordgriechischen Plastik erklärt sich sogar das Herübernehmen eines überwiegend malerischen Motives in die Plastik hier weit leichter als irgend anderswo.

Aus den bisherigen Erörterungen ergibt sich also, dass einen Schulzusammenhang des Paeonios mit Phidias anzunehmen keineswegs mit Nothwendigkeit geboten erscheint, vielmehr bestimmte Anzeichen gegen einen solchen sprechen. Andererseits liegen wenigstens hinlängliche Anknüpfungspunkte vor, um uns auch die Nike auf dem Grunde der heimathlichen Kunst erwachsen vorstellen zu können. Dabei soll allerdings die Möglichkeit nicht geleugnet werden, dass Paeonios Werke das Phidias gekannt und allgemeine Anregungen von ihnen erhalten haben könne, wie ja z. B. auch Raphael den Einflüssen der Werke des Michelangelo sich nicht verschloss, ohne dass von einem Schulzusammenhange mit ihm die Rede wäre. Ich gestehe, dass ich selbst Anfangs geneigt war, solche Einflüsse in weit grösserem Umfange zuzugeben, als es sich bei genauerer Betrachtung als nothwendig erwiesen hat. Namentlich, dass gerade die Parthenonsculpturen auf Paeonios eingewirkt haben, darf um so weniger behauptet werden, als dieselben, wie wir gesehen, offenbar jünger oder höchstens der Nike gleichzeitig waren. Es ist aber schliesslich noch ein anderer Punkt hier scharf zu betonen. Der älteren attischen Plastik ist ein malerisches Element fast so fremd, wie der peloponnesischen. Bei Phidias ist es vorhanden. Woher stammt es bei ihm? Wir dürfen mit Zuversicht antworten, dass es durch Vermittelung der nordgriechischen Kunst des Polygnot nach Athen gelangte. Sollen wir nun annehmen, dass Paeonios, der Nordgrieche, gewisse Elemente seiner Kunst den Attikern entlehnt habe, welche eben erst dieselben Elemente aus Nordgriechenland bei sich eingeführt hatten? Auf das Lob der Einfachheit und Natürlichkeit dürfte eine solche Annahme wahrlich keine Ansprüche erheben. Halten wir also vorläufig die Nike als ein nordgriechisches Werk fest und überlassen wir es der Zukunft, ob sich etwa durch weitere Entdeckungen die Mittel ergeben werden, über die Grenzen der heimathlichen Schule hinaus auch Wechselwirkungen mit anderen Schulen nachzuweisen.

Historische Classe.

Sitzung vom 13. Januar 1877.

Herr Friedrich hielt einen Vortrag:

„Ueber eine an den römischen Stuhl gerichtete Denkschrift der bayerischen Regierung über Attentata et violentiae ex parte ordinariatus Frisingensis (circa 1679).“

Sitzung vom 3. Februar 1877.

Herr Rockinger legte ein von Herrn Wegele in Würzburg eingesandtes Würzburgisches Nekrologium vor.

Dasselbe wird in den Abhandlungen der Akademie veröffentlicht werden.

Herr v. Druffel hielt einen Vortrag:

„Ueber Herzog Albrecht V. von Bayern in seinen früheren Regierungsjahren.“

Philosophisch-philologische Classe.

Sitzung vom 3. März 1877.

Herr **Lauth** hielt einen Vortrag:

„Troja's Epoche."

Derselbe wird in den Abhandlungen der Akademie veröffentlicht werden.

Herr v. **Maurer** hielt einen Vortrag:

„Norwegens Schenkung an den heiligen Olaf."

Derselbe wird gleichfalls ebendort veröffentlicht werden.

Historische Classe.

Sitzung vom 3. März 1877.

Herr **Preger** hielt einen Vortrag:

„Der Streit Ludwig des Bayern mit dem Papstthume."

Derselbe wird in den Abhandlungen der Akademie veröffentlicht werden.

Oeffentliche Sitzung der k. Akademie der Wissenschaften

zur Feier des 118. Stiftungstages

am 28. März 1877.

Der Präsident Herr v. Döllinger hielt eine Festrede, welche dem Andenken des vor hundert Jahren verstorbenen Kurfürsten Max Joseph III., des Stifters der Akademie, gewidmet war.

Hierauf verkündete der Herr Präsident Folgendes:

Die Akademie der Wissenschaften stellt zur Bewerbung um den von Hrn. Christakis Zographos in Constantinopel gestifteten Preis auf Vorschlag der philosophisch-philologischen Classe folgendes Thema:

„Eingehende Untersuchung über den Umfang, den „Inhalt und den Zweck der auf Veranstaltung des „Kaisers Konstantinos VII. Porphyrogennetos ge„machten Sammlungen von Excerpten aus den Werken „älterer griechischer Schriftsteller."

Der unerstreckliche Einsendungs-Termin der Bearbeitungen, welche nur entweder in deutscher oder in lateinischer oder in griechischer Sprache geschrieben sein dürfen und an Stelle des Namens des Verfassers ein Motto tragen müssen, welches an der Aussenseite eines mitfolgenden den Namen des Verfassers enthaltenden verschlossenen Couverts wiederkehrt, ist der 31. December 1878.

Der Preis beträgt 1500 Mark, wovon die eine Hälfte sofort nach Zuerkennung, die andere Hälfte erst dann zahlbar ist, wenn der Verfasser für die Druck-Veröffentlichung seiner Arbeit genügende Sicherheit geboten hat.

Der Classensecretär Herr v. Prantl erwähnte in Kürze die im abgelaufenen Jahre verstorbenen Mitglieder der philos.-philol. Classe, nemlich das ordentliche Mitglied Martin Haug, und die auswärtigen Mitglieder Christian Lassen in Bonn, Friedrich Diez in Bonn, Daniel Bonif. v. Haneberg in Speier, Friedrich Ritschl in Leipzig, Hermann Köchly in Heidelberg, Hermann Brockhaus in Leipzig.

Wegen vorgerückter Zeit wurde das Nähere der hiemit folgenden Druck-Veröffentlichung vorbehalten:

Martin Haug,

geb. am 30. Jan. 1827 in Ostdorf, Oberamts Balingen, in Württemberg, zeigte bereits in der Elementarschule eine so hervorragende Begabung, dass sein Vater, ein braver und tüchtiger Bauer, sich endlich überreden liess, dem ohnediess für die Feldarbeit etwas schwächlichen Jungen den Uebertritt zum Schullehrerstande zu gestatten. Als „Schulincipient" aber und alsbald als Schullehrerpräparand ergriff er jede sich bietende Möglichkeit, entweder für sich allein aus Büchern oder unter Beihilfe älterer Kameraden die antiken Sprachen zu erlernen, so dass er, als er (Nov. 1843) Schulgehilfe in Unterensingen bei Nürtingen geworden war, bereits Plato und Tacitus zu lesen vermochte. In gleicher Stellung zu Grossbottwar bei Marbach verwendet (1844) studirte er völlig autodidaktisch Sanskrit aus der Bopp'schen Ausgabe der Erzählung von Nala und Damajanti, indem er nach der lateinischen Uebersetzung zunächst die Eigennamen zur Zusammenstellung des Sanskrit-Alphabetes benützte und so fort auf diesem mühevollsten Wege sich selbst das ganze Sprach-Gebäude construirte. Auch während er (1845) als Lehrgehilfe in Beihingen bei Ludwigsburg und bald hernach als Lehrer auf dem Hardthof (in der Nähe von Stuttgart) wirkte, benützte er emsigst jede freie Stunde, um sich mittelst der wenigen Bücher, welche ihm zu Gebot standen, zum Besuche der Universität vorzubereiten. So erreichte er es, dass er (März 1848) in die Oberclasse des Stuttgarter Gymnasiums eintreten und im Herbste als Studirender der Philologie in Tübingen immatriculirt werden konnte, wo er zunächst bei Walz, Teuffel und Schwegler hörte, in Bälde eine von der Facultät gestellte Preisaufgabe über die Quellen der Plutarch'schen Biographien mit glänzendem Erfolge bearbeitete, und dann unter Rud. Roth's Leitung sich mit orientalischer Linguistik beschäftigte. Den Lebensunterhalt musste er durch Ertheilung von Privatunterricht und durch Stipendien erreichen, wozu zum Glücke die durch Ad. v. Keller vermittelte Aufnahme in den „Neuen Bau" kam. Am 1. März 1852 promovirte er auf Grund der erwähnten Preis-Schrift und begab sich dann nach Göttingen, wo er auch K. Fr. Hermann's Vorlesungen besuchte, aber hauptsächlich Orientalia unter Benfey's und insbesondere unter Ewald's Leitung betrieb, welch Letzterer ihn aufforderte, in eben diesen Studien seinen Lebensberuf zu wählen. Der Wunsch, in Tübingen als Privatdocent aufzutreten, fand am massgebenden Orte kein günstiges Entgegenkommen, und so begab sich Haug nach Bonn, wo er von Lassen freundlich aufgenommen am 9. Nov. 1854 mit einem Vortrage „Die Religion Zoroasters nach den alten Liedern des Zendavesta" habilitirte. Schon durch seine ersten literarischen Leistungen, besonders durch die „Zendstudien" (1855 in der Zeitschr. d. deutschen morgenländ. Gesellsch. Bd. IX) legitimirte er sich als einen höchst scharfsinnigen Forscher, und vor Allem wirkte seine Schrift „Ueber die Pehlevi-Sprache und den Bundehesch" (1854) für dieses Gebiet bahnbrechend. Gedrückte äussere Lage veranlasste ihn 1856, die Stelle eines Privatsecretärs bei Bunsen in Heidelberg anzunehmen, durch dessen Unterstützung es ihm auch ermöglicht wurde, Paris und London zu besuchen; in Bunsen's Werk „Aegyptens Stelle in der Weltgeschichte", Bd. V. (1856) ist von Haug's Feder „Das erste Capitel des Vendidad übersetzt und erläutert". Während er mit der Ausarbeitung des Werkes „Die fünf Gâthâ's oder Sammlungen von Liedern und Sprüchen Zarathustra's" (1. Abth. 1858, 2. Abth. 1860) begonnen hatte, wurde an ihn durch Dr. Pattison aus Oxford im Auftrage des Directors Howard in Bombay die Anfrage gerichtet (Mai 1858), ob er eine Professur des Sanskrit in Poona, woselbst die Brahmanen des Dekhan ihre Studien machen, annehmen wolle. Haug löste nun das Verhältniss zu Bunsen und kehrte, da die Verhandlungen mit der englischen Regierung sich in die Länge zogen, wieder nach Bonn zurück, wo er noch im folgenden Winter-Semester Vorlesungen hielt. Nachdem im Juni 1859 die Unterhandlungen endlich abgeschlossen worden, trat er mit seiner Gattin, mit welcher er sich am 13. Juni verbunden hatte, am 18. Juli die Reise nach Indien an, wo er im November ankam. Als Professor des Sanskrit und Superintendent der Sanskritstudien am College zu Poona gab er dem Betriebe des Sanskrit und des Zend einen völlig neuen Impuls und brachte den deutschen Namen zu höchster Ehre. Es war nicht bloss seine Gelehrsamkeit, durch welche er grossen Erfolg und Einfluss errang, sondern er gewann auch durch sein humanes Wesen und durch ein hervorragendes Umgangs-Talent das Vertrauen der Brahmanen in so hohem Grade, dass dieselben ungeachtet der strengsten Vorschriften, wornach das Opfer-Ritual geheim gehalten werden muss, sich dennoch herbeiliessen, in seinem Hofe ein vedisches Opfer zu veranstalten. Dazu kam als ein weiterer Gewinn, dass er durch befreundete Brahmanen die Art der Recitation der Veden kennen lernte, und staunend müssen wir seine Ausdauer bewundern, mit welcher er volle vierzehn Tage hindurch sich den Rigveda und den Atharvaveda recitiren liess. Eine reiche wissenschaftliche Ausbeute fand er ferner, als er (1863) im Auftrage der Regierung eine Reise in die Provinz Guzerat unternahm, um Sanskrit-, Zend- und Pehlevi-Handschriften zu kaufen; dort hörte er auch den Samaveda recitiren. In Poona verfasste er die Schriften „Lecture on the origin of the Parsee religion" (1862), „Essays on the sacred language, writings and religion of the Parsees" (1862, eine 2. Auflage hievon hat er noch 1874 vorbereitet), „The origin of Brahmanism" (1863), und bearbeitete sein Hauptwerk „The Aitareya Brahmanam of the Rigveda" (2 Bdde. 1863), womit zusammenhing „A contribution towards a right understanding of the Rigveda" (1863). Es handelte sich ihm dabei um die Verwerthung des völlig neuen Materiales, welches er durch den erwähnten Verkehr mit den Brahmanen gewonnen hatte, und wenn auch die Ausschliesslichkeit sowie die Ausdehnung seiner grundsätzlichen Motive bei Fachgenossen Widerspruch gefunden hat, wird ihm Niemand die Anerkennung des wirklich Verdienstlichen vorenthalten. Uebermässige Anstrengung und klimatische Einflüsse hatten allmälig seine physischen Kräfte geschwächt, so dass eine Aenderung seiner Lage als unumgänglich nothwendig erschien. Förmlich überschüttet mit Auszeichnungen und Adressen verliess er Poona und kehrte nach Deutschland zurück (Febr. 1866), wo er sich zunächst in Reutlingen und dann in Stuttgart niederliess. Dort begann er noch die Verarbeitung des reichen aus Indien mitgebrachten Stoffes mit „An old Zand-Pahlavi glossary" (1867). Im J. 1868 folgte er einem Rufe an die Universität München als ordentlicher Professor des Sanskrit und der vergleichenden Sprachwissenschaft, und sowie ihm als Lehrer der unermessliche Vortheil zur Seite stand, dass er in Folge mehrjähriger Erfahrung mit dem Leben und den Anschauungen jener Völker vertraut war, deren Sprache und Literatur er zum Gegenstande seiner Vorträge zu machen hatte, so gelang es ihm auch, durch seine liebevolle und aufopfernde Thätigkeit Schüler heranzuziehen. Daneben aber förderte er auch schriftstellerisch die Wissenschaft durch zahlreiche Ergebnisse seiner Forschungen, namentlich in den Publicationen unserer Akademie, welcher er seit 1866 als Mitglied angehörte. Wir erwähnen hieraus besonders: „Ueber die ursprüngliche Bedeutung des Wortes Brahma" (1868), „Ueber den Charakter der Pehlevi-Sprache" (1869), „Ueber das Ardâi Virâf nâmeh" (1870), „Brahma und die Brahmanen" (1871), „Die Ahunavairya-Formel, das heiligste Gebet der Zorastrier" (1872), „Ueber das Wesen und den Werth des vedischen Accentes" (1873), „Vedische Räthselfragen und Räthselsprüche" (1876). Im Vereine mit anderen Gelehrten bearbeitete er „An old Pahlavi-Pâzand glossary" (1870) und „The book of Arda Viraf" (1872); auch entwickelte er noch bei Gelegenheit des Londoner Orientalisten-Congresses (1874) seine Grundsätze durch die Schrift „On the interpretation of the Veda". Haug, in vollem Sinne des Wortes ein „self made man", hatte mit eiserner Willenskraft und rücksichtsloser Wahrheitsliebe stets das Ziel verfolgt, in die letzten Tiefen der indischen und der persischen Literatur und Cultur einzudringen; rastlos rieb er in Forschung und Lehrthätigkeit seine Kräfte auf und gelangte so in eine fast unnatürliche Nervenaufregung, als deren Folge sein heftiges Gebahren und die Weise seiner Polemik zu betrachten und zu entschuldigen sind. An Charakter edel, schlicht und geradsinnig bewahrte er bei allem Aufbrausen stets in seinem innersten Wesen eine hingebende Gutmüthigkeit und humanstes Wohlwollen. Bereits im Winter 1875/76 hatte er in bedenklicher Weise zu kränkeln begonnen, und während er im Frühjahre im Bad Ragaz Heilung seiner Leiden erhoffte, endete dort sein Leben unerwartet schnell am 3. Juni 1877. Näheres über ihn s. Allg. Zeitung, 1876, Beilage Nr. 182 (von unserem Collega Trumpp) und bei Adalb. Bezzenberger, Beiträge z. Kunde d. indogerman. Sprachen, Bd. I, Heft 1, S. 78 ff., wo auch ein durchaus vollständiges Verzeichniss aller literarischen Arbeiten Haug's beigefügt ist; über die in seinem Nachlasse enthaltenen orientalischen Handschriften, deren Catalog ein Freund des Verstorbenen, Dr. West vorbereitet, s. Allg. Zeitung, 1876, Beilage Nr. 337 (woselbst auch die Notiz, dass die Parsi-Priester in Guzerat die Bewerkstelligung einer Haug-Stiftung beabsichtigen).

Christian Lassen,

geb. am 22. Oct. 1800 zu Bergen in Norwegen, studirte zunächst classische Philologie in Christiania, hierauf in Heidelberg und in Bonn, an welch letzterer Universität er durch Aug. Wilh. Schlegel für das Gebiet der Sanskrit-Studien gewonnen wurde. Diese befanden sich zu jener Zeit noch in den ersten Anfangs-Stufen, und während Schlegel selbst nicht einmal eine Vorstellung von dem Umfange derselben hatte, sah sich Lassen darauf hingewiesen, bei jedem Schritte, auf welchem er die empfangene Anregung wirken zu lassen gedachte, sich erst selbständig neue Bahn zu brechen; durch ausdauernden Willen aber und angespannteste Kraft gelangte er dazu, der Begründer der indischen Alterthumskunde zu werden. In den Jahren 1824—26 hielt er sich in London und Paris auf, theils um für eigenen Gebrauch Materialien zu sammeln, theils um für Schlegel's Ausgabe des Râmâyana Collationen zu machen, und durch die schwierige Aufgabe, das in Paris befindliche auf Palmblätter geschriebene Exemplar desselben zu lesen, legte er den Grund zu seinem späteren schweren Augenleiden. In Paris fand er durch Burnouf gediegene weitere Anleitung, deren Frucht seine von der Société Asiatique veröffentlichte Erstlingsschrift „Essai sur le Pali" (1826) war, woran sich noch „Observations grammaticales" (1827) anreihten. Nach Bonn zurückgekehrt beschäftigte er sich unter Freytag's Leitung mit arabischen Studien und erwarb (1827) die Doctorwürde durch die „Commentatio geographica atque historica de Pentapotamia Indica". Bald darauf habilitirte er sich als Privatdocent und veröffentlichte in vereinter Arbeit mit Schlegel, in dessen Hause er einige Jahre wohnte, die mit einem kritischen Commentare begleitete Ausgabe des Hitopadesa (1829—31); in Schlegel's „Indischer Bibliothek" erschien (1830) sein Aufsatz „Ueber Bopp's grammatisches System der Sanskritsprache", wobei er die bisherigen schwachen Puncte des Sanskritstudiums aufzeigte und auf die Nothwendigkeit hinwies, die Original-Leistungen der indischen Grammatiker zu studiren. Im J. 1830 wurde Lassen ausserordentlicher und i. J. 1840 ordentlicher Professor für altindische Sprache und Literatur; eine an ihn (1841) ergangene Einladung nach Kopenhagen lehnte er ab und wirkte eine lange Reihe von Jahren in Bonn als sehr beliebter Lehrer einflussreichst durch seine Vorlesungen über Sanskrit, Zend, indische Archäologie, iranische Alterthümer, alte Geographie und Geschichte der Sprachen, woeben er während längerer Zeit auch Unterricht im Englischen ertheilte und Shakespeare, Milton und Pope erklärte. Eine reiche schriftstellerische Thätigkeit gibt ein beredtes Zeugniss seiner wissenschaftlichen Kraft und seines aufopfernden Strebens. Er veröffentlichte „Gymnosophista sive Indicae philosophiae documenta" (1832) und „Malatimadhavae fabulae Bhavabhutis actus primus" (1832), womit er seine schätzbaren kritischen Textausgaben der Sanskrit-

Literatur eröffnete; zur gleichen Zeit war er der erste, welcher die umbrischen Sprachdenkmäler auszubeuten versuchte durch seine „Beiträge zur Deutung der Eugubinischen Tafeln“ (1833). Daneben wendete er sich, angeregt durch Burnouf's Arbeiten zum Zend und zu den Keil-Inschriften von Persepolis, wobei eine zufällige äussere Veranlassung entscheidend mitwirkte; es hatte ihn nemlich einer seiner Schüler, welcher sich mit Klaproth's Aperçu général des trois royaumes und den dort veröffentlichten Entzifferungs-Versuchen St. Martin's beschäftigte, um seine Meinung gefragt, worauf Lassen demselben nach Ablauf von zwei Tagen die volle Entzifferung zustellte. So veröffentlichte er bald hernach „Die altpersischen Keil-Inschriften von Persepolis“ (1836), wovon später (1845) eine vermehrte und verbesserte Auflage im 6. Bande der Zeitschrift für Kunde d. Morgenlandes unter dem Titel „Ueber die Keil-Inschriften der ersten und zweiten Gattung“ zusammen mit Westergaard's Essay erschien. Gleichfalls 1836 veröffentlichte er die bereits 1824 in London vorbereitete Ausgabe von „Gita Govinda, Jayadevae poetae Indici drama lyricum“, und zur nemlichen Zeit sein massgebendes dreibändiges Werk, welches fortan eine Hauptquelle für ältere indische Volksdialekte blieb, nemlich die „Institutiones linguae Pracriticae“ (1836 u. 37), wozu Nic. Delius als Supplementum die „Radices Pracritae“ gab (1839). Zum Gebrauche für Vorlesungen publicirte er die „Anthologia Sanscritica (1838), wovon Gildemeister eine 2. Auflage (1868) besorgte, und später „Vendidad capita quinque prima“ (1852). Im J. 1838 erschien: „Zur Geschichte der griechischen und indoskythischen Könige in Baktrien, Kabul und Indien“, wobei Lassen hauptsächlich die Kunde der betreffenden Münzen zu historischen Ergebnissen verwerthete. Auch bearbeitete er die 2. Auflage von Schlegel's Ausgabe der Bhagavadgita (1846). In der Zeitschrift f. Kunde d.

Morgenlandes, deren Herausgeber er war, stammen aus seiner Hand: „Ueber das Mahâbharâta“ (1837), „Ueber die Sprachen der Beluchen und Brahui“ (1838), „De Taprobane insula“ (1842); und in der Zeitschrift der deutschen morgenländischen Gesellschaft erschienen seine Aufsätze „Ueber die lykischen Inschriften und die alten Sprachen Kleinasiens“ (Bd. X) und „Ueber die altindische Handelsverfassung“ (Bd. XVI). Einzelne Beiträge lieferte er auch in das Rheinische Museum, sowie in die Ersch-Gruber'sche Encyclopädie. Neben all dieser manigfaltigen Thätigkeit arbeitete er rüstig an seinem ruhmwürdigen Hauptwerke, nemlich der „Indischen Alterthumskunde“, in welchem er wohl bei manchem Einzelnen, wie nicht anders möglich, sich mittelst Compilation an Leistungen Anderer anlehnen musste, aber hiemit nicht bloss das Verdienst einer ersten zusammenfassenden Darstellung in Anspruch nehmen durfte, sondern auch auf Grund eigenster Forschungen hauptsächlich im Gebiete der Ethnographie und der ältesten Geschichte Indiens bleibende Ergebnisse zu Tag förderte. Der 1. Band erschien bereits 1847, worauf ziemlich rasch der 2. folgte (1849); nach längerer Pause reihten sich an der 3. (1858) und der 4. (1861), welch letzterer bis in die Zeit Mohammed's und der ersten portugiesischen Eroberungen reicht. An weiterer Fortsetzung war Lassen durch schlimme Gesundheits-Verhältnisse gehindert, nachdem zu einem Augen-Uebel bereits seit 1840 ein Magenleiden getreten war, welches allmälig seinen Körper derartig schwächte, dass er meist das Sopha nicht verlassen konnte und auch im Sprach-Vermögen gehemmt wurde. So musste er sich seit 1860 immer mehr vom Lehramte zurückziehen und 1864 um gänzliche Enthebung von demselben bitten. Als treue Pflegerin stand ihm seine Gattin (geb. Wiggers, mit welcher er sich 1849 verbunden hatte) zur Seite, und unter Beihilfe derselben, sowie eines Schülers entstand die zweite

Auflage der ersten 2 Bände der Indischen Alterthumskunde (1867 und 1874). Auch bei seinen körperlichen Leiden bewahrte er einen heiteren Sinn, ein frisches Gedächtniss und lebhaftes Interesse für seine Wissenschaft, wobei er sich der mündlichen Mittheilungen eines befreundeten Amtsgenossen erfreute. Ueber seine reiche Bibliothek verfügte er bereits 1870 zu Gunsten der Universitäten Christiania und Bonn und seiner Geburtsstadt Bergen. Lassen, welchen fast sämmtliche gelehrten Gesellschaften unter ihre Mitglieder aufnahmen (unserer Akademie gehörte er seit dem Jahre 1841 an), starb am 8. Mai 1876.

Friedrich Diez,

geb. zu Giessen am 15. März 1794, empfing die Grundlagen geistiger Bildung am dortigen Pädagogium, wo er die trefflichste Anregung sowohl bezüglich der classischen als auch der romanischen Literatur durch F. G. Welcker fand, welcher um jene Zeit eben aus einem längeren Aufenthalte in Rom und Italien zurückgekehrt war; und nachdem Welcker (1809) eine Professur an der Universität übernommen hatte, ergab sich für die weitere Fortbildung des jungen Diez eine erfreuliche Wiederholung der Einwirkung des von ihm verehrten Lehrers. Diez aber unterbrach seine Universitätsstudien, um (1813) als Freiwilliger eines hessischen Corps den Befreiungskrieg mitzumachen. Zurückgekehrt widmete er sich zunächst dem Studium der Jurisprudenz, gab aber dasselbe in Bälde auf, um sich der spanischen und portugiesischen Literatur zuzuwenden. Da (1816) Welcker einem Rufe nach Göttingen folgte, begab sich Diez ebendorthin, wo er auch (1817) als Erstlingsfrucht eine metrische Uebersetzung spanischer Romanzen veröffentlichte. Im April 1818 ging er auf Reisen und machte in Jena seinen Besuch bei Göthe, nachdem er demselben die erwähnte Uebersetzung zugeschickt hatte. Göthe, welcher sich soeben mit Raynouard's jüngst erschienenen Publicationen („Choix des poésies originales des Troubadours") beschäftigt hatte, rieth dem Besucher dringlich, gerade dieses Gebiet als Gegenstand seiner weiteren Bestrebungen zu wählen, — ein Rath, welcher, wie der entscheidende Erfolg zeigte, trefflichst befolgt wurde. In den Jahren 1819 und 1820 lebte Diez in Utrecht, wo er eine Hofmeisterstelle übernommen hatte, 1821 kehrte er nach Giessen zurück und promovirte dort (am 30. Sept.), 1822 wendete er sich nach Bonn, wo er sich als Privatdocent habilitirte und bereits nach Jahresfrist (1823) ausserordentlicher und 1830 ordentlicher Professor wurde. Auf seine schon 1821 veröffentlichten „Altspanischen Romanzen" war 1825 die Schrift gefolgt „Beiträge zur Kenntniss der romanischen Poesie" (wovon später De Roisin eine französische Uebersetzung publicirte unter dem Titel „Essais sur les Cours d'amour". 1842). Es waren diess Vorarbeiten zur ersten Gruppe der Hauptleistungen Diez's; nemlich es erschien zunächst „Die Poesie der Troubadours" (1826, — in französischer Uebersetzung von De Roisin, 1845), worin er die eigenthümliche poetische Physiognomie und die ästhetischen Momente der provençalischen Dichter, sowie das Verhältniss derselben zu verwandten anderen Literatur-Gattungen darzulegen sich bemühte, und hierauf folgte „Leben und Werke der Troubadours" (1829), wodurch die geforderte Ergänzung in biographischer Beziehung, mit Einschluss der Liebes-Abenteuer, und in literargeschichtlicher Richtung zur vorigen Schrift hinzutrat. Hatte Diez auf diese Weise das Gebiet der provençalischen Poesie als eine wichtige Literatur-Erscheinung kritisch durchforscht und in ebenso klarer als zuverlässiger Darstellung förmlich neu eröffnet, so legte er seit 1830 die Hand daran, sich in einer zweiten Richtung ein nicht minder grosses, ja wohl noch grösseres Verdienst um die Wissenschaft zu erwerben. Angeregt nemlich durch das von Jac. Grimm gegebene Vorbild wurde er der Schöpfer einer romanischen Sprachwissenschaft im vollen Sinne des Wortes. Schon als er (1831) in den Berliner Jahrbüchern f. wissensch. Kritik die Schrift Diefenbach's „Ueber die jetzige romanische Schriftsprache" einer Beurtheilung unterzog, liess er die Mitwelt ahnen, was von ihm zu erwarten sei, und nach Ablauf einiger Jahre erschien der erste Band seiner meisterhaften Arbeit. Die „Grammatik der romanischen Sprache" (3 Bände, 1836—42), ein Werk der gründlichsten Forschung, welche unter Vermeidung phantasievoller Hypothesen lediglich vom nüchternsten Verstande gezügelt war und in durchsichtig klarer Darstellungsweise zu Tag trat, wurde zum Ausgangspuncte und zur Grundlage aller späteren romanischen Linguistik. Und in rastlosem wissenschaftlichen Eifer beachtete er kaum, dass Manche diese Grammatik ernstlichst für unübertrefflich hielten, sondern in Bescheidenheit und Selbstverleugnung suchte er sich selbst zu übertreffen, so dass die zweite Auflage (1856—60) nahezu als ein neues Werk zu bezeichnen ist, sowie auch die dritte (1869—73) abermals neue Ergebnisse sorgfältigster Erwägung enthält. Der Grammatik stellte Diez etwas später das „Etymologische Wörterbuch der romanischen Sprache" (1853) zur Seite, in welchem er jeder etymologischen Spielerei fern bleibend besonnen und vorsichtig auf den Grund der Gesetze der Lautlehre die Abstammung des romanischen Sprachschatzes darlegte; auch das Wörterbuch, welchem ein „Kritischer Anhang z. etym. Wörterb." (1859) folgte, hat in zwei späteren Auflagen (1862 u. 1870) die gründlichst verbessernde Hand erfahren. Durch die beiden umfassenden Werke hatte sich Diez die unangefochtene Stellung eines Meisters seiner Wissenschaft erworben und sowohl für Deutsche als für Romanen eine unerschütterliche Grundlage der betreffenden Studien geschaffen. Die Grammatik fand (1863) eine französische Bearbeitung durch Gaston Paris und A. Brachet, eine englische durch Cayley (1863), und bezüglich des Italienischen eine excerpirende Bearbeitung durch Fornaciari (1872). Von selbst verstand es sich, dass eine grosse Anzahl gelehrter Gesellschaften eine Ehre darein setzte, Diez unter ihre Mitglieder aufzunehmen (unserer Akademie gehörte er seit 1854 an). Neben der wissenschaftlichen Lebensaufgabe, welcher er in Ausführung, Erneuerung und steter Verbesserung der Grammatik und des Wörterbuches oblag, veröffentlichte er einige Arbeiten kleineren Umfanges, nemlich 1846 „Altromanische Sprachdenkmale" (d. h. „Die Eide von 842" und das Eulalia- und Boecius-Lied) und 1852 „Zwei altromanische Gedichte" (d. h. La passion du Christ und das Gedicht St. Leger), bei welch beiden er dem kritisch herausgegebenen Texte einen Commentar und eine literargeschichtliche Abhandlung beifügte. Dann folgte noch 1863 „Ueber die erste portugiesische Kunst- und Hof-Poesie" und 1865 „Altromanische Glossare, berichtigt und erklärt", welch letztere Schrift, ein Meisterwerk an Sorgfalt und Kritik, bezüglich des primitiven Zustandes der romanischen Sprachen die wichtigsten und belangreichsten Aufschlüsse gibt. Ausserdem lieferte er auch einige Beiträge zu Haupt's Zeitschrift. Was er als Lehrer geleistet, ist in dem dankbarsten Andenken zahlreicher Schüler niedergelegt, und er selbst konnte hievon ein beredtes Zeugniss in den allseitigen Huldigungen erfahren, welche ihm (1871) bei der Feier seines Doctor-Jubiläums zu Theil wurden. Durch wohlwollende Herzensgüte, liebenswürdige Bescheidenheit und edle Seelenreinheit fesselte er Alle an sich, welche ihm näher traten, und indem er nicht eine eigentliche Schule in dem Sinne eines specifischen Parteistandpunctes gründete, sondern in humanster Beurtheilung auch der geringeren Leistungen Anderer seinen Schülern stets vor Augen führte, dass man nicht auf das Wort des Meisters schwören solle, übte er durch seine Lehrthätigkeit eine Wirkung aus, welche innigst parallel läuft mit seinen schriftstellerischen Leistungen, durch die er der Altmeister und Begründer der romanischen Philologie geworden. Auf der breiten, sicheren und klaren Grundlage, welche gegeben zu haben sein Verdienst war, konnte nach längerer Zeit eine jüngere Generation reichlich und rasch fortbauen, um die Beschaffenheit und Geschichte der Sprache der romanischen Völker allseitig zu ergründen. Diez selbst erfuhr in den letzten Jahren des hohen Alters, welches er erreichte, eine körperliche und geistige Erschöpfung, und Niemand wird es unerklärlich finden, wenn er als 81jähriger Greis nicht mehr auf der früheren Höhe seines Schaffens stand, so dass sein letztes Werk „Romanische Wortschöpfung" (1875), worin er die Frage erörterte, welche lateinische Substantiva von den Romanen beibehalten und welche anderweitig von ihnen ersetzt wurden, von den Fachkundigen nur als Frucht eines Spätsommers bezeichnet werden konnte. Sein für die Wissenschaft erfolgreiches Leben endete am 29. Mai 1876.

Daniel Bonifacius v. Haneberg,

geb. am 16. Juni 1816 im Hofe „zur Tanne" (in der Pfarrei Lenzfried bei Kempten) als Sohn schlichter vermöglicher Bauersleute, erhielt den ersten Unterricht von seinem hiezu nicht unbefähigten Vater und besuchte dann neben fortdauernder Verwendung zur Feldarbeit seit 1827 die Lateinschule und das Gymnasium zu Kempten, wo er an Begabung und Fleiss seine Mitschüler stets weit überragte; das letzte Jahr aber des Gymnasialstudiums trat er (1834) in München an dem damals sog. alten Gymnasium an, wobei er die freien Stunden zum Besuche der Vorlesungen Allioli's über arabische und syrische Sprache benützte. Als er an die Universität übergetreten war (1835), fand er es in Folge seines ganz ausserordentlichen Sprachtalentes möglich, neben dem Studium der Theologie sich in ausgedehntem Masse linguistische Kenntnisse zu erwerben, welche sich allmälig sowohl auf die romanischen Sprachen und das Neugriechische als auch insbesondere auf das ganze semitische und theilweise auf das arische Gebiet erstreckten. Sowie er seinen Lehrern in der That ein Gegenstand der Bewunderung geworden war, erklärt es sich als selbstverständlich, dass er unmittelbar nach absolvirter Universität (1839, zur selben Zeit, als er die Priesterweihe empfieng) mit der Promotion alsbald die Habilitation verband und in rascher Stufenfolge zum ausserordentlichen (1841) und ordentlichen Professor (1844) befördert wurde. Neben dem Lehramte, in welchem er hauptsächlich die biblisch-orientalischen Sprachen und die Exegese des alten Testaments vertrat, übernahm er die Stelle eines Universitäts-Predigers und wurde auch bald in Folge seiner vortrefflichen Charakter-Eigenschaften der beliebteste Seelsorger und Beichtvater der vornehmen Stände. Seine Seelen-Reinheit, seine Milde und an Demuth gränzende Bescheidenheit, sein mustergiltiger Wandel hatten ihn zu einem Liebling der Bevölkerung gemacht, sowie seine Gelehrsamkeit ihm in allen gebildeten Kreisen höchstes Ansehen verlieh (i. J. 1848 wurde er Mitglied unserer Akademie). Unter Beibehaltung seiner Professur trat er 1850 als Novize in das Benedictiner-Kloster zu St. Bonifacius ein und wurde 1854 von den Conventualen zum Abte gewählt (als solcher am 19. März 1855 installirt). Im Interesse seines Ordens unternahm er

1861 eine Reise nach Algier und Tunis, um in letzterem Lande für Errichtung einer Missions-Station zu wirken, und 1864 gieng er über Constantinopel nach Palästina. Im J. 1865 wurde er von der Curie zum Consultor der in Rom neu errichteten Congregation für die orientalischen Riten ernannt, und während der zum vaticanischen Concil getroffenen Vorbereitungen hielt er sich (1869) in Rom auf, wo er sich in den Bibliotheken seinen gelehrten Studien hingab; an dem Concil selbst aber nahm er nicht Theil. Nachdem er bereits früher für mehrere Bischofsitze (Augsburg, Trier, Köln, Eichstädt) vergeblich in Aussicht genommen war, wurde er am 11. Sept. 1872 als Bischof von Speier inthronisirt. Dort erlag er am 31. Mai 1876 einer Lungenentzündung. Beschränken wir uns unter Beiseitelassung anderweitiger Verhältnisse und Vorkommnisse, welche von den wissenschaftlichen Interessen der Akademie in weiter Entfernung abliegen*), auf Haneberg's literarische Leistungen, so eröffnet sich die Reihe derselben mit seiner Habilitationsschrift „De significationibus in Vetere Testamento praeter literam valentibus" (1839), hierauf folgte „Ueber die in einer Münchener Handschrift aufbewahrte arabische Psalmen-Uebersetzung des Saadia Gaon" (1841); sodann bearbeitete er einen Gegenstand, welcher ihn hauptsächlich in seinen Vorlesungen zu beschäftigen hatte, nemlich es erschien sein „Handbuch der biblischen Alterthumskunde" (1842), welches er nach einer langen Reihe von Jahren in umgearbeiteter Form unter dem Titel „Die religiösen Alterthümer der Bibel" (1869) veröffentlichte. In Zusammenhang hiemit war bereits 1845 gestanden „Einleitung in das

*) Näheres s. bei M. Jocham (im 14. Hefte des Sammelwerkes „Deutschlands Episcopat in Lebensbildern", 1876), sowie Allg. Zeitung, 1876, Beilage Nr. 178 ff., Kölner Zeitung, 1876, 8. Juni, und Deutscher Merkur 1876, Nr 23.

alte Testament", welche Schrift in sehr erweiterter Gestalt als „Versuch einer Geschichte der biblischen Offenbarung als Einleitung in das alte und neue Testament" (1850) erschien, wovon noch drei weitere Auflagen (1853, 1863, 1874) nothwendig wurden. Zugleich aber hatte er seine Studien auf die arabische Literatur und deren Beziehungen zum lateinischen Mittelalter gelenkt, und auf die höchst anregende Schrift „Ueber das Schul- und Lehr-Wesen der Muhamedaner im Mittelalter" (1850) folgte „Erörterungen über Pseudo-Wakidi's Geschichte der Eroberung Syriens" (1860), sodann die äusserst gründliche Untersuchung „Zur Erkenntnisslehre von Ibn Sina und Albertus Magnus" (1866), hierauf „Das moslimische Kriegsrecht" (1871). Dazwischen war erschienen „Renan's Leben Jesu beleuchtet" (1864) und „Canones s. Hippolyti arabice e codicibus romanis" (1870). Ausserdem war er 1866—70 Mitarbeiter am theologischen Literaturblatte, auch übersetzte er Wiseman's Schriften über die vornehmsten Lehren der kathol. Kirche und über den Zusammenhang zwischen Wissenschaft und Offenbarung, sowie Stanyhurst's Geschichte des Leidens und Sterbens Jesu. Endlich sind auch einige seiner Predigten und der von ihm gehaltenen Grabreden durch den Druck veröffentlicht worden.

Friedrich Ritschl,

geboren als Sohn eines protestantischen Geistlichen am 6. April 1806 in Grossvargula bei Erfurt, besuchte das Gymnasium letzterer Stadt und hierauf die Studienanstalt zu Wittenberg, an welcher damals Nitzsch und insbesondere Spitzner in trefflichster Weise wirkten, bezog hierauf 1825 die Universität Leipzig, wo er hauptsächlich unter Gottfr.

Hermanns Leitung Philologie studirte und an der von demselben gegründeten griechischen Gesellschaft Theil nahm; im folgenden Jahre ging er nach Halle und schloss sich dort an Reisig an, in dessen Privatissimum nur solche Studirende Zutritt hatten, welche lateinische Arbeiten kritischen Inhalts lieferten. Es war in der That eine Vorandeutung der ganzen spätern Entwicklung Ritschl's, dass er mit einer „Schedae criticae" betitelten Dissertation (am 11. Juli 1829) promovirte, sowie die alsbald (in Aug.) folgende Habilitationsschrift „De Agathonis vita" das hervorragende Talent zu erschöpfender Einzeln-Untersuchung kundgibt. Nachdem er 1832 in Halle Extraordinarius geworden, kam er 1833 nach Passow's Tod in gleicher Eigenschaft nach Breslau, wo er 1834 ordentlicher Professor und Vorstand des philologischen Seminares wurde. Er hatte unterdess eine Ausgabe des Thomas Magister, Eclogae vocum etc. (1832) und die Schrift „De Oro et Orione" (1834) veröffentlicht, mit 1835 aber begann bereits seine nachhaltige Beschäftigung mit Plautus. Neben einem Aufsatze „Ueber die Kritik des Plautus" (im Rhein. Mus. 1835) erschien als Vorläufer späterer Leistungen die kritische Ausgabe der Bacchides (1835), und als Programm zum Antritte der Professur der Eloquenz schrieb er „De Plauti Bacchidibus" (1836). Daneben begann er eine Ausgabe des Meletius, de natura hominis (aus einem Krakauer Codex, 1836; eine Fortsetzung konnte unterbleiben nachdem Cramer's Anecd. Oxon. Vol. III erschienen waren). In den Jahren 1836 und 1837 unternahm er eine wissenschaftliche Reise nach Italien, als deren Ergebnisse sowohl die kleinern Schriften „De amphora quadam Galassiana" (1837) und „Etymologici Angelicani brevis descriptio" (1837) als auch die Abhandlung „Ueber den Mailänder Palimpsest des Plautus" (im Rhein. Mus. 1837) gehörten. Indem er in Rom in einem Pergament-Codex des Plautus ein höchst wichtiges Scholion gefunden hatte, wurde er hiedurch auf ein anderes scheinbar weit abliegendes Untersuchungs-Gebiet geführt, woraus seine äusserst belangreiche Schrift entsprang „Die alexandrinischen Bibliotheken unter den ersten Ptolemäern und die Sammlung der homerischen Gedichte durch Pisistratus" (1838). Nach Breslau zurückgekehrt veröffentlichte er ein Programm über Dionysius Halicarn., Antiqu. Rom. (1838), sowie ein anderes De emend. fabul. Terent. (1838) und Spicilegium epigraphicum (1838). Im J. 1839 folgte Ritschl einem Rufe nach Bonn, wo die Stelle des verstorbenen Näke zu besetzen war, als ordentlicher Professor der classischen Literatur und der Beredtsamkeit; er wurde Mitdirector des philologischen Seminares neben Welcker, übernahm später (1854) auch das Amt eines Oberbibliothekares, wobei er Gelegenheit fand, durch manigfache Reformen bleibenden Nutzen zu stiften, und trat an die Spitze des akademischen Kunstmuseums und des rheinischen Museums vaterländischer Alterthümer, sowie des Vereins der Alterthumsfreunde des Rheinlandes. Mit der Uebersiedlung nach Bonn hatte die reichste und glänzendste Periode seiner schriftstellerischen Thätigkeit und zugleich sein Ruhm als akademischer Lehrer begonnen. Abgesehen von der Redaction der Neuen Folge des rhein. Museums, welche er seit 1841 mit Welcker herausgab, fand er manigfachste Gelegenheit und Aufforderung zu literarischen Publicationen; er lieferte nicht nur mehrere Aufsätze in die Annali dell' instituto archeologico zu Rom, sondern auch manche Abhandlungen in die Ersch-Gruber'sche Encyclopädie, worunter neben „Onomakritos", „Oros und Orion", „Olympus der Aulet" insbesondere der Artikel „Philologie" höchst beachtenswerth ist; vor Allem aber legte er in den von ihm verfassten Universitäts-Programmen eine Menge kostbarer Einzeln-Forschungen nieder. Dieselben betrafen zunächst wieder Plautus, nemlich „De veteribus Plauti interpretibus"

(1839), dann in Anknüpfung an das oben erwähnte Scholion und dessen weitere Folgen „Disputatio de stichometria“ (1840) und „Corollarium disputationis de bibliothecis Alexandrinis deque Pisistrati curis Homericis“ (1840), daneben aber auch „De gemino exitu Andriae Terentianae“ (1840), hierauf die berühmten Programme „De Plauti nominibus“ (1841 f.), sowie „De aetate Plauti“ (1841) und „Die plautinischen Didaskalien“ (1841 im Rhein. Museum), dazwischen „Die Verse des Porcius Licinius über Terentius“ (1841 ebend.) und „De Urbis porta Metia“ (1842), dann wieder „Die fabulae Varronianae des Plautus“ (1843 f.), „De actae Trinummi tempore“ (1843) „De turbato scenarum ordine Mostellariae“ (1843), „De interpolatione Trinummi“ (1844) und „Suetonius de viris illustr.“ (1843). Die meisten der zuletzt genannten Abhandlungen gab Ritschl gesammelt und mit Zusätzen versehen wieder heraus unter dem Titel „Parerga zu Plautus und Terenz. 1. Bd.“ (1845). Gerechtfertigt war es, wenn ihm auf der Philologen-Versammlung des Jahres 1844 Gottfr. Hermann öffentlich es als förmliche Aufgabe übertrug, der Sospitator Plauti zu werden. Neben den Vorarbeiten aber zur Ausgabe des Plautus beschäftigte sich Ritschl mit Untersuchungen über Varro, wie die Programme bezeugen: „De Ter. Varronis disciplinarum libris“ (1845) „De inscriptionibus logistoricorum Varronis“ (1845), „Quaestiones Varronianae“ (1846), „De Varronis satirarum et logistoricorum libris“ (1846), woneben wieder Forschungen über die Handschriften des Dionysius Halicarn. (1846 und 47), und ein Programm „De inscriptione metrica lapidis Aeclani“ (1847). Der erste Band nun der längst erwarteten Ausgabe des Plautus erschien 1848; derselbe enthielt hochwichtige ausführliche „Prolegomena de rationibus criticis grammaticis prosodiacis metricis emendationis Plautinae“, in welchen Ritschl sein ganzes Verfahren begründete und rechtfertigte. Bekanntlich aber blieb das

Unternehmen ein Torso, nachdem bis 1854 von den 20 Komödien des Plautus nur 9 ihre Bearbeitung gefunden hatten (nebenherlaufend erschien jedesmal eine kleinere blosse Text-Ausgabe); Ritschl hatte nemlich im Verlaufe der Arbeit immer lebhafter das Bedürfniss empfunden, die Erforschung der plautinischen Sprache historisch in die älteren Sprachdenkmäler Rom's und hiemit hauptsächlich in die Inschriften der vorsullanischen Zeit zu vertiefen, wodurch sich ihm in der That überraschende Entdeckungen ergeben mussten. So finden wir in seinen seit 1849 verfassten Programmen neben anderen Einzeln-Gegenständen häufig diesen Zweig der Forschung vertreten. Nemlich auf „Hieronymus Stridon" (1849) und „Pentas versionum lat. Homer." (1850) folgten „Legis Rubriae pars superstes" (1851), „Titulus Mummianus ad fidem lapidis Vaticani" (1852), „Monumenta epigraphica tria" (1852), „Inscriptio quae fertur columnae rostratae Duellianae" (1852, über dieselbe abermals 1854 und 1861), „Anthologiae latinae corollarium epigraphicum" (1853), „De fictilibus literatis Latinorum antiquissimis" (1853), „De sepulcro Furiorum Tusculano" (1853), daneben eine Ausgabe der Septem c. Thebas des Aeschylus (1853) und „Poësis saturniae spicilegium" (1854), sodann „Observationes in titulum quendam Cambaesensem" (1855), und wieder über anderweitige, besonders den Varro und den Terentius betreffende Fragen: „De Idem pronominis declinatione" (1855), „De ordine librorum Varronis qui inscribuntur De imaginibus" (1856), „De loco in Aesch. Sept. c. Th. v. 254" (1857), „Epimetrum disputationis de Varronis hebdomadum libris" (1858), „De aliquot locis Catulli" (1858), „Licini de vita Terentii versus" (1859), „De poetarum testimoniis, quae sunt in vita Terentii Suetoniana" (1859), „In vitam Terentii commentarius" (1860), hierauf abermals Epigraphisch-Linguistisches: „In leges Viselliam Antoniam Corneliam observationes epigraphicae" (1860),

„Elogium sepulcrale L. Cornelii Scipionis" (1860), „De declinatione quadam latina reconditiore quaestio epigraphica" (1861 nebst Supplementum); „De titulo Aletrinate Betilieni Vari" (1861), „Die tesserae gladiatoriae der Römer" (1864), dazwischen „De cantico Sophocleo Oedipi Col." (1862). Zur selben Zeit nun veröffentlichte er sein in diesem Gebiete massgebendes Hauptwerk „Priscae latinitatis monumenta epigraphica" (mit 5 Supplementen 1862—64), worin er das Verhältniss der Sprache der Inschriften zu einzelnen hervorragenden Autoren darlegte. Endlich fällt noch in die Bonner Zeit sein gemeinschaftlich mit Gildemeister an die Philologen-Versammlung zu Hannover (1864) gerichteter Gruss, in welchem eine dreifache sardinische Inschrift behandelt ist. Welch weitgreifende Wirkung aber er in Bonn auch als Lehrer ausgeübt habe, erwies sich aufs deutlichste, als der Plan angeregt worden war, ihm schon nach Ablauf einer 25jährigen dortigen Lehrthätigkeit eine Ovation zu bereiten; es erschienen nemlich als ein Gesammtbild der Bonner Philologen-Schule „Symbola philologorum Bonnensium in honorem Friderici Ritschelii collecta" (1864, Fasc. II 1867), in welchen 43 bereits im Lehramte stehende Schüler Ritschl's ihrer dankbarsten Verehrung Ausdruck gaben. Sehr bald darauf aber wurde Ritschl von widerwärtigen Verhältnissen betroffen, indem ein mit dem damaligen preussischen Ministerium in näheren Beziehungen stehender Amtsgenosse (Otto Jahn) hinter dem Rücken der Facultät dahin zu wirken sich bemühte, dass ein dritter Vorstand des philologischen Seminars nach Bonn berufen werde, woran sich erklärlicher Weise mancherlei unschöne Vorgänge knüpften (Näheres hierüber in den zwei Schriften Wilh. Brambach's „Friedr. Ritschl und die Philologie in Bonn". Leipz. 1865 und „Das Ende der Bonner Philologenschule". Köln 1865). Die Folge davon war, dass der tief gekränkte Ritschl seine Entlassung aus dem preussischen

Staatsdienste nahm und einem alsbald an ihn ergehenden Rufe nach Leipzig folgte. Dort wirkte er abermals mit grösstem Erfolge als Lehrer, gründete eine philologische Gesellschaft und übernahm auch die Leitung eines von der russischen Regierung für die dort Philologie studirenden Russen gegründeten Seminars. Ausser einer Schrift „Ino Leukothea, zwei antike Bronzen von Neuwied und München" (1865) erschien eine Sammlung „Kleine philologische Schriften" (1. Bd. Zur griech. Literatur, 1866, 2. Bd. Zu Plautus und lat. Sprachkunde, 1868), ferner veröffentlichte er „Neue plautinische Excurse. Sprachgeschichtliche Untersuchungen, 1. Heft. Auslautendes D im alten Latein" (1869) und als neue Auflage des 1. Heftes der Ausgabe des Plautus den Trinummus mit einem Auszuge aus den Prolegomena (1871), sowie eine 2. Auflage der Sept. c. Theb. des Aeschylus (1875). Ausserdem führte er die Redaction der „Acta societatis philologae Lipsiensis (6 Bdde. 1871—76). Seine letzte Schrift, welche kurz vor seinem Tode erschien, „Philologische Unverständlichkeiten" (im Rhein. Mus. N. F. Bd. XXXI) ist eine scharfe die Plautus-Kritik betreffende Abwehr gegen Madvig. — Ritschl war stets durchdrungen von der Einsicht in die Nothwendigkeit, alle Fragen jeder Art, selbst die kleinen, in genauester Weise zu behandeln, und indem er so auch das scheinbar Unbedeutende mit möglichst tiefem und allseitigen Verständnisse und mit feurigem Interesse zu verfolgen bestrebt war, wirkte er durch seine mit strenger Wahrheitsliebe geführten Detail-Studien höchst fördernd auf die Wissenschaft. Wenn er auch weder eine Geschichte der älteren Sprache Roms noch eine Theorie der Prosodik und Metrik der Römer geschrieben hat, so ist doch jede seiner einzelnen Abhandlungen ein Baustein, welcher bei künftiger Aufführung des betreffenden Gebäudes vielleicht noch irgendwie geändert werden muss, keinenfalls aber bei Seite geschoben werden darf. Für Plautus wirkte er entschieden epochemachend, wenn auch seine Conjecturen oft nur als freieste Divination oder als congeniale Nachdichtung bezeichnet werden können und daher zu offenem Widerspruche reizen müssen. Es ist ja bei Ritschl überhaupt die formelle Function der Kritik, worin er sich als Meister bewährt, und darum wird Jeder, auch wenn er sich schliesslich von ihm geschieden fühlt, zugleich zugestehen, viel von ihm gelernt zu haben. In der Form der Untersuchung war er stets Virtuose, und sein kräftiger geistvoller Stil, welcher jeden rhetorischen Schwulst und jeden Wortschwall einer pseudo-philosophischen Betrachtung vermeidet, wirkt unmittelbar anziehend, ja fesselnd auf den Leser; ja auch in seinem Latein, welches er gleichsam sich selbst erst geschaffen hat, prägt sich seine individuelle Eigenthümlichkeit aus. Die gleichen Vorzüge standen ihm nach einstimmigem Zeugnisse seiner Schüler auch bei seiner Lehrthätigkeit zur Seite; seine in der Form vollendeten Vorlesungen wirkten dadurch so mächtig, dass er die Denkoperation in Gegenwart der Zuhörer vollzog und für dieselbe stets den passenden individualisirten Ausdruck traf; und im Seminare sowie in der philologischen Gesellschaft verstand er es meisterhaft, nicht nur jeden Schüler auf das besondere Gebiet hinzuweisen, in welchem das Talent desselben zur Geltung kommen konnte, sondern auch alle bei den Einzeln-Uebungen derartig von Schritt zu Schritt zu leiten, dass sie am Ziele glaubten, den Weg selbstständig gemacht zu haben, und demnach mit Enthusiasmus wieder weiteren Problemen sich zuwendeten. Indem er so die Jüngeren zu einem formell kritischen Verfahren erzog, wurde er das Haupt einer ausgebreiteten Schule, welche in sich viele nach inhaltlicher Beziehung individuell verschiedene Männer vereinigt. — In unbeugbarer Pflichttreue war Ritschl bis nahe an die Schwelle des Todes lehrend thätig. Noch längst in Bonn hatte er seit 1847 an rheumatischen

Schmerzen zu leiden begonnen, welche mit Zunahme der Jahre sich allmälig zur Heftigkeit steigerten und in den letzten Monaten ein allgemeines Siechthum zur Folge hatten; hiedurch aber liess er, dessen Geisteskraft ungeschwächt verblieb, sich nicht von den Vorlesungen abhalten, sondern nöthigen Falls ordnete er an, in den Hörsaal getragen zu werden. Doch am 31. Oct. 1876 sah er sich, da körperliche Leiden überwältigend auf ihn einstürmten, zu seinem schweren Bedauern genöthigt, die Vorlesungen einzustellen, und bereits am 9. Nov. verschied er. — Während schon bis jetzt eine förmliche Literatur über ihn angewachsen ist*), wird, wie man erwartet, sein Leben und Wirken eine einlässliche Darstellung durch O. Ribbeck finden.

Hermann Köchly,

geb. zu Leipzig am 5. Aug. 1815, machte seine Gymnasialstudien an der Fürstenschule zu Grimma, wo er von 1827 bis 1832 verblieb und den anregenden Unterricht Weichert's und Wunder's genoss, und bezog hierauf als Studirender der Philologie die Universität seiner Vaterstadt. Bereits 1834 erwarb er die Magister-Würde und gehörte noch in den folgenden Jahren als Mitglied des philologischen Seminares und der griechischen Gesellschaft zu den hervor-

---

*) Leipziger Tageblatt, 1876, Nr. 320. Ein Gedenkblatt von Fritz Schöll (1876 b. Teubner). Deutsche allg. Zeitung, 1876, 10. Nov. Augsb. Allg. Zeitung, 1876, 30. Nov. Liter. Rundschau, 1877, Nr. 2. Ueber Land und Meer, 1876, S. 274. Athenaeum, 1876, 25. Nov. S. 689. The Academy, 1876, 25. Nov., S. 520. Revue de philologie, 1877, Janvier (von E. Benoist). Im neuen Reich, 1876, Band II, S. 1001 ff. (von Schuster). Berliner Zeitschrift f. d. Gymnasialwesen, 1877, Febr., S. 124 ff. (von Schottmüller).

ragenden Schülern Gottfr. Hermann's. Im J. 1837 wurde er Lehrer am Gymnasium zu Saalfeld, wo er (1838) seine „Observationes in Apollonium et Oppianum“ und „Emendationes et annotationes in Quintum Smyrnaeum“ schrieb, welche im 2. Bande der Acta societatis graecae erschienen. Eine bewegtere und reichhaltigere Periode begann für ihn, als er 1840 an die Kreuzschule zu Dresden versetzt wurde, wo die ihm eigenthümliche vortreffliche Lehrgabe zur vollen Geltung kam, während in gesellschaftlicher Beziehung ein näherer Verkehr mit Semper, Devrient und Rich. Wagner manigfache Anregung brachte. Er trat nicht bloss mit einer Vorlesung über die Antigone des Sophokles (1844) und einem Vortrage über die Hekuba des Euripides (1846) in die weiteren Kreise der Oeffentlichkeit, sondern fühlte sich auch durch politische und literar-philosophische Ansichten und Bestrebungen veranlasst, eine lebhafte Thätigkeit für Reform des Unterrichtswesens zu entwickeln, wobei ihm Mager's Grundsätze vorschwebten. Auf seinen Antrag wurde in der Philologen-Versammlung zu Darmstadt (1845) zum ersten Male eine eigene pädagogische Section gebildet, und zur gleichen Zeit begann er auch die Veröffentlichung seiner Grundsätze, zuerst durch die Schrift „Ueber das Princip des Gymnasial-Unterrichtes der Gegenwart“ (1845), worauf folgte „Zur Gymnasial-Reform, Theoretisches und Praktisches“ (1846), sodann „Vermischte Blätter zur Gymnasial-Reform“ (1847). Im J. 1848 wurde er Mitglied einer Commission, welche ein Schulgesetz für das Königreich Sachsen ausarbeiten sollte, worüber er etwas später ausführlichere Mittheilungen gab in der Schrift „Der ursprüngliche Entwurf z. d. allg. Schulgesetze f. d. Königr. Sachsen“ (1850). Er war in die zweite Kammer gewählt worden, welche im Januar 1849 zusammentrat, und nachdem er bei den Mai-Ereignissen als volltönender Redner auf dem Rathhause die provisorische Regierung verkündet hatte, wurde ihm von hoher Seite angerathen, aus Dresden zu fliehen; über Hamburg und Oldenburg begab er sich nach Holland, dann nach Brüssel, wo er die nöthige Seelenruhe gewann, um zu ernstem Studium zurückzukehren. Im Frühjahre 1850 gelangte er durch Berufung an die Universität Zürich zu einer Stellung, in welcher er neben Wiederaufnahme seiner Bestrebungen betreffs des Erziehungswesens auch schriftstellerisch im Gebiete der classischen Philologie vorzügliches leistete. Seine lebhafte Begabung ermöglichte ihm, sowohl einen ausgedehnten Kenntniss-Reichthum zu erwerben, als auch in scharfsinniger Auffassung rasch das Richtige zu treffen; dabei galt ihm die Wissenschaft stets als Leben, und sowie er sich für eine Wiedergeburt der antiken Tragödie bemühte, so suchte er überhaupt Anknüpfungspuncte des Antiken an die Gegenwart zu verwerthen, — ein Bestreben, welches besonders aus seiner Beschäftigung mit der Kriegs-Literatur der Alten hervorleuchtet. Neben letzterer war seine Neigung den griechischen Tragikern zugewendet, hauptsächlichst aber den Epikern, welche er bis in die entlegeneren und in die letzten Phasen der griechischen Literatur verfolgte. Die Aufgabe, welche ihm als Programmatarius der Zürcher Universität oblag, gab ihm Gelegenheit zu zahlreichen in elegantem Latein geschriebenen Einzeln-Untersuchungen. Anknüpfend an eine oben erwähnte Erstlings-Arbeit veröffentlichte er eine mustergiltige Ausgabe der Posthomerica des Quintus Smyrnaeus (1850, kleinere Ausgabe 1853), worauf er in der Didot'schen Sammlung der Poetae bucolici et didactici (1851) den Aratus, den Manetho und den Maximus besorgte. Daneben waren „Emendationes Apollonianae (1850) erschienen und hatten die sieben „Dissertationes de Iliadis carminibus" (1850—59) begonnen, sowie die „Coniectanea epica" (1851 f. und 1856). Zugleich hatte er die Kriegsschriftsteller in Angriff genommen mit „De libris tacticis

Arriani" (1851), worauf zunächst die gemeinschaftlich mit Rüstow verfasste „Geschichte des griechischen Kriegswesens von der ältesten Zeit bis auf Pyrrhos" (1852) folgte, woran sich die gleichfalls mit Rüstow veranstaltete Ausgabe der „Griechischen Kriegsschriftsteller" (2 Bände 1853 u. 55, in der Engelmann'schen Sammlung) anschloss; dazu kamen noch auf gleichem Gebiete: „De scriptorum militarium graec. codice Bernensi" (1854), „Selecta ex ineditis Leonis Tactici capita" (1854), „Anonymi Byzantini rhetorica militaris" (1856, als Bd. II. der Opuscula academica, in deren erstem Bande mehrere der obigen Dissertationen erneuten Abdruck fanden), sodann wieder mit Rüstow zusammen eine deutsche Uebersetzung Caesar's De bell. gall. (1856) und „Einleitung zu Cäsar's gallischem Kriege" (1857). Von ihm ist auch die anonyme Bearbeitung der Rede des Demosthenes vom Kranze (in der Engelmann'schen Sammlung, 1856.) Nun griff er wieder auf die Epiker zurück und veröffentlichte, nachdem ein Programm „De Nonni Dionysiacis" (1855) vorausgegangen war, seine verdienstliche und wohl für lange Zeit abschliessende Ausgabe des Nonnus (2 Bdde., 1858 f.) und zu gleicher Zeit eine Text-Recension der Apotelesmata des Manetho nebst den astrologischen Fragmenten des Dorotheus und des Annubio (1858, als 7. Bd. des Corpus poet. epic. graec). Daneben erschien „Ueber die Vögel des Aristophanes" (1857) und bald hernach „Hektor's Lösung" (1859, eine Festgabe der Universität Zürich an Welcker), sowie wieder Pädagogisches, nemlich eine Schrift „Ueber die Reform des Zürcher Gymnasiums" (1859) und ausserdem die höchst anregende Sammlung unter dem Titel „Akademische Vorträge und Reden" (1859). Zur Jubelfeier der Universität Basel verfasste er die Gratulationsschrift „De diversis Hesiodeae theogoniae partibus" (1860), während er gleichzeitig „Onosander, De imperatoris officio" herausgab (1860). Hierauf folgten allmälig fünf Abtheilungen „Emendationum in Eurip. Iphig. Taur. 1860—64), womit eine Ausgabe dieser Tragödie (mit deutschen Anmerkungen, 1863) zusammenhieng; dann „Iliadis carmina XVI in usum scholarum restituta" (1861) und drei Dissertationen De Odysseae carminibus (1862 f.). Im Sommer 1863 (zur selben Zeit als ihn unsere Akademie in die Zahl ihrer Mitglieder aufnahm) ergieng an ihn ein Ruf an die Universität Heidelberg, und 1864 siedelte er dorthin um, woselbst er mit seiner gewohnten zündenden Kraft des begeisternden Wortes als Lehrer ebenso anregend, wie vordem in Zürich, wirkte und als Mitglied des Aufsichtsrathes des dortigen Gymnasiums und des Oberschulrathes bei der Reform des badischen Unterrichsweseus thätig eingriff, ohne über dem doppelten Berufe die literarische Arbeit bei Seite zu setzen. Gelegentlich der Heidelberger Philologen-Versammlung erschien „De Musaei grammatici codice Palatino" (1865), und bei gleicher Veranlassung zu Würzburg hielt er einen Vortrag über Pyrrhus und Rom (1868). Sodann begann er gemeinschaftlich mit Kinkel eine umfassende Ausgabe des Hesiodus, wovon eine erste Abtheilung (1870) erschien; eine kleinere Ausgabe der Hesiodeischen Schriften (gleichfalls 1870) ist von Köchly allein bearbeitet. Auf eine deutsche Uebersetzung der Reden Cicero's für Sestius und für Milo (1871) und einen Vortrag „Cäsar und die Gallier" (1871) folgte noch die umfangreichere Schrift „Gottfr. Hermann, zu seinem 100jährigen Geburtstage" (etwas verspätet gedruckt, 1874), worin er ebensosehr seinem ehemaligen Lehrer als sich selbst ein ehrendstes Denkmal setzte. Die letzte Arbeit Köchly's war ein in der Innsbrucker Philologen-Versammlung (1874) gehaltener Vortrag über die Perser des Aeschylus, und eben diese Tragödie war es, deren Aufführung an der Mannheimer Bühne zu verwirklichen ihm noch in seinem letzten Lebensjahre vergönnt war. Gegen Ende Sept. 1876 trat er mit dem Erbprinzen von Meiningen eine Reise nach Italien und Griechenland an; den Peloponnes hatte die Gesellschaft glücklich durchschritten, und in Athen lag Köchly ernsten Studien ob, welche auch durch einen Sturz vom Pferde (17. Oct.) nur eine kurze Unterbrechung fanden. Auf dem Wege aber nach Platää, dessen Schlachtfeld besonders untersucht werden sollte, ergriff ihn plötzlich eine Blasen-Entzündung; die Aerzte in Athen riethen zur Reise nach Triest, und Köchly sein Ende vorausempfindend schrieb sich in einem griechischen Distichon seine Grabschrift. Nach einer qualvollen Ueberfahrt erlag er in Triest seinen Leiden am 3. Dec. 1876. Die Leiche wurde nach Heidelberg verbracht und am 12. Dec. am Kirchhofe zu Neuenheim unter allgemeinster Theilnahme beerdigt. Die Auszeichnung, welche ihm die Petersburger Akademie zudachte, indem sie ihn einstimmig als correspondirendes Mitglied wählte, traf ihn nicht mehr unter den Lebenden.

Hermann Brockhaus,

geb. am 28. Jan. 1806 in Amsterdam (wo sein Vater, der berühmte Verleger Friedrich Arnold Brockhaus 1805 eine Buchhandlung errichtet hatte, welche er später nach Altenburg und dann nach Leipzig verlegte), besuchte das Gymnasium zu Altenburg, wo er bereits eine innige bleibende Freundschaft mit Hrn. v. d. Gabelentz schloss, und begab sich dann behufs des Universitäts-Studiums zunächst nach Leipzig, hierauf nach Göttingen, wo er durch Ueberanstrengung seine Gesundheit gefährdete, und dann nach Bonn. Hier schloss er sich insbesondere an Lassen an und wurde durch denselben in die indische Literatur eingeführt. Indem hiedurch die Richtung seiner wissenschaftlichen Laufbahn bestimmt war, begab er sich zu weiterer Ausbildung auf Reisen nach Kopenhagen, Paris, London und Oxford, woran sich persönliche Bekanntschaft mit Burnouf, Wilson und Westergaard knüpfte. Als erste Frucht seiner Studien veröffentlichte Brockhaus die fünf ersten Bücher der Märchensammlung des Somadeva „Kathâ sarit Sagara“, sanskrit und deutsch (1839, die deutsche Uebersetzung allein 1843), und auf Grund dieser Arbeit wurde er von der Leipziger Facultät zum Doctor promovirt und erhielt gleichzeitig einen Ruf als ausserordentlicher Professor nach Jena (1839). Er beschäftigte sich dort während einiger Zeit auch mit dem Studium der gälischen Sprache und Ossian's, sowie des finnischen Epos Kalewala, mit dessen Herausgeber E. Lönnrot er in näheren Verkehr trat. Im J. 1841 wurde er nach Beer's Tod als Extraordinarius nach Leipzig berufen, wo er 1848 die ordentliche Professur für altindische Sprache und Literatur erhielt. Mit seinem Eintritte hatte in Leipzig das Sanskrit-Studium einen raschen Aufschwung zu nehmen begonnen, zumal da die Studirenden auch durch G. Curtius auf Sprachvergleichung hingewiesen wurden. Durch eine wohlthuende einnehmende Persönlichkeit, durch ruhige Klarheit und milde Wärme wirkte Brockhaus, welcher mit feinem Sinne für die allgemeinen culturgeschichtlichen Fäden überall höhere und weitere Gesichtspuncte erfasste, in anregendster Weise auf seine Zuhörer, deren besondere Fähigkeiten und Neigungen er schnell erkannte; er durfte sich rühmen, Max Müller, Krehl und Windisch zu seinen Schülern zu zählen. Seine eigenen Studien erweiterte er intensiver in der Richtung des Persischen und beschäftigte sich später unter Fleischer's Leitung auch mit dem Türkischen. Bereits 1841 veröffentlichte er seine Schrift „Ueber den Druck sanskritischer Werke mit lateinischen Buchstaben“, deren Grundsätze fast allgemein angenommen wurden und durch ihn selbst nach längerer Zeit in der Abhandlung „Die Transcription des arabischen Alphabetes“ (1863 im 17. Bande der Abhdlgn. f. d. Kunde d. Morgenlandes) eine weitere

Ausdehnung und Anwendung fanden. Es folgte dann eine Ausgabe des Schauspieles Prabodha candrodaya von Krishna Misra nebst indischen Scholien (1845) und gleichzeitig eine Ausgabe von Nachschebi's persischer Bearbeitung der sieben weisen Meister (1845). Nachdem bei der Philologen-Versammlung zu Dresden (1844) zum ersten Male auch die Orientalisten zusammengekommen waren, wurde 1845 unter Brockhaus' Mitwirkung die deutsche morgenländische Gesellschaft gegründet, deren Publicationen er später 1852—65 als Redacteur mit ebenso viel trefflicher Klugheit als treuer Hingebung leitete, so dass er wesentlich zur Blüthe dieses Vereines beitrug; und als im J. 1846 die sächsische Gesellschaft der Wissenschaften ins Leben trat, war er eines der ersten Mitglieder derselben und lieferte auch anfänglich zu den von ihr veröffentlichten Berichten schätzenswerthe Beiträge; seit 1859 war er neben Fleischer stellvertretender Secretär derselben. Im J. 1850 erschien seine Ausgabe der ersten drei Theile des Zendavesta, nemlich Vendidad, Yaçna und Vispered, nebst einem mit grossem Beifalle aufgenommenen Versuche eines Glossars der Zendsprache, und hierauf folgte eine kritische Ausgabe der Lieder des Hafis (3 Bände, 1854—61), wobei auch die türkischen Scholien des Sudi (abgedruckt aus der Constantinopler Ausgabe von 1841) beigezogen sind; eine neue Ausgabe des Hafis in Einem Bande erschien 1863. Daneben war Brockhaus wieder zu dem ersten Gegenstande seiner literarischen Thätigkeit, nemlich zu Somadeva zurückgekehrt und veröffentlichte aus demselben in verdienstlichster Weise die Sage von Nala und Damayanti (1859), sowie Analysen des 6. bis 8. Buches (1862 im 2. Bd. der Abhdlgn. f. d. Kunde d. Morgenlandes) und des 9. bis 18. Buches (1866 ebend. im 4. Bd.). Ausserdem war er seit 1856 auch an der Redaction der Ersch-Gruber'schen Encyclopädie betheiligt. Zu zahlreichen Auszeichnungen und Ehren, welche er erfuhr (1860 nahm ihn unsere, 1868 die Berliner Akademie unter ihre Mitglieder auf), kam 1873 die Ernennung zum Geh. Hofrath. Im J. 1874 hatte er noch dem Orientalisten-Congresse zu London beigewohnt, aber einige Zeit später machte sich bei ihm allmälig eine Abspannung seiner körperlichen Kräfte bemerklich und eine Lungenentzündung endigte sein Leben am 5. Januar 1877.

Der Classensecretär Herr v. Giesebrecht verwies bezüglich der verstorbenen Mitglieder der Classe gleichfalls auf die hiemit folgende Druck-Veröffentlichung:

Die historische Classe hat im verflossenen Jahre eines ihrer hiesigen ordentlichen Mitglieder, Hieronymus von Bayer, zwei ihrer auswärtigen Mitglieder, Georg Heinrich Pertz in Berlin und Franz Palacky in Prag, und eines ihrer correspondirenden Mitglieder, Johann Georg Lehmann zu Nussdorf in der Rheinpfalz durch den Tod verloren. Sie sind sämmtlich in hohem Alter nach einer langen und vielfach ergiebigen Wirksamkeit abgeschieden.

Am 13. Juli 1876 starb hierselbst Dr. Hieronymus von Bayer, k. Geheimer Rath und resignirter Reichsrath, o. ö. Professor des gemeinen und bayrischen Civil-Processes an der hiesigen Universität, im Alter von 83 Jahren. Die ausserordentlichen Verdienste, welche sich von Bayer in mehr als fünfzigjähriger Amtsthätigkeit um die Ludwig-Maximiliansuniversität erworben hat, stehen noch im frischesten Andenken und haben am letzten Stiftungstage der Universität in der Rede des Rectors gerechte Würdigung gefunden. Ein hochgefeierter Lehrer, hat sich Bayer zugleich in der juristischen Literatur einen sehr geachteten

Namen gemacht, und mehrere seiner Schriften haben zahlreiche Auflagen erlebt. Als der hochselige König Ludwig I., welcher die Verdienste Bayers um die Wissenschaft und den bayrischen Staat in ihrem ganzen Umfange erkannte, ihn im Jahre 1843 zum ordentlichen Mitglied unsrer Akademie ernannte, glaubte er damit ihn und die Akademie in gleicher Weise zu ehren. Diese Ehre ist von beiden Seiten gewürdigt worden, aber an den Arbeiten der historischen Classe, die seinen eigentlichen Wirkungskreis wenig berührten, hat sich Bayer nicht unmittelbar betheiligt.

Am 7. Oktober 1876 starb in unsrer Stadt Dr. Georg Heinrich Pertz, preuss. Geheimer Regierungsrath und pensionirter Oberbibliothekar an der k. Bibliothek zu Berlin. Seit dem Jahre 1836 auswärtiges Mitglied der Akademie, hat er namentlich durch seine rege Theilnahme an den Arbeiten der historischen Commission unsre Bestrebungen persönlich so lebendig unterstützt, dass wir wohl sagen können: er war in vollem Sinne einer der Unsren.

Pertz, am 28. März 1795 zu Hannover geboren, war der Sohn eines dortigen Buchbinders. Auf der Universität Göttingen widmete er sich philologischen und vorzugsweise historischen Studien; die erste literarische Frucht derselben war die 1819 erschienene Geschichte der merovingischen Hausmeier. Diese Erstlingsschrift zeugte nicht nur von gründlicher Kenntniss der Quellen und gesunder Kritik, sondern empfahl sich auch durch eine einfache, aber kräftige und höchst wirksame Darstellungsweise. Heeren sagt in der Vorrede, mit der er das Werk einführte: „Mögen die Leser selber beurtheilen, zu welchen Erwartungen sie der hier zum erstenmal auftretende Geschichtsforscher und Geschichtschreiber für die Zukunft berechtigt."

Bald zog der junge Historiker die Aufmerksamkeit des

Freiherrn Karl von Stein, des grossen deutschen Staatsmanns, auf sich, und schnell knüpfte sich die Verbindung, die für Pertz's ganzes weiteres Leben entscheidend werden sollte. Bekanntlich ging Stein damals mit dem Plan einer umfassenden Quellensammlung für die ältere deutsche Geschichte um und knüpfte an dieselbe die schönsten Hoffnungen für die Belebung des patriotischen Sinnes in Deutschland; zur Durchführung des Plans, der erst in den allgemeinsten Umrissen entworfen war, hatte er die Gesellschaft für ältere deutsche Geschichtskunde begründet. Pertz wurde nun zur Mitarbeit an dem grossen Unternehmen aufgefordert und übernahm sogleich bereitwillig die Herausgabe der wichtigsten Quellenschriften aus der karolingischen Periode. In den Jahren 1820 – 1823 unternahm er seine erste Reise für die Sammlung, auf welcher er besonders die Bibliotheken und Archive Oestreichs und Italiens durchforschte. Diese Reise ist für das grosse Werk epochemachend gewesen. Sie legte zuerst klar zu Tage, was durch dasselbe geleistet werden könne und müsse, und sie wies zugleich auf den Mann hin, der alle berechtigten Forderungen zu erfüllen vermochte. Nach seiner Rückkehr wurde Pertz, der inzwischen zum Archivsecretär in Hannover bestellt war, denn auch sogleich die Redaction der Quellensammlung selbst, wie der zu den Vorarbeiten bestimmten und bereits seit mehreren Jahren fortgeführten Zeitschrift, des Archivs der Gesellschaft für ältere deutsche Geschichtskunde, von Stein übertragen. Schon im Jahre 1824 wurde durch Pertz der definitive Plan für die Monumenta Germaniae historica festgestellt; angesichts dieses Plans schrieb Niebuhr: „Pertz ist ein ganz ausnehmend ausgezeichneter Mann, vor dem ich im eigentlichsten Sinne Respect habe.“ Der erste Band der Monumenta erschien 1826, dem Pertz nach Vollendung einiger Reisen 1829 den zweiten folgen liess, mit dem er die Geschichtsschreiber der karolingischen Periode abschloss. In glänzenderer Weise konnte das grosse Werk nicht eröffnet werden. Was Pertz in diesen ersten Bänden leistete, wurde nicht nur Vorbild für alle späteren Textausgaben in den Monumenta selbst, sondern auch für alle Werke verwandter Art, die später in Deutschland oder im Auslande unternommen sind.

Ueber fünfzig Jahre hat Pertz die Redaction der Monumenta Germaniae geführt. 25 Bände der Quellensammlung und 7 Bände des Archivs sind unter seinem Namen erschienen; ausserdem hat er sehr umfangreiche Vorarbeiten für die Fortsetzung seinen Nachfolgern hinterlassen. Was für unsere Geschichtswissenschaft in diesen Publicationen erreicht ist, was Pertz selbst und was seinen Mitarbeitern, vornehmlich seinem treuen Freunde Friedrich Böhmer, verdankt wird, wie Pertz's Redactionsthätigkeit, erst im vollsten Masse allseitig anerkannt, in späterer Zeit vielfachen, oft unberechtigten Angriffen ausgesetzt war: dies Alles ist erst kürzlich aus bester Kenntniss von Waitz dargelegt worden.*) Es ist hier nicht der Ort näher darauf einzugehen, aber es darf wohl bemerkt werden, dass die Fülle mittelalterlicher Handschriften, welche unsere Hof- und Staatsbibliothek bewahrt, sich als eine fast unerschöpfliche Fundgrube für die Arbeiten der Monumenta erwies. Wiederholentlich hat deshalb Pertz selbst hier gearbeitet und unausgesetzt die Unterstützung unsres Collegen Föringer in Anspruch genommen, dessen liebenswürdige und aufopfernde Dienstwilligkeit er nie genug rühmen zu können glaubte.

In Allem, was Pertz für die Monumenta that, meinte er lediglich die Absichten Steins auszuführen, wie er denn auch das Werk selbst gleichsam als ein persönliches Vermächtniss Steins an ihn ansah. Den patriotischen Gedanken,

*) Neues Archiv der Gesellschaft für ältere deutsche Geschichtskunde II. S. 453 ff.

aus welchem das Unternehmen hervorgegangen war, hielt er mit aller Entschiedenheit fest, aber es lag auf der Hand, dass die lateinisch geschriebenen Quellen des Mittelalters nur in deutschen Uebersetzungen der Mehrzahl der Nation zugänglich gemacht werden konnten. Pertz trug sich deshalb lange mit der Ausführung eines schon von Stein angeregten Gedankens, von den wichtigsten Quellen unsrer älteren Geschichte Uebersetzungen zu veranlassen und in einer wohlfeilen, bequemen Sammlung herauszugeben. Erst im Jahre 1844 wurden für ein solches Unternehmen, indem man König Friedrich Wilhelm IV. dafür zu interessiren wusste, die nöthigen Geldmittel gewonnen, und 1849 erschien der erste Band der „Geschichtsschreiber der deutschen Vorzeit", dem später viele andere gefolgt sind. Die Uebersetzungen, die Pertz durch jüngere Gelehrte anfertigen liess, sind ungleich, geben aber doch meist getreu den Sinn der Originale wieder, und es unterliegt keinem Zweifel, dass sie eine Kenntniss unsrer mittelalterlichen Geschichtswerke, die früher nur bei einer kleinen Zahl von Gelehrten zu finden war, in weitere Kreise verbreitet haben.

Pertz's Arbeiten für die Monumenta Germaniae, für welche er überdiess fast Jahr für Jahr grössere oder kleinere Reisen unternahm, verdienen um so mehr Anerkennung, als ihm daneben stets ausgedehnte amtliche Geschäfte oblagen. Bald nach dem Erscheinen des ersten Bandes der Monumenta ernannte ihn König Georg IV. zum Bibliothekar und Archivrath in Hannover, dann wurde er auch zum Mitglied des Oberschulcollegiums und Historiograph des Gesammthauses Braunschweig-Lüneburg bestellt. In mehrfacher Beziehung war Pertz so ein Nachfolger Leibniz's geworden, und dieser Stellung verdankt die gelehrte Welt die von ihm veranlasste Sammlung von Leibniz's Schriften, welche auch für unsere historische Literatur dadurch von grossem Interesse wurde, dass Leibniz's, wenn auch unvollendetes, doch hochwichtiges Werk: Annales imperii occidentis, welches über hundert Jahre im Verborgenen gelegen hatte, in derselben zuerst veröffentlicht wurde. Im Jahre 1842 wurde Pertz mit dem Titel eines Geheimen Regierungsraths als Oberbibliothekar nach Berlin berufen und hat diese Stellung dann mehr als dreissig Jahre bis zu seiner Quiescirung bekleidet. Mit musterhafter Gewissenshaftigkeit hat er alle Interessen des grossen dort seiner Leitung übertragenen Instituts wahrgenommen und für die Bereicherung, Ordnung und Katalogisirung der Bibliothek sehr Erhebliches geleistet; wie sehr er namentlich die Benützung derselben erleichterte, wissen die am besten, welche sich noch der früheren Schwierigkeiten erinnern können.

Wenn Pertz dem Rufe nach Berlin gefolgt war, hatten ihn politische Motive zum grossen Theile bestimmt. Zu sehr war er in den Ideenkreis des Freiherrn von Stein eingegangen, als dass er nicht auch für die politischen Bewegungen der Zeit die lebhafteste Theilnahme hätte empfinden und wünschen sollen, nach seinem Theile an der Herstellung deutscher Staatsverhältnisse im nationalen Sinne mitzuwirken. Schon in Hannover hatte er in das politische Leben eingegriffen. Im Jahre 1832 gehörte er der zweiten Kammer der Hannoverschen Ständeversammlung an; er besass wohl keine glänzende Rednergabe, aber er sprach „offen, schlicht, verständig, ganz im deutschen Sinne.“ In demselben Jahre begründete er die Hannoversche Zeitung. Es waren die Ideen Stein's, die er und seine Freunde in dieser Zeitung zu verbreiten und zur Geltung zu bringen suchten. Das Blatt gewann sich durch seine freimüthige, mannhafte Haltung in kurzer Zeit weit über die Grenzen Hannovers hinaus Ansehen; als Pertz aber nach mehreren Jahren an einer würdigen Fortführung der Zeitung verzweifelte, legte er die Redaction nieder. Bald nahmen die Verhältnisse in Hannover eine Wendung, in denen ein Mann von Pertz's

Gesinnung dort nicht mehr am rechten Platze war. So verliess er denn seine Heimath und schloss sich an Preussen als den Staat an, an den auch Stein seine Hoffnungen für Deutschlands Wiedergeburt geknüpft hatte.

Als Pertz nach Berlin kam, hat man seinen Rath in politischen Dingen mehrfach in Anspruch genommen, namentlich in Pressangelegenheiten. Bei verschiedenen Projecten, die theils von der Regierung selbst, theils von einer der Regierung befreundeten Partei ausgingen, suchte man seine Theilnahme zu gewinnen, und er leistete willig Beistand, so weit er es vermochte. Aber alle diese Projecte scheiterten erst an der Unklarheit der damaligen Verhältnisse, dann durch den Ausbruch der Revolution von 1848. Wäre Pertz in den nächstfolgenden Jahren, wo das parlamentarische Leben in Deutschland zur üppigsten Entfaltung gedieh, zur Mitwirkung berufen worden, er würde nach seiner Natur politischen Kämpfen nicht ausgewichen sein. Aber er war nicht der Mann, welcher die Gunst der Menge suchte, und würde auch kaum inmitten der erhitzten Parteien jener Zeit für seine Ansichten in weiteren Kreisen Zustimmung gefunden haben. Dennoch hat er auf das politische Leben, wie es sich seitdem gestaltete, einen nicht zu unterschätzenden Einfluss geübt. Gerade in jenen Jahren der grössten politischen Aufregungen publicirte er die Denkschriften des Ministers Freiherrn von Stein über deutsche, insbesondere preussische Verfassung (1848), verfasste er sein grosses Werk: „Leben des Ministers Freiherrn von Stein", welches in 6 Bänden 1849—1855 erschien. Das Leben des Feldmarschalls Grafen Neidhardt von Gneisenau, welches ein Seitenstück zu Stein's Leben bilden sollte, hat er nicht vollendet; nur 3 Bände sind in den Jahren 1864—1867 erschienen. Es sind manche und zum Theil begründete Ausstellungen gegen Pertz's Biographien gemacht worden, aber unläugbar ist, dass durch das reiche, durchaus zuverlässige

Material, welches sie für die Geschichte der Wiedergeburt Preussens und der deutschen Freiheitskriege erschlossen, durch die warme Darstellung der Stein'schen Reformen und Pläne, durch die gerechte Würdigung der preussischen Politik unsre historische Literatur bestimmter eine Richtung erhielt, die sich auch politisch fruchtbar erwiesen hat. Die neue Erhebung Preussens und die Bildung des neuen deutschen Reichs, welche Pertz noch erleben sollte, begrüsste er aus voller Seele als Erfüllung von Hoffnungen, die sein ganzes Leben getragen und bestimmt hatten.

Es hat Pertz an vielen und grossen Auszeichnungen nicht gefehlt; sie sind ihm von Fürsten und von gelehrten Körperschaften in Fülle zu Theil geworden; vielleicht ist kein deutscher Historiker unserer Zeit im Auslande persönlich mehr gekannt und geachtet worden, als der vielreisende Herausgeber der Monumenta Germaniae. Es gab auch eine Zeit, wo er die Gunst der deutschen Gelehrtenwelt, wie wenige Andere, besass. Aber in den letzten Jahrzehnten musste er die schmerzliche Erfahruug machen, dass ihm die Anerkennung, die er zu finden gewohnt war, in Deutschland selbst von verschiedenen Seiten versagt wurde; er hatte Anfechtungen zu erdulden, die nicht nur seinen Werken, sondern auch seinem Charakter galten. Mochte er, der sich bewusst war den Besten seiner Zeit genug gethan zu haben, sich über die Feindseligkeiten der Epigonen erhaben glauben, mochte er die ihm eigene feste Haltung und Ruhe äusserlich bewahren, jene Angriffe verbitterten doch sein Leben und brachten ihn in eine gereizte Stimmung, in welcher sich sein sonst so klarer Blick für das Richtige und Heilsame nicht selten trübte.

Die Zerwürfnisse, in welche Pertz in seinen letzten Lebensjahren vielfach selbst mit Männern gerieth, welche seine grossen Verdienste im vollsten Masse anerkannten, erklären sich zum Theil aus einer Eigenthümlichkeit seines

Wesens, die leicht tief verletzen konnte. Wie er in seinen Arbeiten schnell eine Ansicht ergriff, sie mit Consequenz durchführte, sich selbst durch gewichtige Bedenken Andrer nicht beirren liess — er hat meines Wissens nie eine einmal ausgesprochene wissenschaftliche Ansicht später rectificirt — so behandelte er auch die Personen, mit denen ihn das Leben zusammenführte, nach einer oft nicht ohne Vorurtheile gefassten Ansicht, die er mit Starrheit festhielt. In Männern, welche den Bestrebungen, in denen er seine Lebensaufgabe sah, hinderlich zu sein schienen, sah er gleichsam persönliche Feinde. Es beherrschten ihn Antipathien, die unüberwindlich waren, und es scheiterten daran alle Versuche der Ausgleichung unglücklicher Differenzen, die bei leidenschaftsloser Erwägung leicht zu heben schienen. Sehr irrten diejenigen, welche Pertz Kälte des Herzens schuld gaben. Wie warm er fühlte, zeigt der lebendige Patriotismus, den er in seinem ganzen Wirken bewährte, sein glückliches Familienleben, die innige Freundschaft mit so vielen trefflichen Männern, die ihr volles Vertrauen ihm schenkten. Eher liesse sich behaupten, dass sein Gemüth wie in Zuneigung, so auch in Abneigung überschwänglich war. Es ist nicht selten ein Fehler starker Naturen, der ihnen selbst am verderblichsten wird, dass sie persönliche Sympathien und Antipathien in dem Herzen zu üppig wuchern lassen.

Sein Leben sollte Pertz in unsrer Stadt beschliessen, in welcher er so oft und so gerne verweilt, in welcher er die reichste Ausbeute für seine wissenschaftlichen Arbeiten und zugleich vielfachen Kunst- und Lebensgenuss gefunden hatte. König Maximilian II., welcher die Hebung der historischen Studien in Deutschland als eine seiner Lebensaufgaben ansah, hatte dem gefeierten Begründer der Monumenta Germaniae seine Aufmerksamkeit und Gunst zugewendet. Pertz wurde unter die Ritter des Maximiliansordens aufgenommen, und er gehörte zu jenen deutschen Historikern, welche der hochselige König 1858 nach München einlud, um die historische Commission bei unsrer Akademie in das Leben zu rufen. Da die Commission sich vor Allem mit der Auffindung und Herausgabe werthvollen Quellenmaterials für die deutsche Geschichte beschäftigen sollte und hier Pertz's Arbeiten als Vorbild angesehen werden mussten, war die Theilnahme, welche er unausgesetzt den Bestrebungen der Commission zugewendet hat, von dem grössten Nutzen. Bis zum Jahre 1870 hatte er allen Plenarversammlungen derselben beigewohnt und an den Verhandlungen stets den lebhaftesten Antheil genommen. In den nächsten Jahren hinderten ihn theils dienstliche Geschäfte theils die Beschwerden des Alters die Reise zu unternehmen. Aber im vorigen Jahre traf er mit auffälligem Eifer schon vor Monaten alle Veranstaltungen, um zu der Plenarversammlung zu erscheinen. Nachdem er mit seiner Familie die Sommermonate in Tegernsee zugebracht hatte, beeilte er sich schon mehrere Tage vor Eröffnung der Versammlung hierher zu kommen; seine Gedanken waren ganz auf die Arbeiten der Commission gerichtet. Aber kurz nach seiner Ankunft traf ihn der Schlaganfall, der seinem Leben nach wenigen Tagen ein Ziel setzen sollte.

Da man einen wohlthätigen Einfluss auf seinen Zustand erwartete, wenn ich ihn versicherte, dass seine Anwesenheit bei den Berathungen der Commission nicht geboten sei, wurde ich an sein Krankenlager gerufen. Ich fand ihn auf demselben gelähmt und sprachlos, aber er zeigte mir dieselbe freundliche Miene, mit der er mir so oft entgegengetreten war; die Mittheilungen, welche ich ihm über die Arbeiten der Commission machte, schien er zu verstehen und ihnen mit Theilnahme zu folgen. Ich versprach, sobald die Plenarversammlung geschlossen sei, ihn von den Resultaten derselben in Kenntniss zu setzen. Aber kaum war der Schluss der Versammlung eingetreten, so ging auch sein Leben zu Ende. Nur kurze Zeit nach seinem letzten Athemzuge stand ich wieder an seinem Lager. Die Züge des Todten waren so wenig entstellt und zeigten eine solche Ruhe, dass man glauben mochte, er sei nur in einen tiefen Schlummer versunken.

Ueber dreissig Jahre habe ich mich seines Wohlwollens und seiner Freundschaft zu erfreuen und ihm nicht nur die fruchtbarsten Anregungen für meine Studien, sondern auch die manigfachsten Beweise herzlicher Güte zu danken gehabt. Ich stand ihm nahe genug, um zu sehen, dass auch er von den Schwächen der menschlichen Natur nicht frei war, aber zugleich nahe genug, um zu wissen, dass er nicht nur ein Gelehrter von seltener Begabung, sondern auch ein edler, auf ideale Ziele gerichteter Mensch war. Von der grossen Zahl derer, die sich ihm bei seiner Lebensarbeit für die deutsche Geschichte angeschlossen haben, haben nur Waitz und ich ihn auf dem Sterbelager gesehen; sein Ende wird mir immerdar eine heilige Erinnerung bleiben, und es wird so Entschuldigung finden, wenn dieser Nekrolog eine persönlichere Färbung erhalten hat, als ihn meist diese akademischen Nachrufe tragen. Aber auch in unsrer Akademie wird der Name Pertz, mit dem neuen Aufschwunge der deutschen Geschichtsforschung und Geschichtsschreibung untrennbar verbunden, nie vergessen werden können.

Am 26. Mai 1876 starb zu Prag Dr. Franz Palacky, k. böhmischer Landeshistoriograph und Mitglied des österreichischen Reichsraths. Allbekannt sind die Verdienste dieses ausgezeichneten Gelehrten um die Geschichte Böhmens, welche durch seine Forschungen die erheblichsten Bereicherungen erfahren hat. Bei der engen Verbindung, in welcher Böhmen seit einem Jahrtausend mit dem deutschen

Staatsleben steht, mussten Palacky's Arbeiten auch unsern historischen Studien vielfache Förderung gewähren und seinem Namen um so mehr eine Ehrenstelle in unserer geschichtlichen Literatur gewinnen, als ein grosser Theil seiner Werke ursprünglich in unsrer Sprache geschrieben ist, die er mit Meisterschaft zu gebrauchen wusste.

Palacky wurde am 14. Juni 1798 zu Hotzendorf (Hodslawitz) in Mähren geboren. Seine Familie gehörte der mährischen Bruderunität an, in welcher sich die letzten Traditionen des Hussitenthums erhalten haben; sein Vater war der reformirte Schullehrer des Orts. Seine Universitätsstudien machte Palacky in Pressburg und Wien; obwohl er sich die Jurisprudenz zum Fachstudium erwählt hatte, wandte er sich doch bald mehr nach der Seite der Philologie, Literatur und Aesthetik, und besonders fesselten ihn die bis dahin noch wenig beachteten alten Denkmale der czechischen Sprache und Literatur. Schon im Jahre 1818 gab er mit Schafarik, mit dem er dann durch gemeinsame Bestrebungen so lange verbunden blieb, anonym ein in böhmischer Sprache abgefasstes Werk über die Anfangsgründe der czechischen Poetik heraus. Im Jahre 1823 ging er nach Prag, wo ihn die um die Förderung des wissenschaftlichen Lebens in Böhmen hochverdienten Grafen Sternberg zu ihrem Archivar bestellten und dadurch seinen Studien die besondere Richtung auf die böhmische Geschichte gaben.

Mit Eifer und Glück durchforschte Palacky in den nächsten Jahren viele Archive und Bibliotheken Böhmens, Deutschlands und Italiens, um verborgene Quellen für die ältere Geschichte Böhmens an das Licht zu ziehen. Die Früchte dieser gelehrten Reisen traten in dem 1829 herausgegebenen dritten Bande der Scriptores rerum Bohemicarum und der 1830 veröffentlichten Preisschrift: „Würdigung der alten böhmischen Geschichtsschreiber“ hervor. Inzwischen hatte Palacky bereits 1827 auch die Redaction der deutschen und der czechischen Zeitschrift des böhmischen Museums übernommen und dadurch auf die Entwickelung der nationalen Bewegung in Böhmen einen tiefgreifenden Einfluss gewonnen; die deutsche Zeitschrift ist im Jahre 1831 eingegangen, die Redaction der czechischen hat Palacky über ein Jahrzehnt fortgeführt. Trotz seiner Jugend galt er bereits für den tüchtigsten Historiker Böhmens, und die böhmischen Stände ernannten ihn, den reformirten Gelehrten, 1829 zum Landeshistoriographen, doch erhielt der Beschluss der Stände erst acht Jahre später die Genehmigung Kaiser Ferdinands I. Es war Palacky zunächst nur die Fortsetzung von Pubitschka's Chronologischer Geschichte Böhmens aufgetragen, aber eine solche Arbeit entsprach seinem Genius nicht. Er legte den Plan zu einem neuen selbstständigen Werke vor, welches vorzugsweise auf urkundliches und handschriftliches Material begründet werden sollte, und es gelang ihm für diesen Plan die Zustimmung der Stände zu erwirken.

Im Jahre 1836 erschien der erste Band der „Geschichte von Böhmen" in deutscher Sprache; die czechische Uebersetzung ist erst viel später an das Licht getreten. Dem ersten Bande sind dann vier andere bis 1867 gefolgt; der zweite, vierte und fünfte in zwei, der dritte in drei Abtheilungen. Die Darstellung ist bis zum Ende der Jagellonenherrschaft in Böhmen fortgeführt, und wenn es jemals ernstlich die Absicht des Verfassers gewesen ist, auch die Zeiten der Habsburger zu behandeln, hat er diese doch schon früh aufgegeben. Die grossen Vorzüge, welche Palacky's Werk vor allen verwandten Arbeiten über die ältere Geschichte Böhmens auszeichneten, fanden nicht allein in Böhmen und den slawischen Ländern, sondern aller Orten, wo man an historischer Wissenschaft Antheil nahm, sogleich die vollste Anerkennung. Auch in Deutschland hatte das Werk einen durchschlagenden Erfolg, obwohl man sich nicht verhehlen konnte, dass trotz aller Versicherungen des Verfassers, dass er nur nach historischer Wahrheit und Treue strebe, durch Ueberschätzung der czechischen Nationalität die Einflüsse des deutschen Wesens auf Böhmen vielfach in ein falsches Licht gestellt waren. Wie sehr man dies beklagen mochte, freute man sich doch des reichen Ertrags, der aus den umfassenden Studien Palacky's auch für wichtige Perioden der deutschen Geschichte gewonnen war. Sein Name wurde bald denen unsrer ersten Historiker zur Seite gestellt. Schon im Jahre 1836 wählte unsre Akademie Palacky zu ihrem auswärtigen Mitglied.

Auch aus den zahlreichen andren Quellensammlungen und Abhandlungen, welche Palacky theils neben seinem Hauptwerk theils nach dem Abschluss desselben veröffentlichte, hat nicht nur die böhmische, sondern auch die deutsche Geschichte grossen Gewinn gezogen. Es genügt hier der Hinweis auf seine „Literarische Reise nach Italien im Jahre 1837", die Abhandlung: „Ueber Formelbücher, zunächst in Bezug auf böhmische Geschichte" (1842), die „Urkundlichen Beträge zur Geschichte Böhmens und seiner Nachbarländer im Zeitalter Georgs von Podiebrad" (1860), die „Documenta magistri Joannis Hus" (1869), die „Urkundlichen Beiträge zur Geschichte des Hussitenkriegs" (1873). Eine mehr als fünfzigjährige literarische Wirksamkeit von seltener Ergiebigkeit ist Palacky beschieden gewesen. Die Resultate seiner Studien sind vielfach, namentlich von deutscher Seite, angefochten worden, aber auch selbst seine Gegner werden sich dem Eindruck nicht haben entziehen können, dass sie es mit einem wissenschaftlich hochbedeutenden Mann zu thun hatten.

In dankbarer Erinnerung trage ich die Beweise persönlichen Wohlwollens, die ich von ihm im Jahre 1843 erhielt. Nachdem ich ihn kurz zuvor im Berliner Archiv hatte kennen lernen, fand ich in seinem Hause zu Prag, dort von Pertz eingeführt und begleitet, die freundlichste Aufnahme. Es war dem jüngeren Manne ein erhebendes Gefühl, seine Gedanken zwanglos austauschen zu können mit den beiden Gelehrten, von denen jeder von dem berechtigten Bewusstsein erfüllt war der Geschichtsforschung seiner Nation eine neue Basis gegeben zu haben, die beide damals in der Fülle der Manneskraft und im frischen Glanze ihres Ruhms standen. In der hohen, kräftigen Gestalt und der Festigkeit ihres Auftretens sich nicht unähnlich, in ihren Studien sich vielfach berührend, beide in einem merkwürdigen Parallelismus des Lebensgangs aus unscheinbaren Verhältnissen zu einflussreicher Stellung gelangt, schienen sie damals in ihren wichtigsten Interessen in voller Harmonie mit einander zu stehen. Ich weiss nicht, ob sie sich später wieder begegnet sind, aber an Dissonanzen dürfte es dann kaum gefehlt haben.

Das Jahr 1848 verwickelte Palacky tief in das politische Leben, in welchem er dann bis zu seinem Tode eine nicht immer glückliche, aber immer viel beachtete Rolle gespielt hat. In den letzten dreissig Jahren galt er recht eigentlich als der Repräsentant der czechischen Nationalität und ihrer Interessen; als solcher ist er nicht nur in Schriften, sondern auch in parlamentarischen Kämpfen vielfach wirksam gewesen. Die Verehrung seiner Landsleute hat er sich dadurch im hohen Grade erworben. Je kühner er sich vorwagte, desto reichere Ehrenkränze fielen ihm zu. Wir Deutsche mussten dagegen bedauern, dass die Politik ihn immer weiter in eine einseitige Beurtheilung oder Verurtheilung der deutschen Nationalität trieb.

Am 5. August 1876 starb zu Nussdorf bei Landau in der Pfalz der protestantische Pfarrer Johann Georg Lehmann, ein Gelehrter, der sich um die Geschichte seiner Heimath sehr verdient gemacht hat. Seit 1860 war er Correspondent unsrer Akademie.

Lehmann wurde am 24. December 1797 zu Dürkheim an der Hardt geboren, wo sein Vater reformirter Pfarrer war. Seine Gymnasialstudien machte er auf dem dortigen Collège und bezog dann die Universität Heidelberg, um sich der Theologie zu widmen. Neben seinem Fachstudium betrieb er schon damals mit Vorliebe die Geschichte und namentlich die historischen Hilfswissenschaften der Archäologie, Heraldik, Numismatik und Diplomatik. Schon als Student begann er Sammlungen von Urkunden, Siegeln und Münzen anzulegen, die dann, mehr als sechzig Jahre fortgeführt und bereichert, zu einem sehr werthvollen Besitz erwuchsen. Ein Theil dieser Sammlungen ist durch Kauf an die Universität zurückgekommen, welche den Sammeleifer Lehmanns erregt hatte.

Lehmann war aber nicht nur ein emsiger Sammler, sondern auch ein fleissiger, gründlicher Forscher, namentlich in der Geschichte seiner geliebten Heimath. Schon als Pfarverweser in Ellerstadt gab er im Jahre 1822 die Geschichte des Klosters Limburg heraus, und auch in seiner späteren Amtsthätigkeit, wo er nach einander die Pfarreien in Altleiningen, Weissenheim, Kerzenheim und Nussdorf zu verwalten hatte, blieb er stets seinen historischen Arbeiten treu. Die Schwierigkeiten, welche ihm aus der Entfernung von grösseren Bibliotheken erwuchsen, schienen seinen Eifer eher anzuspornen, als zu lähmen. Lehmann war ein sehr fruchtbarer Autor. In seinen gedruckten Werken liegt nur ein Bruchtheil seiner literarischen Thätigkeit vor; ausser seinen meisten poetischen Arbeiten sind auch eine nicht geringe Anzahl seiner historischen Schriften Manuscript geblieben.

Nachdem Lehmann vorher mehrere auf die pfälzische Geschichte bezügliche Monographien veröffentlicht hatte, begann er im Jahre 1857 sein Hauptwerk: „Urkundliche Geschichte der Burgen und Bergschlösser der bayrischen Pfalz" herauszugeben, von welchem bis 1866 fünf Bände erschienen. Die Resultate langjähriger Studien sind in diesem Buche niedergelegt, welches immer eine der ergiebigsten Fundgruben für die Lokalgeschichte der Pfalz bleiben wird. Durch dieses Werk war Lehmann's Ruf als hervorragender Kenner der Pfälzischen Geschichte gesichert. Als König Maximilian II. die historische Commission beauftragte historische Werke für die Pfalz zu veranlassen und in dieser Hinsicht vornehmlich die Mitwirkung des verstorbenen Häusser in Anspruch nahm, glaubte Häusser besonders auf Lehmann's Arbeiten verweisen zu müssen. Mit Unterstützung der historischen Commission ermöglichte dann Lehmann den Druck seiner „Urkundlichen Geschichte der Grafschaft Hanau-Lichtenberg" (2 Bände 1862 – 1863). In den nächsten Jahren arbeitete er auf Anregung Häussers und mit Unterstützung der Commission die „Geschichte des Herzogthums Zweibrücken" (1867) und die „Geschichte der Grafen von Spanheim" (2 Theile 1869) aus. Es sind die letzten grösseren Werke, die von Lehmann noch selbst in den Druck gegeben werden konnten.

Lehmann's Schriften sind durchweg von den Gesichtspuncten des Lokalhistorikers beherrscht und werden desshalb auf solche, welche der Heimath des Verfassers ferner stehen, keine grosse Anziehungskraft üben; auch in der Pfalz selbst dürften sie kaum in weitere Kreise gedrungen sein, da die Darstellung mehr einen gelehrten, als populären Charakter trägt. Aber sie ruhen auf einem zuverlässigen und mit Gewissenhaftigkeit verarbeiteten Material, wie es ausser Lehmann kaum ein Anderer beschaffen konnte. Es sind überaus nützliche Arbeiten, welche kein Historiker, den seine Studien auf die historischen Verhältnisse der Pfalz führen, entbehren kann.

Bald nach einander hat die Rheinpfalz in Remling und Lehmann die beiden Gelehrten verloren, welche für die Erforschung ihrer Geschichte in den letzten Jahrzehnten am thätigsten gewesen sind: möchten sie würdige Nachfolger finden!

Verzeichniss der eingelaufenen Büchergeschenke.

Vom akademischen Leseverein in Graz:

IX. Jahresbericht. 1876. 8.

Von der Akademie der Wissenschaften in Krakau:

Bibliographische Berichte über die Publikationen derselben. 1876. 8.

Vom Geschichtsverein für Kärnthen in Klagenfurt:

Archiv für vaterländische Geschichte und Topographie. 13. Jahrgang. 1876. 8.

Vom fürstlich Fürstenbergischen Hauptarchiv in Donaueschingen:

Fürstenbergisches Urkundenbuch. I. Bd. Sammlung der Quellen zur Geschichte des Hauses Fürstenberg und seiner Lande in Schwaben. Tübingen. 1877. Gr. 4.

Von der Generaldirektion der k. Sammlungen für Kunst und Wissenschaft in Dresden:

Bericht über die Verwaltung der k. Sammlungen für Kunst und Wissenschaft. In den Jahren 1874 u. 1875. 4.

Vom Verein für Landeskunde von Niederösterreich in Wien:

a) Blätter des Vereins. Neue Folge. X. Jahrg. 1876. 8.
b) Topographie von Niederösterreich. I. u. II. Bd. 1871—76. 4.

Vom Verein für hansische Geschichte in Leipzig:

Hansische Geschichtsblätter. Jahrg. 1873. 74. 75. 8.

Von der Gesellschaft für nordische Alterthumskunde in Copenhagen:

a) Aarböger for Nordisk Oldkyndighed og Historie. Aargang 1874, 1875, 1876. 8.
b) Antiquités Russes d'après les monuments historiques des Islandais et des Anciens Scandinaves. Tom. I. II. 1850. 1852. gr. Fol.

Von der Asiatic Society of Bengal in Calcutta:

a) Journal. No. 200—202. 204. 1875—76. 8.
b) Proceedings. No. I—VII. 1876. 8.
c) Bibliotheca Indica. Old Series. No. 234. 235. New Series. No. 328. 332—342. 344—348. 1876. 8.

Von der deutschen Gesellschaft für Natur- und Völkerkunde Ostasiens in Yokohama:

Das schöne Mädchen von Pao, eine Erzählung aus dem Chinesischen, übersetzt von C. Arendt. Buch III. Kapitel III. u. IV. 1876. Fol.

Von der Société Royale des Sciences in Upsala:

Nova acta regiae societatis scientiarum Upsalensis. Ser. III. Vol. X. 1876. 4.

Vom Leseverein der deutschen Studenten in Wien:

Jahresbericht über d. J. 1875/76. 8.

Vom historischen Verein für Oberfranken in Bamberg:

38. Bericht über Bestand und Wirken im Jahre 1875. 8.

Vom Verein für Geschichte und Alterthumskunde in Frankfurt a/M.:

a) Neujahrsblatt f. d. J. 1875 u. 1876. 4.
b) Oertliche Beschreibung der Stadt Frankfurt a/M. von J. G. Batton. Heft VII. 1875. 8.
c) Tagebuch des Canonicus Wolfgang Königstein hsg. v. G. E. Steitz. 1876. 8.

Von der Südslavischen Akademie der Wissenschaften in Agram:

Starine. Bd. VIII. 1876. 8.

Von der Universität in Lund:

a) Acta Universitatis Lundensis. Tom. XI. 1874. 4.
b) Universitets-Biblioteks Accessions-Katalog 1874. 1875. 8.

Von der Literary and Philosophical Society in Manchester:

a) Memoirs. III. Series. Vol. 5. London 1876. 8.
b) Proceedings. Vol. XIII—XVI (1873/74—75/76). 8.
c) Catalogue of the Books in the Library of the Manchester Literary and Philosophical Society. 1875. 8.

Vom Essex-Institute in Salem:

Bulletin Vol. VII. 1875. 8.

Vom historischen Verein für Niedersachsen in Hannover:

Zeitschrift. Jahrgang 1876. 8.

Von der Redaktion des Correspondenzblattes für die Gelehrten- und Realschulen Württemberg's in Stuttgart:

Correspondenzblatt. Jahrgang 24. 1877. 8.

Vom Verein für Geschichte und Alterthumskunde Westfalens in Münster:

Zeitschrift für vaterländische Geschichte und Alterthumskunde. 4. Folge. Bd. IV. 1876. 8.

Vom Verein für Geschichte der Deutschen in Böhmen zu Prag:

a) Mittheilungen, Jahrgang XV. 1876. 8.
b) Wilhelm von Wenden, ein Gedicht Ulrichs von Eschenbach, hsg. von Wendelin Toischer.
c) Stadtbuch von Brüx bis zum Jahre 1526. Bearbeitet von Ludwig Schlesinger. 1876. 4.

Vom Verein für Kunst- und Alterthum zu Ulm:

Correspondenzblatt 1877. 4.

Von der archäologischen Gesellschaft in Berlin:

35. Programm zum Winkelmannsfest: Georg Treu, griechische Thongefässe. 1875. 4.

Von der allg. geschichtforschenden Gesellschaft der Schweiz in Zürich:

Jahrbuch für Schweizerische Geschichte. 1. Band. 1877. 8.

Von der Akademie der Wissenschaften in Berlin:

Corpus Inscriptionum Latinarum. Vol. VI. Pars. I. 1876.

Vom germanischen Museum in Nürnberg:

Anzeiger für Kunde der deutschen Vorzeit. Neue Folge. 23 Jahrgang 1876. No. 1—12. Januar—Dezemb. 4.

Von der Reale Accademia delle scienze in Turin:

Atti. Vol. XI. 1876. 8.

Von der Société des arts et des sciences in Batavia:

a) Notulen van de Algemeene en Bestuurs-Vergaderingen. Deel XIV. 1876. 8.
b) Kawi Oorkonden Inleiding en transscriptie van A. B. Cohen Stuart. Mit Atlas. Leiden 1875. Fol.

Von der Académie Impér. des sciences in Petersburg:

Bulletin Tom. XXIII. 1877. 4.

Von der Académie Royale des sciences in Brüssel:

Bulletin 46ᵉ année. 2ᵉ Série, Tome 43. 1877. 8.

Vom Herrn Adolf Trendelenburg in Berlin:

Der Musenchor, Relief einer Marmorbasis aus Halikarnass. 36. Programm zum Winkelmannsfest der archäologischen Gesellschaft zu Berlin. 1876. 4.

Vom Herrn Mathias Lexer in Würzburg:

Mittelhochdeutsches Handwörterbuch. 15. Lief. 1876. 8.

Vom Herrn Stanislas Sciennicki in Warschau:

Quelques mots pour servir à l'histoire des cimetières musulmans et des mosquées tartares. 1876. 4.

Vom Herrn Alfred von Reumont in Bonn:

Geschichte Toscana's. Band 2. Gotha 1877. 8.

Vom Herrn F. Kielhorn in Poona (Ostindien):

Kâtyâyana and Patanjali: their relation to each other and to Pâṇini. Bombay 1876. 8.

Vom Herrn Garcin de Tassy in Paris:

La langue et la littérature hindoustanies en 1876. 8.

Vom Herrn Gaudenzio Claretta in Turin:

a) Adelaide di Savoia, Duchessa di Baviera e i suoi tempi. 1877. 8.
b) Sul regno di Carlo III. Duca di Savoja. Firenze 1876. 8.
c) Cronistoria del Municipio di Giaveno dal secolo VIII al XIX. 1875. 8.
d) Notizia storica sulla più antica carta di Franchigia. 1874. 8.
e) Sulle avventure di Luca Assarino e Gerolamo Brusoni. 1873. 8.
f) Sulla ricostituzione della scuola di paleografia negli archivi di stato di Torino. Firenze 1872. 8.

Vom Herrn Adalbert von Keller in Tübingen:

Uhland als Dramatiker mit Benützung seines handschriftlichen Nachlasses. Stuttgart 1877. 8.

Vom Herrn Gozzadini in Bologna:

Intorno agli scavi 'archeologici fatti dal Sig. A. Arnoaldi Veli presso Bologna. 1877. 4.

Sitzungsberichte

der

königl. bayer. Akademie der Wissenschaften.

Philosophisch-philologische Classe.

Sitzung vom 5. Mai 1877.

Herr Trumpp legte vor:

„Beiträge zur arabischen Syntax."

I.

Die passive Construction im Arabischen.

Das Arabische ist die einzige semitische Sprache, welche ein regelmässiges Passiv von allen Verbalformen (die IX. und XI—XV. Form ausgenommen) ausgebildet hat. Sogar seine nächste Schwestersprache, das Aethiopische, ist in dieser Hinsicht auf einem älteren Standpuncte stehen geblieben, indem es sich, wie die nordsemitischen Sprachen, mit der Reflexivbildung begnügt hat, welche zugleich die Functionen des eigentlichen Passivs auf sich genommen hat. Von den nordsemitischen Sprachen ist nur das Hebräische in seiner Entwicklung etwas weiter fortgeschritten, indem es vom Piʿel und Hifʿil ein regelmässiges Passiv, das Puʿal und Hofʿal ausgebildet hat, was deutlich zeigt, dass diese Kraft der Passivbildung einst auch den nordsemitischen Sprachen innegewohnt haben muss, obschon das Aramäisch-

Syrische, sowie das Assyrische keinen Ansaz zu einer Passivbildung gemacht haben.

Im Arabischen ist der Gebrauch des Passivs, wie schon seine formale Durchbildung andeutet, ein sehr häufiger, und die Sprache weiss dasselbe sehr geschickt zu allerlei feinen Redewendungen zu verwerthen. Die passive Construction gehört daher zu den Eigenthümlichkeiten der arabischen Syntax, die wir hier einer näheren Untersuchung unterziehen wollen, da unsere bisherigen arabischen Grammatiken, wie die von De Sacy, Ewald und Caspari, ja sogar die neusten Ausgaben und Ueberarbeitungen der lezten von Wright und A. Müller noch manches unbestimmt lassen oder theilweise unrichtig aufgefasst haben, wie wir es später im einzelnen nachweisen werden. Die gröbsten Irrthümer sind zwar schon von Fleischer in seinen gelehrten „Beiträgen zur arabischen Sprachkunde" S. 270 sqq. bereinigt worden, es ist aber noch manches übrig, was zur völligen Klarstellung des syntactischen Gebrauchs des Passivs herausgehoben zu werden verdient, was wir an der Hand der uns zugänglichen arabischen Nationalgrammatiker hier zu thun versuchen wollen.

In der Definition des Passivs stimmen alle arabischen Grammatiker überein. Das Verb selbst, sofern es in der passiven Form steht wird gewöhnlich اَلْفِعْلُ ٱلْمَبْنِيُّ لِلْمَفْعُولِ (das für das Object geformte Verb), oder الفعلُ المبنيُّ للمَجْهُولِ (das für das unbekannte [nach seinem Activ-Subject] geformte Verb) genannt [1]; andere umschreibende Benennungen sind: الفعلُ المعدولُ مِن صيغة فَعَلَ الى فُعِلَ

1) In türkischen und persischen Grammatiken wird daher das Passiv schlechthin صيغة المفعول oder صيغة المجهول, die Form des Objects oder des Unbekannten, benannt.

(das von der Form فَعَلَ zu فُعِلَ abgewandelte Verb, Samaχšarī), الفعلُ المغيَّرُ من بِنْيَتِهِ (das von seinem natürlichen Bau abgeänderte Verb, Ibn Yaʿīš), etc.

Nach der syntactischen Seite aber wird das Passiv dahin definirt, dass es ein Verb sei, dessen Activ-Subject (فاعِلْ) weggenommen und an dessen Stelle das Object (المفعولُ [1]) gesezt worden sei, das Passiv-Verb heisst daher, mit Rücksicht auf seine Bedeutung, فعلُ ما لم يُسَمَّ فاعِلُهُ, die Handlung, von der der Thäter nicht genannt wird. Das Passiv-Subject dagegen wird, im Gegensaz zum Activ-Subject, النائبُ عن الفاعِلِ, oder kürzer نائبُ الفاعل, oder القائمُ مقامَ الفاعلِ, das an die Stelle des Activ-Subjects Tretende genannt, auf welches das (passive) Verb praedicativ bezogen wird (أُسْنِدَ اليهِ).

Der terminus technicus für das Passiv-Subject, نائبُ الفاعل, ist nicht glücklich gewählt, da er zu allgemein gehalten ist und über das Wesen desselben eigentlich nichts aussagt. Dies ist auch zum Theil von den arabischen Grammatikern selbst gefühlt worden, wesswegen sie bemüht sind, diesem Mangel durch Erklärungen nachzuhelfen (die Alfiyyah z. B. V. 242 sagt: ينوبُ مفعولْ بِهِ عن فاعِلِ, und ähnlich Nāṣif im Nāru-lqirā, p. ٨٩ يخلُفُ الفاعِلَ مفعولْ بِهِ). Ueber die mangelhafte Definition des Passiv-Subjects

1) المفعولُ steht hier kürzer für: المفعولُ بِهِ.

spricht sich Butrus al-bustānī im مصباح الطالب (Bairūt, 1854) folgendermassen aus (p. ١٨٤, Anm. 1): هذا التعريف غيرُ

سديد لانّه يصدُقُ على فعلٍ ما لم يُسَمَّ فاعله لا على نائبِ

الفاعل ويوهِمُ انّ نائبَ الفاعل هو غيرُ المفعول وكان حقّهُ

ان يقول هو مفعولٌ حُذِفَ فاعلهُ لغرضٍ وأُقيم هو مقامَهُ

„Diese Definition ist nicht richtig, da sie (nur) von der Handlung gilt, von der der Thäter nicht genannt wird (i. e. vom passiven Verb), nicht von dem, was an die Stelle des Fāʿil tritt (i. e. vom Passiv-Subject), und die Vermuthung zulässt, dass das نائب الفاعِل etwas anderes als das Object (i. e. das Leidende) sei. Er hätte richtigerweise sagen sollen: es ist das Object, dessen Activ-Subject aus irgend einer Absicht [1]) ausgelassen worden und an dessen Stelle es gesezt worden ist.“ Dieser Einwand ist begründet, da das Passiv-Subject, was auch seine äussere Form sein mag,

---

1) Als Grund, warum das Activ-Subject ausgelassen wurde, geben die arabischen Grammatiker theils einen غَرَضٌ لفظِىٌّ, z B. ايجازٌ (Kürze der Rede), تصحيحُ النَّظْمِ (Richtigstellung der gebundenen Rede, i. e. Verszwang), محافظةٌ على تناسُبِ الفواصِلِ (Einhalten der Proportion unter den Sazgliedern), theils einen غَرَضٌ مَعْنَوِىٌّ an, z. B. شُهْرَةُ الفاعل (Bekanntsein des Activ-Subjects), جَهْلٌ بِهِ (Unkenntniss desselben), عَدَمُ تعلّقِ غرضٍ بذِكْرِهِ (es nicht erwähnen wollen).

immer ein مفعولٌ بِهِ sein muss. Auf der andern Seite jedoch lässt sich nicht läugnen, dass mit diesem terminus technicus, so unvollkommen er auch an sich ist, die arabischen Grammatiker den Vortheil erlangten, gleich das grammatische Wesen desselben andeuten zu können, da das نائبُ الفاعل meist (so z. B. in der Alfiyyah) nach dem فاعل abgehandelt wurde, vieles bekannte daher vorausgesezt werden konnte.

Mit dem فاعلٌ hat das نائبُ الفاعل nämlich das gemeinsam, dass es 1) immer im Nominativ stehen, 2) dem Verbum, durch welches es in den Nominativ gesezt wird, nachfolgen, und 3) nie ausgelassen werden darf.

Der erste Punct bedarf keiner weiteren Erläuterung. Was den zweiten betrifft, so ist sehr darauf zu achten, dass die arabischen Grammatiker nur das als نائبُ الفاعل gelten lassen, was dem passiven Verb nachgestellt ist, z. B. نِيلَ خَيْرُ نَائِلٍ, „es wurde gegeben das beste von einem Geschenk" (Alfiyyah); lautet aber der Saz umgekehrt: خَيْرُ نَائِلٍ نِيلَ, so ist خَيْرُ نَائِلٍ nicht mehr نائبُ الفاعلِ, sondern مُبْتَدَأٌ, dessen Praedicat der Verbalsaz نِيلَ ist, der sein Passiv-Subject in sich selbst trägt, i. e. نِيلَ هُوَ, ganz wie bei der activen Construction: زَيْدٌ نَالَ خَيْرَ نَائِلٍ.

Was den dritten Punkt anbelangt, dass das Passiv-Subject nie ausgelassen werden dürfe, so ist dies sehr wichtig für die richtige Auffassung der passiven Construction, wie wir gleich sehen werden.

Wie das فاعِلٌ so ist auch das نائِبُ الفاعِلِ doppelter Art, entweder مُظْهَرٌ (ein offenbares Nomen), oder مُضْمَرٌ (ein Pronomen); das leztere kann wieder مُنْفَصِلٌ (absolutes Pronomen), oder مُتَّصِلٌ (angehängt) sein, und als solches wieder بارِزٌ (offenbar, wie in ضُرِبْتَ), oder مُسْتَتِرٌ (verborgen, wie in ضُرِبَ).

Aus dem Bemerkten ergeben sich im einzelnen folgende Regeln:

I. Die passive Construction ist im Arabischen nur da anwendbar, wo der Thäter nicht genannt wird, z. B. ضُرِبَ زَيْدٌ, „Zaid wurde geschlagen".

Dadurch unterscheidet sich das Arabische speciell von seiner Schwestersprache, dem Aethiopischen, welches sich die Möglichkeit bewahrt hat, bei der passiven Construction auch das active Subject durch Hilfe von Praepositionen (wie በ, እምነ፡ etc.) einzufügen, z. B.: አሜሃ፡ ተፈጸመ፡ ዘተብህለ፡ በኤርምያስ፡ ነቢይ፡, „da wurde erfüllt, was gesagt worden war durch Jeremias, den Propheten" (Matth. 2, 17). Auch das Hebräische ist in dieser Hinsicht noch freier und kann das handelnde Subject, wo es nöthig ist, vermittelst einer Praeposition (לְ, stärker noch durch מִן) dem passiven Saze unterordnen, z. B.: מֵיְהוָה מִצְעֲדֵי גֶבֶר כּוֹנָנוּ, „von Jehovah werden die Schritte eines Mannes richtig gestellt" (Ps. 37, 23), während im Syrischen diese Construction (mit Hilfe der Präpositionen *le* und *men*) schon ganz allgemein in Gebrauch gekommen ist.

Mit Recht hat es daher Fleischer getadelt, wenn in der bairūter Uebersezung des Neuen Testaments Säze zu finden sind, wie: لَا يَصْلُحُ بَعْدُ لِشَيْءٍ إِلَّا لِأَنْ يُطْرَحَ خَارِجًا وَيُدَاسَ مِنَ ٱلنَّاسِ, „es (das Salz) ist darnach zu nichts nüze, als dass es hinausgeworfen und von den Leuten zertreten werde“ (Matth. 5, 13), oder: لِكَيْ يُمَجَّدُوا مِنَ ٱلنَّاسِ, „auf dass sie von den Leuten gepriesen werden“ (Matth. 6, 2). In allen solchen Fällen sollte nach allgemeinem arabischen Sprachgebrauch die active Construction zur Anwendung kommen.

Bemerkenswerth sind daher in dieser Hinsicht Säze, wie: يُسَبَّحُ لَهُ فِيهَا بِٱلْغُدُوِّ وَٱلْآصَالِ رِجَالٌ, nach der Lesart einiger (Qur. 24, 36), wo nach dem Mufaṣṣal (p. ١٢, L. 10) aus dem passiven يُسَبَّحُ ein actives يُسَبِّحُ als regierendes Verb zu رِجَالٌ logisch und grammatisch zu ergänzen ist. Man müsste also demgemäss übersezen: „Preis wird ihm dargebracht in ihnen am Morgen und am Abend, Männer (preisen ihn). Nach Sībavaih soll man darum auch sagen können: ضُرِبَ زَيْدٌ عَمْرٌو, „Zaid wurde geschlagen, ʿAmr (schlug ihn)“, indem man aus ضُرِبَ ein ضَرَبَهُ logisch ergänze. Dies beweist nur die strenge Abgrenzung der passiven Construction gegenüber der activen, da, wenn das wirkliche فَاعِلٌ genannt sein sollte, man es vorzog, dasselbe als Nominativ folgen zu lassen, ohne das active Verb herauszustellen, weil es sich aus dem passiven leicht ergänzen liess. Constructionen dieser Art sind übrigens selten und theilweise angefochten.

Indessen finden wir doch auch im Arabischen einzelne, wenn auch nur mehr dichterische Redewendungen, in denen das Activ-Subject bei der passiven Construction eingefügt worden ist. Ibn-ʿAqîl sagt in seinem Commentar zur Alfiyyah, V. 268, ausdrücklich: وَقد يُرْفَعُ المفعولُ بِهِ ويُنْصَبُ الفاعلُ عِنْدَ أَمْنِ اللَّبْسِ كقولهم خُرِقَ الثَّوْبُ المِسْمَارَ, „manchmal wird das Object in den Nominativ und das Fāʿil in den Accusativ gesezt, wenn kein Missverständniss zu befürchten ist, wie man sagt: „das Kleid wurde zerrissen von dem Nagel.“ Er fügt übrigens hinzu: ولا يُنْقَاسُ ذلك بل يُقْتَصَرُ فيهِ على السَّمَاعِ, „dies wird nicht als Regel aufgestellt, sondern man beschränkt sich dabei auf den Sprachgebrauch.“ Dieterici freilich hat diese Bemerkungen auf eine eigenthümliche Weise missverstanden, wenn er das angeführte Beispiel übersezt: „es zerriss das Kleid den Nagel“ und die arabischen Worte demgemäss durch: ḫaraqa al-ṯaubu ʾlmismāra, transcribirt.

Das von Ibn ʿAqîl angeführte Beispiel ist für uns insofern wichtig, als es uns zeigt, dass in einem solchen Falle das handelnde Subject nicht durch eine Praeposition dem passiven Saze untergeordnet wird, sondern im Accusativ steht, der wohl am besten als تمييز gefasst wird (das Kleid wurde zerrissen mit Beziehung auf den Nagel). Aus dem Beispiele selbst scheint übrigens hervorzugehen, dass eine solche Construction nur dann zulässig ist, wenn das handelnde Subject ein **Instrument** ist, was sonst durch die Praeposition بِ untergeordnet wird, da es nicht im eigentlichen Sinne als Activ-Subject betrachtet werden kann.[1]) Hie und da aber findet sich die Praeposition بِ auch bei lebenden Wesen in passiver Verbindung, z. B.: وَبِلادُ خَوْلَانَ تَشْتَمِلُ على قُرًى ومَزَارِعَ ومِيَاهٍ مَعْمُورَةٍ بِأَهْلِهَا, „die Provinzen (oder Districte) von Xaulān bestehen aus Dörfern, (bebauten) Feldern und Wassern, bevölkert durch ihre Einwohner" (Arnold, Chrest. arab. p. 88, L. 3 v. u.). Auch Lane (s. unter عَمِرَ) übersezt باهلها durch: by its people. Doch ist auch hier بِأَهْلِهَا nicht als eigentliches Activ-Subject betrachtet, sondern mehr als Complement von مَعْمُورَةٌ, so dass بِ ebensogut durch „**mit**" übersezt werden könnte.

II. Da das Passiv-Subject nie ausgelassen werden darf, so geht daraus hervor, dass es im Arabischen eigentlich keine **impersonale** Ausdrucksweise gibt[2]), sondern dass das passive Verb, sei das نائبُ الفاعل ein إِسْمٌ مُظْهَرٌ oder ein مُضْمَرٌ مُسْتَتِرٌ immer als **individualisirt** gefasst

---

1) Auch im Hebräischen findet sich eine solche lose Unterordnung des Instruments in passiver Verbindung, wie: תְּאֻכְּלוּ חֶרֶב, „ihr werdet vom Schwerte gefressen werden. S. Ewald's Hebräische Sprachlehre, p. 697.

2) Anders ist das im Hebräischen, wo man z. B. schon sagen kann: יֻלַּד אֶת־הַבֵּן, „man gebar den Sohn"; ebenso im Aethiopischen: ተሰምየ፡ ስሞ፡ „man nannte seinen Namen".

werden muss, wesshalb auch sonst intransitive Zeitwörter im Passiv immer wie active behandelt werden. Man kann also im Arabischen nicht sagen سِيرَ, wie das lateinische ventum est; sein نائب الفاعل wäre هُوَ als verborgenes Pronomen, das aber hier, weil es sich auf keinen Objects-Accusativ bezieht, für den es eintreten könnte, keinen vollständigen Sinn gibt. Daraus folgt von selbst, dass man ebenso wenig sagen kann: سِيرَ سَيْرًا, weil das مَصْدَرٌ مُؤَكِّدٌ (als مفعولٌ مُطْلَقٌ) nichts dazu beiträgt, das verborgene Passiv-Subject irgendwie näher zu bestimmen [1]), auch nicht wenn es noch durch ein وَصْفٌ specialisirt ist, wie سِيرَ سَيْرًا طَوِيلًا. Anders verhält es sich bei an und für sich transitiven Verben, wo man wohl sagen kann ضُرِبَ, oder ضُرِبَ ضَرْبًا, oder ضُرِبَ ضَرْبًا شَدِيدًا, weil hier das Passiv-Subject هُوَ schon an und für sich (aus dem Zusammenhang) bestimmt ist. Was darum Wright (Arab. Gram. II. ed., p. 291) und Caspari (§ 516 und 409), und nach ihm A. Müller (neuste Ausgabe von Caspari, § 498, und Anm. a) in dieser Hinsicht aufgestellt haben, stimmt mit der Lehre der arabischen Grammatiker nicht überein.

Ist kein Passiv-Subject (nach unserer Auffassung) vorhanden, so hilft sich das Arabische auf verschiedene Weise.

a) Es wird das vom Verbum finitum abgeleitete Verbal-

---

1) Nâsîf sagt ausdrücklich l. c. p. ٨٩, L. 2 v. u.: ولذلك لا ينوبُ المصدر المؤكِّدُ.

nomen dazu gemacht und in den Nominativ gestellt [1]), aber nicht für sich allein, so dass man ضُرِبَ ضَرْبٌ sagen könnte, wie Caspari (§ 409, Anm. b) angibt [2]), sondern nur unter den zwei Bedingungen, dass es entweder durch eine Annexion oder durch ein وَصْف (Qualificativ) näher bestimmt sei, da das Verbalnomen für sich allein dem Begriff des Verbums nichts hinzufügt, also auch nicht als Passiv-Subject eintreten kann [3]). Man sagt also: ضُرِبَ ضَرْبُ الامِيرِ, „das Schlagen des Amirs wurde geschlagen", oder ضُرِبَ ضَرْبٌ شَدِيدٌ, „ein heftiges Schlagen wurde geschlagen"; ebenso: سِيرَ سَيْرُ البَرِيدِ, „ein Postreisen wurde gereist", oder: سِيرَ سَيْرٌ طَوِيلٌ, „ein langes Reisen wurde gereist".

Etwas anderes ist es mit dem verbalen Einheitsworte (اِسْمُ مَرَّةٍ), das, weil es die Idee der Zahl in sich begreift (لِتَحْدِيدِ عَدَدٍ), an sich schon determinirt ist und darum auch ohne jede Nebenbestimmung zum Passiv-Subject erhoben werden kann, wie es ja auch in den Dual und Plural treten kann, z. B.: ضُرِبَ ضَرْبَةٌ, „ein einmaliges Schlagen wurde geschlagen".

---

1) Ein Verbalnomen, auch wenn es näher bestimmt wäre, kann daher nie zum Passiv-Subject gemacht werden, wenn es dem Sprachgebrauch gemäss nur im Accusativ vorkommt, wie مَعَاذَ اللّٰهِ.

2) Dieser Irrthum ist von Wright und A. Müller aus ihren Ausgaben gestrichen worden, nachdem Fleischer die Unstatthaftigkeit dieser Ausdrucksweise nachgewiesen hatte.

3) Vergleiche Ibn ʿAqîl's Commentar zur Alfiyyah, V. 250.

Aus dem vorhergehenden ist klar, dass wenn man nicht ضُرِبَ ضَرْبٌ sagen darf, auch Ausdrücke wie اُخْتُلِفَ, „es wird gestritten", nicht durch: اُخْتُلِفَ اختلافٌ erklärt werden dürfen, wie dies noch Wright und A. Müller thun, welche die betreffende Aufstellung Caspari's ohne nähere Prüfung hingenommen haben. Dass die arabischen Grammatiker selbst die Sache so darstellen, wie versichert wird, sollte doch erst nachgewiesen werden. Die Alfiyyah und das Mufaṣṣal sprechen sich über diesen Punct nicht aus, wohl aber das مصباح الطالب und das Nāru-lqirā.

Das erstere (p. ١٨٤, Anm. 2) unterscheidet zwei Fälle: in Säzen wie: عُلِمَ أَنَّ زَيْدًا قائمٌ ist das نائب الفاعل von عُلِمَ ein اِسْمٌ مُؤَوَّلٌ, nämlich der durch أَنَّ eingeleitete Saz. Der Saz dagegen: يُغْضِي حَيَآءً ويُغْضَى مِن مَهَابَتِهِ, „er schweigt aus Scham und es wird geschwiegen aus Scheue vor ihm", erklärt es folgendermassen: فالنائبُ فيه ضميرُ المصدر لا قولهُ من مهابتِهِ والمعنى ويُغْضَى هُوَ اى الإغضآء وهكذا ما اشبه, „das an die Stelle (des Fāʿil) tretende ist darinnen das Pronomen des Verbalnomens, nicht die Worte: من مهابتِهِ (aus Gründen, die wir weiter unten beleuchten werden), und der Sinn ist: es, nämlich das Schweigen (الاغضآء, nicht إغضآء) wird geschwiegen, und ebenso was dem ähnlich ist".

Ganz auf dieselbe Weise spricht sich Shaiχ Nāṣīf aus (Nāru-lqirā, p. ٩٠, L. 9) indem er sagt: وقد يَنوبُ ضميرُ المصدرِ المفهومُ من الفعل مُسْتَتِرًا فيه بشرط تقديرِهِ

مُخْتَصًّا بلامِ العَهْدِ او بصفةٍ محذوفةٍ ليُفِيدَ ما لا يُفِيدُهُ الفعلُ, „manchmal kommt das Pronomen des Verbalnomens, das sich aus dem Verbum versteht, indem es in demselben verborgen ist, als Passiv-Subject vor, unter der Bedingung, dass man es als durch das لامُ العَهْدِ (den Artikel, der auf etwas bekanntes zurückweist) oder durch ein ausgelassenes Qualificativ als näher bestimmt supponirt, damit es das ausdrücke, was das Verbum nicht ausdrückt". Er fährt dann fort: „Sībavaih hat sich darüber ausgesprochen und als Beispiel dafür angeführt نِيمَ und قُعِدَ = نِيمَ هُوَ und قُعِدَ هُوَ, d. h. der bekannte Schlaf und das bekannte Sizen, oder z. B. der lange Schlaf und das schöne Sizen. Einige Grammatiker erklären darnach das Passiv-Subject in Säzen, wie: مُرَّ بِزَيْدٍ, indem sie dazu das Pronomen von اَلْمُرُورُ machen (= مُرَّ المرورُ بِزَيْدٍ); dies ist die Lehrweise' von Durustavaih, von As-suhailī und von Ar-rundī. Ibn Mālik sagt, dass das Passiv-Subject davon die Praeposition mit dem im Genetiv stehenden Nomen sei (also بِزَيْدٍ), das richtige aber ist, dass es das von der Praeposition regierte Nomen allein ist, weil es dasjenige ist, was Objects-Accusativ war, ehe das Activ-Subject ausgelassen wurde, also besser zur Stellvertretung desselben taugt. Die Praeposition, die vor das Nomen tritt, ist nur ein Mittel, den Begriff des Verbums auf dasselbe hinzuleiten, sie gehört also zur Kategorie des Regens, nicht zur Kategorie des Rectum, und das ist die Lehrweise der meisten Grammatiker. Al-farrā dagegen behauptet, dass dies nur die Praeposition sei."
Ganz abgesehen von den Ansichten Nāṣīf's über das Passiv-

Subject in Säzen, wie مُرَّ بِزَيْدٍ, die wir sogleich näher beleuchten werden, so geht aus dem angeführten soviel zur Evidenz hervor, dass die arabischen Grammatiker das als Passiv-Subject zu subintelligirende Verbalnomen als durch den Artikel determinirt denken, weil, wie schon oben ausgeführt worden ist, das leere Verbalnomen dem Begriff des passiven Verbs nichts neues hinzufügen würde und darum zur Stellvertretung ungeeignet ist. Das Passiv-Subject ist daher nie unser impersonales „es", sondern muss individualisirt und abgegrenzt sein. Aus diesem inneren Triebe ist die arabische Sprache sogar dahin gegangen, dass sie auch intransitive Verba in das Passiv sezt und wie die activen persönlich behandelt, wenn sie durch eine Praeposition ein entfernteres Object sich unterordnen und dadurch, nach der Anschauung der arabischen Grammatiker, in die Kategorie der transitiven Verba übergehen (s. sub c); man sagt daher: أُتِيَ بِسَارِقٍ, „er wurde mit einem Diebe angegangen = es wurde ein Dieb zu ihm gebracht [1]), جِيءَ النَّبِيُّ بِنَاسٍ, „der Prophet wurde mit Leuten angegangen = Leute wurden zu dem Propheten gebracht", wie man im Activ sagt: جَآءَ النَّبِيَّ بِنَاسٍ, „er gieng den Propheten an mit Leuten".

b) Es wird ein ظَرْفٌ, d. h. ein Wort, das einen Zeit- oder Ortsbegriff implicirt, zum Passiv-Subject gemacht. Da-

---

1) Das Beispiel, das Ewald, Gram. arab. II, p. 37, anführt, أُتِيَ بِكُسًى, bedeutet darum nicht „donatus est vestibus", sondern: „man brachte Kleider zu ihm". Wörtlich müssten solche Beispiele übersezt werden: „er wurde zum Gegenstand des Kommens mit Kleidern gemacht".

zu gehört aber nothwendig, dass das ظَرْف vollständig flectirbar und an sich bestimmt sei, damit es zur Stellvertretung tauge. Worte also, die nur im Accusativ vorkommen, dürfen nicht als Passiv-Subject verwendet werden; man kann nicht sagen: جُلِسَ عِنْدَكَ [1]) noch رُكِبَ سَحَرَ [2]), weil es hier an einem bestimmten Passiv-Subject fehlen würde, das sich aus dem Zusammenhang nicht erschliessen liesse und man nicht (im Nominativ) sagen kann: جُلِسَ عِنْدُكَ und رُكِبَ سَحَرٌ, was gegen den Sprachgebrauch verstossen würde. Dagegen sagt man: سِيرَ يَوْمُ الْجُمْعَةِ, „der Freitag wurde gereist (= man reiste am Freitag), سِيرَ مِيلٌ, eine Meile wurde gereist (da مِيل schon an sich bestimmt ist), aber nicht z. B. صِيمَ وَقْتٌ, „eine Zeit wurde gefastet“, weil وَقْتٌ hier keinen bestimmten Sinn geben würde, da es nicht specialisirt ist.

c) Ein جَارٌ وَمَجْرُورٌ übernimmt die Stellvertretung, sofern dadurch der Verbalbegriff concret bestimmt wird, z. B.: مُرَّ بِزَيْدٍ, „es wurde an Zaid vorübergegangen“, dagegen

---

1) عِنْدَ (ebenso لَدَى) gilt den arab. Grammatikern nicht als حَرْف, sondern als ظَرْفٌ مُبْهَمٌ (als vage Ortsbestimmung). Alaχfaš jedoch erlaubt solche Säze.

2) Im Sinne von سَحَرَ يَوْمٍ بِعَيْنِهِ.

sagt man nicht: جُلِسَ فِى دَارٍ, „es wurde in einem Hause gesessen", weil dadurch keine bestimmte Idee erzeugt wird (لَا فَائِدَةَ فِى ذلك).

Wir haben schon sub a) gesehen, dass die arabischen Grammatiker über diesen Punkt verschiedener Meinung sind. Ibn Mālik und sein Commentator Ibn ʿAqīl (V. 250 und Com.) wollen beides zusammen, das جَارٌ und das مَجْرُورٌ, in solchen Fällen als das Passiv-Subject fassen, wenn kein eigentliches مفعولٌ بِهِ vorhanden ist. Dies gründet sich auf den Saz der Alfiyyah V. 272: وَعَدِّ لَازِمًا بِحَرْفِ جَرِّ „mache das intransitive Verb transitiv durch eine Praeposition", was Ibn ʿAqīl im Commentar dahin erläutert: أَنَّ الفعلَ اللازِمَ يَصِلُ الى مفعولِهِ بحرفِ جَرٍّ نحو مَرَرْتُ بزَيْدٍ. Ebenso spricht sich Samaχšarī im Mufaṣṣal aus (p. ١١٥, L. 9): للتعدية اسبابٌ ثلثةٌ وهى الهمزةُ وتثقيلُ الحشو وحَرفُ الجَرِّ تَتَّصِلُ ثلثتُهَا بغيرِ المتعدِّى, „es gibt drei Mittel, das Verb transitiv zu machen, diese sind das Hamzah (ا), die Verdoppelung des zweiten Radicals und die Praeposition, diese drei werden mit dem intransitiven Verbum verbunden." Wird nun ein solches halb-transitives Verb (wie wir es nennen wollen), in das Passiv gesezt, so wird sein (entfernteres) Object zum Passiv-Subject gemacht, sofern es an sich bestimmt genug ist.

Die Baṣrenser, denen, wie wir schon gesehen haben, auch Shaiχ Nāṣīf folgt, betrachten in diesem Falle nur das مَجْرُورٌ als das نائبُ الفاعل, weil die Praeposition nur die

Vermittlung der Transitivität sei; damit ist jedoch die Schwierigkeit keineswegs gehoben, da diese Distinction nur eine nuzlose Haarspalterei ist. Die Frage ist vielmehr die, inwiefern ein indirectes, durch eine Praeposition dem Verbum untergeordnetes Object zum directen Passiv-Subject gemacht werden könne? Einige arabische Grammatiker haben die Sache dadurch klar zu stellen gesucht, so besonders Durustavaih etc., wie wir schon gesehen haben, dass sie in solchen Fällen das aus dem Verbum finitum abgeleitete determinirte Verbalnomen als eigentliches Passiv-Subject supponirten, so dass مُرَّ بِزَيْدٍ = مُرَّ ٱلْمُرُورُ بِزَيْدٍ wäre. Diese Erklärung ist auch wohl logisch die richtigste und dem Genius der Sprache am entsprechendsten, der einer impersonalen Construction, wie wir schon öfters bemerkt haben, widerstrebt. Die Sprache hat die Sezung des determinirten Verbalnomens in solchen Fällen für entbehrlich gehalten, da das im passiven Verb verborgene Passiv-Subject هُوَ hinlänglich durch das nachfolgende جَارٌّ وَمَجْرُورٌ, auf das es bezogen ist, bestimmt und abgegrenzt ist; dieses leztere ist daher im streng grammatischen Sinne nicht das Passiv-Subject selbst, sondern nur die nähere Bestimmung desselben [1]). Dem Sinne nach kommt allerdings die Erklärung Ibn Māliks so ziemlich auf dasselbe hinaus; denn wenn nach seiner Auffassung in مُرَّ بِزَيْدٍ das نَائِبُ ٱلْفَاعِلِ von مُرَّ das جَارٌّ وَمَجْرُورٌ (بِزَيْدٍ) ist, so müsste man

1) Dies geht auch daraus hervor, dass sich das Verbum in diesen Fällen nie nach dem Geschlecht des indirecten Objects richtet. Nāsif (l. c. p. ٨٩, L. 2 v. u.) sagt daher: اذا كان المجرورُ مُؤَنَّثًا لا يُؤَنَّث الفعلُ له لانه لم يُسند اليه صريحًا.

wörtlich übersezen: vorübergegangen wurde (das) an Zaid, ebenso: سِيرَ إِلَيْهِ, gereist wurde (das) zu ihm. Da aber die arabische Sprache einer solchen Abstractauffassung nicht günstig ist, so ziehen wir die andere Erklärung vor, die sich allerdings einer gewissen impersonalen Construction zu nähern scheint, aber doch nur scheinbar, und alle Schwierigkeiten befriedigend löst; auf diese Weise lässt sich in Säzen wie: نَحَتَ ٱلْأَوَّلُونَ فِى ٱلْجَبَلِ شِبْهَ دَرَجٍ يُصْعَدُ عَلَيْهِ der passive Ausdruck: يُصْعَدُ عَلَيْهِ viel leichter durch يُصْعَدُ الصُّعُودُ عَلَيْهِ, „auf denen das Aufsteigen aufgestiegen (= gemacht) wird“ auflösen, als wenn man عَلَيْهِ als Passiv-Subject betrachten wollte, was durchaus erkünstelt wäre.

Wie man nun aber auch diesen Punct fassen will, so geht soviel daraus hervor, dass man z. B. nur sagen kann سِيرَ إِلَيْهِ سَيْرًا, und nicht سِيرَ اليهِ سَيْرٌ, da nur Ein Passiv-Subject im Saze im Nominativ stehen darf, das hier هُوَ, oder wenn man will, اليه (مَحَلًّا, dem locus grammaticus nach) ist, indem سَيْرٌ für sich allein aus den schon angegebenen Gründen dazu untauglich ist.

Nicht alle مجرورات jedoch (um mit den Baṣrensern zu reden) können die Stelle des Passiv-Subjects einnehmen. Das مصباح الطالب (p. ١٨٥, Anm. 2) sagt in dieser Beziehung: والقابلُ للنيابة من المجرورات هو آلذى لم يلزم الجارُّ لَهُ طريقةً واحدةً فى الاستعمال كمُذْ ومُنْذُ ورُبَّ وحروف القسم والاستثناء ونحوِ ذلك ولا دَلَّ على تعليل كاللام والباء ومِنْ اذا جاءت للتعليل, „fähig zur Stellvertretung (des Activ-Subjects) ist von den in den Genetiv gesezten Wörtern nur dasjenige, an welches die Praeposition nicht auf eine einzige Weise im Gebrauche tritt, wie مُذْ und مُنْذُ, رُبَّ und die Partikeln des Schwures und der Ausnahme und dergleichen, und was nicht hinweist auf ein Motiv, wie لِ, بِ und مِن, wenn sie zur Bezeichnung des Motivs gebraucht werden" [1]). Aehnlich spricht sich

---

1) مُذْ und مُنْذُ, als den Genetiv regierende Praepositionen, zeigen nur den Zeitpunkt an, von dem eine Handlung ausgeht (الأَمَدُ), und sind darum mit ihrem Complement, weil sie keinen abgeschlossenen Begriff enthalten, zur Stellvertretung ungeeignet. رُبَّ, das die arab. Grammatiker wunderbarerweise als Praeposition betrachten, ist ursprünglich ein im Accusativ stehender Vocativ eines Nomens; daraus ergibt sich von selbst, dass man nicht sagen kann ضُرِبَ رُبَّ رَجُلٍ, mancher Mann wurde geschlagen, sondern nur رُبَّ رَجُلٍ ضُرِبَ, (oder رُبَّ رَجُلٍ مَضْرُوبٍ).

Dass die Partikeln des Schwures nicht in Frage kommen können, ist aus ihrer interjectionalen Bedeutung ersichtlich.

Die Partikeln der Ausnahme, sofern sie einen Genetiv regieren, können schon nach ihrem inhaerirenden Begriffe das Passiv-Subject nicht ersezen, da sie das dadurch Ausgenommene regieren und ein anderes Subject voraussezen.

Auch das durch das بَآءٌ حَالِيَّةٌ (das den Zustand anzeigende بِ) in den Genetiv Gesezte, wie: خَرَجَ زَيْدٌ بِثِيَابِهِ, sowie das مَفْعُولٌ لَهُ, مفعول مَعَهُ und das مُمَيِّزٌ durch مِنْ (wie: طِبْتَ مِنْ نَفْسٍ) sind von der Stellvertretung für das Fâʿil ausgeschlossen.

auch Shaiχ Nāṣīf im Nāru-lqirā (p. ٩٠, L. 1) aus: ويُشتَرَطُ فى الحرف أَنْ لا يكونَ للتعليل لانّ المجرورَ بِهِ يكون عِلّةً للفعلِ فلا يقوم مقامَ فاعلِهِ, „bei der Praeposition gilt die Bedingung, dass sie nicht zur Bezeichnung des Motivs stehe, weil das durch sie in den Genetiv Gesezte der Grund der Handlung ist, also nicht an die Stelle des Thäters derselben treten kann". Nichts destoweniger aber erklärt er den Vers, dessen Halbvers wir schon oben citirt haben:

يُغْضِي حَيَاءً ويُغْضَى من مَهَابَتِهِ فلا يُكَلَّمُ إلّا حِينَ يَبْتَسِمُ

„Er schweigt aus Scham und es wird aus Scheue vor ihm geschwiegen;
es wird also nicht gesprochen ausser wenn er lächelt",

im Widerspruch mit seiner eigenen Aufstellung dahin, dass keine Meinungsverschiedenheit darüber herrsche, dass im ersteren Falle das Passiv-Subject das in den Genetiv Gesezte allein sei, im zweiten aber das Pronomen des Verbalnomens. Es bedarf wohl kaum eines Hinweises, dass das مصباح الطالب in diesem Punkte klarer gesehen hat.

In gewissen Fällen jedoch ist das جَارٌّ ومجرورٌ nicht als das eigentliche Passiv-Subject zu fassen, wie z. B. in der Redensart عُفِيَ عَنْهُ, „möge ihm vergeben werden!" Hier ist es weit natürlicher, ein ausgelassenes, aber leicht verstandenes Passiv-Subject, i. e. ذَنْبُهُ, zu suppliren, wie man auch im Activ sagt: عَفَا عَنْهُ ذَنْبَهُ; ebenso in أُنْزِلَ عَلَيْهِمْ, „es wurde auf sie herabgesandt" (scil. das Wort oder die Offenbarung).

In andern Fällen dagegen ist das Passiv-Subject im Verbum selbst zu suchen, das persönlich construirt ist, so

z. B. in قائِدٌ يُبْعَثُ بِهِ, ein Führer, der gesandt wird in ihm (in seiner Person), wie man im Activ sagt: بَعَثَ بِهِ, „er sandte (einen Boten) in ihm, in seiner Person. Ebenso ist غُشِيَ عَلَيْهِ zu erklären, und nicht durch: „eine Decke wurde über ihn geworfen", wie dies Wright (II, p. 291) thut; denn غَشِيَ bedeutet in diesem Falle nicht „bedecken", sondern „dunkel machen, verdüstern" (der Muh'iṯu-lmuh'iṯ erklärt غَشِيَهُ الأمْرُ durch غَطَّاهُ), غُشِيَ عَلَيْهِ bedeutet darum wörtlich: „er wurde über sich verdüstert = أُغْمِيَ, „er verlor das Bewusstsein". Dass das Passiv غُشِيَ عَلَيْهِ persönlich zu fassen ist, geht auch zur Genüge aus dem Particip passivi hervor, indem man sagt: المَغْشِيُّ عَلَيْهِ, „der über sich verdüsterte", im Femininum dagegen: المَغْشِيَّةُ عَلَيْهَا. Wo dagegen das (determinirte oder indeterminirte) Particip passivi nicht streng persönlich bezogen, sondern nach der obigen Auseinandersezung mehr impersonell zu fassen ist, bleibt es im Sing. masc. stehen, abgesehen vom Geschlecht und der Zahl des vorangehenden Nomens, auf das es (im gleichen Casus) bezogen wird, weil es in diesem Falle an der Stelle des Verbum finitum steht und der Artikel das Relativ vertritt; z. B.: لِوقوعِ التنوينِ عِوَضًا عن الجملةِ المُضَافِ اليها, „weil das Tanvin an die Stelle des Sazes tritt, an den annectirt wird", = الّتى أُضِيفَ اليها; كَنِيسةٌ مَحْجُوجٌ اليها, „eine Kirche, zu der gewallfartet wird", = حُجَّ إليها. Wir haben nun noch zu betrachten:

III. Wie sich in den Fällen, in welchen zwei oder mehrere Objecte im Saze vorhanden sind, die passive Construction zu gestalten hat?

Wir haben schon gesehen, dass wenn nur Ein مفعول بِهِ im Saze vorhanden ist, dasselbe zum Passiv-Subject gemacht wird und als solches im Nominativ steht, während alle anderen Saztheile, wie das ظَرْف und das مَصْدَر in dem Casus bleiben, den sie im activen Saze eingenommen haben. Denn wie das active Verbum nur Ein فاعل in den Nominativ stellt, so sezt auch das passive nur Ein نائبُ الفاعل in den Nominativ; dieses ist das عُمْدَةٌ oder die Stüze des Sazes, um welches sich die übrigen Glieder als accessorische Bestandtheile (فَضْلَةٌ) gruppiren.

a) Wenn nun in einem Saze neben dem مفعول بِهِ noch ein ظَرْف, مَصْدَر und جَارٌ وَمَجْرُورٌ vorkommt, so ist die Lehre der Baṣrenser, dass nur das مفعول بِهِ, als nächstes Object, zum Passiv-Subject gemacht werden dürfe. Ibn ʿAqīl führt in seinem Commentar zur Alfiyyah V. 251 als einschlagendes Beispiel den Saz an: ضُرِبَ زَيْدٌ ضَرْبًا شَدِيدًا يَوْمَ ٱلْجُمْعَةِ أَمَامَ ٱلْأَمِيرِ فِى دَارِهِ, „Zaid wurde schwer geschlagen am Freitag vor dem Amīr in seinem Hause". Das نائبُ الفاعل ist زَيْدٌ und steht als solches im Nominativ, der qualificirte Infinitiv ضَرْبًا شَدِيدًا steht im Accusativ als مَصْدَرٌ مُؤَكِّدٌ, ebenso das ظَرْفُ الزمانِ, i. e. يَوْمَ ٱلْجُمْعَةِ, und das ظَرْفُ المكانِ, i. e. أَمَامَ الاميرِ, während فى دَارِهِ das جارٍّ ومجرور repräsentirt. Die kūfischen Grammatiker gehen darinnen weiter und erlauben, auch wenn ein مَفْعُول بِهِ vorhanden ist, etwas anderes zum Passiv-Subjecte zu erheben, stehe es vor oder nach (dem eigentlichen Objecte). Nach ihnen kann man also auch sagen: ضُرِبَ ضَرْبٌ شَدِيدٌ زَيْدًا, „Zaid wurde hart geschlagen“ (wörtlich: es wurde geschlagen ein hartes Schlagen in Betreff des Zaid), oder: ضُرِبَ زَيْدًا ضَرْبٌ شَدِيدٌ. Diese Construction begründen sie mit der Lesart des Abū Jaʿfar (Qur. 45, 13): لِيُجْزَى قَوْمًا بِمَا كَانُوا يَكْسِبُونَ, „damit den Leuten (wörtlich: in Beziehung auf die Leute) vergolten werde für das, was sie erwarben“. Nach dieser Lesart (die gewöhnliche ist: لِيَجْزِىَ) wird nicht das unmittelbare Object (قَوْمًا) zum Passiv-Subject gemacht, sondern das جارٌّ ومجرورٌ, i. e. بِمَا und der davon abhängige Saz, der als اِسْمٌ مُؤَوَّلٌ zu fassen wäre [1]). Ferner führen

1) Baiḏāvī (ed. Fleischer, II, p. ٩٥) führt zwei Lesarten auf (neben der activen): لِيُجْزَى قَوْمٌ, und لِيُجْزَى قَوْمًا, die er folgendermassen erklärt: اى لِيُجْزَى الخَيْرُ او الشَّرُّ او الجزآء اعنى ما يُجزى به لا المصدر فانّ الاسنادَ اليه سِيَّمَا مع المفعول

sie dafür an den Vers [1]):

لَمْ يُعْنَ بِٱلْعَلْيَاءِ إِلَّا سَيِّدًا   وَلَا شَفَى ذَا ٱلْغَيِّ إِلَّا ذُو ٱلْهُدَى

„Nur ein Edler ist mit dem Hohen beschäftigt und nicht heilt den Irrenden ausser der die rechte Leitung hat.“

Im Activ würde der Saz lauten: لَمْ يَعْنِ ٱلْعَلْيَاءُ إِلَّا سَيِّدًا, „das Hohe beschäftigt nur einen Edlen“; der Saz ist eine إِسْتِثْنَآءٌ مُفَرَّغٌ, d. h. eine rectionslos gelassene Ausnahme, indem das, wovon ausgenommen wird, nicht genannt wird (was nur bei negativen Säzen vorkommt). In diesem Falle muss das auf die Ausnahmepartikel إِلَّا folgende Nomen in dem Casus stehen, in welchem das ausgelassene Nomen hätte stehen müssen (hier also أَحَدًا). In der passiven Construction nun sollte es heissen: لَمْ يُعْنَ بِٱلْعَلْيَاءِ إِلَّا سَيِّدٌ, indem das eigentliche مفعولٌ بِهِ, i. e. أَحَدًا und das darauf bezogene إِلَّا سَيِّدًا, im Nominativ als Passiv-Subject eintreten sollte; dies ist aber nicht geschehen, sondern das

---

بِهِ ضعيف, „d h. damit vergolten werde entweder das Gute oder das Böse, oder die Vergeltung; damit meine ich das, womit vergolten wird, nicht das Verbalnomen, denn die Beziehung (des Verbums) auf das Verbalnomen (als sein Passiv-Subject), besonders wenn ein directes Object vorhanden ist, ist schwach begründet.“

Wenn er also hier جَزَآءٌ als zu subintelligirendes Passiv-Subject vorschlägt, so meint er damit nicht جَزَآءٌ als Verbalnomen, sondern als إِسْمُ مَصْدَرٍ (im Sinne von Belohnung).

1) S. Ibn ʿAqîl zur Alfiyyah V. 251; Nâṣîf, l. c. p. ٩١, L. 12.

جارٌ ومجرور, i. e. بِٱلْعَلْيَاءِ ist zum Passiv-Subject erhoben worden, so dass in Folge davon إِلَّا سَيِّدًا hat im Accusativ bleiben müssen. Wörtlich müsste man also den so construirten Saz übersezen: „(das) mit dem Hohen wird nicht zum Gegenstand der Beschäftigung gemacht, ausser mit Rücksicht auf einen Edlen.“

Obgleich solche Constructionen nicht gebilligt und auf die Rechnung des Verszwanges gesezt werden, so kommen sie doch vor und verdienen alle Beachtung, da sich gerade darin die eigenthümliche Auffassung der arabischen Sprache recht deutlich zu erkennen gibt. Auch der Grammatiker Al-aχfaš tritt dafür als Zeuge auf, indem er sogar die Regel aufstellte, dass wenn dem مفعولٌ بِهِ etwas anderes (also ein ظَرْفٌ etc.) vorangehe, man das eine oder das andere zum Passiv-Subject machen dürfe, z. B. ضُرِبَ فى الدار زَيْدًا, oder ضُرِبَ فى الدار زَيْدٌ; wenn ihm aber nichts vorangehe, müsse es absolut zum نائب الفاعل gemacht werden, man dürfe also nicht sagen: ضُرِبَ زَيْدًا فى الدار, sondern nur: ضُرِبَ زَيْدٌ فى الدار.

Samaχšari (Mufassal, p. ١١٩, L. 10) stimmt mit den Basrensern überein, indem er lehrt, dass wenn in einem Saze ein unmittelbares und ein mittelbares (durch eine Praeposition vermitteltes) Object vorhanden ist, das erstere den Vorzug vor dem zweiten habe, das in diesem Falle nicht als Passiv-Subject verwendet werden dürfe; man dürfe daher nur sagen: دُفِعَ المالُ الى زيدٍ, „das Besizthum wurde an Zaid übergeben“, und nicht, indem man الى زيدٍ

zum نائبُ الفاعل mache: دُفِعَ الى زَيْدٍ المالُ; ebenso nur: بُلِغَ بِعَطَآئِكَ خَمْسُ مِائةٍ, wörtlich: „mit deinem Geschenke wurden fünf hundert (Dirhams) zum Gegenstande des Erreichens gemacht = dein Geschenk wurde auf fünf hundert gebracht (das Activ wäre: بَلَغَ بِعَطَآئِكَ خَمْسَ مِائةٍ, er kam mit deinem Geschenk auf fünf hundert = brachte es auf etc.), und nicht: بُلِغَ بِعَطَآئِكَ خَمْسَ مِائةٍ, durch Einsezung von بعَطَآئِكَ als Passiv-Subject. Wenn jedoch das unmittelbare Object nicht genannt ist, darf man wohl das mittelbare zum Passiv-Subject erheben, wie دُفِعَ الى زَيْدٍ, „es wurde Zaid übergeben", und: بُلِغَ بِعَطَآئِكَ, „dein Geschenk wurde gebracht."

Wo kein directes Object im Saze vorhanden ist, kann man nach Belieben das ظَرْف, مَصْدَر oder das جَارّ ومجرور zur Stellvertretung heranziehen. Der active Saz z. B.: سِرْتُ بِزَيْدٍ يَوْمَيْنِ فَرْسَخَيْنِ سَيْرًا شَدِيدًا, „ich reiste mit Zaid zwei Tage, zwei Parasangen, eine gewaltige Reise" kann folgendermassen ins Passiv umgesezt werden:

1) indem بِزَيْدٍ als Passiv-Subject eingestellt wird:

سِيرَ بِزَيْدٍ يَوْمَيْنِ فَرْسَخَيْنِ سَيْرًا شَدِيدًا

2) Das qualificirte Verbalnomen سَيْرٌ شَدِيدٌ:

سِيرَ بِزَيْدٍ يَوْمَيْنِ فَرْسَخَيْنِ سَيْرٌ شَدِيدٌ

3) Das ظَرْفُ الزمانِ, i. e. يَوْمَانِ:

سِيرَ بزيدٍ يَوْمَانِ فَرْسَخَيْنِ سَيْرًا شَدِيدًا

4) Das ظرفُ المكانِ, i. e. فَرْسَخَانِ:

سِيرَ بِزَيْدٍ يَوْمَيْنِ فَرْسَخَانِ سَيْرًا شَدِيدًا

Ebenso kann der Saz (Muf. p. ١١٩, L. 3 v. u.) behandelt werden: أُسْتُخِفَّ بِزَيْدٍ آسْتِخْفَافًا شَدِيدًا يَوْمَ الجمعةِ أَمَامَ الاميرِ, „Zaid wurde sehr verächtlich behandelt am Freitag vor dem Amîr", indem man das eine oder andere zum نائبُ الفاعل erhebt, die andern Objecte dagegen im Accusativ belässt.

b) Kommen in einem Saze zwei directe Objecte vor, so ist zu unterscheiden, ob sie zur Kategorie von أَعْطَى (oder كَسَى), oder von ظَنَّ gehören.

α) Die Verba أَعْطَى, كَسَى etc. sezen unmittelbar zwei Objecte in den Accusativ, ohne dass sie zu einander im Verhältnisse des Subjects und Praedicats stehen. Die allgemeine Regel ist in diesem Falle, dass das erste Object zum Passiv-Subject gemacht werde, z. B. كُسِيَ زَيْدٌ ثَوْبًا, „Zaid wurde mit einem Kleide bekleidet".

Die Alfiyyah und das Mufassal gestatten jedoch in diesem Falle das eine oder das andere Object zum Passiv-Subject zu machen, wenn keine Gefahr eines Missverständnisses vorliege; man könne also sagen: أُعْطِيَ عَمْرٌو دِرْهَمًا, „Amr wurde mit einem Dirham beschenkt", oder: أُعْطِيَ

عُمْرًا دِرْهَمٌ, „ein Dirham wurde dem ʿAmr geschenkt [1])", jedoch mit der Beschränkung, wie das Mufaṣṣal sagt, dass es besser sei, das zum Passiv-Subject zu constituiren, was dem Sinne nach das فاعل ist, wie in dem Saze: زُوِّجَ زَيْدٌ ٱبْنَةَ أَخِي, „Zaid wurde an die Tochter meines Bruders verheirathet". Wo indessen die Möglichkeit eines Missverständnisses eintreten könnte, darf nur das erste Object zur Stellvertretung des Fāʿil herangezogen werden; man sagt also nur (von dem activen Saze ausgehend: أَعْطَيْتُ زَيْدًا عَمْرًا, „ich habe dem Zaid den ʿAmr geschenkt"): أُعْطِيَ زَيْدٌ عَمْرًا, weil, wie Ibn ʿAqīl (Com. zu Alfiyyah V. 252) hinzufügt, jeder der beiden der Nehmende sein könne. Einige Grammatiker wollen sogar solche Säze, um des möglichen Missverständnisses willen, ganz verbieten (so z. B. Nāṣīf, l. c. p. ٩١, L. 1 v. u.).

Die kūfischen Grammatiker wollen noch die besondere Regel aufstellen, dass wenn das erste Object determinirt, das zweite dagegen indeterminirt sei, nur das erste zur Stellvertretung gebraucht werden dürfe, man dürfe also nur sagen: كُسِيَ زَيْدٌ جُبَّةً, und nicht كُسِيَتْ جُبَّةٌ زَيْدًا. Diese Restriction jedoch ist keineswegs durch den Sprachgebrauch ausgetragen. (S, Muf. p. ١١٧, L. 2.)

Aus der angedeuteten Neigung der Sprache, von zwei Objecten dasjenige zum Passiv-Subject zu machen, welches

1) Eine ähnliche Umstellung des Passiv-Subjects trifft man auch im Aethiopischen, wo man mit gleicher Freiheit sagen kann: ተወሀብኩ ፡ ኵሉ ፡, oder ተውሀበኒ ፡ ኵሉ ፡, „alles ist mir übergeben".

das eigentliche فاعل ist, erklärt es sich leicht, wenn z. B. آتَى in der passiven Verbindung nicht auf den Gegenstand, sondern auf die Person bezogen wird, wie dies schon bei أُتِىَ (s. p. 100) der Fall ist, z. B. أُوتِىَ بَنُو إِسْرَائِيلَ ٱلْكِتَابَ, wörtlich: „die Kinder Israël wurden zu dem Buche kommen gemacht, i. e. wurden mit demselben beschenkt", da das eigentliche فاعل die Kinder Israel sind, nicht das Buch.

β) Regiert ein Verbum zwei Objecte, von denen das erste zum zweiten im Verhältnisse des Subjects zum Praedicat steht (Verba der Kategorie ظَنَّ, halten für etwas), so darf nur das erste Object (das eigentliche Subject) zum Passiv-Subject gemacht werden, z. B. ظُنَّ زَيْدٌ صَادِقًا, „Zaid wurde für wahrhaftig gehalten". Die Alfiyyah jedoch (V. 253) erlaubt auch das Praedicat zur Stellvertretung zu verwenden, wenn kein Missverständniss zu befürchten sei, so dass man also auch sagen dürfe: ظُنَّ زَيْدًا قَائِمٌ, wörtlich: angesehen wurde als Zaid (Accus.) ein Stehender"; [1]) dagegen sei z. B. ظُنَّ زَيْدًا عَمْرٌو verboten, weil عَمْرٌو als zweites Object (i. e. als Praedicat) zu fassen sei.

1) Das Aethiopische richtet sich im allgemeinen nach dem Arabischen, indem es in der passiven Construction das Praedicat im Accusativ beharren lässt, aber es hat sich doch auch schon die Möglichkeit gewahrt, das Praedicat (neben dem Subject) in den Nominativ zu stellen, was im Arabischen nicht möglich wäre; z. B.: ተሠይመ፡ ወልዱ፡ ከሀን፡ ሀየንቴሁ። (Dillmann, Aeth. Gr. p. 346).

c) Regiert ein Verbum drei Objecte, wie أَعْلَمَ, أَرَى (und fünf andere, nämlich: نَبَّأَ, أَخْبَرَ, خَبَّرَ, حَدَّثَ und أَنْبَأَ), von denen das zweite zum dritten im Verhältniss des Subjects zum Praedicat steht, so darf nur das erste Object als Passiv-Subject eintreten, während die beiden andern im Accusativ bleiben müssen, z. B. أُعْلِمَ زَيْدٌ فَرَسَكَ مُسْرَجًا, „Zaid wurde in Kenntniss gesezt, dass dein Pferd gesattelt ist"; نُبِّئْتُ أَخْوالِي بَنِي يَزِيدُ ظُلْمًا عَلَيْنَا لَهُمْ فَدِيدُ, „Ich wurde benachrichtigt, dass meine mütterlichen Oheime, die Banū Yazīd, tyrannisch handeln gegen uns, es ist ein Geschrei über sie". (Muf. p. 5, L. 10.)

Die Alfiyyah jedoch (V. 253) will auch hier das zweite Object zur Stellvertretung zulassen, wenn kein Missverständniss zu befürchten sei; man dürfe also auch sagen: أُعْلِمَ زَيْدًا فَرَسُكَ مُسْرَجًا, wörtlich: „es wurde angezeigt dem Zaid dein Pferd als gesatteltes" [1]). Ja sogar das dritte Object wird von einigen als Passiv-Subject zugelassen, z. B.: أُعْلِمَ زَيْدًا فَرَسَكَ مُسْرَجٌ, wo die wörtliche Uebersezung lauten müsste: „angezeigt wurde dem Zaid ein gesatteltes als dein Pferd". Samaχšarī jedoch verbietet diese Structur (Muf. p. ١١٩, L. 6), lässt also die zweite indirect noch zu.

---

1) Wir fügen absichtlich eine wörtliche Uebersezung bei, um die arabische Structur unserem Denken zu vermitteln.

II.

Ueber die Construction von إِنَّ und أَنَّ, und deren Unterschied.

I. Um die Construction dieser beiden Partikeln verstehen zu können, ist es nöthig, zuerst ihrer Etymologie etwas näher zu treten.

Dass das arabische إِنَّ mit dem hebräischen הִנֵּה, siehe! zusamenhänge, ist schon längst bemerkt worden. Das hebräische הִנֵּה jedoch ist selbst wieder zusammengesezt aus הֵן und נֵה; die älteste Form ist daher הֵן, an welche das Deutewörtchen נֵה tritt, wodurch הֵן weiter zu הִן verkürzt worden ist. Aber auch dieses הֵן, mit welchem man mit Recht das lateinische *en* und das griechische ἤν verglichen hat, ist keineswegs ein einfaches Deutewort, sondern selbst wieder zusammengesezt aus den beiden Pronominalwurzeln *he* und *n* (abgekürzt aus *na*).

Wir finden diese Pronominalstämme als ein Gemeingut der semitischen und ārischen Sprachen. Die ursprüngliche Wurzel ist *i*, oder aspirirt *hi* (aramäisch אִיהוּ, אִידֵךְ, Sanskrit इ + दम्, Persisch اِين *ī-n*, Lateinisch *hi-c*, *i-s*, und in den indischen Prākrit-Sprachen yi, hī, ē); mit diesem Grundstamm hat sich eine andere Deutewurzel *na* verbunden, die ebenfalls ein Gemeingut beider Sprachsippen ist. Im Aramäisch-Syrischen liegt diese Wurzel noch klar vor, wie in דְנָא de-nā, hō-nō (oder hā-nā), dieser da, mō-nō, was = dem Arabischen مَا ذَا; sonst ist *na* schon zu *n* verkürzt worden (mit Abwerfung des finalen *a*), wie in dem hebräischen הֵן, כֵּן (wörtlich: Aehnlichkeit von dem), [1]) während in dem entsprechenden aethiopischen እን፡, in Zusammensezungen wie እንከሙ፡, siehe da ihr! noch ene-kémmū gesprochen wird. Das sogenannte corroborative ן in den aramäischen Demonstrativis ist ebenfalls hieher zu ziehen, wie הוּ + אָן; ebenso auch das *n* in dem aethiopischen ዝንቱ፡ ze-n-tū́, da der Accent auf ū ruht, und nicht auf e, wie Dillmann angibt.

Ein weiterer Demonstrativstamm neben *i*, *hi* ist *a* oder *ha* für das entfernter liegende, der sich übrigens in den semitischen Sprachen nur noch zerstreut vorfindet [2]). Dahin rechnen wir das aramäische אָ oder הָא und das arabische هَا (als حَرْفُ تَنْبِيهٍ), das sich auch in Compositis wie هَذَا, هَاهُنَا vorfindet. Dieser Stamm kommt häufig in Zusammensezungen mit dem schon erwähnten *n(a)* vor, wie in dem aramäischen אִן, הָן; cf. das persische آن), in أَنْتَ an-ta, du, أَنْتُمْ an-tum, ihr; auch أَنَا, ich, ist wohl nur dieses Demonstrativ (der da = ich); ebenso das hebräische אֲנִי an-ī, der hier. Auch Bopp betrachtet den im Sanskrit vorkommenden Demonstrativstamm अन als ein Compositum aus अ + न (Vergl. Gram. II, § 369).

---

1) Vergleiche auch das arabische لَكِنْ = كِنْ + لَا, mit dem hebräischen לָא־כֵן.

2) Der Demonstrativstamm ha findet sich auch theilweise in den ārischen Sprachen; cf. das afgānische هَغَه ha-γah, jener.

Der Demonstrativstamm ū, hū, den die semitischen Sprachen noch daneben aufweisen, ist offenbar nur eine Vertiefung von ā, hā. Auch die späteren Prākritsprachen kennen ihn (hū, ū).

In den semitischen Sprachen ist dieses *an* weiter durch Wechsel von *n* zu *l* [1]), in *al* oder *hal* übergegangen.

Die semitischen Sprachen jedoch haben das Bewusstsein von der ursprünglichen Zusammensezung dieser Deuteworte ganz verloren und betrachten *en*, *hen*, *han*, *al* oder *hal* als einfache Demonstrativstämme. An diese kann daher nach Umständen eine weitere Deutewurzel treten, die aber nur im localhinweisenden Sinne gebraucht wird, nämlich im Hebräischen *nēh*, *nāh*, wie הִנֵּה hin-nēh, siehe da! הֵנָּה hén-nāh, hieher! hier! im Arabischen *nū* oder *na*, an den Stamm *i-n* angehängt: إِنَّ (dieses da! = siehe!), an den Stamm *a-n*: أَنَّ an-na, das da! هَنَّا han-nā, dort!

Im Hebräischen und Arabischen wird dieses Deutewörtchen *nēh*, *nāh*, *nū* oder *na* nicht mehr für sich allein gefunden, sondern nur noch als Encliticum eines andern Demonstrativstammes, wohl aber im Aethiopischen, wo es entweder mit dem *a* ($\bar{a} = h\bar{a}$) der Richtung verbunden

1) Im Aethiopischen ist dieser Wechsel häufig, z. B. ጸልአ፡ hassen, = hebr. שָׂנֵא; ሰንሰለ፡, aram. שַׁלְשֶׁלֶת, arab. سِلْسِل. Was speciell das Arabische betrifft, so ist bekannt, dass man in Yaman statt *al*, *am* sprach (cf. Mufaṣṣal, p. ١٥٣, L. 8), indem dort *n* in *m* übergegangen war, ein Wechsel, der sich auch sonst in den semitischen Sprachen findet (vergl. die Pluralendung îm und în). Dieser Uebergang von *l* zu *n* (und vor Labialen zu *m*) findet sich auch noch heutzutage in der arabischen Volkssprache; man sagt z. B. أَمْبَارِح, em-bāreḥ', gestern (statt أَلْبَارِح) etc.

Die arabischen Grammatiker selbst fühlten etwas heraus, dass der Artikel eine Art von Compositum sein müsse, wesshalb z. B. Sîbavaih annahm, dass der Artikel eigentlich nur aus *l* bestehe und das *a* ein Hamz der Verbindung sei (siehe darüber, Alfiyyah V. 106 mit dem Com. des Ibn ʿAqîl).

wird, wie ነዐ፡ ná-ʿa oder ናዓ፡ ná-ʿā [1]), hieher! oder aber mit Pronominalsuffixen, wie: ናዋ፡ na-v-ā, da sie! (ecce eam), ናሁ፡ nā-hū, da ihn! (ecce eum), ናየ፡ ná-ya, da mich! (= إِنِّي). Wir können aus dem Aethiopischen noch deutlich die Bedeutung dieses Wörtchens erkennen. Es ist ursprünglich ein Demonstrativpronomen (wie in ná-ʿa), das aber bald den Sinn eines Deutewörtchens angenommen hat [2]), und darum den Gegenstand, auf den es hinweist, sich im Accusativ unterordnet, obschon dies im Aethiopischen noch auf die Pronomina suffixa beschränkt ist. Wenn die Sprache dann weiter daraus einen regelrechten Imperativ gebildet hat (wie ንዒ፡ né-ʿī, ንዑ፡ né-ʿū etc.), so kam das daher, dass das stets im auffordernden Sinne gebrauchte ና፡ leicht als Imperativ missverstanden und demgemäss auch flectirt werden konnte, doch ist sich die Sprache noch theilweise bewusst, dass ና፡ kein eigentliches Verbum ist, wesshalb das Suffix der I. Pers. Sing. noch in seiner Genetivform angehängt wird, wie ናየ፡ ná-ya. Ebenso schwankt noch das Arabische zwischen إِنِّي und إِنَّنِي, während das Hebräische nur die Accusativform des Suffixes beibehalten hat, הִנְנִי.

Ein weiterer, aber naheliegender Schritt war es, wenn die Sprache dieses Deutewörtchen dazu verwandte, dem

1) Dillmann hat ganz richtig gesehen, wenn er dieses ዐ nur als stärkeren Trennungslaut für *a* betrachtet.

2) Als enclitisches Deutewörtchen der Richtung findet es sich auch theilweise im Aethiopischen, wie in እስከና፡ éska-na, bis—hin; አሐቲኔ፡ aḥ'áta-né, zu einem hin, indem das tonlose na zugleich in das betonte ኔ፡ übergegangen ist, um die hinweisende Kraft zu verstärken, ähnlich wie das hebräische nēh in הֵנָּה.

Verbum als nachgesezte Partikel einen hortativen Sinn mitzutheilen. So finden wir es im Hebräischen dem Imperfect (theils mit, theils ohne das ָה der Richtung) nachgesezt, wie נִירָא נָא, l a s s t u n s d o c h f ü r c h t e n ! אֵרְדָה־נָּא, i c h w i l l d o c h h e r a b s t e i g e n ! Ja selbst dem einfachen oder verstärkten Imperativ kann es nachstehen, um eine inständige Bitte auszudrücken, wie קַח־נָא n i m m d o c h ! לְכָה־נָּא, g e h d o c h ! In noch ausgiebigerer Weise ist es im Arabischen zur Bildung des Modus energicus verwendet worden, wobei das *n*, wie schon theilweise im Hebräischen, der Emphasis wegen auch verdoppelt werden kann, wie: أَقْتُلَنْ oder أَقْتُلَنَّ, Imperat. اُقْتُلَنْ oder اُقْتُلَنَّ.

Aus dieser etymologischen Zusammensezung von إِنَّ und أَنَّ wird sich uns die Construction dieser beiden Partikeln im Arabischen leichter ergeben. Wir sehen daraus schon so viel, dass Sîbavaih nicht so ganz Unrecht hatte, wenn er إِنَّ und أَنَّ im wesentlichen für identisch erklärte, obschon ihm die Zusammensezung und ursprüngliche Bedeutung derselben nicht bekannt war (cf. Ibn ɜAqîl, Com. zur Alfiyyah, V. 175). Beide Partikeln haben im Arabischen nach und nach von ihrer ursprünglichen Deutekraft verloren, indem sie mehr zur B e k r ä f t i g u n g und B e s t ä t i g u n g (لِلتَّوكِيدِ) [1]) des Inhalts eines Sazes verwendet

---

1) إِنَّ kommt daher auch schon im Sinne von أَجَلْ (ja) vor, besonders bei Dichtern, wie auch andererseits أَنَّ im Sinne von لَعَلَّ (v i e l l e i c h t) gebraucht wird.

Die Stämme Qais und Tamîm sprechen أَنَّ auch dialectisch mit ع = عَنَّ.

wurden und dadurch in die Kategorie von Partikeln übertraten, jedoch mit dem Unterschiede, dass إِنَّ noch stärker seine inhaerirende hinweisende Kraft wahrte und darum nur an die Spize eines unabhängigen Sazes trat, während أَنَّ, seinem Ursprung gemäss, zu einer Relativ-Partikel (مَوْصُولٌ حَرْفِيٌّ) herabsank, so dass der dadurch untergeordnete Saz zur صِلَة von أَنَّ wurde, aber nichts destoweniger haben beide noch sich die Kraft bewahrt, ihr Nomen in den Accusativ zu stellen.[1])

II. Wir wollen nun die Construction dieser beiden Partikeln im Arabischen etwas näher betrachten und zwar

1) Mit Rücksicht auf das Nomen von إِنَّ und أَنَّ.

Die arabischen Grammatiker zählen إِنَّ und seine Schwestern (d. h. لَكِنَّ, أَنَّ, كَأَنَّ, die auf dieselbe Weise gebildet sind, nebst لَيْتَ und لَعَلَّ, die wir aber hier, ausser أَنَّ, zunächst ausserhalb des Kreises unserer Untersuchung lassen wollen) zu den Partikeln, welche das Mubtada' abrogiren (الحروفُ الناسِخَةُ للابتدَاء), da sie immer am Anfange eines Sazes stehen müssen; das von ihnen regierte Nomen kann daher nicht mehr (stricte) Mubtada' (d. i. das womit der Saz begonnen wird) sein und wird von den Gram-

---

1) Die arabischen Grammatiker nennen sie darum wegen dieser ihrer Aehnlichkeit mit dem Verbum الاحرفُ المُشَبَّهَةُ بالافعال, „die den Verbis assimilirten Partikeln".

matikern أَنَّ, إِنَّ إِسْم, das Nomen von إِنَّ oder أَنَّ genannt. Sie sezen das Nomen in den Accusativ, das Xabar dagegen in den Nominativ, wie: إِنَّ زَيْدًا فَاضِلٌ, „fürwahr Zaid ist vortrefflich", weil das Nomen, obschon es im Accusativ steht, doch مَحَلًّا (d. h. dem locus grammaticus nach) das logische Subject des Sazes bleibt, weshalb auch das Praedicat im Nominativ folgt, da die Rectionskraft von إِنَّ und أَنَّ sich nur auf das Nomen erstreckt, das durch die Sezung in den Acusativ eine minder wesentliche Stellung im Saze erhält [1]).

Die basrischen Grammatiker jedoch weichen von dieser Construction ab, indem sie die Rectionskraft dieser Partikeln auch auf das Xabar ausdehnen; nach ihnen kann man auch sagen: إِنَّ عَمْرًا قَائِمًا, wörtlich: „siehe da den ʕAmr als einen stehenden". Diese Construction ist offenbar die ältere, deren sich darum auch besonders die Dichter bedienen. Nāsif führt l. c. p. ٢٠٠ mehrere Beispiele aus Dichtern an, deren wir eines hieher sezen wollen.

اذا اسْوَدَّ جُنْحُ الليل فلتأْتِ وَلْتَكُنْ

خُطاك خِفافًا إِنَّ حُرَّاسَنَا أُسْدَا

1) Nāsif bemerkt daher im Nāru-lqirā, p. ١٩٩, L. 7 v. u. mit Recht, dass die Bedeutung dieser Partikeln in der Aussage (إِخْبَار) liege, die eigentlich das Hauptmoment des Sazes sei, während das Nomen selbst dabei mehr nur wie ein accessorischer Bestandtheil (فَضْلَة) sei.

„Wenn die Nacht schwarz wird, dann komm und lass deine Schritte leicht sein; fürwahr unsere Wächter sind Löwen.“ [1])

Dass das Nomen vorausgehen und das Xabar (sei es ein Nomen oder Verbalsaz) nachfolgen muss, ist die stehende Regel. Davon jedoch gibt es Ausnahmen. Wenn nämlich das Xabar ein ظَرْف (eine Zeit- oder Ortsbestimmung), oder ein جَارٌ وَمَجْرُورٌ (ein durch eine Praeposition in den Genetiv geseztes Nomen oder Pronomen) ist, so kann, und in gewissen Fällen muss es voranstehen. Ein ظرف (besonders wenn es kurz ist) stellt man gerne dem determinirten Nomen voran, weil dies zur Abrundung des Sazes dient, z. B. إِنَّ عِنْدَكَ زَيْدًا, „fürwahr Zaid ist bei dir“. Es muss voranstehen, wenn das Nomen mit einem Suffixe versehen ist, welches auf das Xabar hinweist, weil das Pronomen sich nicht auf etwas Nachgestelltes beziehen darf; man sagt also nur: إِنَّ فِى الدار صاحِبَها, „fürwahr im Hause ist sein Besizer“, und nicht: إِنَّ صاحِبَها فى الدار. Ebenso wenn das Nomen indeterminirt, das Xabar dagegen determinirt ist, wie: إِنَّ مع العُسْرِ يُسْرًا, „fürwahr bei der Schwierigkeit ist Leichtigkeit“; sind aber beide determinirt, so kann das Xabar vor- oder nachstehen.

Eine weiter zu beobachtende Regel ist, dass das von dem Xabar Regierte (مَعْمُولُ ٱلْخَبَرِ) dem Nomen nicht voranstehen darf, auch nicht wenn es ein ظرف oder جَارٌ وَمَجْرُورٌ

1) Das Metrum ist طويل.

ist (obwohl es dem Xabar selbst, der Emphasis wegen, vorangehen darf); man sagt also: إِنَّ زَيْدًا واثِقٌ بِكَ, „fürwahr Zaid vertraut auf dich", und nicht: إِنَّ بِكَ زَيْدًا واثِقٌ. Nur in der Poësie geht bisweilen, des Verszwanges wegen, das von dem Xabar Regierte dem Nomen voran, was aber als abnorm (شاذّ) betrachtet wird; z. B.:

فَلَا تَلْحَنِي فِيهَا فَإِنَّ بِحُبِّهَا أَخَاكَ مُصَابُ ٱلْقَلْبِ جَمٌّ بَلَابِلُهْ

„Tadle mich also nicht ihretwegen: denn dein Bruder ist im Herzen getroffen durch ihre Liebe, viel sind seine Bekümmernisse." [1]) (Com. z. Alfiyyah, V. 176).

Folgt nach dem ersten Nomen ein anderes durch eine Conjunctivpartikel (wozu auch لَا und بَلْ gerechnet wird) angereihtes Nomen, so kann das leztere, wie das erste, im Accusativ stehen, oder aber, weil das erste Nomen doch logisch als im Nominativ stehend zu denken ist, im Nominativ, aber nur, wenn das Praedicat des ersten Nomens schon gesezt, der Saz also vollendet ist, z. B.: إِنَّ زَيْدًا قائِمٌ وعَمْرًا oder إِنَّ زَيْدًا قائِمٌ وعَمْرٌو, „fürwahr Zaid steht und ɔAmr"; ebenso: إِنَّ بِشْرًا راكِبٌ لَا سَعِيدًا, oder لَا سَعِيدٌ ..., بَلْ سَعِيدٌ .. Wird aber das zweite Nomen angefügt, ehe das Praedicat des ersten gesezt ist, so darf nur der Accusativ stehen, wie: إِنَّ زَيْدًا وعَمْرًا راكِبانِ,

---

1) Das Metrum ist das طويل.

weil Ein مَعْمُول nicht von zwei im Casus differirenden عوامِل abhängen darf.

Nichts destoweniger erlauben die kūfischen Grammatiker eine solche Construction, weil nach ihrer Meinung das Praedicat durch denselben Einfluss im Nominativ steht, durch welchen es in den Nominativ gesezt wird, ehe إِنَّ vortritt; sie sehen also von der wörtlichen Construction ganz ab und behalten nur das logische Verhältniss im Auge. Al-kisāī erlaubt sogar den Nominativ schlechthin und stüzt sich dabei auf Beispiele, wie Qur. V, 73: إِنَّ ٱلَّذِينَ آمنوا وٱلّذين هادوا والصابِئُونَ والنصارى, „fürwahr diejenigen, welche glauben, und diejenigen, die Juden sind, und die Sabäer und Christen". Nāsīf führt l. c. p. ٢٠١, L. 12 auch die Lesart an إِنَّ اللهَ ومَلَٰئِكَتُهُ يُصَلُّونَ عَلَى ٱلنبِيِّ, „fürwahr Gott und seine Engel segnen den Propheten", und den Vers, der sich auch theilweise bei Baiḏāvī unter der Erklärung der citirten Qur'ānstelle findet (I, p. ٢٦٧):

فَمَن يَكُ أَمْسَى بالمدينةِ رَحْلُهُ فَإِنِّى وقَيَّارٌ بِهَا لَغريبُ

„Wessen Absteigequartier also des Abends in der Stadt gewesen sein wird; denn ich und ein Pechverkäufer sind fremd in ihr."

Die baṣrischen Grammatiker erklären solche Stellen weg (wie dies auch Baiḏāvī [1]) und Nāṣīf thun), indem sie

1) Baiḏāvī sagt l. c: والصابئونَ رَفْعٌ على الابتدآء وخبرُهُ محذوفٌ والنيّةُ بِهِ التأخيرُ عمّا فى حَيِّزِ إِنَّ والتقديرُ إِنَّ الّذين آمنوا والّذين هادوا والنصارى حكمُهم كذا

entweder eine Auslassung des Praedicats (nach dem ersten Nomen) annehmen oder die Nothwendigkeit der Nachsezung des Angereihten (hinter das Praedicat). So nehmen sie bei dem vorlezten Beispiele nach إِنَّ اللّٰهَ ein ausgelassenes يُصَلِّي an, und bei dem lezten sezen sie nach فَإِنِّي : بِهَا لَغَرِيبٌ, weil sonst die gewöhnliche Regel der Beziehung des Praedicats auf das Subject verlezt würde.

Die basrischen Grammatiker aber haben in diesem Falle entschieden Unrecht und Säze, wie die angeführten, lassen sich, obschon sie der allgemeinen Regel nicht conform sind, nicht auf solche erzwungene Weise zurechtlegen. Auch Al-farrā stimmt mit Al-kisāī überein, wenn in dem ersten Nomen die Flexion nicht zu Tage trete, so dass die beiden Nomina von إِنَّ nicht der äusseren Wortform nach sich entgegenstehen; er erlaubt daher Säze, wie: إِنَّكَ وَعَمْرٌو قَادِمَانِ, „fürwahr du und ʿAmr seid ankommend“, und: إِنَّ الْفَتَى وَزَيْدٌ ذَاهِبَانِ, „fürwahr der Jüngling und Zaid gehen“ [1]). Diese Aufstellung jedoch ist ein precäres Aus-

---

وَالصَّابِئُونَ كَذَلِكَ , „الصَّابِئُونَ“ steht im Nominativ als Mubtada' und sein Praedicat ist ausgelassen und dabei ist die Nachsezung hinter das, was in der Zugehörigkeit zu إِنَّ steht, eine Sache der Nothwendigkeit; die logische Stellung wäre also: fürwahr, diejenigen, welche glauben, und diejenigen, die Juden sind, und die Christen, ihr Praedicament ist so, und die Sabäer sind ebenso.“ Eine andere Erklärung dieser Stelle gibt Nāṣif, l. c. p. ٣٠١, L. 10 sqq.

1) In Nāṣif, l. c. p. ٣٠١, L. 6 v. u. ist وَزَيْدًا ein Druckfehler für وَزَيْدٌ.

kunftsmittel, das nur auf einzelne Fälle Anwendung finden könnte. Ebensowenig kann uns die Erklärung der basrischen Literatur-Kritiker (مُحَقِّقُونَ) befriedigen, die das im Nominativ stehende Nomen, nachdem das Xabar gesezt ist, entweder als ein Mubtada' fassen, dessen Praedicat ausgelassen sei, oder als ein an das (verborgene) Pronomen des Xabar angereihtes Nomen, wenn zwischen beiden Nominibus ein trennendes Wort stehe, das die Stelle des ضَمِيرٌ فاصِلٌ vertrete. Z. B. der Saz: إِنَّ اللهَ بَرِىٌّ من ٱلْمُشْرِكِينَ ورَسُولُهُ, „fürwahr Gott ist frei von (hat nichts zu thun mit) den Polytheisten, und sein Prophet", restituiren sie entweder durch: ورسُولُهُ كذلك, oder durch: هُوَ ورسولُهُ, da die Anreihung an das in بَرِىٌّ verborgen liegende Pronomen هُوَ hier möglich sei, weil eine Trennung (فَصْلٌ) durch من المشركين vorliege (vergl. darüber Alf. V. 557 und 558 und den Com. des Ibn ʿAqīl dazu); wo aber kein trennendes Wort vorhanden sei, sei die Anreihung an ein verborgenes Pronomen nicht möglich und darum nur die Supposition eines ausgefallenen Praedicats zulässig, wie in dem Saze: إِنَّ زَيْدًا قائمٌ وعَمْرٌو. Dies sind jedoch grammatische Spizfindigkeiten, die wir auf sich beruhen lassen können, da sie keinen wesentlich neuen Gesichtspunct darbieten.

Alles bemerkte gilt ebenso von أَنَّ (und لٰكِنَّ)[1];

---

1) Bei كَأَنَّ, لَعَلَّ und لَيْتَ ist nur der Accusativ des Angereihten erlaubt, mag es dem Praedicat vorangehen oder nachfolgen. Nur Al-farrā erlaubt auch bei diesen den Nominativ, wie in dem Verse:

man kann also, wenn die Construction mit dem ersten Nomen vollendet ist, ebenso gut: عَلِمْتُ أَنَّ زيدًا قائمٌ وعَمْرًا, als: عَلِمْتُ أَنَّ زَيْدًا قائمٌ وعَمْرٌو sagen.

Einige Grammatiker wollen den Unterschied statuiren, dass wenn أَنَّ nach einem Verbum cordis [1]) stehe, das Angefügte im Nominativ stehen könne (wie in dem gegebenen Beispiele), weil es an der Stelle eines Sazes stehe, wenn es aber auf ein anderes Verbum folge, so müsse es in den Accusativ gesezt werden, weil es dann die Stelle eines Einzelbegriffs vertrete, man dürfe also z. B. nur sagen: بَلَغَنِى أَنَّ زَيْدًا قائمٌ وعَمْرًا [2]). Dieser Unterschied beruht darauf, dass die Verba cordis auch ohne jede Rection construirt werden können (s. darüber Alfiyyah V. 211—213),

---

يا لَيْتَنِى وانتِ يا لَمِيسُ فى بَلَدٍ لَيْسَ بِهِ أَنِيسُ

„O wäre ich und du, o sanft anfühlende, in einem Städtchen, in dem kein Genosse ist!"

Einige wollen hier das أَنْتِ wegerklären, indem sie es als H'āl fassen = وانتِ مَعِى. S. Nāsif, l. c. p. ٢٠٢, L. 10.

1) Die Verba cordis theilen die arab. Grammatiker in zwei Arten: 1) in solche, welche auf etwas Gewisses hinweisen, nämlich: دَرَى, رَأَى, عَلِمَ, وَجَدَ und تَعَلَّمْ; und 2) in solche, welche auf das überwiegend Wahrscheinliche hinweisen, nämlich: حَسِبَ, حَجَا, جَعَلَ, خَالَ, زَعَمَ, ظَنَّ, عَدَّ, هَبْ.

2) Die arab. Grammatiker lösen solche Säze auf durch: بلغنى قِيَامُ زَيْدٍ.

das Angefügte kann darum, obschon der vorangehende Saz in grammatischer Abhängigkeit von أَنَّ steht, wieder zu einem unabhängigen Saze zurückkehren, während nach einem andern Verbum dies nicht gestattet ist, das Angefügte vielmehr nur als Einzelbegriff betrachtet werden kann Der Sprachgebrauch indessen hat diese grammatischen Finessen nicht beachtet, sondern ist mehr nach allgemeineren Analogien verfahren.

Wenn jedoch ein Nomen angefügt wird, ehe der Saz vollendet ist (durch Sezung des Praedicats), so darf dieses nur im Accusativ (und nicht im Nominativ stehen, weil أَنَّ aus Gründen, die wir später sehen werden, eine straffer unterordnende Kraft besizt; man darf also z. B. nur sagen: عَلِمتُ أَنَّ زَيْدًا وعَمْرًا فاضِلانِ.

Statt dem إِنَّ und أَنَّ ein Nomen unterzuordnen, kann man an sie auch das ضَمِيرُ الشَّأْنِ[1]) (das Pronomen der Sachlage) als Nomen anfügen, das sichtbare Nomen bleibt dann im Nominativ, weil das angehängte Pronomen der Sachlage das eigentliche Subject vertritt, dessen Praedicat der nachfolgende Saz ist, z. B.: إِنَّهُ أَمَةُ ٱللهِ ذاهِبَةٌ, „fürwahr die Magd Gottes geht fort" (wörtlich: „fürwahr es ist das: die Magd" etc.); عَلِمتُ أَنَّهُ زَيدٌ قائِمٌ, „ich weiss dass Zaid steht" (wörtlich: „ich weiss dass es das ist: Zaid" etc.).

1) Das ضَمِيرُ الشَّأْنِ ist immer das Pron. suff. der dritten Person sing. masc., indem es, im Sinne eines Neutrums, den ganzen folgenden Saz anticipirt.

Aufgehoben wird die Rection von إِنَّ und seinen Schwestern in zwei Fällen:

a) Wenn das مَا الكَافَّةُ, das die Rection verhindernde مَا, im Gegensaze zu مَا المَوْصُولَةُ, dem relativen مَا, unmittelbar mit diesen Partikeln verbunden wird [1]; sie kommen dann nicht mehr speciell dem Nomen zu, sondern können auch vor Verba treten. Man sagt also: إِنَّمَا الرِبَا فِى النَسِيئَةِ, „fürwahr Wucher ist im Aufschub (der Bezahlung)", إِنَّمَا اللهُ واحِدٌ, „Gott ist nur Einer" [2]. إِنَّمَا يُوحَى إِلَىَّ أَنَّمَا اللهُ إِلٰهٌ واحِدٌ, „es wird nur mir geoffenbart, dass Allah ist Ein Gott".

Einige Grammatiker jedoch, so Az-zajjājī, Ibn Sarrāj, Al-aχfaš und Al-kisāī wollen auch unter diesen Umständen die Rection dieser Partikeln gestatten, so dass man sagen könne: إِنَّمَا زَيْدًا قَائِمًا; dies sei besonders der Fall nach كَأَنَّمَا, لَيْتَمَا und لَعَلَّمَا, weil diese Partikeln der Bedeutung eines Verbums sich mehr nähern und den Inhalt des Sazes beeinflussen.

---

1) Nur لَيْتَمَا macht eine theilweise Ausnahme, da nach ihm die Rection von لَيْتَ bleiben oder auch wegfallen kann, z. B.: لَيْتَمَا زَيْدٌ قَائِمٌ oder لَيْتَمَا زَيْدًا قَائِمٌ.

2) إِنَّمَا kommt nur noch selten als corroborative Partikel vor (manche Grammatiker bestreiten diese Bedeutung von إِنَّمَا ganz), meist als حَرْفُ حَصْرٍ, als Partikel der Einschränkung, wobei das eingeschränkte Wort immer am Ende des Sazes stehen muss.

b) Wenn إِنَّ und أَنَّ zu إِنْ und أَنْ verkürzt (oder (wie die Grammatiker sagen) erleichtert werden. In diesem Falle muss jedoch in Säzen mit إِنْ dem Praedicat (sei es Nomen oder Verbum) لَ (wovon später) vorgesezt werden, um das aus إِنَّ erleichterte إِنْ von dem negativen إِنْ zu unterscheiden [1]). Man sagt also: إِنْ زَيْدٌ لَذَاهِبٌ، „für-

1) Die arabischen Grammatiker streiten darüber, ob dieses Lām das لَامُ الابتدآء sei, das zur Unterscheidung zwischen dem verneinenden إِنْ und dem aus إِنَّ erleichterten eintrete, oder ob es ein anderes Lām sei, das zur Unterscheidung (des Praedicats etc., siehe unter 2) beigezogen werde. In einzelnen Fällen richtet sich darnach die Lesart von ان, wie in dem Saze: قد عَلِمنا ان كُنْتَ لمومِنًا. Nimmt man ان als لَامُ الابتدآء, so muss man إِنْ lesen, weil das لام الابتدآء nur mit إِنَّ und dem daraus verkürzten إِنْ stehen darf; hält man es aber für ein anderes Lām zur Unterscheidung, so liest man أَنْ. Al-fārisī behauptet ausdrücklich, dass dieses Lām von dem لَامُ الابتدآء verschieden sei und zur Unterscheidung diene; darum nennen es einige Grammatiker schlechthin اللَّامُ الفَارِقَةُ (s. Nāsīf, l. c. p. ٢٠٥, L. 8).

Unter diesem verstehen also einzelne arabische Grammatiker etwas anderes als das لَامٌ فارقةٌ بَيْنَ إِنِ المُخَفَّفَةِ والنافِيَةِ, denn dieses leztere ist wesentlich identisch mit dem لَامُ الابتدآء, das diese nähere Definition nur dann erhält, wenn إِنْ am Anfang des Sazes steht. Der Commentar des Ibn ʿAqīl zu Alfiyyah V. 190. 191 lässt darüber keinen

wahr Zaid geht weg"; وَإِنْ كُلٌّ لَمَّا جَمِيعٌ لَدَيْنَا مُحْضَرُونَ, „und fürwahr, ein jeder wird versammelt, sie werden zu uns gebracht". (Qur. 36, 2). Das مَا von لَمَّا ist hier expletiv (مَا زائدة) und لَ gehört eigentlich zu جَمِيعٌ als dem Praedicat. Unrichtig ist desshalb die Auffassung von Wright (Arab. Gramm. II, p. 88, Rem. e), der لَمَّا جَمِيعٌ als Apposition zu كُلٌّ betrachtet, was gegen die Regel ist (cf. Muf. p. ١٣٨, L. 2. De Sacy, Anthol. gram. p. 104, L. 12).

Nur selten behält dieses abgekürzte إِنْ seine ursprüngliche Rectionskraft bei, wie Sibavaih und Al-aχfaš berichten, z. B. إِنْ عَمْرًا مُنْطَلِقٌ. In diesem Falle ist die Setzung des Lām nicht nöthig, weil keine Verwechselung mit dem negativen إِنْ möglich ist, wie in dem Halbverse:

وَإِنْ مَالِكٌ كانت كِرَامَ المَعَادِنِ

„Fürwahr der Stamm Mālik ist edel an Ursprung."

Doch kann es auch stehen, wie in der Qur'ānstelle 11, 113: وَإِنْ كُلًّا لَمَّا لَيُوَفِّيَنَّهُمْ رَبُّكَ أَعْمَالَهُمْ. „Und fürwahr, dein Herr wird sicherlich allen vergelten nach ihren Werken." Die beiden Lām erklärt Baidāvī dahin: اللامُ الاولى مُوَطِّئَةٌ

Zweifel; ebenso drückt sich auch Nāṣif aus (l. c. p. ٢٠٥, L 6 sqq. Die Definitionen, die Wright (I, p. 316) und neustens noch Fleischer (Beiträge zur arab. Sprachkunde, V, p. 93) davon gegeben haben, sind darum schärfer zu fassen, wenn man die arabischen Grammatiker nicht missverstehen will. De Sacy (Gr arab. I, § 1117, 3) hat daher nicht Unrecht, obschon er die andere Seite der Definition übersehen hat.

للقَسَمِ والثانيَةُ للتأكيد, „das erste Lām bereitet den Schwur vor und das zweite dient zur Bestätigung.“ Das ما von لَمَّا ist expletiv, wie oben [1]).

Das aus إِنَّ verkürzte إِنْ kann auch vor ein Verbum (und zwar meist nur im Perfectum, selten im Imperfectum) treten. In diesem Falle darf jedoch das Verbum nur ein solches sein, das das Mubtada' und *X*abar abrogirt, also entweder eines der unvollständigen Verba (الافعالُ الناقصة), oder eines der Verba cordis (افعالُ القلوب). Denn إِنَّ tritt sonst nur vor ein Mubtada' und *X*abar und wenn es dann weiter in Folge seiner Verkürzung auch vor ein Verbum zu stehen kommt, so darf das nur ein solches sein, welches einem Mubtada' und *X*abar voranzugehen pflegt, wie كَانَ, ظَنَّ etc.; dass vor dem Praedicat oder dem seine Stelle Vertretenden in diesem Fall immer لَ steht, ist schon bemerkt worden, wie: إِنْ ظَنَنْتُهُ لَقَائِمًا, „fürwahr, ich hielt ihn für stehend“; إِنْ كَانَ الفَتَى لَصادِقًا, „fürwahr der Jüngling ist wahrhaftig“. Nur selten kommt dieses إِنْ vor einem das Mubtada' und *X*abar nicht abrogirenden

---

1) Bei Wright, der dieses Beispiel auch anführt (Arab. Gram. II, p. 88, Rem. e) vermissen wir wieder jede nähere Erklärung über dieses doppelte Lām, wie überhaupt seine Bemerkung, dass إِنْ immer von لَ gefolgt sei, es ganz im unklaren lässt, wohin denn dieses Lām zu stellen ist. Siehe weiter über diesen Punct De Sacy, Anthol. gram. 83, L. 7 v. u., und p. 206, note 92.

Verbum vor; in diesem Falle muss jedoch immer das لَامٌ فَارِقَةٌ entweder vor dem فَاعِلٌ oder dem مَفْعُولٌ بِهِ stehen, um jedem Missverständnisse vorzubeugen, z. B.: إِنْ يَزِينُكَ لَنَفْسُكَ, „fürwahr, es schmückt dich deine Seele", إِنْ قَامَ لَأَنَا, „fürwahr, es stand ich", oder: إِنْ قَتَلْتَ لَمُسْلِمًا, „fürwahr du hast einen Muslim getödtet". Regiert ein Verbum zwei Objecte, so muss das Lām vor dem zweiten stehen, wie: إِنْ قَنَّعْتُ كَاتِبَكَ لَسَوْطًا, „fürwahr, ich peitschte deinen Schreiber"; وَإِنْ وَجَدْنَا أَكْثَرَهُمْ لَفَاسِقِينَ, „fürwahr, wir fanden die meisten von ihnen als Uebelthäter (cf. Muf. p. 138).

Wird dagegen أَنَّ zu أَنْ erleichtert, so nehmen die arabischen Grammatiker immer eine Elision des ضمير الشأن an, so dass أَنْ statt أَنَّهُ steht. Sie behaupten darum, dass أَنَّ seine Rection nicht aufgebe (wie إِنَّ), sondern dass das Praedicat (des ausgelassenen Nomens von أَنَّ, also ه) ein Saz werde; z. B. den Saz عَلِمْتُ أَنْ زَيْدٌ قَائِمٌ lösen sie durch أَنَّهُ زَيْدٌ قَائِمٌ auf. Der Grund liegt darin, wie Nāsif weiter ausführt, dass أَنَّ dem Verbum der Bedeutung nach näher stehe, weil der durch أَنَّ (resp. أَنْ) eingeleitete Saz sich durch ein Verbalnomen auflösen lasse (= عَلِمْتُ قِيَامَ زَيْدٍ)[1].

1) In der Poësie tritt manchmal, des Verszwanges wegen, das Pronomen (als Nomen von أَنَّ) auch an die abgekürzte Form أَنْ,

Ist es ein Nominalsaz, so bedarf es keiner Trennungspartikel (فَاصِل), da dabei keinerlei Missverständniss zu befürchten ist, wie in dem zulezt angeführten Saze; nur wenn der Saz negativ ist, wird die Negation dazwischen gesezt, wie in: وَأَنْ لَا إِلَهَ إِلَّا هُوَ, „und dass es keinen Gott gibt ausser ihm".

Ist es aber ein Verbalsaz, so muss, um dieses leichte أَنْ von dem Maṣdar-artigen أَنْ zu unterscheiden, eine Trennungspartikel nach أَنْ eingefügt werden [1]), wenn das Verbum vollständig flectirbar ist (مُتَصَرِّفٌ). Solcher Trennungspartikeln zählen die arabischen Grammatiker vier auf: 1) قَدْ, wie: شَهِدْتُ بِأَنْ قَدْ خُطَّ مَا هُوَ كَاتِبٌ, „ich bezeuge, dass das schon geschrieben ist, was er

---

wie: فَلَوْ أَنَّكِ سَأَلْتِنِي, „wenn (es also das gewesen wäre dass) du mich gebeten hättest." (Cf. Ibn ʿAqîl zur Alfiyyah V. 193). Nâṣîf sagt jedoch ausdrücklich (l. c. p. ٢٠٥, L. 9 v. u.), dass dies in Prosa nicht gestattet sei (لَا يَجُوزُ فِى الاختيار).

1) Diese Partikeln werden darum nach dem leichten أَنْ gesezt, weil sie nicht zwischen dem Maṣdar-artigen أَنْ und seinem Verbum vorkommen, so dass auf diese Weise أَنْ nothwendig als aus أَنَّ verkürzt aufgefasst werden muss. Unter dem Maṣdar-artigen أَنْ verstehen die Grammatiker أَنِ النَّاصِبَةُ und das أَنْ, das ohne Rection vor einem Perfect steht. S. De Sacy, Anthol. p. ١١١, L. 3, sqq.

schreibt". 2) Die Partikeln der Erweiterung (حُرُوفُ التَّنْفِيس), i. e. سَ und سَوْفَ, z. B. وَٱعْلَمْ أَنْ سَوْفَ يَأْتِى كُلُّ ما قُدِّرَ, „und wisse, dass alles kommen wird, was vorher bestimmt ist". 3) Eine Negation (لَا, لَنْ, لَمْ), wie: وَلَا تَدْفِنَنِّى بالفلاةِ فَإِنَّنِى أَخافُ إِذاما مُتُّ أَنْ لَا أَذوقُها „Und begrabe mich nicht in der Wüste: denn ich fürchte, ich werde, wenn ich gestorben sein werde, sie nicht geniessen." أَيَحْسَبُ الانسانُ أَنْ لن نَجْمَعَ عِظَامَهُ, „meint der Mensch, dass wir keineswegs seine Gebeine zusammenbringen werden?" (Qur. 75, 3). 4) Die hypothetische Partikel لَوْ, was aber von einigen Grammatikern nicht zugegeben wird (das Muf. z. B. erwähnt dieselbe gar nicht); z. B. أَوَلَمْ يَهْدِ لِلّذين يَرِثُونَ الارضَ مِنْ بعدِ اهلِهَا أَنْ لَوْ نَشَآءُ أَصَبْنَاهُمْ بِذُنُوبِهِمْ, „und haben es nicht denen, die das Land nach seinen Bewohnern erben, sie (i. e. die Einwohner) es klar gemacht, dass wenn wir wollten, wir sie treffen würden für ihre Sünden." Qur. 7, 98). Nāṣīf geht darum zu weit, wenn er l. c. p. ٢٠٥, L. 2 v. u. sagt: أَوْ أَداةِ شَرْطٍ, was vermuthen liesse, dass man so auch إِنْ gebrauchen dürfe, was aber nirgends erwähnt wird.

Es ist übrigens noch zu bemerken, dass die Trennung durch لَا schwach ist, da أَنْ in diesem Falle seine Rection (als Conjunction) beibehalten kann; der Saz: وَحَسِبُوا أَنْ لَا تكونَ فِتْنَةٌ, „und sie meinen, dass kein Unglück eintreten werde", wird daher mit Indicativ und Subjunctiv von تَكُونَ gelesen (cf. Muf. p. ١٣٨, L. 2 v. u.). Dieser Umstand wird verschieden erklärt. Entweder wird لَا als فاصِل gefasst und demgemäss أَنْ = أَنَّهُ, oder aber wird حَسِبُوا im Sinne von عَلِمَ und ظَنَّ (als etwas Gewisses, in ihrem Herzen Feststehendes) genommen. Folgt nämlich أَنْ nach عَلِمَ und solchen Verben, die etwas Gewisses (objectiv oder subjectiv) bezeichnen, so tritt der Indicativ ein (für den Fall des Imperfects), weil man annimmt, dass أَنْ für أَنَّ stehe und dass das Nomen davon ausgefallen sei [1]). Folgt dagegen أَنْ nach ظَنَّ und ähnlichen, die etwas überwiegend Wahrscheinliches bezeichnen, so kann der Indicativ oder Subjunctiv stehen (im lezteren Falle ist dann أَنْ Conjunction; (s. Alfiyyah V. 677 und 678 c. Com.; De Sacy, Anthol. p. 170 und 208, note 100). Samaχṣarī bemerkt daher im Mufaṣṣal (p. ١٣٨, L. 8 v. u.) mit Recht, dass das schwere und das daraus erleichterte أَنْ nur dann stehen könne, wenn das Verbum, das ihnen vorangehe, mit ihnen in der Gewissheit zusammenstimme (فى تحقيق

---

1) In diesen Fällen bedarf es natürlich keiner Trennungspartikel. z. B.: عَلِمُوا أَنْ يُؤَمَّلُونَ فَجَادُوا قَبْلَ أَنْ يُسْأَلُوا بِأَعْظَمِ سُولِ, „Sie wissen, dass man auf sie hofft, darum geben sie, ehe sie geboten werden, das höchste um was man bitten kann." Cf. Alf. V. 195, Com. Die Uebersezung Dieterici's (Alf. p. 99) hat den Sinn verfehlt.

وَجَبَ أَنْ يُشَاكِلَهَا), wo dies nicht der Fall sei, wie bei den Verben أَطْمَعُ, أَرْجُو, أَخَافُ etc., könne أَنْ nur als Subjunctivpartikel (نَاصِبَة) vorkommen. Aber auch nach Verbis der lezteren Gattung wird hie und da das Nomen von أَنَّ ausgelassen, ohne dass das leichte أَنْ als Subjunctivpartikel construirt wird, z. B. أُرِيدُ أَنْ تَقُومُ, „ich will, dass du aufstehest". Die Grammatiker erklären diese Construction auf verschiedene Weise. Sie nehmen entweder eine Auslassung der Trennungspartikel an oder fassen أَنْ als gleichbedeutend mit ما المصدرِيَّة und lösen es mit seinem Verbum in ein Verbalnomen auf. Siehe darüber Alfiyyah V. 195 und V. 679, cum com.

Die Trennungspartikel wird nach أَنْ weggelassen, wenn das Verbum nicht vollständig flectirbar ist (غَيْرُ مُتَصَرِّفٍ oder جامِدٌ, d. h. ein Verbum, das nur Ein Tempus und kein Verbalnomen hat), wie لَيْسَ, عَسَى etc., z. B. وَأَنْ لَيْسَ لِلانسانِ الّا ما سَعَى, „und dass der Mensch nichts hat, ausser was er erwirbt" (Qur. 53, 40), weil hier kein Missverständniss obwalten kann. Oder aber auch nach einem vollständig flectirbaren Verbum, wenn es einen Wunsch ausdrückt, wie in der Qur'ānstelle 7, 29, nach der Lesart: والخامِسَةُ أَنْ غَضِبَ اللهُ عَلَيْهَا, „und das fünfte (Zeugniss) ist, dass Gott über sie zürnen möge!"

Die kūfischen Grammatiker lassen أَنْ (wie auch أَنَّ)

schlechthin nichts regieren, weder etwas wirklich Geseztes noch etwas Supponirtes.

In gewissen Fällen wird أَنْ von den arabischen Grammatikern als زَائِدَةٌ i. e. als pleonastisch betrachtet. So wenn es nach لَمَّا (لَمَّا الحِينِيَّةُ) steht, z. B. لَمَّا أَنْ جَاءَ البَشِيرُ, „nachdem der Bote gekommen war"; selten nach إِذَا, was darum von den Grammatikern gewöhnlich nicht erwähnt wird; z. B. فَأَمْهِلْهُ حَتَّى إِذَا أَنْ كَأَنَّهُ مُعَاطِي يَدٍ فِي لُجَّةِ المَاءِ غَامِرُ, „Und ich lasse ihn gehen, bis wenn er in der Tiefe des Wassers versinkt, als ob er ein die Hand darreichender wäre" (s. Lane, Arab. Dict. I, p. 106). Ferner wenn es zwischen لَوْ und einem vorangehenden Schwur steht, sei das Verbum des Schwurs ausgedrückt oder nur supponirt, wie: وَاللهِ أَنْ لَوْ قَامَ زَيْدٌ قُمْتُ (oder أُقْسِمُ), „(ich schwöre, oder:) bei Gott, wenn Zaid aufgestanden wäre, wäre ich aufgestanden". In diesen drei Fällen ist أَنْ, stricte genommen, nicht pleonastisch, sondern die Ausdrucksweise ist etwas breit und darum elliptisch, z. B. لَمَّا كَانَ أَنْ = لَمَّا أَنْ, ebenso إِذَا كَانَ أَنْ; in der Antwort des Schwures kann ohnedies أَنْ stehen, wie wir später sehen werden. Auch nach dem vergleichenden كَ soll أَنْ hie und da pleonastisch stehen, ohne die Rection von كَ aufzuheben; ein Beispiel davon werden wir weiter unten sehen.

أَنْ wird auch als مُفَسِّرَةٌ oder als explicative Partikel im Sinne von أَيْ definirt, nach einem Saze der den Sinn von „sagend" (قائلًا) in sich begreift, wenn auch nicht mit Worten ausgedrückt, so dass أَنْ nur das Einführungszeichen der Rede selbst ist (wie das persische كِه), ohne jedwelche Rection; dazu gehört aber, dass der vorangehende Saz vollständig sei, wie: وَأَوْحَيْنَا إِلَيْهِ أَنِ ٱصْنَعِ ٱلْفُلْكَ „und wir haben ihm geoffenbart (sagend): baue das Schiff." Ist der vorangehende Saz dagegen nicht vollständig in sich, so ist أَنْ als aus أَنَّ erleichtert zu betrachten, weil es die Aussage zu dem Subject einführt, z. B. وَآخِرُ دُعَاهُمْ أَنِ ٱلْحَمْدُ لِلّٰهِ, „und das Ende ihres Gebets ist (das), dass (es) das Lob Gottes ist = das Lob Gottes". [1]) Ferner darf أَنْ nicht mit einer Praeposition verbunden sein, wie in dem Saze: كَتَبْتُ إِلَيْهِ بِأَنِ ٱفْعَلْ, „ich schrieb ihm, thue!" weil eine Praeposition nur vor ein Nomen oder etwas anderes treten kann, das sich in ein Nomen auflösen lässt; بِأَنِ ٱفْعَلْ ist daher gleichbedeutend mit بِفَعْلٍ, indem das Maṣdar im Sinne eines Imperativs steht.

---

1) Siehe De Sacy, Anth. gram p. ٨٤, L. 1 sqq. Auch Baiḍâvi erklärt es so (I, p. ٤٠٩); er sagt: وَأَنْ هِيَ ٱلْمُخَفَّفَةُ مِنَ ٱلثَّقِيلَةِ وقد قُرِئَ بِهَا وبِنَصْبِ ٱلحَمْدِ.

Bemerkung. Wie أَنَّ kann auch كَأَنَّ zu كَأَنْ erleichtert werden, indem sein Nomen ausgelassen und der nachfolgende Nominalsaz zu seinem Praedicate gemacht wird, wie: كَأَنْ زَيْدٌ قَائِمٌ, „als ob Zaid stünde". كَأَنْ kann jedoch seine Rection auf das folgende Nomen auch beibehalten, wie in dem oft citirten Verse:

وَصَدْرٍ مُشْرِقِ النَّحْرِ كَأَنْ ثَدْيَيْهِ حُقَّانِ

„Und mancher Busen [1]) von glänzendem Halse, als ob seine zwei Brüste zwei Büchsen wären."

Wir haben schon bemerkt (S. 140), dass manche Grammatiker das أَنْ nach كَ auch als pleonastisch fassen (wie ما) und كَأَنْ demgemäss sogar mit dem Genetiv verbinden. Zamaχšarī führt daher im Mufaṣṣal (p. ١٣٩, L. 3 v. u.) einen Halbvers [2]) an, in welchen nach كَأَنْ drei Constructionen zulässig sind:

كَأَنْ ظَبْيَةٌ تَعْطُو الى نَاضِرِ السَّلَمْ

„Wie eine Gazelle, die ihr Haupt erhebt zu dem frischgrünen (Blatte) des Salam-Baumes."

---

1) Nāṣif, l. c. p. ٢٠٩, L. 11 v. u. liest وَصَدْرٌ, das وَ hier jedoch ist واو رُبَّ und erfordert darum den Genetiv. So wird es ausdrücklich in den شواهد zur Alfiyyah, V. 196, erklärt. Vergleiche damit die Lesart im Mufaṣṣal, p. ١٣٩, L. 5. v. u., وَصدرٍ مُشْرِقِ اللَّوْنِ.

2) Der ganze Vers ist in Lane's Arab. Dict. I, p. 106 citirt.

Ist der auf كَأَنْ folgende Saz ein Verbalsaz mit einem vollständig flectirbaren Verbum, so muss er, wenn er positiv ist, durch قَدْ, und wenn er negativ ist, durch لَمْ eingeleitet werden, um das aus كَأَنَّ verkürzte كَأَنْ von dem Maṣdar-artigen أَنْ, dem das كَ der Vergleichung vortreten kann, zu unterscheiden, z. B. وَكَأَنْ قَدْ زَالَتْ, „und (es war) als ob sie schon fortgegangen wären" (s. Alfiyyah, V. 196, Com.); كَأَنْ لَمْ تَغْنَ بِٱلْأَمْسِ, „als ob (es das wäre dass) sie gestern nicht existirt hätten (Qur. 10, 15).

Wenn dagegen لٰكِنَّ zu لٰكِنْ verkürzt wird, so hört seine Rection absolut auf, weil es dann mit dem conjunctiven لٰكِنْ dem Wortlaut und Sinne nach zusammenfällt. Um jedoch das aus لٰكِنَّ verkürzte لٰكِنْ von dem conjunctiven لٰكِنْ zu unterscheiden, soll es nach Nāṣif (l. c. p. ٢٠٧, L. 7) gut sein, ihm noch وَ vorzusezen, weil das وَ nicht vor eine ähnliche Conjunctionspartikel treten dürfe; doch komme es manchmal auch ohne وَ vor. —

2) Mit Rücksicht auf das Praedicat

ist noch folgendes besonders zu beachten:

a) Wenn in einem Nominalsaze das Subject und Praedicat determinirt sind, so sezt man, damit das Praedicat nicht als صفة des Subjects genommen werde, das Pronomen der dritten Person (als ضَمِيرُ الْفَصْلِ, Pronomen der Trennung) dazwischen, z. B. اللهُ هُوَ الْحَقُّ, „Gott ist die Wahrheit". Wenn nun إِنَّ und أَنَّ dem Subjecte vortreten, so ist ein solches Trennungspronomen an sich nicht nöthig, weil kein Missverständniss wegen der Verschiedenheit der Casus zu befürchten ist, doch wird es gewöhnlich gesezt (und muss dann mit dem Nomen congruiren, auf das es sich bezieht), z. B. إِنَّ الآخِرَةَ هِىَ دارُ القَرارِ, „fürwahr die zukünftige Welt ist die dauernde Wohnung", besonders wenn das Adjectiv mit dem Artikel verbunden ist, wie: إِنَّ زَيْدًا هُوَ القائِمُ, „fürwahr Zaid ist der stehende". Ist das Nomen von إِنَّ und أَنَّ ein Pronomen suffixum, so lässt man das Praedicat, wenn es determinirt ist, nicht unmittelbar folgen, sondern sezt ebenfalls ein Pronomen absolutum dazwischen, das sich nach dem Pronomen suffixum zu richten hat, wie: إِنَّكَ أَنْتَ السَمِيعُ, „fürwahr du bist der Erhörer"; نَبِّئْ عِبادِى أَنِّى أَنَا الغَفُورُ ٱلرَحِيمُ وَأَنَّ عَذابِى هُوَ العَذابُ الأَلِيمُ, „benachrichtige meine Knechte, dass ich der vergebende und barmherzige bin, und dass meine Strafe die schmerzliche Strafe ist", (Qur. 15, 49).

Wo dagegen das Praedicat nicht (durch den Artikel etc.) determinirt ist, wird das Pronomen absolutum nicht dazwischen gesezt, z. B.: إِنَّكَ سَمِيعُ الدُعَآءِ, „fürwahr, du bist ein Erhörer des Gebets" (Qur. 3, 33).

b) In einem Saze mit إِنَّ kann das verstärkende Lām zu dem Praedicate treten (und wird darum auch häufig لامُ الخَبَرِ genannt). Dieses Lām ist eigentlich das لامُ الاَبْتِدآءِ und sollte darum, der Regel nach, vor das erste

Wort des Sazes, also auch vor إِنَّ treten; da aber beide Partikeln der Verstärkung sind und man nicht zwei Partikeln von derselben Bedentung zusammenstellt, so sezt man das Lām zum Praedicat zurück. [1])

Die Sezung dieses Lām ist jedoch gewissen Bedingungen unterworfen. Wenn das Praedicat ein Verbum ist, so ist folgendes zu beachten:

α) Ist das *Xabar* von إِنَّ negativ, so tritt Lām nicht vor dasselbe; man sagt also nicht: إِنَّ زَيْدًا لَمَا يَقُومُ. Nur in der Poësie kommt hie und da eine Ausnahme davon vor.

β) Ist das *Xabar* von إِنَّ ein vollständig flectirbares Verbum im Perfect, so ist die Sezung von Lām

---

1) Dieses Lām kommt dichterisch auch beim Praedicate von لٰكِنَّ vor, wo man es als pleonastisch erklärt, wie das Lām beim Praedicate von أَمْسَى (s. Alfiyyah, V 183, c. com).

Samaχšarī jedoch (cf. Muf. p. ١٣٩, L. 12) erklärt es in dem Halbverse:

وَلٰكِنَّنِي مِن حُبِّهَا لَعَمِيدُ

„aber ich bin aus Liebe zu ihr gebrochen", als eine Contraction von لٰكِنْ إِنَّنِي, wie auch in der Qur'ānstelle 18, 36: لٰكِنَّا هُوَ اللهُ رَبِّي = لٰكِنْ أَنَا.

Al-mubarrad erlaubt es sogar beim Praedicat von أَنَّ, wie in der Qur'ānstelle 25, 22, wenn man liest: إِلَّا أَنَّهُمْ لَيَأْكُلُونَ الطَّعَامَ; die gewöhnliche Lesart ist jedoch: إِلَّا إِنَّهُمْ.

nur gestattet, wenn قَدْ damit verbunden ist, z. B.: إِنَّ زَيْدًا لَقَدْ قَامَ, „fürwahr Zaid ist aufgestanden". Ohne قَدْ findet sich Lām nur selten, wiewohl Al-Kisāī und Hišām dies gestatten. Ist aber das Verbum im Perfectum unvollständig flectirbar, so kann Lām wohl davor treten, wie bei نِعْمَ, بِئْسَ etc., obwohl andere Grammatiker, wie Sībavaih, dies verwehren.

Steht dagegen das Verbum im Imperfectum, so kann Lām vor dasselbe treten, sei es vollständig oder nur unvollständig flectirbar, wie: إِنَّكُمْ لَتَشْهَدُونَ, „fürwahr ihr bezeuget" oder: إِنَّ زَيْدًا لَيَذَرُ ٱلشَّرَّ, „fürwahr Zaid gibt auf das Böse". Wenn aber سَ oder سَوْفَ vor dem Imperfect stehen, so erlaubt man gewöhnlich Lām nur vor سَوْفَ, selten vor سَ. Steht statt des Verbums im Imperfect ein Particip (activ oder passiv), so tritt Lām ebenfalls vor dasselbe, wie: وَإِنِّي لَحَاجِزِي كَرَمِي, „und fürwahr, es hält mich ab mein Edelmuth" (Alfiyyah, V. 180, c. com.)

Ist der Saz ein Nominalsaz, so gelten folgende Regeln:

α) Das Lām kann vor das Xabar treten, wenn es indeterminirt ist, z. B. إِنَّ ٱللّٰهَ لَغَفُورٌ رَحِيمٌ.

β) Ist jedoch das Subject und Praedicat durch das Trennungspronomen geschieden (s. oben 2, a), so tritt das Lām vor das Trennungspronomen, z. B. إِنَّ هٰذَا لَهُوَ ٱلْقَصَصُ

الْحَقُّ, „fürwahr, dieses ist die wahre Geschichte" (Qur. 3, 55). In diesem Falle darf لَ nicht auch vor das Praedicat selbst treten.

γ) Steht das von dem *X*abar Regierte vor demselben, so tritt das Lām vor dieses, z. B. إِنْ كُلُّ نَفْسٍ لَمَا عَلَيْهَا حَافِظٌ, „fürwahr, eine jede Seele — es ist ein sie bewahrender = jede Seele hat (einen Engel) der sie bewahrt" [1]). إِنَّ زَيْدًا لَطَعَامَكَ آكِلٌ, „fürwahr Zaid isst deine Speise". Man kann dagegen nicht sagen: إِنَّ زَيْدًا لَطَعَامَكَ أَكَلَ, weil in diesem Falle, nach dem schon Bemerkten (s. 2; b, β) die Sezung des Lām überhaupt nicht gestattet ist. Hie und da steht sogar das Lām zweimal, sowohl vor dem von dem *X*abar Regierten und ihm Vorangestellten, als auch vor dem *X*abar selbst, obschon die Grammatiker dies missbilligen, z. B. إِنِّى لَبِحَمْدِ اللهِ لَصَالِحٌ, „fürwahr, durch das Lob Gottes bin ich rechtschaffen". Steht dagegen das vom *X*abar Regierte nach demselben, so tritt das Lām vor das *X*abar selbst, wie: إِنَّ زَيْدًا لَآكِلٌ طَعَامَكَ.

Auf diese Weise kann das Lām vor irgend ein in die Mitte gestelltes und von dem *X*abar abhängiges Sazglied treten, sei es ein directes Object oder ein durch eine Praeposition in den Genetiv gestelltes Nomen, oder eine Orts- oder Zeitbestimmung, wie: إِنَّ فِى الدَّارِ لَعِنْدَكَ زَيْدًا جَالِسٌ, „fürwahr,

---

1) Das مَا vom لَمَا ist زَائِدَةٌ; siehe Baiḍāvī, II, p. ٣٩٧, und De Sacy, Anthol. p. ٨٣, L. 6 v. u.

nur gestattet, wenn لَ [illegible] nur vor den Ḥāl darf Lām

زَيدًا لَقَدْ قَامَ, „für [illegible]

قَدْ findet sich [illegible] des Nomens von إِنَّ nach dem Xabar

Hišām dies ge[illegible] setzt das Lām vor das Nomen selbst, wie:

unvollstä[illegible] إِنَّ بالشِّعْب الّذى دُونَ سَلْعٍ لَقَتِيلًا, „fürwahr in der

treten, wi[illegible] Schlucht, welche unterhalb Salʿa ist, ist ein Getödteter [1]);

wie Sib[illegible] إِنَّ لَكَ لَأَجْرًا غَيْرَ مَمْنُونٍ, „fürwahr, du hast einen nn-

unterbrochenen Lohn" (Qur. 68, 3).

kan[illegible] Wir haben nun noch zu betrachten:

n[illegible] *III. Den Unterschied zwischen* إِنَّ *und* أَنَّ.

Es kommen dabei drei Fälle in Betracht: 1) die nothwendige Sezung von إِنَّ; 2) die von أَنَّ, und 3) die Möglichkeit von إِنَّ und أَنَّ.

Der Grundunterschied beider Partikeln ist der, dass إِنَّ einen selbstständigen Saz einleitet, der nicht von etwas Vorhergehendem in Abhängigkeit zu denken ist, أَنَّ dagegen einen abhängigen; إِنَّ ist daher das Zeichen für eine oratio directa, أَنَّ dagegen für eine oratio indirecta. Samaχšari sagt daher im Mufassal (p. ١٣٥, L. 6 v. u.) ganz richtig und zutreffend, dass das mit Kasr versehene إِنَّ da stehen müsse, wo man an einen Saz denke (ما كان مَظِنَّةً لِلْجُمْلَةِ), das mit Fatḥ versehene dagegen

1) Dieser Saz ist aus Wright's Arab. Gramm. II, p. 86 genommen, der dort wohl manche Beispiele anführt, aber keine leitende Regel dazu.

man an einen Einzelbegriff denke (ما كان له مَظِنّة), oder wie es Ibn ʿAqil (Com. zur Alfiyyah V. 177) und Nāṣīf (l. c. p. ٢٠٢, L. 16) näher praecisiren, wo أَنّ (mit seinem Praedicat) durch ein Verbalnomen (an welches das Nomen von أَنّ annectirt wird) sich auflösen lässt; denn es kommen Fälle vor, wo ein logischer Einzelbegriff nicht durch أَنّ untergeordnet werden darf, weil er sich nicht durch ein Verbalnomen auflösen lässt (s. im folgenden sub f).

Daraus ergibt sich im Einzelnen folgendes:

Ad 1) Nur إِنّ darf gebraucht werden:

a) Wenn es im Anfange eines Sazes steht, wie: إِنّ زَيْدًا مُنْطَلِقٌ; dies ist besonders der Fall, wenn ein Ausruf vorangeht, wie: رَبَّنَا إِنَّكَ رَحُومٌ, „o unser Herr, du bist fürwahr barmherzig", oder eine Bejahung oder Verneinung, wie: كَلَّا إِنّ زَيْدًا حَاضِرٌ, „keineswegs, fürwahr Zaid ist gegenwärtig".

b) Wenn es am Anfange eines die Rede direct referirenden Sazes steht; siehe darüber unten ad 3) a).

c) Wenn es im Anfange einer صِلَة (nach einem Relativpronomen) steht [1]), weil das auf das Relativ folgende nur ein Saz sein kann, wie: جَاءَ الذى إِنَّهُ قَائِمٌ, „es kam

1) Dies ist jedoch keineswegs nöthig, sondern dient nur zur Verstärkung.

derjenige, welcher stehend (war); es kann in diesem Fall auch noch لَ vor das Praedicat treten (cf. 2, b, *β*, p. 146), wie: وَآتَيْنَاهُ مِنَ ٱلْكُنُوزِ مَا إِنَّ مَفَاتِحَهُ لَتَنُوءُ بِالْعُصْبَةِ أُولِى الْقُوَّةِ, „und wir gaben ihm von den Schäzen das, dessen Schlüssel niederdrückten die Schaar starker Männer" (Qur. 28, 76).

d) Wenn es im Nachsaze eines Schwures steht (جَوَابُ الْقَسَمِ) und لَ mit seinem *X*abar verbunden ist. Der Schwur oder die Betheuerung steht absolute voran und إِنَّ leitet den Saz ein, der durch den Schwur bestätigt werden soll, wie: وَاللّٰهِ إِنَّ زَيْدًا لَصَادِقٌ, „bei Gott, Zaid ist fürwahr wahrhaftig". Doch kann لَ beim Praedicat auch fehlen, obschon Ibn ›Aqîl und Nâṣif nur den ersteren Fall erwähnen; z. B. وَاللّٰهِ إِنَّ مُحَمَّدًا رَسُولُهُ.

e) Wenn إِنَّ einen H'âlsaz vertritt und ihm وَ vorangeht, das den H'âlsaz einführt, z. B.: قَصَدْتُهُ وَإِنِّي وَاثِقٌ بِهِ, „ich gieng zu ihm, indem ich auf ihn vertraute". كَمَا أَخْرَجَكَ رَبُّكَ مِنْ بَيْتِكَ بِالْحَقِّ وَإِنَّ فَرِيقًا مِنَ الْمُؤْمِنِينَ لَكَارِهُونَ, „wie dich dein Herr aus deinem Hause in Wahrheit führte, während ein Theil der Glaubigen widerwillig war" (Qur. 8, 5).

f) Wenn es ein Praedicat von einem Nomen concretum [1]) einleitet, z. B. ظَنَنْتُ زَيْدًا إِنَّهُ قَائِمٌ, „ich glaubte von Zaid, fürwahr er ist stehend = ich hielt Zaid für stehend"; زَيْدٌ إِنَّهُ كَرِيمٌ, „Zaid, fürwahr er ist edel"; oder die صِفَة (Qualification) eines Nomens, wie: مَرَرْتُ بِرَجُلٍ إِنَّهُ صَالِحٌ, „ich gieng an einem Manne vorüber, fürwahr er ist rechtschaffen = an einem rechtschaffenen Manne".

g) Wenn es nach حَيْثُ [2]) steht, wie: اِجْلِسْ حَيْثُ إِنَّ زَيْدًا جَالِسٌ, „seze dich da, wo Zaid sizt".

h) Wenn es nach dem den Saz eröffnenden أَلَا (هَلَا) steht (أَلَا الاستفتاحيّة), z. B. أَلَا إِنَّ الحَدَاثَةَ لَا تَدُومُ, „ja fürwahr die Jugend währt nicht immer"; ebenso nach dem gleichbedeutenden أَمَا, siehe unten ad 3) g.

i) Wenn es nach dem einen Saz beginnenden إِلَّا steht, dessen Praedicat ein Lām des Anfangs hat, z. B. إِلَّا إِنَّهُمْ لَيَأْكُلُونَ الطَّعَامَ, „ausser sie essen fürwahr die Speise". (Qur. 35, 22.)

---

1) Damit ist das اسمُ مَعْنًى, oder das Abstractum, ausgeschlossen, wie: وظاهِرُ الكلامِ أَنَّهُ لَيْسَ بِشَىْءٍ.

2) Auch nach ثُمَّ pflegt إِنَّ zu stehen, wenn die Rede mehr in die Gegenwart gerückt werden soll; z. B. ثُمَّ إِنِّى نَزَلْتُ من على السَّرِيرِ, „dann steige ich herab von dem Bette". Arnold, Chrest. arab. p. 42, L. 2 v. u.; p, 29, L. 8 v. u.

j) Wenn es nach den Verbis cordis steht und deren Rection durch ein dem Praedicat vorgesetztes Lām verhindert wird, z. B. عَلِمْتُ إِنَّ زَيْدًا لَقَائِمٌ, „ich weiss, fürwahr Zaid ist stehend". Steht aber Lām nicht beim Praedicat, so muss die gewöhnliche Construction mit أَنَّ eintreten, wie: عَلِمْتُ أَنَّ زَيْدًا قَائِمٌ.

Ad 2) أَنَّ muss gesprochen werden:

a) In allen Fällen, wo es sich nicht um einen selbstständigen Saz handelt, sondern um die Unterordnung eines Einzelbegriffs, der, wie schon bemerkt, sich durch ein Verbalnomen auflösen lässt. Dies findet statt, wenn der abhängige Saz mit أَنَّ entweder an die Stelle eines logischen فاعِلٌ steht, wie: يُعْجِبُنِي أَنَّكَ قَائِمٌ = يُعْجِبُنِي قِيَامُكَ, „es wundert mich, dass du stehst"; oder an der Stelle eines نَائِبُ الفاعِلِ, wie: سُمِعَ أَنَّكَ رَاحِلٌ = سُمِعَ رَحْلُكَ, „man hört, dass du abreisest"; oder an der Stelle eines مُبْتَدَأٌ, wie: عِنْدِي أَنَّكَ فاضِلٌ = عِنْدِي فَضْلُكَ, „es ist meine Meinung, dass du vortrefflich bist"[1]); oder an der Stelle eines Xabar, wie: الحَقُّ أَنَّ العِلْمَ نافِعٌ = الحَقُّ نَفْعُ العِلْمِ, „es ist die Wahrheit, dass die Wissenschaft nüzlich ist"; oder an der Stelle eines مفعولٌ بِهِ, wie: عَرَفْتُ أَنَّكَ قَائِمٌ

---

1) Wenn das Xabar ein ظَرْفٌ oder جارٌ ومجرورٌ ist, so kann es vorangestellt werden, auch wenn das Mubtada' determinirt ist; ist aber das Mubtada' indeterminirt, so muss das Xabar in den bezeichneten Fällen vorangehen.

= عَرَفْتُ قِيَامَكَ, „ich weiss, dass du stehst"; oder an der Stelle eines مجرور, wie: عَجِبْتُ مِنْ = عَجِبْتُ أَنَّكَ قَائِمٌ قِيَامِكَ, „ich wundere mich, dass du stehst"; oder an der Stelle eines مُضَافٌ إِلَيْهِ, wie: عَجِبْتُ مِن طُولِ أَنَّ بَكرًا وَاقِفٌ = مِن طولِ وُقُوفِ بَكْرٍ, „ich wundere mich über die Länge (der Zeit), dass Bakr steht = darüber, dass Bakr so lange steht".

b) Die Praepositionen ordnen daher, wenn sie vor einen abhängigen Saz treten, denselben durch أَنَّ unter (falls er ein Nominalsaz ist, sonst durch أَنْ), indem nur لَدُنْ, مُنذُ und مُذ unmittelbar vor einen Saz treten können, z. B. بِنَآءً أَنَّهُ خَبَرٌ, „darauf bauend, dass es Xabar ist"; وَثِقَ بِأَنَّكَ أَمِينٌ, „er vertraut darauf, dass du zuverlässig bist"; أُحِبُّكَ مَعَ أَنَّكَ ظَالِمٌ, „ich liebe dich, troz dem dass du tyrannisch bist".

c) أَنَّ muss auch gesprochen werden, wenn es nach den hypothetischen Partikeln لَوْ „wenn" und لَوْلَا „wenn nicht" steht und ein Nomen darauf folgt [1]) (vor einem Verbum kann nach لَوْلَا auch أَنْ stehen), z. B. لَوْ أَنَّكَ مُنْطَلِقٌ

1) Doch ist die Sezung von أَنَّ nicht absolut nothwendig, da لَوْ und لَوْلَا vor einem Nomen auch ohne dazwischen tretentes أَنَّ stehen können, obschon die Alfiyyah (V. 710) in Betreff von لَوْ keine derartige Ausnahme erwähnt.

لَانْطَلَقْتُ, „wenn du gehen würdest, würde ich gehen", weil es (wie das Mufassal p. ١٣٥, L. 1 v. u. erklärt) = لَوْ وَقَعَ أَنَّكَ مُنْطَلِقٌ und dieses = لَوْ وَقَعَ آنطِلَاقُكَ ist.

d) Auch nach dem einen Saz eröffnenden إِلَّا [1]) (wenn nicht beim Praedicat das لَامُ الابتدآء steht), sofern ein Nomen davon abhängt (vor einem Verbum steht أَنْ), z. B. هِيَ اكثرُ يَهُودًا إِلَّا أَنَّهَا لَيْسَت من الحِجَازِ, „sie ist zahlreicher an Juden, ausser dass sie nicht zu Hijāz gehört (Arnold, Chrest. arab. p. 83, L. 5 v. u.)

e) Ebenso nach كَمَا, wenn ein Nomen folgt [2]) (vor dem Verbum dagegen steht nur كَمَا), z. B. كَمَا أَنَّ الحُلْوَانَ آسْمُ مَا يُحْلَى, „wie حُلْوَانٌ das Nomen von dem ist, was als Geschenk gegeben wird" (Baidāvī, I, p. ٢٥٤, L. 2. v. u.).

Ad 3) Die Möglichkeit von إِنَّ und أَنَّ.

a) Nach قَالَ und Verben ähnlicher Bedeutung kann إِنَّ oder أَنَّ stehen, je nachdem der Saz als directe (جُمْلَةٌ مَحْكِيَّةٌ بِالقَوْلِ) oder indirecte Rede aufgefasst wird. Wo also die ipsissima verba referirt werden, müssen sie durch das hinweisende إِنَّ als unabhängiger Saz eingeleitet

---

1) Ebenso غَيْرَ أَنَّ, „ausser dass".

2) كَمَا findet sich zwar auch vor Nominibus, aber nur im Sinne von كَ (mit dem Genetiv); s. Alfiyyah, V. 382, Com.

werden [1]), z. B. قَالَ إِنِّي مَا رَأَيْتُ أَقَلَّ وَفَاءً مِنْكَ, „er sagte: fürwahr ich habe keinen treuloseren gesehen als du bist". Wo dies aber nicht der Fall ist, sondern der Saz dem vorhergehenden untergeordnet wird, muss dies wie bei den Verbis ظَنَّ etc. (s. Ad 2) durch أَنَّ geschehen, z. B. أَقُولُ أَنَّ زَيْدًا قَائِمٌ, „ich sage, dass Zaid steht" [2]). Samaχšarī führt im Mufassal (p. ١٣٩, L. 3) den Saz an: أَوَّلُ مَا أَقُولُ إِنِّي أَحْمَدُ اللهَ, und erklärt die doppelte Aussprache von انّى dahin, dass wenn man den damit eingeleiteten Saz als Praedicat zu dem (vorangehenden) Mubtada' fasse, man أَنِّي aussprechen müsse, weil er = أَوَّلُ مَقُولِي حَمْدُ اللهِ sei; wenn man aber das Praedicat als ausgelassen supponire, müsse man إِنِّي sprechen, indem man damit direct referire (also = أَوَّلُ مَقُولِي هَذَا إِنِّي أَحْمَدُ اللهَ).

b) Auch ist إِنَّ und أَنَّ möglich, wenn sie nach einem Mubtada' stehen, das die Idee des Sprechens oder Redens implicirt, und das (logische) Xabar ebenfalls denselben Begriff enthält, während der Sprechende d e r s e l b e ist, z. B. أَوَّلُ قَوْلِي إِنِّي أَحْمَدُ اللهَ). Enthält aber das Xabar nicht

1) Obschon die directe Rede auch ohne إِنَّ eingeführt werden kann.

2) Dieser Unterschied ist vielfach übersehen worden. So hat z. B. Arnold in seiner Chrest. arab. nach قَالَ und يُقَالُ immer إِنَّ gesezt, auch da, wo von einer oratio directa keine Spur ist.

die Idee des Sprechens oder ist die Person nicht dieselbe, so darf nur إِنَّ stehen, z. B. قَوْلِي إِنِّي مُؤْمِنٌ, und: قَوْلِي إِنَّ زَيْدًا يَحْمَدُ اللّهَ, weil in beiden Fällen der Saz mit إِنَّ nicht in ein Verbalnomen aufgelöst werden kann, das als Xabar eintreten könnte.

c) Ebenso kann im Nachsaze eines Schwures (جوابُ القَسَمِ) إِنَّ und أَنَّ stehen, wenn das Praedicat von لَ entblöst ist, mag der Saz, womit man schwört ein Verbalsaz sein mit ausgesprochenem oder nicht ausgesprochenem Verbum, z. B. حَلَفْتُ أَنَّ زَيْدًا صَادِقٌ, oder واللهِ إِنَّ زَيْدًا صَادِقٌ, oder ein Nominalsaz, wie: لَعَمْرُكَ إِنَّ زَيْدًا صَادِقٌ, „bei deinem Leben, fürwahr Zaid ist wahrhaftig" [1]). Es kommt dabei rein auf die Auffassung des Schwörenden an, ob er den Nachsaz des Schwures direct (als unabhängigen Saz) oder indirect hinstellen will oder kann. Die arabischen Grammatiker wollen z. B. in dem Verse (Alfiyyah V. 181. 182, Com.):

أَو تَحْلِفِى بِرَبِّكَ ٱلعَلِيِّ إِنِّى أَبُو دَيَّالِكِ الصَّبِيِّ

„bis dass du schwörst bei deinem grossen Herrn, dass ich der Vater dieses (deines) Kindes sei", die doppelte Aussprache von انّى gelten lassen. Dies scheint mir jedoch in

1) Wenn das Mubtada' ein Schwur ist, so muss das Praedicat nothwendigerweise ausgelassen werden; لَعَمْرُكَ ist deshalb = لَعَمْرُكَ قَسَمِي, „dein Leben fürwahr ist mein Schwur = bei deinem Leben". Siehe darüber Alfiyyah V. 138—141, c. com.

diesem Falle unmöglich zu sein, da sonst إِنِّي, als direct referirend, den Schwur stultificiren würde; hier kann offenbar nur أَنِّي am Plaze sein. Die Auseinandersezung, die in den شواهد zur Alfiyyah gegeben wird, entfernt diese Schwierigkeit keineswegs; es heisst dort: وقولُهُ انّىْ بالكسر على جعل الجملة جوابا للقَسَم وبالفتح على جعلها مفعولا بواسطة نزع الخافض اى على أَنِّي, „Sein Wort انى, mit Kasr gesprochen, wenn man den Saz als Antwort auf den Schwur fasst, und mit Fath', wenn man ihn als Object fasst, vermittelst der Unterdrückung der Praeposition, i. e. على أَنِّي. Auch Nāṣif spricht sich nur ganz allgemein aus (l. c. p. ٢٠٣, L. 5 sqq.); die angedeutete Beschränkung jedoch scheint mir in der Natur der Sache zu liegen.

d) Wird ein Saz angeschlossen, der einen vorangehenden Imperativ oder Prohibitiv motivirt, so kann er entweder als Neusaz mit إِنَّ folgen oder durch أَنَّ untergeordnet werden, z. B. اِحْذَرْ إِنَّهُ عَدُوٌّ لَكَ, „nimm dich in Acht, siehe er ist ein Feind von dir", oder: احذَرْ أَنَّهُ عَدُوٌّ لَكَ, „nimm dich in Acht (darum) dass er ein Feind von dir ist"; im lezteren Falle wird die Auslassung einer Praeposition supponirt (على اضمار حرف الجر); s. Nāṣif, l. c. p. ٢٠٣, L. 7.

e) Nach dem Fā der Apodosis (فَاءُ الجَزَاءِ). Wenn man إِنَّ spricht, so wird der dadurch eingeleitete Saz, der schon durch فَ von der Rection des vorangehenden Conditionalsazes losgelöst ist, als durchaus unabhängig hingestellt, wie in: مَنْ يَزُرْنِي فَإِنَّهُ اكرمُهُ, „wer mich besucht, fürwahr ich ehre ihn", also = مَنْ يَزُرْنِي فانا اكرمُهُ; spricht man aber أَنَّ, so bildet أَنَّ mit seiner صلة einen definitiven Saz, den die arabischen Grammatiker dadurch zu erklären suchen, dass sie أَنَّهُ اكرمُهُ in ein Maṣdar auflösen = فاكرامى لَهُ und als Mubtada' betrachten, zu dem sie ein Xabar wie ثابِتٌ oder موجودٌ suppliren. Ibn ʿAqil (Com. zur Alfiyyah V. 181. 182) schlägt auch eine andere Erklärung vor, dass man أَنَّ mit seiner صلة als Xabar von einem ausgelassenen Mubtada' fassen könne, also: فَجَزَآؤُهُ اكرامى لَهُ. Demgemäss wird auch in der Qur'ânstelle (6, 54): كَتَبَ رَبُّكُمْ على نَفْسِهِ الرحمَةَ أَنَّهُ مَنْ عَمِلَ مِنْكُمْ سُوءً بِجَهالَةٍ ثُمَّ تابَ من بَعْدِهِ وَأَصْلَحَ فَإِنَّهُ غفورٌ رَحِيمٌ beidemal إِنَّهُ und أَنَّهُ gelesen und nach den gegebenen Ausführungen erklärt.

f) Nach dem إِذَا [1]) der Ueberraschung (إِذَا الْفُجَائِيَّة). Sezt man إِنَّ, so dient dies nur zur Verstärkung des

---

1) Die arabischen Grammatiker streiten darüber, ob إِذَا eine Zeit- oder Ortsbestimmung sei; beides lässt sich durch den Gebrauch rechtfertigen. Die Sezung von إِنَّ nach diesem إِذَا ist keineswegs nothwendig, es kann jedoch darauf nur ein Nominalsaz folgen, der in gleichem Zeitverhältniss steht wie der vorangehende Saz.

Nominalsazes [1]), wie: خَرَجْتُ فَإِذَا إِنَّ زَيْدًا قَائِمٌ, „ich gieng heraus, und siehe da, da stund Zaid", was dem Sinne nach = فاذا زَيْدٌ قائمٌ ist. Sezt man es aber mit Fath', so wird أَنَّ mit seiner صِلَة durch ein Verbalnomen aufgelöst, das als Mubtada' betrachtet wird, während إِذَا dazu das *X*abar bildet, also = فاذا قيامُ زَيْدٍ, „siehe da war das Stehen Zaid's". Entsprechender aber ist die andere Auflösung, dass auch hier das *X*abar ausgelassen sei, so dass die logische Sazstellung wäre: خَرَجْتُ فاذا قيامُ زيدٍ حاصِلٌ (so Samaχšari, Muf. p. ١٣٩, L. 7).

g) Nach حَتَّى. Wenn حَتَّى den Saz eröffnend ist (حَتَّى الابتدائيّةُ) und nach ihm انَّ folgt, so muss es mit Kasr gesprochen werden. Dieses inceptive حَتَّى, welches keinerlei Rection ausübt, und vor einem Nominal- und Verbalsaz (mit dem Verb in Perfect oder Imperfect) stehen kann, bedeutet: „so dass" (in Folge davon), z. B. قد قَالَ القَوْمُ ذلك حَتَّى إِنَّ زَيْدًا يَقُولُهُ, „die Leute hatten das gesagt, so dass Zaid es sagte" (Muf. p. ١٣٩, L. 9).

Wenn حَتَّى dagegen eine Conjunctivpartikel (عَاطِفَةٌ,

---

1) So erklärt es Samaχšari im Muf. p. ١٣٩, L. 7: تكسِرُ لتوفِّرَ على ما بعد اذا ما يقتضيه من الجملةِ, „du sezest es mit Kasr um dem, was nach اذا steht, das vollständig zukommen zu lassen, was es von dem Saze verlangt."

mit der Bedeutung „sogar“), oder eine Praeposition (جَارَّة, mit der Bedeutung von „bis zu“, „bis auf“) ist, und nach ihm أَنَّ folgt, so muss es mit Fath‘ gesprochen werden, weil seine صِلَة einen Einzelnbegriff und keinen Saz implicirt, z. B. عَرَفْتُ أُمُورَكَ حَتَّى أَنَّكَ صَالِحٌ, „ich kenne deine Angelegenheiten, sogar dass du rechtschaffen bist“; اِسْمَعْ حَتَّى أَنِّي اخاطِبُكَ, „höre, bis ich mit dir rede“.

Lane führt in seinem Arabic Lexicon I, p. 110 nur حَتَّى إِنَّ an, ohne etwas vom Gebrauche von حَتَّى أَنَّ zu erwähnen, was er auch unter حَتَّى nicht nachgeholt hat. Er verweist nur auf De Sacy, Anthol. gram. p. ٧٩, eine Stelle, die vielfach unrichtig aufgefasst worden ist. De Sacy selbst z. B. übersezt (p. 159): „quand حَتَّى est suivi de إن, il faut toujours prononcer inna par Kesra“. Dieses „toujours“ steht aber nicht im Texte, sondern ist vielmehr beschränkt durch die nachfolgende Bemerkung, dass wenn dem أَنَّ eine Präposition vorangehe, man es mit Fath‘ sprechen müsse. De Sacy hat es ganz übersehen, dass Ibn Hišām hier nicht von حَتَّى als einer Präposition redet, sondern es ausdrücklich als ابتدَائِيَّة gegen andere Grammatiker vertheidigt. Auch Ewald hat (wahrscheinlich durch De Sacy's Uebersezung irregeleitet) daraus den falschen Schluss gezogen, dass man nach حَتَّى nur إِنَّ lesen dürfe (Gram. arab. II, p. 284).

h) Nach أَمَّا, wenn es im Sinne von أَلَا steht (s. ad 1, h) wird إِنَّ, wenn es aber im Sinne von حَقًّا, „fürwahr, gewisslich" steht, wird أَنَّ gesprochen, z. B. أَمَا إِنَّهُ لَوْلَا هُوَ لَهَلَكْنَا, ja fürwahr (أَمَا إِنَّهُ) (oder „gewisslich أَمَا أَنَّهُ), wenn nicht er gewesen wäre, so wären wir zu Grunde gegangen".

i) Nach لَا جَرَمَ steht إِنَّ, nach der Aehnlichkeit mit dem Schwur, so dass إِنَّ die Antwort dazu einleitet, oder أَنَّ, indem لَا جَرَمَ im Sinne von لَا بُدَّ مِن أَنَّ aufgefasst wird, z. B. لَا جَرَمَ إِنَّ اللّٰهَ رَاحِمٌ, „sicherlich, Gott ist barmherzig".

Zum Schlusse ist noch zu bemerken, dass إِنَّ nie dem أَنَّ unmittelbar vortreten darf; أَنَّ mit seiner صِلَة (als Masdar gedacht) kann nur dann das Nomen von إِنَّ werden, wenn zwischen beiden eine Trennung durch das Praedicat stattfindet, wie: إِنَّ عِنْدَنَا أَنَّ زَيْدًا فِى الدَّارِ, „fürwahr, es ist unsere Meinung, dass Zaid im Hause ist".

N a c h t r a g zu S. 106 und 107. Es ist mir doch fraglich geworden, ob in dem Saze: قَائِدٌ يُبْعَثُ بِهِ das Passiv-Subject im Verbum selbst gesucht werden kann; der Ausdruck ist vielmehr impersonell zu fassen: „ein Führer, mit (oder durch) welchen eine Sendung gemacht wird".

Ebenso ist zu المغشِيُّ عليه und المغشِيَّةُ عَلَيْهَا zu bemerken, dass dies die mehr persönliche Auffassung der späteren Sprache ist; die ältere Sprache gebraucht diesen Ausdruck noch impersonell, also auch im Femininum المغشِيُّ عليها, „die über welche es dunkel gemacht wird", = التى غُشِيَ عَلَيْهَا.

Sitzung vom 5. Mai 1877.

Philosophisch-philologische Classe.

Herr Bursian legte einen von Herrn Konstantinos Karapanos, zur Zeit in Paris, ihm zugesandten in französischer Sprache geschriebenen Aufsatz „über Dodona und seine Ruinen" vor, welcher in deutscher Uebersetzung folgendermassen lautet:

Während der Reisen, die ich in den letzten drei Jahren in Epirus zu machen Gelegenheit hatte, beschäftigte mich fortwährend der Gedanke an den Tempel von Dodona. Ich wünschte sehnlichst, dieses altberühmte Heiligthum der hellenischen Welt aufzufinden, das sich bisher immer noch den Nachforschungen der Reisenden und der Archäologen entzogen hatte. Ich hatte schon an verschiedenen Stellen, wo sich alte Ruinen finden, Nachgrabungen versucht, als ich Gelegenheit erhielt, das Thal von Tscharakovista zu besuchen. Seine Lage zwischen der Thesprotis und der Molottis, der imposante Anblick der unter dem Namen des Paläokastron von Draméschus bekannten dort befindlichen Ruinen, welche die meisten Reisenden auf Passaron, die Hauptstadt der Molotter, bezogen haben*), andererseits

*) [Die ausser von Leake Travels in northern Greece I p. 264 ss. auch von H. F. Tozer Researches in the highlands of Turkey II. p. 200 ss. beschriebenen Ruinen sind schon von H. Kiepert (Neuer Atlas von Hellas und den hellenischen Colonien, Berlin 1872, Bl. VII) vermuthungsweise auf Dodona bezogen worden.]

einige bei den von mir versuchsweise angestellten Nachgrabungen entdeckte Bronzefragmente brachten mich auf den Gedanken, dass diese Ruinen vielmehr Dodona angehören müssen. Ich beschloss also regelmässige Ausgrabungen zu unternehmen und suchte bei der kaiserlich ottomanischen Regierung um die Ermächtigung dazu nach. Während ich aber in Konstantinopel mit den Förmlichkeiten, welche die Erlangung dieser Ermächtigung erheischte, beschäftigt war, gruben andere Leute, in der Hoffnung dort einen Schatz von Kostbarkeiten zu finden, ohne mein Wissen auf dem Platze des Tempels und entdeckten mehrere Weihgeschenke in Bronze und anderen Metallen, ohne zu vermuthen, dass diese Gegenstände aus dem dodonäi'schen Tempel stammten.

Die Weihgeschenke, welche anzukaufen mir gelungen ist, [1]) und das Resultat der Nachgrabungen, welche ich kraft der Ermächtigung der kaiserlich ottomanischen Regierung mehr als sechs Monate hindurch auf einem Flächenraume von mehr als 20,000 Quadratmetern bis zu einer durchschnittlichen Tiefe von 2 M. 50 ausgeführt habe, haben die Richtigkeit meiner Vermuthung erwiesen. Die Ruinen, welche ich aufgedeckt habe, und die zahlreichen Weihgeschenke, die sich darin zerstreut vorfanden, können nur dem bedeutendsten Heiligthume von Epirus angehört haben. Aber ausser diesen Beweismitteln, die noch einige Ungewissheit über die wirkliche Lage Dodona's bestehen lassen könnten, habe ich daselbst zahlreiche auf Zeus Naios und Dione und ihr Orakel bezügliche Inschriften gefunden, die, wie es mir scheint, keinen Zweifel über die Lage desselben übrig lassen.

1) Unter den Gegenständen, welche ich von den Personen, die ohne mein Wissen auf der Stelle des Tempels gegraben hatten, und von verschiedenen andern Bewohnern der Stadt Janina und des Thales von Tscharakovista erkauft habe, befinden sich fast sämmtliche dort gefundene Statuetten, Reliefs und Inschriften.

Da ich demnächst eine detaillirte Beschreibung der Ruinen und der von mir entdeckten Gegenstände mit einer historischen Untersuchung über das Heiligthum von Dodona zu veröffentlichen gedenke, so werde ich für jetzt nur ein Resumé darüber geben, welches genügt, summarisch eine Entdeckung zur Kenntniss der gelehrten Welt zu bringen, die, wie ich meine, dazu beitragen wird, nicht nur die Frage nach der Lage Dodona's, sondern auch verschiedene auf die Religion und Kunst der Hellenen, sowie auf die Geographie von Epirus bezügliche Punkte aufzuhellen.

In einer Entfernung von ungefähr 18 Kilometer südwestlich von Janina liegt das Thal von Tscharakovista. Dies von Südost gegen Nordwest etwa 12 Kilometer lange, durchschnittlich 700 Meter breite Thal wird von dem von Janina durch eine Kette grösstentheils unangebauter Hügel getrennt; im Südwesten wird es durch den Berg Olytzika, den Tomaros der Alten, abgeschlossen, dessen majestätischer und pittoresker Gipfel alle anderen umliegenden Berge überragt. Am Fusse des Tomaros sprudeln zahlreiche Quellen hervor, deren Wasser einen Theil der Ebene, die zwischen vielen schlechten Ackerfeldern einige schöne Wiesen enthält, in einen Sumpf verwandelt.

Ziemlich in der Mitte des Thales von Tscharakovista finden sich auf einer Art von Vorgebirge, das durch einen Vorsprung der dieses Thal von dem von Janina trennenden Hügel gebildet wird, die hellenischen Ruinen einer kleinen Stadt oder Akropolis, eines Theaters und eines heiligen Bezirks.

Die auf dem Gipfel dieses Vorgebirges in einer Höhe von 15--20 Meter über der Ebene gelegene Stadt hat eine unregelmässige Form, ungefähr die eines Viertelkreises. Die beiden Seiten des Winkels, welche sich von Osten nach Süden und von Osten nach Norden ziehen, haben eine Länge die erstere von 198 M., die zweite von 168 M. Der gegen Südwest und Nordwest gewandte Bogen ist mit 7 Thürmen versehen und hat eine Gesammtentwickelung von 325 Metern. Die Dicke der in hellenischer Bauweise ausgeführten Mauern, welche die Stadt umgeben, wechselt zwischen 3 M. 25 und 5 M. 80. Die ganze Oberfläche ist durch dem Erdboden gleiche hellenische Mauern, die aller Wahrscheinlichkeit nach alten Wohnungen angehören, in mehrere Parzellen getheilt. Eine theilweise in den Felsen gearbeitete kleine Cisterne ist der einzige bauliche Rest, welcher sich zwischen den Mauerlinien hervorhebt. Das einzige Thor, welches einen Zugang in die Stadt gewährte, liegt an der Nordostseite; es wird durch zwei rechtwinkelige Thürme vertheidigt und hat eine Oeffnung von 4 Meter. Ich habe daselbst an mehreren Stellen nachgraben lassen, habe aber weder die Spuren eines Gebäudes, noch irgend einen bearbeiteten Gegenstand in Stein oder Metall gefunden.

Im Südwesten der Stadt liegt das Theater, eines der grössten und besterhaltenen unter den hellenischen Theatern. Nach der gewöhnlichen Weise der Griechen an den Berg angelehnt wird es zu beiden Seiten des Zuschauerraumes durch ansehnliches Mauerwerk aus viereckigen ohne Cement künstlich gefügten Steinen gestützt. Die Ausdehnung des Halbkreises beträgt am oberen Ende der Cavea 188 M. 50, im Niveau des Erdbodens 80 M. 45, die Höhe in schräger Linie 45 M. Ein Umgang (Diazoma) theilt die Cavea in zwei ungleiche Theile, von denen der untere die doppelte Höhe des oberen hat. Obgleich das Bauwerk ziemlich gut erhalten ist, so ist es doch schwierig, die Zahl der Sitzreihen genau anzugeben, weil die Steine, aus denen die Sitzstufen gebildet waren, zum grossen Theil vom Platze gerückt sind und eine verworrene Masse bilden. Soviel ich habe berechnen können, müssen im Ganzen 49 Sitzreihen vorhanden gewesen sein, von denen ich die drei untersten, die mit einer Erdschicht bedeckt waren, bloss gelegt habe. [2])

Eine in einer Entfernung von 1 M. 50 von der letzten Sitzreihe befindliche halbkreisförmige Mauer trennt den Zuschauerraum von der Orchestra. Die Stelle der Orchestra und der Scene ist jetzt in ein Ackerfeld verwandelt, welches ich bis zu einer Tiefe von ungefähr 4 Meter habe umgraben lassen. Ausser der Mauer, welche den Zuschauerraum von der Orchestra trennt, habe ich dort am westlichen Ende der Scene einen unterirdischen Bau und am entgegengesetzten Ende die Reste einer Thüre gefunden. Der unterirdische Bau besteht aus einer Art kleiner runder Kammer in einer Tiefe von etwa 10 Meter unter der Oberfläche des jetzigen Bodens. Sie ist mit grossen Steinplatten gepflastert und hat einen Umfang von 6 M. Mit Ausnahme der Oeffnung, (von 2 M. Umfang) durch welche man jetzt hinabsteigt, habe ich keine andere Verbindung zwischen dieser Kammer und der Scene finden können; ich kann daher nicht sagen, ob sie dazu diente, irgend eine Theatermaschine spielen zu lassen oder ob es ein blosses Wasserreservoir war. *)

Die Reste der Thüre, welche der die Scene vom Postscaenium trennenden Mauer angehört haben muss, sind mit aller Kunst und Eleganz guter hellenischer Zeit gearbeitet: die Thürpfosten sind von beiden Seiten mit vier Säulen in ionischem Styl versehen. Die Mauern, welche die Scene ab-

---

2) Leake (Travels in Northern Greece T. 2, ch. 4, p. 265) sagt, es seien zwei Umgänge und 65—66 Sitzreihen gewesen; aber ich glaube, dass er sich in Folge der Verwirrung, in welcher sich die Steine, die die Sitzstufen bildeten, befinden, getäuscht hat.

*) [Die letztere Annahme halte ich für die richtigere, da sich auch in anderen griechischen Theatern Cisternen und Brunnen theils unter der Scene, theils im Zuschauerraume gefunden haben; vgl. Fr. Wieseler 'Griechisches Theater' in der Allgemeinen Encyclopädie der Wissenschaften und Künste, Section I, Bd. 83, S. 238 f.]

schlossen, existiren nicht mehr, so dass es mir nicht möglich gewesen ist, ihre Ausdehnung und Gestalt sicher zu bestimmen.

Der östlich vom Theater, südöstlich von der Stadt gelegene heilige Bezirk lässt sich in zwei Theile sondern: den nordwestlichen, welcher auf einem durch die Verlängerung des Hügels, auf dem die Stadt liegt, gebildeten Plateau sich befindet, den ich den Tempelbezirk nennen werde, und den südwestlichen, der sich über die Ebene hinzieht, den ich der Einfachheit halber als das Temenos bezeichnen werde.

Der Tempelbezirk wird im Südwesten durch das Theater, im Nordwesten durch die Stadtmauer und im Nordosten durch eine andere hellenische Mauer begränzt. Er hat eine Länge von 200 M. bei einer mittleren Breite von 90 M. und enthält die Ruinen dreier Gebäude, deren Mauern jetzt nur das Niveau des Erdbodens erreichen.

Das erste Gebäude ist der Zeustempel, der wieder aufgebaut und in eine christliche Kirche umgewandelt worden ist. Er hat eine Länge von 40 M. auf 20 M. 50 Breite. Die Ueberreste der hellenischen Mauer sind hier mit neuerem aus kleinen Steinen und Kalk hergestellten Gemäuer untermischt, und es dürfte schwierig sein, bestimmt zu sagen, ob man beim Bau der christlichen Kirche alle die Abtheilungen, welche den Tempel bildeten, und ihre Scheidewände beibehalten hat. Man sieht indess Abtheilungen, welche recht wohl als Pronaos, als Naos und als Opisthodomos betrachtet werden können. Eine grosse Menge von Weihgeschenken aus Bronze, Kupfer und Eisen, zahlreiche Inschriften auf Bronze-, Kupfer- und Bleiplatten und eine grosse Inschrift auf Kalkstein sind in diesen Ruinen in einer Tiefe von ungefähr 3 M. zerstreut gefunden worden.

Das zweite, ungefähr 10 M. südwestlich von dem Tempel gelegene Gebäude ist ein fast quadratisches hellenisches

Bauwerk von 19 M. 50 auf 18 M. Vier Zwischenmauern theilen es in verschiedene Räume, die man als zwei rechtwinkelige Kammern und drei Corridors bezeichnen kann. In einer Entfernung von 48 M. westlich von diesem liegt das dritte Gebäude des Tempelbezirks, seiner äusseren Form nach ein Trapezoid von 42 M. 50 zu 30 M. Das Innere desselben ist mit losgelösten grossen Steinen ausgefüllt; ich habe keine Scheidemauer darin gefunden. Eine im Innern angebrachte Treppe von 4 Stufen weist darauf hin, dass sein Boden um wenigstens 0,60 tiefer lag, als der der beiden vorher erwähnten Gebäude. Es ist schwierig, die Bestimmung dieser letzteren Gebäude sicher festzustellen. Am wahrscheinlichsten dünkt es mich, dass sie für die verschiedenen Mittel der Weissagung, die vom dodonäischen Orakel angewandt wurden, bestimmt waren. Ihre Lage und ihre Form einerseits, anderseits der Umstand, dass in dem ersteren dieser beiden Gebäude eine grosse Zahl von Bronzemünzen, in beiden eine grosse Menge von Bruchstücken von verschiedenen Bronzegegenständen gefunden wurden, dürften, meine ich, Beweise sein, welche dieser Annahme als Stütze dienen könnten.*)

Der Bezirk, welchen ich als das Temenos bezeichnet habe, liegt südöstlich vom Tempelbezirk um ungefähr 4 M. tiefer als dieser, hat eine durchschnittliche Länge von 110 M. bei einer Breite von 105 M. und ist an drei Seiten von in hellenischer Bauweise aufgeführten Mauern umgeben, welche ebenso wie die den zerstörten Gebäuden dieses Bezirks angehörigen kaum die Oberfläche des jetzigen Bodens erreichen; nur einige Mauerstücke im Südwesten haben eine Höhe von ungefähr 4 M. über dem Boden.

*) [Ich möchte vielmehr vermuthen, dass beide Baulichkeiten Thesauren zur Aufbewahrung kostbarer Weihgeschenke gewesen seien, wie wir sie aus Delphi und Olympia kennen.]

An der Südwestseite befindet sich ein Gebäude von sehr unregelmässiger polygoner Form, durchschnittlich 35 M. lang und 25 M. breit; es umschliesst eine andere kleine Anlage von der Form eines Trapezoid, 10 M. lang und 9 M. breit. Obgleich mit dem Temenos verbunden, bildet dieses Gebäude einen Vorsprung von ungefähr 25 M. aus der Linie der Umfassungsmauer desselben. Im Südosten innerhalb des Temenos findet sich ein 11 M. 60 breiter Corridor, welcher in einen rechtwinkeligen Bau einmündet, der bei der gleichen Breite eine Länge von 26 M. hat. Ziemlich in der Mitte dieses Baues entdeckte ich einen kleinen runden Altar, der aus drei übereinander liegenden Steinlagen besteht: die unterste Lage, welche die Basis bildet, hat einen Umfang von 5 M. Rings um den Altar herum fand ich mehrere Bruchstücke von Weihgeschenken aus Bronze, darunter ein kleines Rad mit einer Weihinschrift an Aphrodite, ein Beweis, dass alle diese Bauten einem Heiligthum dieser in Dodona neben Zeus und Dione als Tochter dieses Götterpaares verehrten Göttin angehören. Zwei Treppen, die zu dem Heiligthume der Aphrodite, und zwei andere, die zum Corridor führen, zeigen, dass der Boden des Temenos allmälig abfiel und von 0,40 bis 1 M. 35 tiefer lag als das Heiligthum und der Corridor.

An der entgegengesetzten Seite befindet sich ein anderer 6 M. 50 breiter Corridor, der zu einem anderen gänzlich zerstörten Heiligthume gehört haben mag.

Drei Thore führten in das Innere des Temenos: eines im Südwesten, eines im Nordosten, eines im Südosten. Die beiden ersteren bieten nichts Bemerkenswerthes dar, das letztgenannte aber ist eine Art Propyläon, auf beiden Seiten von Thürmen und von Mauern, die mit den benachbarten Gebäuden keinen Zusammenhang haben, umgeben.

Zwei Reihen kleiner baulicher Anlagen sind im Innern des Temenos in einer Tiefe von 0,75 bis 1 M. 50 entdeckt worden. Die erste Reihe, die bedeutendere, liegt vor dem Heiligthum der Aphrodite und dem dazu gehörigen Corridor: sie enthält 25 kleine Bauwerke von sehr verschiedenen Formen, jedes aus zwei oder mehreren Steinen hergestellt; einige davon geben sich durch ihre quadratische, länglich-viereckte oder runde Form als Säulenbasen oder als Piedestale von Statuen zu erkennen; andere von halbkreisförmiger Gestalt weisen auf Nischen hin, welche Statuen oder andere Weihgeschenke an die Götter enthielten.

Die vor dem anderen Corridor befindliche zweite Reihe enthält 16 solche kleine Bauwerke, die, obgleich in Hinsicht auf die Details und den Umfang unter einander verschieden, alle die gleiche rechteckige Form haben. Sehr zahlreiche Bruchstücke von Gefässen, Statuetten und anderen Gegenständen aus Bronze, Kupfer und Eisen, mehrere Fragmente von Inschriften auf Bronze- und Kupferplatten und einige Inschriften auf Bleiplatten sind um diese Steine, insbesondere die der ersten Reihe, herum gefunden worden. Die Entdeckung dieser Bruchstücke von Weihgeschenken, sowie die Verschiedenheit der Formen jener kleinen Bauwerke lassen mich vermuthen, dass dieselben Votivdenkmäler waren, auf welchen ebensowohl Statuen und andere umfängliche Gegenstände als Weihgeschenke von geringerem Umfang aufgestellt waren.

Südöstlich ausserhalb der Umfassungsmauer des Temenos findet sich ein länglich vierecktes Bauwerk von 144 M. zu 13 M. 50, dessen in hellenischer Bauweise aufgeführte Mauern das Niveau des gegenwärtigen Bodens nicht überragen. Beim ersten Blick könnte man geneigt sein, darin eine für die Naïa, die in Dodona zu Ehren des Zeus Naïos und der Dione gefeierten Spiele, bestimmte Anlage zu erkennen; aber die grosse Nähe der Mauer des Temenos, welche die Bewegungen der Kämpfer und der Zuschauer allzusehr eingeengt haben würde, lässt mich vermuthen, dass dieses Bauwerk vielmehr zu den

Tempelanlagen gehörte und zu irgend welchen religiösen Zwecken diente.

Ausser den Gebäuden, deren Ruinen entdeckt worden sind, müssen in Dodona auch ein Stadion und ein Hippodrom für die schon erwähnten Festspiele, die Naïa, vorhanden gewesen sein; aber sei es, dass man während der hellenischen Zeit keine bedeutenderen baulichen Anlagen zu diesem Zwecke errichtet hat, sei es dass dieselben später zerstört worden sind, um anderen neueren Anlagen Platz zu machen — ich habe keine Ruinen gefunden, welche von solchen Baulichkeiten herrühren und ihre Stelle bestimmen könnten. Ich glaube jedoch, dass das Stadion südwestlich vom Temenos, südöstlich vom Theater angesetzt werden kann, an der Stelle, wo meine Nachgrabungen Stücke von Mauern aus kleinen Steinen und Kalk zu Tage gefördert haben, zwischen denen man noch hie und da grosse hellenische Werkstücke bemerkt. Was den Hippodrom anbelangt, so scheint mir der geeignetste Platz für diesen nordöstlich vom Temenos in einer Entfernung von einigen hundert Metern von demselben zu sein. In dieser Richtung bildet die zwischen die Hügel hineindringende Ebene eine Art von natürlichem Circus, der, an drei Seiten von Anhöhen umgeben, sowohl für das Wagenrennen als für die Zuschauerrsitze geeignete Räumlichkeiten darbieten würde.

Zum Schluss gebe ich noch ein summarisches Verzeichniss der in den Ruinen von Dodona gefundenen Gegenstände.

Die zahlreichste und wichtigste Klasse bilden die Weihgeschenke und sonstigen Bruchstücke aus Bronze und Kupfer; dieselbe umfasst folgende Kategorien:

I) 19 Bronzestatuetten verschiedener Epochen, die Mehrzahl archaisch.

II) 28 Basreliefs auf Bronzeplatten, verschiedene Gegenstände darstellend.

III) 14 Statuetten von Thieren.

IV) 24 Gefässe und sonstige Weihgeschenke, oder Bruchstücke von Weihgeschenken, welche Weihinschriften an Zeus Naïos und Dione, sowie eine an Aphrodite tragen.

V) 38 Inschriften und Inschriftfragmente auf Bronze- und Kupfertafeln, welche Weihungen, Proxenie- und sonstige Ehrendecrete, Freilassungen von Sclaven u. dgl. m. enthalten.

VI) 84 theils vollständige, theils fragmentirte Inschriften auf Bleiplatten: dieselben enthalten an das Orakel des Zeus Naios und der Dione gerichtete Fragen und Gelübde und einige Antworten des Orakels. Eine gewisse Anzahl dieser Platten enthalten jede bis zu drei Inschriften aus verschiedenen, manchmal weit auseinander liegenden Epochen. Diese Inschriften sind bisweilen so untereinander gemengt, dass ihre Entzifferung fast unmöglich wird. Ich habe bis jetzt nur 35 derselben lesen können.

VII) 36 Fragmente von Kränzen, Ornamenten von Harnischen, Vasen, Dreifüssen und anderen Weihgeschenken, in Bronze- und Kupferplatten.

VIII) 39 kleine Dreifüsse und Bruchstücke von Dreifüssen, Candelabern oder Cisten.

IX) 128 kleine Becken, Vasen, Schalen und Bruchstücke von solchen Geräthen.

X) 184 Gefässhenkel von verschiedenen Formen.

XI) 102 Toilette- und Schmuckgegenstände, wie Agraffen, Fibulae, Armbänder, Ringe u. dgl.

XII) 16 Stücke zum Gebrauch für Reiter und Pferde, wie Sporen, Gebisse u. dgl.

XIII) 33 Waffenstücke wie Helme, Backenstücke von Helmen, Pfeilspitzen u. dgl.

XIV) 27 Bruchstücke von Werkzeugen verschiedener Art, wie Messern, Scheeren, Griffeln u. dgl.

XV) 46 Stücke von Gegenständen, die wahrscheinlich zu religiösen Ceremonien verwendet worden sind, wie Basen von Weihrauchfässern, kleine Büchsen, kleine Votivbeile u. dgl.

XVI) 100 Bruchstücke von Statuen verschiedener Grössen und von Statuetten von Thieren.

XVII) 110 Bruchstücke verschiedenartiger Gegenstände, wie Schlösser, kleine Hacken, Ornamentnägel u. dgl.

Die Fundstücke aus Eisen bestehen in 37 Lanzenspitzen verschiedener Form und Grösse, 4 Bruchstücken von Schwertern, 1 Ring und einigen Bruchstücken von Werkzeugen, wie Griffeln, Strigiles, Messern, Scheeren, Nadeln u. dgl.

Aus Gold und Silber, sowie aus Terracotta, Marmor und anderen Materialien habe ich nur sehr wenige und zwar unbedeutende Gegenstände gefunden.

Endlich sind auch 662 Münzen — 14 Silbermünzen, 648 Bronzemünzen — gefunden worden, welche sich in folgende Kategorien vertheilen:

288 Münzen von Epirus und verschiedenen epirotischen Gegenden, darunter 3 in Silber.

82 Münzen verschiedener griechischer Städte und Landschaften, darunter 5 in Silber.

90 Münzen verschiedener makedonischer Könige und Städte, darunter 3 in Silber.

60 römische Münzen, darunter 3 Silbermünzen.

142 ganz unkenntlich gewordene.

Sitzung vom 5. Mai 1877.

Herr Lauth hielt einen Vortrag:

„Augustus-Harmaïs“.

Ueber die weltgeschichtliche Bedeutung des römischen Kaisers Augustus herrscht wohl kein Zweifel und ist dieselbe bereits Gegenstand so mancher historischen Werke geworden. In vorliegender Abhandlung soll sein Verhältniss zu Aegypten, namentlich aber die unter seinem Namen bewerkstelligte Kalenderreform, sowie der an ihn geknüpfte Haltpunkt der Chronologie näher geprüft werden. Nachdem ich bei einer früheren Gelegenheit[1]) die unter seine Regierung fallenden Schalttage besprochen habe, kann ich mich in Bezug auf seine Fixirung des ägyptischen Wandeljahres Anno 25 v. Chr. etwas kürzer fassen, um desto grössere Aufmerksamkeit derjenigen Epoche zuzuwenden, welche uns den neuentdeckten Namen des Augustus: Harmaïs endgültig erklärt.

Bekanntlich zählte Augustus seine Regierungsjahre vom Tage der Ermordung seines Adoptivvaters Julius Caesar

---

1) „Die Schalttage des Euergetes I. und des Augustus“ Sitzgsb. d. k. bayr. Ak. d. W. 1874 Februar.

an, also seit den Iden des März 44 v. Chr. Als er aber am 1sten Tage des ihm zu Ehren Augustus genannten Monates die Hauptstadt Alexandria erobert hatte, die desshalb auch *Σεβαστή*[2]) d. h. Augusta genannt wurde, ergab sich eine doppelte Datirung. Ein schlagendes Beispiel derselben liefert uns eine Inschrift von Philae[3]), datirt L $\overline{\kappa}$ *τοῦ καὶ* $\overline{\varepsilon}$ *Φαμ(ενώθ) λ'* „Jahr 20, welches auch Jahr 5, am 30ten Phamenoth". Letronne bemerkt dazu mit Recht: „notre inscription est de l'an V d'Auguste, c'est-à-dire, de la même année que l'établissement du calendrier fixe alexandrin". In der That bietet Syncellus[4]) ganz den nämlichen Ansatz: *ἀπὸ τοῦ παρ' αὐτοῖς Θὼθ μηνὸς τῆς πρώτης ἡμέρας, ἥτις κατὰ* $\overline{\kappa\vartheta}$ *τοῦ Αὐγούστου μηνὸς συμπίπτει καὶ κατὰ χρόνους δ' ἀμείβοντες μίαν ἡμέραν .... Αὐγούστου δὲ ἔτει ιε' .... τὴν Ἀλεξανδρείας ἅλωσιν ... μεθ' ἣν ἀρξαμένην ἔτει ε' Αὐγούστου τεθῆναι τὴν τετραετηρικὴν ἡμέραν, καὶ μέχρι τοῦ νῦν οὕτω καθ' Ἕλληνας ἤτοι Ἀλεξανδρεῖς ψηφίζεσθαι κ. τ. λ.* Dieser gute Syncellus ist zwar, wie so oft, etwas verwirrt; aber dieser Doppelansatz 20 = 5 ergibt sich mit Nothwendigkeit aus seiner weitläufigen Darstellung[5]).

Im Grunde genommen, bedürfen wir überhaupt keines äusseren Zeugnisses für die von Augustus — Caesar — der Gewährsmann des Syncellus sagt treffender *ὑπὸ Αὐγούστου Καίσαρος καὶ τῶν τηνικαῦτα σοφῶν* — also vielmehr von Alexandrinischen Gelehrten eingeführte Kalenderreform. Denn das Datum selbst: 29. August = 1. Thoth des Wandeljahres ist ein doppeltes und gewährleistet aus sich selbst von innen heraus die Epoche: 25 v. Chr. Wir wissen ja aus des Censorinus classischer Stelle (de die natali c.

---

2) Stephanus Byz. vergl. den Anhang.
3) Letronne: Recueil des inscript. gr. II, 125. 132.
4) Ed. Dindorf. p. 590/591.
5) Vergl. den Text nebst Bemerkungen.

18. 21), dass die Sothisperiode, in deren 100stem Jahre (239) er schrieb, während des Quadrienniums 136—139 n. Chr. ihren Anfang nahm und zwar a primo die mensis ejus, cui apud Aegyptios nomen est Thoth, quique hoc anno fuit a. d. VII. Kal. Julias, quum abhinc annos centum, Imperatore Antonino Pio II. et Bruttio Praesente Coss. idem dies fuerit a. d. XII. Kal. (lies XIII. Cal.) Augustas, quo tempore solet canicula in Aegypto facere exortum. In der That besteht zwischen dem 25ten Juni und dem 20ten Juli, dem wahren Epochentage, ein Unterschied von 6 + 19 = 25 Tagen, welche einem Jahrhundert: 25 × 4, entsprechen. Die Correctur XIII. Cal. statt XII. Kal. habe ich schon früher gerechtfertigt.

Rechnet man nun in derselben Weise vom Epochentage der alexandrinischen Fixirung: 29. August, bis zum Epochentage des Sothisfrühaufgangs am 1. Thoth des Wandeljahres: = 20. Juli, zurück, so erhält man 28 + 12 = 40 Tage. Diese ergaben 40 × 4 = 160 Jahre und diese, bezogen auf den Schluss der Periode: 135 n. Chr. ergeben unfehlbar das Jahr 25 v. Chr. als Epoche der Fixirung.

Dasselbe Resultat wird erzielt, wenn man den Frühaufgang des Sirius Anno 25 v. Chr.: am 26ten Epiphi, auf den 1. Thoth nach vorwärts bezieht. Es verfliessen nämlich zwischen beiden Daten 5 + 30 + 5 (Epagomenen) = 40 Tage, welche wiederum das Facit 160 Jahre und die Epoche: 25 v. Chr. liefern. Leider hat ein Bruch des Papyrus Rhind[6]) uns die Constatirung dieser Thatsache versagt, indess steht wirklich auf einem Fragment „der Aufgang der Sothis" und da im fixirten Kalender auch diese Erscheinung fixirt ist, so macht es keinen Unterschied, dass das Document vom Jahre 21 des Augustus (seit der

6) Vergl. meine oben citirte Abh. über „die Schalttage des Euergetes I. und des Augustus."

Eroberung) datirt ist. So z. B. berechnet der Mathematiker Theon von Alexandria in seinem so wichtig gewordenen „Beispiel über den Frühaufgang des Hundsternes" dieses Phaenomen für Alexandria auf den 29 ten Epiphi. Reducirt man dies auf den Normalparallel der Sothisbeobachtung d. h. auf Heliopolis, so erhält man richtig den 26ten Epiphi. Theon rechnet nach dem fixirten Kalender die seit der Reform des Augustus verflossenen Tetraëteriden zu 102 = 408 Jahren, ein Beweis, dass sowohl die einzelnen Jahre als die vierjährigen Schaltcyclen seit dieser That der Fixirung gezählt wurden, womit eine eigentliche A e r a definirt ist. Ebenso zählt er von der Epoche: 29. August 284 als Aera des Diocletian bis auf sein Jahr gerade ein Saeculum, wie oben Censorinus in Bezug auf Antoninus Pius gethan hat. Der Anfang dieser Aera des Diocletian, die von den koptischen Christen Aegyptens stets Aera martyrum genannt wird, ist zugleich die *λῆξις Αὐγούστου* d. h. das Ende der von ihm auslaufenden Aera. Analog muss zu *ἀπὸ Μενόφρεως* das Wort *λῆξις* hinzugedacht werden und dann hat man das interessante Gegenstück zu Herodot's *Μοίρι (οὔκω ἦν ἔτεα εἰνακόσια) τετελευτηκότι.* So wie diese auf 1325 v. Chr. als Epoche hinführen, ebenso ergeben des Theon *ἔτη αχε* 1605 J. mit Bezug auf 284 n. Chr., das Schlussjahr der Tetraëteris 1325—1322 v. Chr.

Ich will nun den Gebrauch des fixirten Kalenders auch in solchen Inschriften nachweisen, die sich zunächst auf den Kaiser Augustus und seine Familie beziehen.

Am Ostpropylon der Umfassungsmauer des Denderahtempels befindet sich zweimal wiederholt folgender Text: *Ὑπὲρ αὐτοκράτορος Καίσαρος, θεοῦ υἱοῦ, Διὸς Ἐλευθερίου, Σεβαστοῦ, ἐπὶ κ. τ. λ. οἱ ἀπὸ τῆς μητροπόλεως καὶ τοῦ νομοῦ τὸ πρόπυλον Ἴσιδι θεᾷ μεγίστῃ καὶ τοῖς συννάοις θεοῖς.*

Ἔτους λά Καίσαρος, Θωῢθ Σεβαστῇ.

Letronne [7]) hat mit gewohnter Meisterschaft nachgewiesen, dass dieser in den Monat Thoth fallende Augustustag: *Σεβαστὴ ἡμέρα*, kein anderer als der Geburtstag des Kaisers: a. d. IX. Kal. Octbr. = 23. September = 26. Thoth gewesen ist. Merken wir uns zugleich das Jahr 31 als untere Gränze des im nächsten Abschnitte zu besprechenden chronologischen Beinamens Harmaïs.

Derselbe französische Forscher erwähnt einer Inschrift aus der grossen Oase: *L B Λουκίου Λιβίου Σεβαστοῦ Σουλπικίου Γάλβα αὐτοκράτορος Φαωφὶ α' Ιουλίᾳ Σεβαστῇ*. Da Livia nach dem Tode ihres Gatten Augustus den Namen Julia Augusta erhielt, so ist kein Zweifel, dass ihr Geburtstag gemeint ist: 28. September = 1. Phaophi des fixirten Kalenders. Dass man so viele Jahre nach ihrem Tode unter Galba ihres Namens und eponymen Tages Erwähnung that, erklärt sich meiner Meinung nach aus dem Bestandtheil Livius, den Galba in seinem Namenprotokolle führt; er sollte sich dadurch gleichsam legitimiren, da ja auch Livia [8]) in die Julische Familie aufgenommen worden war; ihr Geburtstag „dies natalis Augustae“ wurde natürlich unter ihrem Sohne Tiberius gefeiert.

In Bezug auf diesen Stiefsohn des Augustus hat uns der unerschöpfliche Tempel der Hathor-Isis-Sothis von Denderah ein wichtiges Doppeldatum bewahrt, welches ich in meinen „Zodiaques de Denderah“ ausführlicher behandelt habe. Es lautet: *Ὑπὲρ αὐτοκράτορος Τιβερίου Καίσαρος, Νέου Σεβαστοῦ, θεοῦ Σεβαστοῦ υἱοῦ, ἐπὶ Αὔλου κ. τ. λ. οἱ ἀπὸ τῆς μητροπόλεως καὶ τοῦ νομοῦ τὸ πρόναον Ἀφροδίτῃ θεᾷ μεγίστῃ καὶ τοῖς συννάοις θεοῖς* [9]). *L κα' Τιβε[ρίου καί-*

7) Cl. I. 80 sqq.

8) Tacitus Annall. I, 14; VI, 5.

9) Dieses *θεοῖς* hat H. Dümichen in seiner neuesten Publication ausgelassen („Baugeschichte des Denderatempels“ pl. X.“)

σαρος Ἀθὺρ κα' Σεβαστῇ]. Das Monatsdatum: „den 21 ten Athyr", hat schon Letronne an der zerstörten Stelle mit Sicherheit ergänzt. Den wichtigen Schluss Σεβαστῇ hatte ich dem Duplicate der Inschrift entnommen, welches nur von Cailliaud bemerkt worden war; den Anderen war es entgangen, da es höher steht und stark verwischt ist.

Zum Ueberflusse haben wir aber dasselbe Doppeldatum: 21. Athyr = 17. November, Geburtstag des Tiberius, in den hieroglyphischen Emblemen des Thierkreises selbst. Auf der einen Seite als eponyme Gottheit des Monats Athyr, sitzt Hathor mit einem Jungen (Tiberius) auf der Hand; sie hat hinter sich das Doppelemblem der Dekade: eine in 5 Doppelwindungen geringelte Schlange und einen rechtwinkligen Steinblock -- vergl. die Pyramidenstufen als Repräsentanten der Dekaden. Gegenüber, wo die strahlende Sonnenscheibe aus dem μόριον der Himmelsgöttin hervorkommt, ist der Hathorkopf mit den bekannten Kuhohren auf einem Doppelblocke angebracht; das ist wieder ein emblematisches Bild für den 21 ten Athyr, wo zwei Dekaden vorüber sind und die dritte beginnt. Bestünde noch ein Zweifel über die Absichtlichkeit des Horoscops, so würde die exceptionelle Form der Strahlen des Sonnenlichtes denselben sofort heben: dieselben sind in eilf Schichten geordnet, die sich nach unten pyramidal erweitern; jede einzelne besteht aus siebzehn Dreiecken; das Ganze ergibt den aenigmatischen Ausdruck für das Datum 17./11. d. h. den 17. November, wie wir dies jetzt noch so schreiben.

In jüngster Zeit ist durch die rastlosen Bemühungen des H. Dümichen an der Aussenwand desselben Tempels ein neues Doppeldatum zum Vorschein gekommen. An der südlichen Aussenwand des Tempels von Denderah, in unmittelbarem Anschlusse an die Legenden des Augustus, ist Tiberius Claudius Caesar Augustus Germanicus Imperator in Anbetung vor Osiris-Nilus und Seb (Kronos) dargestellt. Die unterhalb angebrachte griechische Inschrift besagt, dass für den Frieden und die Eintracht dieses Kaisers die beiden Götter dargestellt wurden unter der Praefectur des L(e)ucius Aemilius Rectus und der Epistrategie des Tiberius Julius . . . . us, sowie der Strategie des Arius. Das Datum selbst lautet: *Ἔτους B̄ Τιβερίου Κλαυδίου Καίσαρος Σεβαστοῦ Γερμανικοῦ Αὐτοκράτορος Φαρμουθὶ* (*ιη̄*? *κη̄*?) *Σεβαστῇ*. Offenbar haben wir hierin wieder ein Doppeldatum, da ein Tag des Pharmuthi als *Σεβαστὴ ἡμέρα* genannt ist. Leider hat ein Ausbruch des Steines die Zahl hinter *Φαρμουθί* beschädigt; nach den Spuren zu urtheilen, kann es nur 18 oder 28 gewesen sein d. h. der 14. oder 24. April des römischen Kalenders.

Ausser dieser chronologischen Bedeutung enthält die Darstellung und Legende manches Eigenthümliche. So hat z. B. Osiris den Beinamen 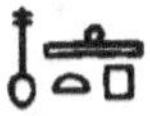 Nefer-hotep, wie der in Theben bleibende Chonsu, während sein Agent *Chonsu-p-ari-secher* „Ch. der Beschlussausführende" genannt wird. Ich glaube daher, dass Osiris „der Gute, der Ruhende (ϩⲟⲧⲡ bedeutet auch reconciliare) die Ausdrücke *ὑπὲρ εἰρήνης καὶ ὁμονοίας* darstellen soll. Dass er wiederholt als Nil, Lotosblume und Schlange im Texte erscheint, enthält die Andeutung der Seelenwanderung während der 3000 J. der doppelten Phoenixperiode. Den Kaiser Claudius wie er dem Osiris den Lotos überreicht, begleitet die Legende: „Herbeibringung einer Nymphaea Lotus für seinen Herrn, um zu befriedigen den Gott durch ein Lieblingsgewächs, diesen Gott inmitten seines Gewässers. Es möge sich freuen dein Herz über das was ich gethan". Hinter dem Kaiser läuft ein verticaler Textstreifen: „Es ist der Kaiser Claudius stehend, in seinem Hause als lebendes Abbild des Wiederauflebenden  (Nilus) indem er aufrichtet die Lotosblume für (tragend?) die Seele des Osiris, indem er aufstellt den Gott als Lotos. Er ist ja der Herr der Gefilde, der an Pflanzen reichen, welcher sich verjüngt als Lotos des Gewässers".

Der wiederauflebende Nil, der Verjüngungsprocess, die Schlange  *āhāi* (ⲟϩⲉ duratio) welche man auch  ⲥⲓⲧ serpens 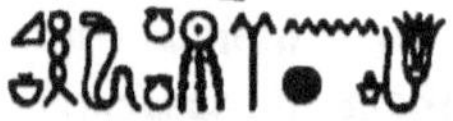 „Schlange qerh, auftauchend aus dem Lotos" heisst, besonders aber die wiederholte Nennung der Seele des Osiris mit dem Zusatze  „foecundans foeminas, prolificans patres familias, quos amat" scheint mir entschieden auf die beständige Wiederholung der Generation hinzudeuten. Dazu passt die Legende des Gottes Seb: der Stammhalter (nicht *νεώτατος*!) der Götter, der Rührige 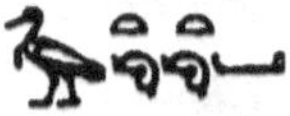 (Gegensatz zum „Ruhigen") unter den Himmlischen (ⲫ̄ⲧ deus), der göttliche Meister in Denderah, der Grossfürst, welcher erschafft die Wesen und umgibt den Thron des Osiris — *Tat* [10])-*chepes*". Auf Seb (*κρόνος, χρόνος*) bezieht sich wohl auch zunächst der verticale Text: „Ich gebe dir Zutritt zu dem Sitze der Bedrängten

---

10) Das Zeichen  *τάτ* wird oft mit der Figur des Osiris amalgamirt;  ist chepes zu lesen und = dem semit. חָפְשִׁי frei vornehm opp. dem Sclaven; von Dingen gesagt „prächtig". Damit harmonirt die häufige Schreibung  chepesi; der Lesung des masorethischen *chapeschi* entspricht das demot.  *scheps-chau*, sonst steht  = , beide im Anlaut assibilirt.

(Osiris), welchen dein Herz wünscht, ich verlängere deine Jahre in Aegypten" spricht er zum Kaiser Claudius.

Es kann daher auch nicht befremden, dass man dem alterthümelnden Claudius den Gefallen that, genau im Jahre 800 ab Urbe condita einen Phoenix nach Rom zu bringen und sogar auf dem Forum aufzustellen. Aber des Plinius Satz „quem falsum esse nemo dubitaret" ist eben so zutreffend, wie des Tacitus Bemerkung (Annal. VI, 28) über den Phoenix vom Jahre 21 des Tiberius: „unde nonnulli falsum hunc phoenicem neque Arabum e terris credidere nihilque usurpasse ex his, quae vetus memoria firmavit." Diess äussert er im unmittelbaren Anschlusse an den Satz: „inter Ptolemaeum (tertium ex Macedonibus, also Philadelphum) ac Tiberium minus [D:] Ducenti quinquaginta anni fuerunt." Da im J. 275 v. Chr. unter Philadelphus die Sommerwende mit dem 1. Pachons zusammenfiel, so stimme ich H. Lepsius bei, wenn er dort eine Epoche der Phoenixperiode ansetzt. Nun trifft es sich aber, dass die dritte Tetramenie, welche durch den Monat Pachons eingeleitet wird, auch in der Sothisperiode einem Zeitraume von $4 \times 120 + 5 \times 4 = 500$ Jahren entspricht, sowie dieser der Phoenixperiode einer Tetramenie eignet. Jetzt wird man besser verstehen, warum Tacitus sagt: „maxime vulgatum quingentorum annorum spatium" (des Phoenix für eine Tetramenie) und sofort hinzufügt: „sunt qui adseverent, mille quadringentos sexaginta unum interjici, prioresque alites Sesostride primum, post Amaside dominantibus, dein Ptolemaeo, qui ex Macedonibus tertius regnavit, in civitatem, cui Heliopolis nomen, advolasse". Mag man nun meine obige Correctur des Textes zu [D:] Ducenti quinquaginta anni fuerunt, billigen oder nicht; jedenfalls ist eine Zweitheilung der 500 Jahre in je 250 angezeigt. Dass diese Zahl sich für das Intervall Amasis-Philadelphus bewährt, liegt auf der Hand; ebenso führt die Rechnung von 275 auf 25 v. Chr. in das Epochenjahr der Fixirung des Kalenders unter Augustus. Im Gegensatze zu den falschen Phoenixen des Tiberius und Claudius ist der wahre Phoenix dem Augustus zuzuschreiben und zwar die Hauptepoche desselben, da 25 v. Chr. die unter Sesostris 1525 v. Chr. anhebende Periode von 1500 Jahren zu Ende geht und eine neue beginnt.

Da ich diesen Gegenstand in meiner Abhandlung über die Schalttage weitläufiger besprochen habe, so verweise ich hier auf diese Arbeit und hebe nur den Punkt hervor, der wohl einleuchtend geworden sein dürfte: dass wir mit dieser Epoche des Phoenix 25 v. Chr. die eigentliche Ursache oder doch Veranlassung aufgespürt haben, warum gerade in diesem speciellen Jahre, und nicht schon bei der Eroberung selbst, die ägyptischen Gelehrten dem Augustus zu Ehren die Kalenderreform eingeführt haben.

Der Titel Papamahte.

In dem wichtigen Doppelpapyrus Rhind, der zugleich eine Art Bilinguis ist, da der Text hieratisch und demotisch geboten wird, sind die Todestage des Ehepaares Sanif und Tanua, welche um 48 Tage auseinander liegen: 10. Epiphi und 28. Mesori, angegeben und in das 21te Jahr Kaisaros d. h. des Augustus gesetzt. Beide Male hat der Name des Kaisers den Zusatz  Var. . H. Goodwin[11]), dessen Scharfsinn sich schon so oft bewährt hat, ist auf den guten Gedanken gekommen, die Form  *mahut* dieses Zusatzes mit dem

11) Zts. f. äg. Spr. 1867, 81.

koptischen ⲡⲁⲡⲁⲙⲁϩⲧⲉ titulus Augusti, potentissimus, zu identificiren, Ohne Zweifel haben die Uebersetzer an ⲁⲙⲁϩⲧⲉ potestas gedacht und da dieses Wort masc. gen. ist, so hat die Praefigirung des Artikels ⲡ, so wie die des Possessiv-Artikels ⲡⲁ zu dem Compositum ⲡⲁ-ⲡ-ⲁⲙⲁϩⲧⲉ *ὁ τῆς δυνάμεως* = potentissimus, grosse Wahrscheinlichkeit für sich. Und dennoch ist diese Bedeutung falsch. Denn die Gruppe  hat beide Male die Papyrusrolle, nicht aber den bewaffneten Arm  hinter sich. Wir müssen also die gewöhnliche Bedeutung ⲙⲁϩ implere festhalten, welche vom Determinativ der Papyrusrolle begleitet zu sein pflegt.

Die Tanitica liefert uns den authentischen Beweis für die Richtigkeit dieser Ansicht. Der Satz:  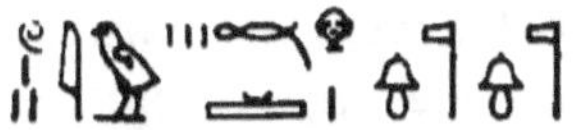 „Es trifft sich nun, dass (diese Mängel des Kalenders) verbessert und ergänzt worden sind durch die beiden Götter Euergeten" hat auf die ganz identische Fixirung des Wandeljahres Bezug, wie sie unter Augustus zum zweiten Male eingeführt ward. Der griechische Text übersetzt wörtlich: *συμβέβηκεν διορθῶσθαι καὶ ἀναπεπληρῶσθαι διὰ τῶν Εὐεργετῶν θεῶν*. Man sieht auch ohne meine Erinnerung, dass sich  und *ἀναπεπληρῶσθαι* entsprechen.

Nachdem so die Bedeutung der fraglichen Gruppe festgestellt ist, handelt es sich um die grammatische Construction des Satzes. „Jahr 21 Kaisar's, dessen Thun die Ergänzung" bietet sich ungezwungen dar. Man muss berücksichtigen, dass im Aegyptischen das Participium auf ut oder tu, gewöhnlich mit passiver Bedeutung behaftet, bei Praefigirung des bestimmten Artikels, wie in dem vorliegenden Falle, den Sinn eines abstracten Substantivs erhält:

pa-mahtu bedeutet also wörtlich „die Ausfüllung, die Ergänzung[12]). Trat nun der Possessivartikel ⲡⲁ vor dieses *pa-mah-tu* so wurde daraus kopt. ⲡⲁ-ⲡⲁ-ⲙⲁϩⲧⲉ ὁ τῆς ἀναπληρώσεως, offenbar ein wichtigerer Titel als potentissimus, abgesehen davon, dass er sich auch als der richtigere erwiesen hat. Denn es lässt sich leichter begreifen, dass die Kopten den Augustus wegen seiner That der Ergänzung des Wandeljahres zum fixen Jahre mit einem eigenen Beinamen bedacht haben, als dass in ihrer Litteratur sich der Potentissimus behauptet hätte, dessen Prototyp noch nicht einmal aufgezeigt ist.

Abgesehen von Euergetes I. und Diocletian, zwischen denen Augustus in der Mitte steht, wesshalb er in der Reihe der Kalenderreformatoren nicht mit Stillschweigen übergangen werden konnte, liefert derselbe Papyrus Rhind einen greifbaren Beweis für meine Erklärung der Gruppe *en pa mah-tu au ari-f*, „dessen That die Ergänzung" = ⲡⲁⲡⲁⲙⲁϩⲧⲉ durch den Umstand, dass das „Jahr 21 Kaisaros" eben nichts anderes ist als ein S c h a l t j a h r, in welchem sich die That des Augustus practisch geltend machte. Denn da die Aegypter ihr Schaltjahr um eine Stelle früher hatten, als der römisch-julianische Kalender[13]); so waren die Jahre 2, 4, 6, 10 etc. = 26 S c h a l t j a h r e; das 21te Jahr ist aber zusammenfallend mit 10 v. Chr.

Man sieht, dass der Schreiber der Rhind-Papyri einen triftigen Anlass hatte, bei seiner Datirung „Jahr 21 Kaisaros" den Beisatz „dessen That die Ergänzung ist" anzufügen. Noch wichtiger ist ein andrer Titel oder vielmehr B e i n a m e n.

---

12) Auch das latein. Particip auf *tum* wird so gebraucht, z. B. Liv. VII. 22 tentatum „der Versuch"; VII, 8 diu non perlitatum „die lange unzusagende Opferung" cf. I, 53; IV, 13, 59.

13) Boeckh: „Manetho etc. p. 24 auf Grund des fragm. Dodwell.

Harmaïs.

Die bisher entwickelten Punkte haben hoffentlich die Ueberzeugung begründet, dass in der That die anno 25 v. Chr. unter Augustus fixirte Jahresform im Gebrauche war und dass der Titel ⲡⲁⲡⲁⲙⲁϩⲧⲉ als Signatur dieser Neuerung zu betrachten ist. Aber das alte Wandeljahr zu 365 Tagen, welches ohne alle Einschaltung fortschritt, und wegen seiner Priorität im Verhältniss zu der Neuerung mit *κατ' ἀρχαίους* = *κατ' Αἰγυπτίους*, „sicut institutum est ab antiquis" bezeichnet wurde, hatte dadurch seine Geltung nicht verloren. Sowohl die Gelehrten, wie schon so manche der citirten Beispiele beweisen, bedienten sich desselben bei ihren Rechnungen fortwährend, als auch in Inschriften von Privaten erscheint dasselbe neben dem fixen Jahre. Als sein Symbol ist der Beiname des Augustus: Harmaïs, zu betrachten, dessen Enträthselung ich im Folgenden versuchen will. Den Einwand, dass man von Augustus bisher diesen Beinamen Harmaïs aus classischen Quellen nicht erfahren habe, dürfte schon die Erwägung beseitigen, dass auch kein griechischer oder römischer Autor seinen Titel Papamahte erwähnt hat.

Ich hebe aus dem reichen mir vorliegenden Materiale nur eine Inschrift des Museums von Bulaq hervor. Dieselbe ist von Brugsch [14]) mitgetheilt und sachgemäss erläutert worden. Sie lautet: *Ὑπὲρ Τιβερίου Καίσαρος Σεβαστοῦ Ἀπολλώνιος κωμογραμματεὺς ὑπὲρ ἑαυτοῦ καὶ γυναιξί* (sic!) *καὶ τέκνον* (sic!) *ἐποίησεν τὴν οἰκοδομήν. L ιζ Τιβερίου Καίσαρος Σεβαστοῦ Τυβὴ* [*M. ιη*]. Der Text ist scheinbar

---

14) Zts. f. äg. Spr. 1872 p. 27. Trotz dieses und anderer Beispiele beharrt H. Brugsch auf der Ignorirung des Wandeljahres. So nicht nur in seinen „Matériaux", sondern auch in seiner neuesten Schrift „Drei Festkalender" wo er sogar den griech. Sphärenlöwen ägyptisch deutet.

ganz werthlos, da nicht einmal das Monatsdatum deutlich erhalten ist. Zum Glücke bietet das demotische Original das Erwünschte, es lautet: „Für das Wohlergehen des Tiberios Kaisaros Sebastos, von Seiten des Apollonius[15]) (Apulanis) Klaudianos, des Stadtschreibers von Abydos nebst seiner Frau und seinen Kindern, vor Osiris Horus Isis, den Göttern des Tempels von Abydos und den Göttern der Bestattung, und denen, welche nachher (bestattet werden), sintemalen er es ist, welcher gemacht hat die Wiederherstellung des Hauses in dem Tempel von Abydos. Geschrieben im Jahre 17 des Tiberios Kaisaros, Sohnes des Gottes (*υἱοῦ τοῦ θεοῦ*) am 18ten Tybi des Joniers, welches macht den 1sten Mechir des Aegypters".

Mit letzterem Ausdruck ist das Wandeljahr gemeint, während der „Jonier" die alexandrinischen Hellenen, also den fixen Kalender der Augusteischen Reform bezeichnet. Die Reduction auf den römischen Kalender ergibt den 13ten Januar des Jahres 31 n. Chr. Dadurch ist die Ergänzung des griechischen Textes, welcher bezeichnender Weise nur nach dem jonischen d. h. fixen Kalender datirt, sicher gegeben; das vor der Zahl $\overline{IH}$ noch vorhandene Zeichen entpuppt sich als *M.* Abkürzung für *Μηνός*, wie ja auch das Decret von Kanobos den Ausdruck *νουμηνία τοῦ Παῦνι μηνός* gebraucht.

Dieses einzige Beispiel genügt zu der Constatirung des Factums, dass neben dem unter Augustus fixirten das alte ägyptische Wandeljahr von den Aegyptern fortwährend zur Geltung gebracht wurde. Da nun vermöge der Verschiebung dieses Wandeljahres im Verhältniss zum festen Sothisjahre im Jahre 5—2 vor unserer Aera, der Frühaufgang des Sirius auf den ersten Tag des Monats Mesori über-

15) Nicht Amonios, wie Brugsch liest; auch in andern Punkten muss ich von ihm abweichen.

ging, so ist es gewiss sehr natürlich, dass die Aegypter aus Anlass dieser Coïncidenz dem Augustus einen entsprechenden Beinamen ertheilt haben werden. Ist nicht in ganz analoger Weise für die Kalendarische Reform des Euergetes I. die *νουμηνία τοῦ Παϋνὶ μηνός* gewählt worden? Diese liegt um zwei Monatsverschiebungen (*hanti*) vor der Coïncidenz anno 5 v. Chr., was nach leichter Berechnung einen Zeitabstand von $2 \times 30 \times 4 = 240$ Jahren ergibt. Nachdem ich nun bereits[16]) für Augustus einen von der eponymen Gottheit des Monats Mesori hergenommenen Beinamen vermuthet hatte, gereichte es mir zu wahrer Befriedigung das theoretisch Vermuthete über alle Erwartung bald in einer factischen Ringlegende verkörpert zu sehen — es ist der Beiname Harmaïs.

Der reichhaltige Tempel von Denderah bietet unter seinen vielen Textschätzen auch diesen Fund, den wir der Publication des H. Dümichen verdanken. Er sagt darüber ad tab. IX: „die die unterste Bilderreihe der nördlichen „und südlichen Aussenwand eröffnenden Kaiserbilder, an „welche sich auf beiden Seiten dann in der Richtung von „Osten nach Westen die Darstellungen der Bauceremonien „anschliessen. Das untere Eckbild (a) an der nördlichen „Aussenwand soll uns den Kaiser Augustus vorführen, „während in dem an der südlichen Aussenwand angebrachten „(b) der dort dargestellte Herrscher den Namen Halmis- „(Harmis-) Kaisaros „Liebling des Ptah und der Isis" führt „. . . Da der so geschriebene Kaisername sonst nirgend, „so viel mir bekannt, bis jetzt aufgefunden worden und er „auch in Dendera nur in ein paar Feldern der südlichen „Aussenwand vorkommt, da ferner dort in den Feldern vor- „her und in denen darüber nur die Schilder des Augustus „und Claudius eingetragen sind, worauf dann an der an-

16) In meinem Buche: „Aegyptische Chronologie".

„stossenden Wand des Hypostyls der Name Nero auftritt, so „vermuthe ich, dass wir in dem Namen *Harmis* nur einen „Beinamen des *Cajus-Caligula* haben. Dieses alle Laster „und Thorheiten in einem an Wahnsinn grenzenden Maasse „in sich vereinigende Scheusal gefiel sich bekanntlich auch „eine Zeitlang besonders darin, den Gott zu spielen und „bald als Hercules mit dem Donnerkeil (!?), bald als Neptun „mit dem Dreizack, bald als Apollo mit der Kithara vor „der versammelten Menge aufzutreten; es liesse sich daher „auch in dieser Erwägung der Name *Harmis* (die hiero- „glyphische Schreibung für *Hermes*), einem Kaiser hier bei- „gelegt, der nach Augustus und vor Nero regiert haben muss, sehr wohl auf Caligula deuten. Das dem Namen noch besonders hinzugefügte Bestimmungszeichen für alles „Fremdländische, das Zeichen des Pfahles, würde gleichfalls „ein durchaus passendes Determinativum für den nicht „ägyptischen Götternamen Hermes sein". So weit H. Dr. Dümichen.

Beide Vermuthungen dieses Gelehrten sind nicht zutreffend. Was zunächst die Zutheilung des fraglichen Namens an Cajus Caligula betrifft, so ist sie durch kein äusseres Symptom motivirt, da ja zwischen Augustus und Nero ausser ihm auch noch Tiberius und Claudius stehen, also ebenfalls auf den Namen Harmis Anspruch erheben könnten. Sodann hat H. Dümichen selbst durch seine Gegenüberstellung dieses Harmis vis-à-vis dem unbestrittenen Augustus, unbewusst oder vielleicht nur in Rücksicht auf die Symmetrie, das Richtige getroffen, nur dass man seine Tafel IX. von der Rückseite betrachten muss, damit sie seiner eignen Angabe entspreche, wonach die zwei Kaiserbilder den Anfang der von Ost nach West streichenden Darstellungen bilden. In der That ist die Symmetrie beider Kaisergestalten und Legenden eine so vollständige, dass an ihrer Zusammengehörigkeit und Zutheilung an einen

Kaiser nicht gezweifelt werden kann, obschon sie in der Wirklichkeit um die ganze Breite des Tempels von einander entfernt und nicht so unmittelbar gegenüber gestellt sind, wie auf Taf. IX. der Publication des H. Dümichen.

Alle Symptome weisen darauf hin, dass sich beide Kaisergestalten zu einander verhalten wie rechte und linke Seite; die Symmetrie ist eine vollständige: der Harmis hat den weissen Hut 𓋑 auf dem Haupte, da er ja der S ü d - s e i t e entspricht, die bekanntlich bei der Aufzählung der vier Weltgegenden den Anfang macht; es behauptet desshalb der Name Harm(a)is eine bevorzugte Stellung. Ihm gegenüber tritt, mit dem rothen Hute 𓋔 bedeckt, naturgemäss derselbe Kaiser mit seiner gewöhnlichen Ring-Legende: *hyq-hyqu sotepn Ptah* βασιλεὺς βασιλέων ὃν ὁ Ἥφαιστος ἐδοκίμασεν, da ja 𓋔 überhaupt der Nordgegend eignet. Beide Namen: *Harm(a)is* und *hyq-hyqu*, haben hinter sich das sogenannte Hauptschild „Kaisaros αἰωνόβιος Liebling des Ptah und der Isis". Dieser unstreitig dem Augustus eignende Hauptname ist aber identisch mit der auf derselben Tempelwand (West) stehenden Legende des Ptolemaios XVI: „Kaisaros αἰωνόβιος, Liebling des Ptah und der Isis".

Man sieht, wie man dem wirklichen Sohne des Jul. Caesar und der Kleopatra VI Philopator nicht bloss das Leben, sondern auch den Namensring zu Gunsten des mächtigen Adoptivsohnes Caesar Augustus genommen hat.

Weiter bekundet sich die Symmetrie und damit die Zusammengehörigkeit beider Kaiserbilder durch die Anbringung der nämlichen Scepter: „der ϩⲁⲧ  ist in meiner Rechten beim Heiter (berühmt)- machen ihres (der Göttin Hathor-Isis-Sothis) Tempels" — der ⲟⲩⲣⲁⲥ (baculus rotundus, scipio) ist in meiner Linken, beim urrein[17]) — machen ihres Strahlenbaues". Natürlich gehört diese Legende zu , und die dem  eignende, wo sie fälschlich steht, ist entweder nicht ausgeführt oder beim Copiren vergessen worden; sie müsste sicherlich die Ausdrücke Rechte und Linke vertauscht vorbringen.

Die Symmetrie setzt sich fort in der hinter beiden Kaiserbildern aufrechtstehenden Stange mit einer gekrönten Königsbüste; sie wird gehalten von je einer männlichen Gestalt, welche ein Armpaar ⊔ und in diesem die sogenannte Bannerdevise auf dem Kopfe trägt. Diese lautet für beide gleichmässig: „Hor-Ra der starke Stier, der Strahlenglänzende". Die Büste selbst wird beide Male erläutert „die lebende Königspersonification des Herrn der beiden Länder in dem Tuat-Hause von Tarer (Tantarer = *Τέντυρα*) Var. „vom Hause des Sistrums" (mit dem bekannten Hathorcapitäl). Den die Büstenstange haltenden Männern werden die Worte in den Mund gelegt: „Ich bin hinter dir, ich schütze dich auf Erden, tödtend deine Todfeinde in der Tiefe" — „ich umfasse und vereinige dein göttliches Bild mit der Tochter des Seb, ich erhebe meine beiden Arme zu der Grossen."

Nur in einem Punkte hat der Südhut und also auch Harm(a)is ein Plus aufzuweisen: es ist die hinter all den genannten Bildern und Textcolumnen angebrachte Thüre mit der Legende:  „die grosse Pforte". Sie soll augenscheinlich wieder den Vorzug der Südseite ausdrücken und andeuten, dass der Eintritt, also der Anfang, auf dieser Seite zu suchen ist. Hiemit ist noch einmal bewiesen, dass Harmaïs = Augustus.

---

17) Ich habe das Wortspiel in etwas nachzuahmen gesucht. Solche Alliterationen und Wortspiele kehren stets wieder.

Nunmehr, nachdem die Zugehörigkeit des fraglichen Namens zum Protokolle des Augustus dargethan, und jeder Gedanke an Cajus Caligula ausgeschlossen ist, handelt es sich um die Deutung des 

Die Einleitung der Ringlegende Harmaïs, nämlich „Herr der beiden Länder" ist blosse Variante für  *βασιλεὺς τῶν τε ἄνω καὶ τῶν κάτω χωρῶν*; der Beweis hierfür liegt schon darin, dass hinter diesem Ringe der andere mit der Legende Kaisaros folgt, welcher durch  *υἱὸς Ἡλίου, κύριος τῶν βασιλειῶν* eingeleitet ist.

Nun würde zwar die Gruppe Harm(a)is sich mit *Ἑρμῆς Ἑρμείας* wohl vereinigen lassen, um so mehr als Augustus in Denderah so häufig „Sohn, Spross des Dhuti" (mit mancher variirenden Schreibung [18]) z. B. „Sohn des  *Htuti* (Dhuti) genannt ist. Allein „Sohn des Hermes" und „Hermes" sind doch keine congruenten Ausdrücke; ausserdem heisst Augustus ebendaselbst „Sohn des Schu, des Seb etc. ohne dass ein solches Praedicat je zu einem integrirenden Theile seines amtlichen Protokolles geworden wäre. Solche Bezeichnungen sind nicht anders zu beurtheilen als der oft wiederkehrende Satz „*τὸ δίκαιον ἀπένειμεν καθάπερ Ἑρμῆς ὁ μέγας καὶ μέγας*.

Dazu kommt, dass keiner von diesen gelegentlich angewendeten Ausdrücken in einen Ring eingeschlossen erscheint, wie der fragliche Namen Har(m)aïs. Ja dieser behauptet auch dadurch noch einen besonderen Vorrang, dass er das sogenannte Thronschild bildet. Wenn z. B. der Name *Ὀσυμανδύας* sich auf Ramses II. bezieht, welcher schon als Prinz Ramessu hiess, aber erst mit der Thron-

18) Dümichen: Baugeschichte pl. XLIV, L.

besteigung die Legende *Ra vesu(r)-ma (nuti aa)* annahm, woraus jener *Ὀσυμα-νδύ-ας* entstanden ist — so lässt sich sich in Bezug auf Harmaïs etwas Adaequates vermuthen, dass er nämlich entweder der Thronbesteigung oder vielmehr der chronologischen Coïncidenz eignet, weil mit solchen von Alters her eine Neudatirung und Wiederkrönung verbunden zu sein pflegte.

Gegen die Gleichung Harm(a)ïs = *Ἑρμῆς* besteht auch das formelle Bedenken, dass *i* gesetzt ist. Ziehen wir das Beispiel der Nekropolbezeichnung bei:  Hades = *Ἅιδης*, so sieht man in der ersten Sylbe keine Spur des Iota subscriptum — offenbar wurde es damals schon nicht mehr ausgesprochen — und in der zweiten Sylbe überhaupt keinen Vokal, also auch beim *ι*  für das griech. *η*. Seit meiner Entdeckung[19]) der Prototype von *ἀλχαί* und *ταστaί (alq-hahu, t'ast-hahu)* kann aber in Betreff der Gleichheit jenes Hades mit *Ἅιδης* kein vernünftiger Zweifel mehr bestehen.

Es ist ferner unerweislich, dass Augustus den Beinamen Hermes-Mercurius erhalten hätte, obschon bei seiner Persönlichkeit jedenfalls besserer Anlass sich bieten mochte, als bei Cajus Caligula. Dagegen spricht Alles dafür, dass man bei Gelegenheit der Coïncidenz des Sothisfrühaufganges mit dem 1. Mesori Anno 5 v. Chr. ihm zu Ehren den betreffenden Bau am Tempel der Hathor-Isis-Sothis begonnen und den Beinamen *Ἁρμαΐς* in seinen Thronring eingeschrieben hat, um damit die Epoche selbst zu bezeichnen, wie es sonst durch ein astronomisches Horoscop zu geschehen pflegte.

Man erinnere sich an die Inschrift vom Ost-Propylon von Denderah, welche auf das 31. Jahr des Augustus lautet. Das Jahr 5 v. Chr., mit welchem ich die Einführung des

19) „Zeitschrift für äg. Sprache und Alterthumskunde" 1866.

Beinamens Harmaïs in Verbindung bringe, ist das 26ste Jahr seiner ägyptischen Regierung — man sieht, wie der Bau des Propylon, der naturgemäss später fallen musste, denn der der Tempelwand, als untere Grenze vortrefflich dazu stimmt.

Was ist nun aber *῞Αρμαΐς*, die bei den Griechen jener Zeit gebräuchliche Form, anders als  oder  *Harmachu* = *῞Αρμαχις*, durch die Mittelstufe eines thebanischen Harmahu zu *῞Αρμα-ἱς* und *῞Αρμαΐς*, ja selbst *῞Αρμαΐς* geworden? Dieser so graecisirte Namen erscheint in den bilinguen Contracten ausserordentlich häufig und immer entspricht er dem ägyptischen *Har-m-achu.* Diese Form des solaren Gottes ist aber eponym für den 12ten Monat des Jahres: Mesori; folglich kann über die Zulässigkeit meines Ansatzes kein Bedenken obwalten.

Wer sich daran stossen wollte, dass ein ursprünglich ägyptischer Name wie *Harmachu* aus der abgeschliffenen griechischen Form *῞Αρμαΐς* in Hieroglyphen umgesetzt und desshalb mit  dem Deutbilde des Ausländischen, versehen worden sein sollte, den verweise ich auf das analoge Beispiel der Tanitica: hier ist der zweite Bestandtheil des hybriden Namens *Φιλ-άμμων* nicht 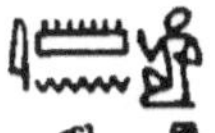 geschrieben, wie man erwarten möchte, sondern , weil buchstäblich in Hieroglyphen übersetzt. In unserem Falle waltete übrigens eine besondere Absicht bei dieser Entlehnung der griechischen Legende *῞Αρμαΐς.* Wer sich mit ägypt. Texten befasst hat, muss beobachtet haben, wie dieselben von Anspielungen förmlich wimmeln. Da der Monatsname *Μεσορή* aus  *Mes-hor-re* gebildet ist, so bot die Schreibung  Harmaïs den Vortheil, dass man an *Mes-har* erinnert wurde, was bei der Legende *Har-m-achu* nicht der Fall ist. Die schwache Aspiration  = ʾ statt  = ʿ entspricht einerseits dem Spiritus lenis der Form Ἄρμαΐς, andererseits dem Lenis in Μεσ-ὀρη, das aus Μεσ-ὁρη abgeschwächt ist. Aehnlich umschreiben die Kopten εἰρήνη durch ϩⲉⲓⲣⲏⲛⲏ und dieses Wort als Eigennamen erscheint in der bilinguen Philensis so wie in der Rosettana als  He(i)rina·t = Εἰρήνη mit einer Spur des Itacismus.

Aus diesem Epochalnamen des Augustus: Harmaïs scheint auch seine Benennung θεός  zu stammen. Während er nämlich sonst, wie z. B. in der Inschrift des Propylon υἱὸς θεοῦ, nämlich „Sohn des Jul. Caesar" genannt wird wie Caesarion in einer demotischen Urkunde „Sohn des grossen Gottes, der alle Menschen leben macht" heisst, wird Tiberius in der oben citirten Bilinguis von Bulaq „Sohn 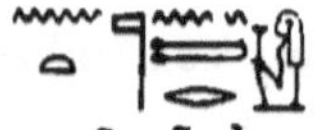 des Gottes" genannt. Ob damit die Bezeichnung θεοῦ ἐνιαυτός für eine Periode zusammenhange, braucht hier nicht näher erörtert zu werden, da ich darüber schon anderwärts gehandelt habe. Aber die andern Dynasten mit dem Epochalnamen Harma(ch)is gehören hierher.

An der Spitze steht der Gott Harmachu selbst. In einer Inschrift von Edfu wird seine 363te Tetraëteris erwähnt, zum Beweise, dass man ihm eine volle Sothisperiode zuschrieb: . Der Tag ist ebenfalls bedeutsam: es ist der Uebergang vom 2ten Epagomen: Mes-hor „Geburt des Horus" zum 3ten:

Mes-Seth. In der That besiegte er diesen Widersacher unter dem genannten Datum.

Zum zweiten Male tritt der chronologische Epochalname unter der Form Arminon bei Censorinus auf. Ich habe in meiner „Aegyptischen Chronologie" dargethan, dass in der ursprünglichen Quelle Harm(a)ïs-hun „der junge Harma(ch)is" gestanden hat, und dass die damit bezeichnete Epoche das Jahr 2925 v. Chr. ist, wo die Anfänge der VI. Dyn. spielen.

Ein drittes Mal treffen wir den Namen *Ἁρμαΐς*, *Ἑρμαῖος*, *Ἑρμῆς* als Cognomen des *Σιφθάς*. Ich habe l. l. nachgewiesen, dass dazu als unterscheidendes Merkmal der Name *Δαναός* — *Θῶνις* — *Θῶν* gehört und die Epoche 1465 v. Chr. dadurch bezeichnet wird, eine volle Sothisperiode zu 1460 Jahren von dem vorigen Harmachis-hon entfernt.

Als letztes und jüngstes Glied dieser Kette erscheint nun der Harmaïs-Augustus von Denderah, 1460 Jahre nach Siphthas, genau im Jahre 5 v. Chr.

Wer sich durch diese zusammenhängende Kette noch nicht überzeugt erachtet, der möge selbst eine andere Lösung des chronologischen Räthsels, sowie der durch den monumentalen Harmaïs aufgeworfenen Frage versuchen.

Fundort und Umgebung.

Es muss neuerdings betont werden, was ich schon öfter ausgesprochen habe, dass der Tempel von Denderah in erster Linie als ein chronologischer Bau gedacht worden ist. Wenn sich nun zeigen sollte, dass ausser unserm Harmaïs Augustus auch noch andere Epochalkönige daselbst in demonstrativer Weise betheiligt sind, so wird man mehr und mehr begreifen, dass Hathor-Isis-Sothis nicht umsonst dort das Scepter geführt hat.

Da begegnet uns an der Schwelle der Geschichte, also in praehistorischer Zeit, die theokratische Herrschaft der „Horusdiener". Der geheime Corridor, dessen belangreiche Texte H. Dümichen [20]) zuerst bekannt gemacht hat, belehrt uns, dass der Urplan des Tempels in diese frühe Zeit versetzt ward. Nimmt man die öfter wiederkehrende Redensart hinzu, „gegeben ward ihr (der Hathor-Isis-Sothis) die Stadt Ant (Denderah) zum Ersatz A  *debui* Var.  *asui* für Anu (Heliopolis) durch ihren Erzeuger, den Sonnengott" und erwägt man ferner, dass der Parallel von Anu für den conventionellen Sothisfrühaufgang festgesetzt war, so ist die Kenntniss der betreffenden Periode den „Horusdienern" nicht abzusprechen. Ich habe Manetho's Bytes mit der Epoche 4245 v. Chr. coïncidirend gefunden.

Unter Chufu (Cheops) ward eine Copie dieses Planes genommen, aber, wie es scheint, nicht ausgeführt. Dagegen ordnete auf Grund des alten Planes, den man im Innern einer Ziegelmauer des Königspalastes auffand, Phiops-Moeris-*Μενόφρης*: Epoche 2785 v. Chr. einen Neubau an.

Weiterhin treffen wir die Legenden des Königs Amenemhat *Πετεαθυρῆς*: er entspricht der Epoche 2545 v. Chr. und heisst nicht umsonst „die Gabe der Hathor". Sein Epochaltitel  „der wiedergeborene oder neugekrönte" ist zweimal in Denderah vorhanden, wo er auch „Liebling der Hathor" genannt wird, während Phiops-Moeris analog „Sohn der Hathor" heisst.

Thutmosis III. *Μεσφρῆς*: Epoche 1705 legte seinem Neubau die Copie des zu Chufu's Zeit gefundenen Bauplanes zu Grunde. Er stiftete unter andern eine Säule mit Hathorcapitäl aus Mafek-Metall hinein.

---

20) „Bauurkunde von Denderah", wiederholt in seiner „Baugeschichte" pl. I.

Ramses II. Sesostris: Epoche 1525 v. Chr. stiftete zwei Sistra mit Hathorcapitäl, wofür ihm die Göttin eine Menge von Tetraëteriden verheisst. Er trägt das Zeichen „Jahresanfang" auf dem Kopfe. Ramses III. *Νεῖλος*: Epoche 1325, erscheint ebenfalls daselbst.

Ausserdem Thutmosis IV u. Amenhotep III, die sich an die Epoche des Thutmosis III. anlehnen. Wie diese keine eigentlichen Epochalkönige in chronologischem Sinne sind, so kann man unter den dort vorkommenden Ptolemaeern (X, XI, XIII, XVI) nur dem Caesarion diesen Character zuerkennen, da er mit Kleopatra VI im Zodiacus figurirt.

Hält man ferner Umschau nach denjenigen Epochalkönigen, welche dem Augustus-Harmachis benachbart sind, so habe ich über Euergetes I und die Tanitica wiederholt gehandelt. Das Doppeldatum: Sothisfrühaufgang = 1. Payni unterliegt keiner Beanstandung und ist damit die Epoche 245--242 (*κατὰ τὸ πρότερον ψήφισμα*!) sicher gestellt. Ob indess der betreffende Beiname ⲫⲁϯⲙⲏϯ „der des Verbesserers" wegen der Gruppe  ti-meti(r) kopt. ϯⲙⲁϯ concordare gr. *διορθωτήρ* gelautet hat — ein Analogon zum ⲡⲁⲡⲁⲙⲁϩⲧⲉ (Augustus 25 v. Chr.), oder ob er ein vom Monat Payni abgeleitetes Cognomen erhielt, muss vorderhand dahingestellt bleiben, bis ein neues Denkmal, wie die Legende des Harmaïs, uns den Schlüssel bietet.

In Betreff des Euergetes II herrscht kein Zweifel — das Doppeldatum in Edfu: 23 Epiphi für = 18 Mesori vag spricht dafür, — dass er auf das Centenarium seines Vorgängers und Namensvetters Euergetes I. Rücksicht genommen hat. Ob aber der Epochalname *Νουμήνιος*, neben welchen Namen auf Philae sich der Römer Numonius Va(ha)la Anno 3 v. Chr., also während des epochalen Quadrienniums 5—2

v. Chr., ein sonderbares XIII hinter dem Datum gesetzt hat (XII/I = 1. Mesori?) dem Könige Energetes II eignete, muss vorderhand noch im Stadium der Vermuthung bleiben. Indess seine Gründung des Tempels der Apape in Theben lässt erkennen, dass man sich des Sothisanfgangs am 1sten Epiphi 125 v. Chr. bewusst war.

Ich würde, da diese Epoche (125 v. Chr. = Sothisfrühaufgang am 1. Epiphi des Wandeljahres) ohnehin gewährleistet ist, mich hier mit diesem Gegenstande nicht weiter befassen, wenn nicht 'ein hervorragender Forscher: H. Dr. Brugsch-Bey, in seiner neuesten Schrift [21]) seine schon früher geäusserte Ansicht aufrecht hielte, der Name Epiphi scheine von 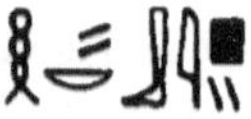 heb-Api „Fest der Api" (Nilpferdsgöttin) zu stammen, während ich von jeher darin eine Reduplication des Stammes Ap erkannte, wegen der Zweiheit der Göttinnen: Ape und Isis. Ein Papyrus des Museums von Bulaq [22]) gewährt die Möglichkeit, die Frage endgültig zu entscheiden. Es werden darin verschiedene Reichnisse au Arbeitsleute aufgezählt, es erscheint die „Summe 17 Tage", dann ein Datum „Jahr 43", hierauf ein Bau des Ramses II Sesostris in Memphis und zuletzt auf dem Verso derselbe Bau desselben Königs in Verbindung mit einem Rasttag und der Schlusslegende: 

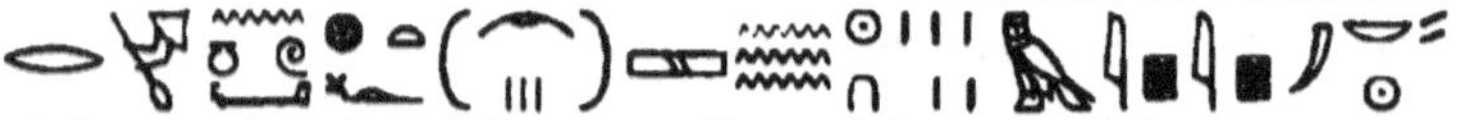

„ich war im Ausziehen zur Stromfahrt zur Zeit des 15ten Epiphi am Apapfeste." Dieses Datum hat ausserdem noch eine andere Tragweite, die ich aber erst in der Abhandlung über das Ramesseum und die Phönixperiode besprechen kann.

---

21) „Drei Festkalender" 1877.

22) Mariett: II, pl. 56.

Was ferner den Epochalkaiser H a d r i a n betrifft, so habe ich wiederholt auf den Namen des Monats Ἀδριανὸς hingewiesen, der bedeutsamer Weise erst im J. 19 dieses Kaisers also 136 und im J. 1 des Antoninus also 138 mit der Gleichung 8. Adrianos = 18. Tybi auftritt. Diese Distanz von 40 Tagen in den beiden Kalendern ist ein deutliches Symptom der Tetraëteris 136 - 139 n. Chr. und nur dieser allein.

Allein warum hat man gerade den Choiahk des fixen alex. Jahres gewählt, um dem Adrianos eine solche Ehre zu erweisen? Ich habe schon bei anderer Gelegenheit [23]) darauf hingewiesen, dass in seiner Legende  Aterianos Liebling der Isis" eine Anspielung auf den Namen a t e r des N i l s enthalten ist, um so wahrscheinlicher, als er ja wirklich mit einem Gewässer: dem turbidus A d r i a, etymologisch zusammenhängt. Jetzt bietet der Text einer Säule in Esne [24]) die Legende „Monat Choiahk Tag 1 Fest des Amon-pe-chrat, des Grossen, des Vaters der Götter, Fest der den Göttern gewidmeten Verehrung, Fest des Ba-Widders, F e s t d e r W e g l e g u n g d e r N i l t a f e l (ϩⲧⲟⲡ tabula  es steht übrigens )." Wirklich entspricht im fixen alexandr. Kalender der 1. Choiahk dem 28. November, zu welcher Zeit der Nil wieder in sein Bett zurückgetreten ist. Ich glaube indess nicht, dass dieses fixe Datum auch auf die Nilstelen von Silsilis anwendbar ist, wie Brugsch zu Gunsten seiner Hypothese annimmt. Das Datum der Weglegung der Niltafel f e h l t eben auf diesen Nilstelen und lässt sich vorderhand nicht ersetzen.

In dem kleinen Osttempel der Isis-Sothis auf Philae, der vermuthlich unter Hadrian ad hoc gegründet wurde,

23) Aeg. Chronol p. 236.

24) Brugsch l. l. Taf. IX, V. Leider fehlt die Bezeichnung der Totramenie!

befindet sich eine Doppeldarstellung dieses Kaisers, nicht so weit auseinander stehend, wie die Bilder des Harmaïs Augustus-Kaisaros an den Tempelwänden von Denderah, sondern unmittelbar zusammenhangend. Letronne II. p. 176 sagt darüber: „les plus anciens sont deux cartouches accouplés répétés deux fois, portant „Autocrator, Adrianos, toujours vivant, aimé d'Isis — et: Autocrator, Caesar, Trajanos Adrianos". Tous les autres sont de Marc-Aurèle (Antoninus Pius) sous le règne de qui l'édifice, commencé peut-être sous Adrien, a du être continué, sinon fini". Offenbar hat diese exceptionelle Doppeldarstellung [25]) einen chronologischen Sinn: es ist die Zweitheilung der Regierung des Adrianos vor und nach der Epoche 136 n. Chr.

Eine ähnliche Zweitheilung treffen wir schon in ältester Zeit: auf der Strasse von Hammamāt sitzt Phiops-Moeris mit dem Hute , auf der andern mit dem Rücken an die soeben citirte Legende stossend, sitzt er noch einmal, mit dem Hute  bedeckt. Es bedeutet dies nicht einfach ἥ τε ἄνω καὶ ἡ κάτω χώρα, wie die entsprechende Gruppe der Rosettana übersetzt ist, sondern es sind die Jahre des Moeris-Menophres vor und nach der Epoche 2785 dadurch geschieden. So kommt es, dass ebenfalls dort seine erste Triakontaëteris in seinem 18ten Jahre angeschrieben ist; offenbar lagen 12 vor der Epoche und daher die Bezeichnung  „Jahr danach 18".

---

25) Der innere Fries trägt acht Ringe, die vier ersten lauten auf Aurelios Antoninos Sebastos Autokrator — die vier letzten: Aureli(os) Luki(os) Kaisaros Ver(os), der mit ewigem Leben begabt sei!" Zwischen Nr. 4 und 5 ist oberhalb deutlich ΑΥΤΟΚΡΑΤΟΡΩΝ geschrieben, zum Beweise, dass man die gemeinschaftliche Regierung der beiden Kaiser vor Augen stellen wollte. cf. Letronne l. l. II, 177.

Orientirung des Tempels.

Wenn ich im vorigen Abschnitte gesagt habe, dass der Tempel von Denderah in erster Linie als chronologischer Bau gedacht worden ist, so lag darin schon angedeutet, dass er auch astronomisch orientirt sein musste. Denn die ägyptische Chronologie beruht auf der Beobachtung des (heliakalischen) Sothisfrühaufgangs, da wo „sich Hathor-Isis mit ihrem Vater Ra dem Sonnengott am Osthorizonte des Himmels vereinigt". Trotzdem, dass dieser Satz mehrhundertfältig an den Wänden sich wiederholt, gibt es doch dickleibige Werke über den Tempel von Denderah, worin dieses charakteristischen Unicums mit keiner Silbe gedacht ist. Und doch erklärt sich die von der wahren Ostlinie um 17° abweichende Orientirung nur aus dieser Eigenthümlichkeit und Bestimmung.

Bei dem rechtwinklichen Zodiaque, der das Horoscop der Geburt des Tiberius darstellt: 17. Nov. = 21 Athyr, ist die Himmelsgöttin am Plafond des Pronaos zweigetheilt; die aenigmatische Bezeichnung für 17/11 ist möglichst nahe der Sothiskuh und auf der bevorzugten Südseite, obgleich sie auch in der Genitalieneinbiegung der Gegenseite hätte angebracht werden können.

Was das Rundbild am Plafond des Dachtempelchens betrifft, so hat es die orientirende Himmelsgöttin nur einmal und ohne Einbiegung, dafür aber sind den das Medaillon haltenden Karyatiden die Bezeichnungen Süd, Nord, West, Ost beigeschrieben. Auch hier ist der Süden die bevorzugte Seite, da mit ihr der Rundtext beginnt und schliesst. Zugleich ist das Emblem des römischen Jahres: der 1. Januar (= VIII post brumam) an dieser Südseite angebracht — natürlich; handelte es sich ja doch um die Glorification des mächtigen Antonius, der die Kleopatra so eben mit asiatischen Königreichen beschenkt hatte. Es ist desshalb kaum zufällig, dass Kleopatra gerade am entgegengesetzten Punkte dieser Südseite als exceptionelle Decanin erscheint. Es traf sich nun, dass gerade in diesem ihrem 16ten Regierungsjahre, wo sie sich laut den Münzen *ϑεὰ νεωτέρα Ἶσις* benannte, der 1. Thoth des Wandeljahres mit dem 1. September des römischen Kalenders zusammenfiel. Grund genug für beide, ihre Vereinigung zu feiern und durch das astronomische Horoscop der Nachwelt zu überliefern.

Auf seinem verdienstvollen Plane des Denderahtempels hat H. Dümichen leider! die Orientirung anzugeben vergessen; Mariette [26]) hat sie in seinen Plan eingetragen und ich selbst hatte schon in meinen Zodiaques de Denderah bemerkt: „l'axe du plafond ne coïncide pas avec la ligne du nord-vrai; celle-ci se trouve à une distance de 17° environ". Diese Orientirung ist unerlässlich, sobald es sich um die astronomische Seite handelt, welche ja die Grundlage der chronologischen ist. Insbesondere ist sie wichtig bei der Würdigung folgender Stellen, die sich auf die kleinen Sekosräume (IV, V, VI, VII des Planes) beziehen: „Vier Appartements sind auf ihrer Sahu- (d. h. Orion oder Süd-) seite; siehe! ihre Portale  klaffen nach Norden (cf. ϣⲕⲟⲗ foramen hiatus); zwei Corridore  (cf. ⲁϣⲡ ⲧ curriculum) sind  in der Stierschenkelrichtung; ihre Thüren gähnen 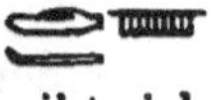 *sedeh* (cf. ϣⲑⲉϩ platea) nach Süden". Daraus ergibt sich unwiderleglich, dass „Norden und Stierschenkelgegend" gleichbedeutende Ausdrücke sind [27]).

26) Fouilles . . . . Denderah pl. II.

27) Andere Beispiele dieser Bedeutung des Schenkels als „Nordgegend" im Gegensatze zu Orion-Sahu (Süd) sehe man Zts. f. äg. Spr. 1870 S. 154—157.

Was die Wortform  *mesech't* anbelangt, so habe ich sie längst als Ampliaticum von ⲙⲓⲥⲓ (ⲑⲉⲣ-ⲙⲓⲥⲓ pars quarta) als das „Viertel" erklärt; beide verhalten sich wie *sebech't* πυλών zu ⲥⲃⲉ πύλη. Dass dieses „Viertel" des Stieres zum Embleme des Vierteltages geworden ist, habe ich in den „Zodiaques" dargethan. Ausser dieser pl. XXI, 2 stehenden Legende bringt pl. XLIV. vertical links folgende auf die Mesecht bezügliche Stelle, die für die Orientirung des Denderahtempels von besonderer Wichtigkeit erscheint; „Es lebe der gütige Gott (Kaisar-Augustus) der Sohn des Asdes (Thoth), der Zögling der Chepest (Hathor-Isis-Sothis) im Gotteshause; der König des Landes mit der Nordkrone (dem rothen Hute  ⲧⲣⲟϣ corona rubra) spannt den Messstrik in Wonne, indem er richtet sein Gesicht auf  das Centrum des Stierviertels, feststellend den Tempel der Herrin von Denderah gemäss dem dasigen Zustande von ehedem".

Die symmetrische-Gehülfin des Kaisers bei dem Akte der Spannung des Messstrickes ist, wie gewöhnlich bei solchen Darstellungen, die Göttin . Ihre Legende  hat den Schreibern öfter zu schaffen gemacht; bald sahen sie darin das Zahlwort safech ⲥⲁϣϥ septem und versahen sie mit einem siebenstrahligen Sterne  auf dem Haupte, bald hielten sie sich an die umgestürzten Hörner  und etymologisirten so, als ob sie vom Umlegen (se-fech ⲥⲟϣϥ deprimere) des Hörnerpaares benannt wäre. Diese Erklärungsversuche sind für uns nicht bindend. Mit Berücksichtigung der beiden eben citirten Ampliativa mesecht und sebecht werden wir auch in

Sefecht ein Ampliativum von  ⲥⲁϥ, ⲥⲉϥ heri erkennen[28]). In der That spielt Sefecht die Rolle der ägyptischen *Κλειώ*, der Muse der Geschichte. Sie ist desshalb die unzertrennliche Gefährtin des Thoth z. B. beim Einschreiben des Namens Osymandyas (Ramses) auf die herzförmige Frucht des Aschet-Baumes im sogenannten Ramesseum.

Sie erklärt uns sowohl den Ausdruck  „gemäss dem dasigen Zustande von ehedem", als auch, warum der Kaiser bei dem Acte der Spannung des Messstrikes den Namen  „Sohn des Asdes (Thoth) führt. Ja dieser Beiname des Thoth, eine Variante für Asten(nu) (Ostanes?), wird hiedurch etwas durchsichtiger. Nach Todt c. 125, col. 62 ist die ursprüngliche Schreibung  „der Vergrösserer (ⲥⲟⲩ facere ⲧⲟⲛⲱ ⲧⲏⲛⲏ multum magnus), da die demot. Uebersetzung dafür  „der Grosse" (ⲁⲓ, ⲁⲓⲁⲓ magnificari) setzt. Hieraus sind dann wohl später die Bezeichnungen *Ἑρμῆς ὁ μέγας καὶ μέγας* und sogar der *Τρισμέγιστος* geflossen.

H. Dümichen unterzieht den Punct *AK*  der oben citirten Stelle einer weitläufigen Besprechung, indem er hiebei an einen Artikel des H. Le Page — Renouf[29]) anknüpft. Ich habe gegen den von diesem Gelehrten aufgestellten Begriff *μεσουρανεῖν* „Culmination eines Sternes"

---

28) Unser Bokenchons in der Glyptothek bietet die Gruppirung „O du Junger oder Beweibter, der sich des Lebens erfreut; es sei dein Glück von heute über das gestrige oder das morgige!" Schärfer lassen sich die Begriffe Vergangenheit, Gegenwart und Zukunft nicht bezeichnen.

29) Transactt. Soc. Bibl. Arch. III, II, 401.

nur zu erinnern, dass *οὐρανός* nicht ausgedrückt wäre und dass überhaupt jene astronomische Darstellung im Grabe Ramses VI. (u. IX.) sich auf die Person des exceptionell en face abgebildeten Beobachters bezieht. Wenn z. B. gesagt wird „der Sothisstern über dem linken Ohre, linken Arme, linken Auge — rechten Ohre — Arme, Auge und dann die Mittellinie durch 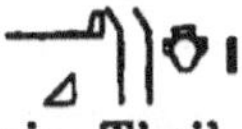 āq ausgedrückt wird, so ist doch klar, dass aq ein Theil und zwar der centrale des Beobachters, aber nicht des Himmels ist. Dass durch Uebertragung der Begriff „Culmination" *μεσ-ουρανεῖν* daraus entsteht, soll nicht in Abrede gestellt werden.

Es bleibt also nur *μέσ-ος* als die wahre Bedeutung jenes fraglichen  āq übrig. Das Deutbild der beiden Finger gemahnt sofort an Horapollon II 6: *Ἀνθρώπου στόμαχον δηλοῖ δάκτυλος.* Mit Beachtung der Dualform *āqui* und des weiteren Determinativs  welches ja auch bei  *her* ϩⲟⲧⲣ interius nicht ausgesprochen wird, gelangt man zu der anaglyphischen Schreibung  welche Horapollo I 22 so erklärt: *Αἴγυπτον γράφοντες θυμιατήριον καιόμενον ζωγραφοῦσι καὶ ἐπάνω καρδίαν.* Man beachte, dass er unmittbar vorher *Αἰγυπτίων γῆ, ἐπεὶ μέση τῆς οἰκουμένης ὑπάρχει* gesetzt hat. Uebrigens bin ich zu der Ansicht gelangt, dass Aqui-p-to „die Mitte des Landes" = *Αἴγυ-π-τος* sich ursprünglich auf den Nil bezieht, der ja bei Homer unter *Αἴγυπτος* primär zu verstehen ist. Gestützt wird diese Vermuthung durch das parallele Verhalten der Gruppe 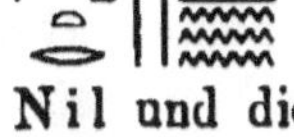 meter ⲙⲧⲟ(ⲣ). Es ist offenbar wieder der Nil und die dualistische Form מִצְרַיִם Mizraïm die genau so gebildet ist, wie בֵּנַיִם intervallum duorum exercituum, צָהֳרַיִם die Mitte des Tages", erhält hiedurch endlich ihre

Erklärung. Der Uebergang dieses Namens Mizraim auf das Land und auf den ersten König Menes ist gerade so im graecisirten *Αἴγυπτος* vorhanden [30]).

Es ist also erwiesen, dass *āq-mesecht* in der Stelle des Textes von Denderah nur „die Mitte, das Centrum des Stierschenkels“ bedeutet, nicht aber die *μεσουρανία* des ganzen sich über 40 Grade erstreckenden Sternbildes. Denn dass *mesecht* „das Viertel“ der grosse Bär oder Wagen unserer Sphaere ist, wie Herr Lepsius („Chronologie der Aegypter“) zuerst vermuthet hat, ist unbestreitbar: man braucht nur die sieben Sterne durch Linien zu verbinden, so hat man die Gestalt des conventionellen  und in so ferne ist das Bild der ägyptischen Sphaere viel mehr naturgetreu als die der chaldaeisch-griechischen.

Dazu kommt, dass jenes āq, aqui im Kopt. ⲟϫⲓ finis terminus noch erhalten ist, mit der Bedeutung Zielpunkt oder „Grenzmarke“. In der That muss man einen bestimmten Punkt des Sternbildes ins Auge fassen, wenn bei der Function des Messstrickspannens, Pflockeinschlagens und Grundsteinlegens durch Augustus in Denderah eine Orientirung beabsichtigt werden wollte. Zuerst bedenke man, dass sich diese Scene an der Nord-wand befindet. Alsdann betrachte man sich den Zodiaque circulaire. Die Linie, durch welche die Ekliptik halbirt wird, also von 0° nach 180 oder von 180° nach 360° zu, schneidet den Grossen Bären oder Wagen im Sterne *δ* des Vierecks und dieser ist allerdings die Mitte dieses Siebengestirns. Diese Linie weicht aber um 17° von der wahren Nordlinie des Zodiaque circulaire ab — also ist dieser wie die Längenachse selbst, nicht nach den astronomischen Punkten des wahren Ostens und des wahren Nordens orientirt, sondern mit Rücksicht

30) Das Weitere hierüber wolle man im „Nachtrag“ zu „Troja's Epoche“ Denkschr. 1877 nachsehen.

auf die Stelle des Sothisfrühaufgangs und der Mitte des „Viertels". Wenn es in den betreffenden Texten so häufig betont wird, dass die Hathor-Isis-Sothis auf das Tempeldach getragen wurde, um ihre Vereinigung mit den Strahlen ihres Vaters Ra am Osthimmel figürlich darzustellen, und ihr Gesicht folglich nach Osten wendete, so wird durch ihren Titel  „die Horizontige" dieser Punkt näher als derjenige bestimmt, wo der heliakalische Aufgang stattfand. Dieser musste natürlich in der Verlängerung der Tempelhauptachse liegen. Besonders erwähne ich die Stelle Taf. XIII, 1 „Es ist der Götterkreis der weiblichen Bes (Hathor) an ihrem Rücken (hinter ihr, nachdem sie geschaut die Morgenstrahlen ihres. Erzeugers zur Zeit des Wendepunktes der Doppel-Tetraëteris (ϩⲁ-ⲛ-ⲟⲩⲛⲱⲟⲩⲓ annus vertens) [31]).

Man ersieht hieraus, dass die Orientirung des Denderahtempels gerade durch die Abweichung um 17° von dem wahren Ost- und Nordpunkte sich als absichtliche bekundet, um auf das fixe Jahr hinzuweisen. In der That sind „Sothisfrühaufgang" und „Viertel" correlate Begriffe desselben Zieles. Auch die Wahl des Platzes ist keine zufällige: Denderah liegt am Anfange der ostwestlichen Richtung des Nils, welche bei Abydos sehr bezeichnend wieder an die südnördliche umsetzt!

Am Stierviertel des Zodiaque circulaire befindet sich eine weitere Zuthat, die bisher nicht beachtet worden ist, ich meine jenen kleinen Widder, der ihm anhaftet und den Kopf umdreht. Schon dadurch erweist er sich als renvoi oder Hinweis auf den unägyptischen Zodiacalwidder, welcher in der nämlichen Haltung erscheint. Dass die wahre Ostlinie durch diesen Widder gehen muss, braucht nicht be-

---

31) Dümichen's Uebersetzung ist mehrfach zu berichtigen.

wiesen zu werden. Nun aber lautet der Name des Widders ägyptisch ⲁⲓⲗⲓ (אַיִל) aries und der Knochen heisst ⲕⲁⲥ; das Compositum ⲁⲗⲧ-ⲕⲁⲥ bedeutet medulla, welches ja ebenfalls von medius stammt. Folgt man nun dieser Hinweisung (renvoi) so gelangt man für die wahre Nordlinie auf den Stern ζ mit dem Reiterchen. Letzteres heisst bei den Arabern Suha-Alcor, der Stern ζ selbst aber Mizar, welcher Name verführerisch an *meter* ⲙⲏϯ Mizr(aim) anklingt und die Mitte der Deichsel des Wagens oder des Bärenschweifes bildet. Folgten die Araber der semitischen Vorstellung dieses Sternbildes als עַיִשׁ „die Bahre" feretrum, oder ist Mizar eine ägyptische Tradition? Jedenfalls bezeichnet Mizar den wahren Nordpunkt, während Megrez — so heisst der Stern δ — für die Orientirung des Denderahtempels massgebend ist und das alte Aq(ui) „die Mitte"[32]) verdrängt hat. Auch diese beiden sind um 17° von einander entfernt.

Es übrigt noch die Erledigung einer Variante dieses äq medium „Mitte". Auf Tafel L rechts steht, wieder als Legende des *Αὐτοκράτωρ* (so stets statt Imperator) Kaisaros: „Es lebe der gütige Gott der Spross des Duhnti (Thoth) gesäugt von der Buchgöttin, welche begonnen[33]) hat das Schreiben. Er betrachtet den Thau- (Wasser-) geber (Himmel) nach dem Aufgange der Sterne hin, kundig — ⲥⲟⲩ, ⲥⲟⲟⲩ scire auch Beiname des Thoth) des Aq-Punktes der mesecht beim Feststellen der (vier) Ecken des Tempels Ihrer Majestät (Hathor-Isis-Sothis); der Horizont

---

32) Uebrigens würde ein supponirter Stamm נָגרן statt נָזַר „auseinander scheiden" den nämlichen Begriff ergeben.

33)  ist Var. für  ϣⲁ ortus (ϣⲁ-ⲙⲓⲥⲉ primo-genitus); der Lautwerth sch entspringt aus dem Zahlwort ϣⲉ, ϣⲟⲩ = centum = 𓍢.

Ihrer Persönlichkeit erzeugt die Wesen". Der letzte Satz bezieht sich auf das mit dem Sothisfrühaufgang gleichzeitig erfolgende Uebersteigen des Nils, die Grundbedingung alles Lebens in Aegypten. Das Fest Ihrer Majestät wird sowohl in Denderah als in Edfu[34]) auf den 1. Mesori gesetzt. So günstig diese Doppelangabe für meine Erklärung des Epochalnamens Harmais (Augustus) und für die Epoche 5—2 v. Chr. zu sein scheint, so hüte ich mich doch, sie geltend zu machen, so lange die Epoche der beiden Kalender nicht gesichert ist. Aus einem ähnlichen Grunde habe ich die Legende pl. XXXVI, 1 „es lebe der gütige Gott  das Ebenbild der göttlichen Sothis" nicht darauf bezogen, da die Ringe leider! ohne Namen sind.

Augustus ist hier, wieder an einer Aussenwand, als Stellvertreter des Thoth mit der Göttin Safecht im Akte des Messstrickspannens Pflockeinschlagens, kurz, der Grundsteinlegung dargestellt. Diese heisst in dem Begleittexte „die Grosse, die Herrin der Schrift, die Gründerin der geheimen Räume (Adyta) der vorzüglichsten Götter insgesammt". Ich erfasse, spricht sie, den Schlägel und den Holzpflock in Verbindung mit dem Könige (hier mit dem Südhute ); ich lege an  die Wohnung der Göttin 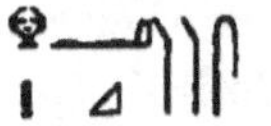 nach ihrer Mittellinie."

Statt der Phonetik āq ist an der Seitencolumne, die ich kurz vorher übersetzt habe, als Variante ein adossirtes Löwenpaar etwa in der Form  angewendet. H. Dümichen verweist dabei auf die zwei astronomischen Deckenbilder von Esne[35]), wo das betreffende Zeichen für *āq* einmal zwischen Wassermann und Fische steht, das andere Mal

34) Brugsch „Drei Festkalender" 7, 2.
35) Description de l'Egypte Vol. I. pl. 79 u. 87.

neben (hinter?) dem Orion, dessen Stellung am südlichen Himmel hier noch besonders angedeutet wird durch das beigefügte, den Südwind bezeichnende Bild des Widders mit vier Flügeln". Hätte der Verfasser meinen Zodiaque circulaire beachtet [36]), so wäre ihm die Lösung dieses neuen Räthsels von selbst geworden. Da der astronomische Plafond von Esne aus der römischen Kaiserzeit stammt, so hat es grosse Wahrscheinlichkeit, dass man mit dem römischen Jahre, dem die bevorzugte Südseite eingeräumt wird, den Anfang und Schluss der Darstellung gemacht, und als Zeichen dieses Incidenzpunktes jene Variante für *āq* gesetzt hat. Dieses bedeutet aber nicht *μεσουρανεῖν* sondern nur den Mittelpunkt der Kreisbewegung von einem zufälligen Anfange aus und würde H. Le Page Renouf's Erklärung, so „ansprechend" sie auch von H. Dümichen befunden wird, diese Eigenthümlichkeit nicht enträthseln können.

Halten wir noch eine kurze Rundschau in gleichzeitigen Texten, worin des Stierschenkels mesecht Erwähnung geschieht, so begegnet uns zuerst der unter Augustus Kaisaros geschriebene Doppelpapyrus Rhind mit der bezüglichen Stelle: „die Seeligen lassen deine Seele kommen in Vereinigung mit Sahu (Orion, Repraesentant der Epagomenen) welcher Osiris ist, sowie mit den Sternen, welche folgen der Sothis" (pl. XI). „O ihr Fixsterne, o ihr Planeten, o Sahu am Südhimmel, o *Mesecht* am Nordhimmel, o Sothis, Führerin (*haq.t*) der Decane!" Die Gruppirung der genannten Sterne und Gestirnungen ist keine zufällige, sonabsichtliche, auf das fixe Jahr bezügliche. Eine ganz analoge Gruppirung in Edfu [37]): der Saal (ⲛⲟⲩⲧ receptaculum)

36) Bei seiner in Aussicht gestellten Herausgabe des astronomischen Text- und Darstellungs-Materials von Denderah dürfte sich Veranlassung bieten, das Versäumte nachzuholen.

37) Brugsch: Recueil LXXX, 2; Dümichen: Tempelinschr. CX, 3/4.

der grosse ist, gehöht wie der Thaugeber (Himmel), das Firmament, welches die beiden Lichter Sonne und Mond an sich trägt; die Bkatisterne (*Βκατι* Decan) sind bei ihnen; als Herrn des Jahresanfangs und an ihrer Spitze: Osiris als Sahu (Orion) die göttliche Sothis, der gute Gefährte der Isis ist zu ihr umgewendet; die mesecht und die Sterne, welche aufgehen an ihrer Stelle, der richtigen; es achten auf sie die Imabodpriester" (d. h. die Horoscopen).

Ich habe in meinen Zodiaques de Denderah schon vor zwölf Jahren auf den kleinen Decan: einen Widder mit ⊙ auf dem Kopfe, hingewiesen und darin den Repraesentanten des aus vier Vierteln alle vier Jahre entstehenden Schalttages vermuthet. Es trifft sich nun, dass nicht blos das Epochenjahr des Rundbildes: 36 v. Chr. die Mitte einer Tetraëteris bildet, sondern auch, dass die Legende dieses Minimaldecans für $^{1}/_{10}$ Decade absichtlich auf gleicher Linie liegt mit dem Namenssymbol von Denderah: „Sothisstadt", mit dem Stern der Sothiskuh, mit dem oben besprochenen Mizar und dass sie die Decanreihe halbirt. Denn die Legende  *pe siu ua* ⲡⲉ ⲥⲓⲟⲩ ⲟⲩⲁ stella unica ist genau zwischen *τπησμάτ* u. *σμάτ* d. h. „Kopf des Theilers" u. „Theiler"  u.  angebracht. Das Determinativ des halbirten Mondes , wie es sonst immer zur Bezeichnung des 15ten Tages gebraucht wird, lässt keinen Zweifel, dass wir *s-mad* aus ⲥⲟⲩ facere und ⲙⲁϯ (in ϯⲙⲁϯ participatio) Hälfte also =  ⲙⲏϯ medium aufzufassen haben. Wirklich drängt sich dieser kleinste Decan zwischen diese beiden Nummern 18 und 19 (36 sind es im Ganzen) ein und veranlasste mich zu der Ansicht, dass der Schalttag in der Mitte des Jahres seine Stelle gehabt habe, bis der Misori (Scene in Philae) ihn nebst den 5 Epagomenen annexirte.

Wollte man nun auch alle diese Symptome für zufällige halten, so ist dieses doch unmöglich gegenüber einer Textangabe aus der Zeit des Epagomenen- und Sothisepochenkaisers Hadrian in einem der Bulaqer Papyrus [38]). Dem Verstorbenen, Namens Heter, wird zugerufen: „Du begrüssest den Mond in der Nacht, du gehst auf am Tage wie das schöne Licht des glänzenden Sonnengottes. Es sind alle Länder beleuchtet in der Nacht vom Mond am Feste des 15ten Tages, um zu schaffen Freudestunden im Gefolge der Strahlen. Du erglänzest am Firmamente   als göttlicher Einzelstern; du bist wie Sahu am Leibe der Himmelsgöttin Nut. Dein Scheinen innerhalb dieser Welt ist wie das des Mondes, wenn er sein Uzatauge  erfüllt (Vollmond); Isis ist mit dir als göttliche Sothis 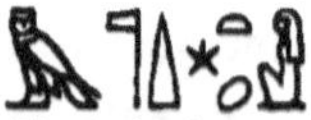 am Himmel: nicht trennt sie sich von dir in Ewigkeit!“

In der That ist die Verbindung des Schalttages mit der Sothis, der Repräsentantin des fixen Jahres, eine unzertrennliche. Auch die sonstige Umgebung, in welcher hier dieser Einzelnstern d. h. der Decan für den Schalttag, auftritt, empfiehlt diese Auffassung, da wir ja lauter constitutive Elemente des festen Jahres der Aegypter darin wahrnehmen.

Unter den unendlich vielen Beinamen der Hathor-Isis-Sothis — sie heisst mit Recht μυριώνυμος — verdient der  *rech·t* geschriebene einige Aufmerksamkeit. Er scheint nicht identisch mit  *rachit*, Var. , worin ich längst das Kopt. ⲣⲁⲓϩⲉ ingenuus liber erkannt habe, ein Synonymon zu 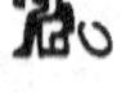 *chepes·t* חָפְשִׁי „vornehm,

38) Mariette: I. pl. XIII. lin. 6—8 (Nr. 3).

edel, prächtig" — sondern vom Stamme *rech* scire, erhalten in ⲣⲱϣⲉ videre dispicere procurare *φροντίζειν* und ⲗⲉϣⲉ posse zu stammen, indem aus dem geistigen Kennen ein physisches Können geworden ist. Auf derselben Wand [39]), wo Thoth als ām-taui „wissend (ⲉⲙⲓ) beide Welten oder Länder" heisst, wird auch die Ausstattung der Wände mit Texten den Wissenden (ⲉⲙⲓ) des Hierogrammatenhauses zugeschrieben, deren Finger geschickt sind: (folgt *κλέψυδρα* und das Pronomen „ihr") also „kennend ihre Stunde (der Erscheinung)". Es ist hier aenigmatisch statt das anscheinende Auge gesetzt; allein *ari* „machen" ergibt hier keinen Sinn. Ich habe schon früher [40]) auf die Benennung ⲥⲟⲗⲉⲕⲁ = canicula und *Σολεχή(ν)* bei Chalcidius als Name des Sothis hingewiesen, indem dieses Compositum sich unschwer in ⲥⲟⲩ stella und jenes für ⲗⲉϣⲉ voraüszusetzende lech·t = *reche·t* sapientum (ⲗⲁϣⲓⲉ adspirantes?) zerlegt. Es kommt nun darauf an, diese Vermuthung „Stern der Weisen", besser zu begründen.

Der Stern der Magier.

Kaiser Augustus bildet nicht nur in der römischen Geschichte einen bedeutsamen Abschnitt; wir haben gesehen, dass er auch für die ägyptische Chronologie einen doppelten Haltpunkt darstellt: als ⲡⲁⲡⲁⲙⲁϩⲧⲉ „der der Ergänzung" bezeichnet er die Fixirung des Wandeljahres 25 v. Chr., welche sich im Kalender der christlichen Kopten bis auf

---

39) Dümichen II. XLII. 6, 8 1 unten.

40) „Sothis- oder Siriusperiode" Sitzgsb. 1874 p. 94, 95 „Achtet auf die alten Schriften, nicht irret in ihrem Tage, nicht übertretet ihre Summe".

den heutigen Tag erhalten hat, während sein Beiname Harmaïs den Uebergang der Sothiserscheinung auf den 1. Mesori des annus vagus verkörpert. Auch diese Epoche ist fort und fort wirksam: in unsrer christlichen Aera.

Stünde dieser Epochalname Harmaïs allein da, so würde seine Deutung eine problematische heissen können. Allein nachdem in meiner „Aegyptischen Chronologie" die vollständige Reihe der Epochen dargethan ist und sich namentlich die Benennung Harma(ch)is an drei Stellen gezeigt hat, welche je um eine volle Sothisperiode zu 1460 Jahren von einander abstehen: so ist sie zu einem festen Datum geworden, welches mit einer weltgeschichtlichen Bedeutung behaftet ist; denn sie bildet den Geburtsschein des Christenthums, unserer Aera. Nachdem ich unlängst dieses Thema [41]) mehr theoretisch behandelt habe, ist es jetzt, wo die monumentale Legende *Harmaïs-Kaisaros* vorliegt, gestattet ja nothwendig, darauf zurückzukommen, besonders in dieser Abhandlung, welche sich ausschliesslich mit Augustus-Harmaïs befasst.

Es ist von vornherein höchst wahrscheinlich, dass der Gedanke an die Katastrirung des Reiches, womit die Geburt Christi unlöslich verbunden erscheint, dem Augustus von Aegypten her gekommen, weil wir in Theben eine auf ihn bezügliche Darstellung sehen, worin die Gaue Aegyptens mit ihrer Dreitheilung: Metropolis, Tempelbesitz und Hintersee ihm vorgeführt werden.

Dies ist der Ursprung aller späteren Indictionen, welche bekanntlich bei Datirungen angetroffen werden; ja unsere Art das laufende Jahr dieses Cyclus zu erhalten, indem wir zu unserer Aera (goth. jêra „das Jahr") die

41) „On the date of the Nativity" Transactt. Soc. Bibl. Arch. IV II 1876. — Vergl. den Artikel „Unsere Zeitrechnung" in der Allg. Zeitung Febr. 1876.

Zahl 3 addiren und mit 15 dividiren, enthält eigentlich schon die Andeutung, dass die erste aller Indictionen eben anno 3 vor unserer Aera fiel. Welche Tragweite dem Titel des Tiberius: ἡγεμών (nicht αὐτοκράτωρ) in der chronologischen Concordanz des Evangelisten Lucas zukomme, lässt sich daraus schon abnehmen, dass auch Quirinus = Κυρήνιος und Pontius Pilatus dasselbe Prädicat führen (ἡγεμονεύοντος): es ist das J. 12 (+ 15) gemeint, wo die Indiction des Tiberius begonnen hatte.

Ausserdem hatten schon die alten Chronographen z. B. Africanus[42]) bis auf den Tod des Macrinus 5723 Weltjahre gerechnet. Zieht man davon die runden 5500 v. Chr. ab, so bleiben 223 übrig, während doch des Macrinus Ende auf 220 steht. Daraus ergibt sich, dass Africanus die Geburt Christi um 3 Jahre früher als die vulgäre Aera angesetzt hat. Ebendahin führt des Clemens Alex. Angabe „unser Herr ward geboren in dem 28ten Jahr seit der Schlacht von Actium", so wie die astronomische Berechnung der totalen Mondsfinsterniss kurz vor des Herodes Tode. Auch ist man seit Ideler allgemein geneigt, Christi Geburt früher anzusetzen als die vulgäre Aera — nur über die Frage: um wie viel früher? gehen die Ansichten auseinander. Die Conjunction des Jupiter und Saturnus würde auf 747 ab u. c. führen; allein Aegypten bietet uns eine bessere Sternerscheinung, ich meine den Frühaufgang des Sirius im J. 5 vor unserer Aera am 1. Mesori.

Die Stelle des Suetonius über Vespasian, der die im ganzen Oriente cursirende Sage über eine von Judaea ausgehende Weltherrschaft auf sich selbst anwendete und die in dem Sterne der Ringlegenden des flavischen Hauses hieroglyphisch verkörpert vorliegt — das Auftreten des Bar-Kochab (Βαρχοχεβᾶς) „Sohn des Sternes" unter Hadrian

---

42) Bredow: dissert. de Syncelli chronog. (ed. Dindorf) p. 6.

mit Rückbeziehung auf die messianische Weissagung, liefern den Beweis, dass man die Erscheinung des Messias-Sternes als eine Thatsache betrachtete.

Diese Sothiserscheinung am 1. Mesori hängt auf's Innigste mit dem bethlehemitischen Kindermorde zusammen, indem sie uns die psychologische Erklärung der tyrannischen That an die Hand gibt. Obgleich Flavius Josephus darüber schweigt — was daraus erklärlich wird, dass er den Nicolaus Damascenus abschreibt, welcher Hofhistoriograph des Herodes war — so leistet uns Macrobius in einer Stelle seiner „Saturnalia" II, 4 die Gewähr, dass wir es mit einer geschichtlichen Thatsache zu thun haben. Quum (Augustus) audivisset, inter pueros, quos in Syria (Palaestina) Herodes rex Judaeorum infra bimatum jussit interfici, filium quoque ejus occisum (esse), ait: Melius est Herodis porcum esse quam filium (puerum)". Vermuthlich hatte Augustus sich griechisch ausgedrückt: *λῷόν ἐστιν, ὗν εἶναι ἢ υἱὸν Ἡρώδου.*

Diese von einem nicht christlichen Autor herstammende Nachricht enthält alle wesentlichen Züge der evangelischen (bei Matthaeus c. II) mit dem significativen Zusatze, dass ein Sohn des Herodes selbst, augenscheinlich der jüngste, unter den Gemordeten gewesen sei. Dadurch erhält die That des argwöhnischen Tyrannen erst recht ihr dynastisches Gepräge. Sodann stimmt der Ausdruck infra bimatum wörtlich zu *ἀπὸ διετοῦς καὶ κατωτέρω* = a bimatu et infra — *κατὰ τὸν χρόνον, ὃν ἠκρίβωσε παρὰ τῶν μάγων.*

Ich behaupte nun, dass diese praecise Zeitangabe, welche sich auf den Bericht der *μάγοι* (= *σοφοί*) stützt, durch keine andere Hypothese sich so befriedigend erklärt, als wenn man mit mir annimmt, dass die Epoche 5 vor unserer Aera gemeint ist, wo der Sothisstern zum ersten Male am 1. Mesori des Wandeljahres heliakalisch erschien und dem Kaiser Augustus in Aegypten den Beinamen Harmaïs eintrug. Denn da die Geburt Christi nach allen Symptomen chronologischer Art Anno 3 vor unserer Aera anzusetzen ist, so war allerdings seit der Epoche eine zweijährige Zeit verflossen. Desshalb griff die Massregel des Herodes auf 2 Jahrgänge zurück (5—4) und traf zu grösserer Sicherheit auch diejenigen Knaben, welche 4 - 3 und 3 selbst geboren waren, da der Sothisaufgang am 1. Mesori für ein ganzes Quadriennium: 5—2 gilt. Später als 3 lässt sich aber der Knabenmord nicht setzen, weil sonst das διετοῦς nicht mehr passte und gerade diejenigen nicht getroffen worden wären, die im Epochaljahr 5 selbst geboren waren.

Hiemit ist die Geburt Christi besser fixirt, als es bisher ausserhalb der ägyptischen Mittel möglich gewesen; zugleich ist aber auch eine chronologisch-astronomische Angabe des Matthaeus gewürdigt und verwerthet, die sonst hyperkritisch als erdichtet bei Seite geworfen oder unkritisch auf ein ad hoc geschaffenes wunderbares Meteor bezogen wird.

Ist denn aber der 1. Mesori von dynastischer Bedeutung? Allerdings. Nicht nur muss dieser Ausdruck mit „Geburt des Horus" übersetzt werden, sondern es zeigen dies auch hunderte von Beispielen ägyptischer Texte. Schon Champollion [43]) hat die Legende der häufigen Scene, wo die 4 Canopengenien in Gestalt von Gänsen nach den vier Weltgegenden entsendet werden, so übersetzt: „Donnez l'essor aux quatre oies vers le midi, le nord, l'occident, l'orient, pour dire aux dieux de ces quatre régions, que, à l'exemple d'Horus, fils d'Isis, le roi Ramses III s'est coiffé du Pschent." In der That merkt der Kalender von Edfu [44]) dieses Wegfliegen der Gänse am 1. Mesori an: 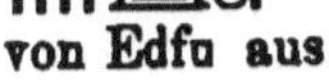. Noch weit ausführlicher in dem andern Texte von Edfu aus der jüngeren, der Ptolemäer- oder der Römer-

43) Vergl. meine „Zodiaques de Denderah" p. 73.
44) Brugsch: „Drei Festkalender" Taf. IV, col. 27, VII, col. 18—23.

zeit. Die Vögel oder Gänse heissen hier 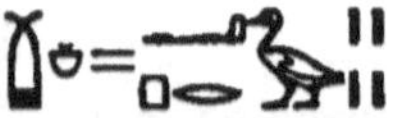 *āperu* ⲁⲡⲟⲗⲗⲉ, mit derselben Phonetik, die auch dem Volke der A p e r i u = E b r a e e r eignet. Man trifft sehr oft das Zeichen  „Geburt" von  „Krone" determinirt, besonders wo es sich um die Thronbesteigung oder um eine neue Aera innerhalb einer Regierung handelt. Es fragen ja auch die *μάγοι*: *ποῦ ἐστιν ὁ τεχθεὶς βασιλεὺς τῶν Ἰουδαίων;* wozu das I. N. R. I. den Commentar liefert.

Bei den legendarischen Zuthaten z. B. den Namen der Magier, halte ich mich nicht auf; offenbar ist die D r e i-zahl selbst aus dem ägyptischen Pluralzeichen  geflossen; mögen nun  *Ἀννῆς* oder  *Ἀμβρῆς* d. h. „S c h r e i b e r" oder „V o r s t e h e r" der Erscheinungen", 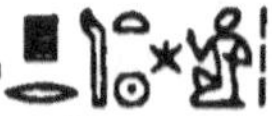 „H o r o l o g e n" od.  „S a c h v e r s t ä n d i g e" unter jenen *μάγοι*[45]) = *σοφοί* verstanden werden. Aber der Ausdruck: (*εἴδομεν γὰρ αὐτοῦ τὸν ἀστέρα*) *ἐν τῇ ἀνατολῇ* kann ursprünglich gleichbedeutend mit *ἀνατέλλοντα* gedacht worden sein, was diese späte Graecität anzunehmen erlaubt. Dies ist aber der terminus technicus für die Sothiserscheinung: *ἀνατέλλει* und *ἐπιτέλλει* entspricht dem  „Erscheinung der göttlichen Sothis" z. B. in der Tanitica, wo es sich um die Coïncidenz dieses Phänomens mit der *νουμηνία τοῦ Παϋνὶ μηνός* handelt. Der G e b u r t s s c h e i n des C h r i s t e n-t h u m s aber lautet: „3" v. unserer Aera, in Mitten der Tetraëteris 5—2, deren Signatur: *Ἀνατολὴ τῆς θείας Σώθεως ἐν τῇ νουμηνίᾳ τοῦ Μεσωρὶ μηνός.*

---

45) Wie sie zu „Königen" wurden, erklärt uns Manetho's XXVII. Dyn. und die Qualität ihrer Namen als Vertreter der Königreiche Babylon, Aegypten, Assyrien — in der Legende.

Anhang.

In Bezug auf den Namen Alexandria's: *Σεβαστή* kann ich mir nicht versagen, eine neu aufgefundene Inschrift [46]) mitzutheilen, weil dieselbe zugleich eine Aera einschliesst. Sie lautet:

Αὐτοκράτορι Καίσαρι θεοῦ Τραϊανοῦ Παρθικοῦ υἱῷ, θεοῦ Νερούα υἱωνῷ: Τραϊανῷ Ἀδριανῷ Σεβαστῷ ἀρχιερεῖ μεγίστῳ, δημαρχικῆς ἐξουσίας τὸ κα, αὐτοκράτορι τὸ β ὑπάτῳ τὸ γ, πατρὶ πατρίδος — καὶ Αἰλίῳ Καίσαρι (Antoninus Pius) *δημαρχικῆς ἐξουσίας, ἐπὶ Φλαουίου Ἀρριανοῦ πρεσβευτοῦ καὶ ἀντιστρατήγου τοῦ Σεβαστοῦ*
Σεβαστοπολειτῶν τῶν καὶ Ἡρακλειοπολειτῶν ἄρχοντες
βουλὴ δῆμος *Ἔτους θλρ* (= *ρλθ*).

Abgesehen von dem Historiker Flavius Arrianus, der hier als Gesandter und Propraetor des Augustus-Hadrianus erscheint, interessirt hier besonders die an die Namensänderung der Stadt Herakleopolis am Pontus (Bender Eregli?) in Sebastopolis geknüpfte Aera. Das Jahr derselben: 139 sieht beinahe wie ein christliches Datum aus, besonders nach der oben aufgezeigten Rectification. Denn in der That entspricht das 21te Tribunat des Hadrian dem Jahre 137 n. Chr., welches sein letztes war, da er am 10ten Juli 138 n. Chr. gestorben ist. Dadurch würde nun auch das auffallende *Αὐτοκράτορι τὸ β* erklärlich, wenn man nämlich eine Neuzählung seiner Regierungsjahre von der Epoche 136 an statuirt. Also, die Aera der Sebastopoliten hatte mit dem Jahre 2 vor un-

46) Revue archéol. Mars 1877 (von Léon Renier).

serer Aera begonnen, genau in dem letzten Jahre des Quadrienniums, welches ich oben gelegentlich des Epochalnamens Harmaïs und des „Sternes der Magier" als dem Sothisfrühaufgang am 1. Mesori entsprechend dargethan habe.

Wenn nun die Namensänderung von Herakleopolis in Sebastopolis der Anlass wurde, eine eigene Aera dieser Stadt zu begründen, so wird man auch zugestehen müssen, dass der Epochalname Harmaïs keine „graphische Spielerei", sondern eine epochenhafte Legende ist. Ja, das gleichzeitige Vorkommen von *Σεβαστοπολειτῶν τῶν καὶ Ἡρακλειοπολειτῶν* scheint darauf anzuspielen, dass der Sebastos-Augustus, gerade in jener Zeit sie mit einer Form des Horusnamens: Harmaïs zugetheilt erhalten hat. Ob die von H. Ceccaldi[47]) in derselben Nummer versuchte Erklärung des Namens *Ἡρακλῆς* als „Hor-aqil = Horus intellect, Horus-ingenieur", zutreffe, bleibe dahin gestellt. Indess würde formell und virtuell ein ägyptisches 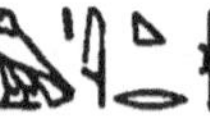 *Har-aqel* entsprechen.

Ungefähr in derselben Zeit, wie die Namensänderung der Stadt *Ἡρακλειόπολις* in *Σεβαστόπολις*, nämlich in das Jahr 23 des Augustus, fallen mehrere Inschriften von Philae, welche ein gewisser Catilius, Sohn des Nicanor, dem Augustus zu Ehren, angeschrieben hat. Mit Uebergehung der sechs Distichen, die mit *Καίσαρι ποντομέδοντι καὶ ἀπείρων κρατέοντι* beginnen[48]), lasse ich hier ein zweites Gedicht desselben Catilius folgen, weil es ein syllabarisches Akrostichon ist und sein letzter Vers selbst von Letronne nicht ganz richtig verstanden wurde.

Κ'Αμὲ τὸν εὐτέχνου φωτὸς στίχον, ὦ φίλε, βῆμα
Τ'Ιμιον ἀμπαύσας, ἔγμαθε καὶ χάρισαι

---

47) Revue archéol. Mars 1877.

48) Cf. Letronne: Recueil des inscript. grecques II. 142—158.

ΛΙταῖς ἱστορίαις λιτὸν πόνον, οἷα πέπαιγμαι,
ΟΥ κενὰ μηνύων, οὗπερ ἔφυν γενέτου.
ΤΟΥδε καλοῦ πλώσας, φησί, ξένε, χεύματα, Νείλου,
ΚΑΙρὸν ἔχω φωνεῖν· χαίρετε πολλά, Φίλαι!
ΝΙκῶμαι πέτραις τε καὶ οὔρεσιν, ὦ Καταράκται!
ΚἈγὼ ἔχω τεύχειν ἱστορικὴν σελίδα.
ΝΟστήσας καὶ ἰδὼν Νικάνορα καὶ γένος — ἀλλ' ὅ —
ΡΟΣ κατάλοιπον ἔχω· τοῦτο γάρ ἐστι τέλος.

Letronne liest den Schluss des vorletzten Verses *ἄλλο* und beginnt den letzten mit einem unorganischen *ΡΟΣ*; seine Uebersetzung: Il ne me reste qu'un ROS à placer, car c'est la fin" lässt *ἄλλο* unberücksichtigt. Setzt man nach meinem Vorschlage *ἀλλ' ὅ — ΡΟΣ = ἀλλ' ὅρος*, so ist das Unorganische entfernt und da *ὅρος* durch *τέλος* selbst erläutert wird, so ist an der Richtigkeit meiner Restitution nicht zu zweifeln. Freilich hätte Catilius sagen können: *ἀλλ' ὅ — ΡΟΣ κατάλοιπος ἐμοί;* aber die Redensarten *καιρὸν ἔχω φωνεῖν — κἀγὼ ἔχω τεύχειν* zeigen, dass *ἔχω* sein Lieblingsausdruck gewesen.

Von desselben *ΚΑ-ΤΙ-ΛΙ-ΟΥ ΤΟΥ ΚΑΙ ΝΙ-ΚΑ-ΝΟ-ΡΟΣ* Hand stammt eine dritte Inschrift, welche bisher wegen arger Beschädigung der Versanfänge keinen Zusammenhang ergab. Im aeolo-dorischen Dialecte geschrieben, zeugt sie für die alterthümelnde Richtung des Verfassers; ihr Inhalt scheint anzudeuten, dass er die *Ἶσις-Σῶθις* als *Σώτειρα*[49]) wegen einer Krankheit seines Sohnes besucht und angefleht habe. Es sind 12 jambische Trimeter:

Κατιλίου.

[*Ἀνῆνθεν ἐς πύλαν Σο-*] *άνας, καὶ Φίλαι*[*ς*
[*Τὰν ναῦν προσέ-*] *χοντι ἐξεῖλεν ἀγὰ ψυχάν, χάριν*

---

49) Vergl. die Inschrift Letronne Tab. XV, 2 *ὑπὲρ βασιλέως Πτολεμαίου Ἐπιφανοῦς Μεγάλου Εὐχαρίστου: Ἅχωρις Ἑριεέως Ἴσιδι Μωχιάδι* (maked „schützen") *Σωτείρᾳ*.

[Θεῶν·] ἀπέχθων δ' ἀμβολὰς Κατίλιος
[Λαβών τε τὸ] ὃν γραφεῖον, εἰς μνάμαν τόδε
[Τὸ προςκύναμ'] ἁγνὸν ἐνεκόλαψ' ἐν ἱαρῷ
[Πύλαις, ἔβη]τ', εἰς τὰς καλὰς δρακὼν Φίλας,
[Ἁ σύζυγος] τῷ μὴ συνέζευκται, ξένε,
[Ὃς καὶ διάγει ἑ]κὰς τῶ υἱῶ, τὰ πρὸς θεοίς
[Ἀμύμονος μὲν, τ-] οὗ δὲ κάρφος ἐβλάβη.
[Ἅδ' ἐστὶ τῶ] ἅγνωσις. Εἰ δ'ἔχοι Τύχᾳ
[Δόξει]ε καὶ θεοῖσι — τὸ προ-τῶ μένος,
[Μένον εἰς αἰῶνα] καὶ καλὰ σώζοι Κύπρις.

Nicht weit von diesem Texte und dem von *Νουμήνιος* unter Euergetes II (125 v. Chr.?) angeschriebenen Psephisma in Betreff der Priesterschaft des Tempels der Isis auf Philae, haben zwei andere Römer, die aus Horatius (Epistol. I, 15; Sat I, 4, 115) bekannt sind, ihre Namen verewigt:
L. Trebonius Oricula hic fui. Imp. Caesare XIII Cos.
C. Numonius Va(ha)la hic fui A. d. VIII k. Apriles XIII.

Letronne bemerkt in der Note: „D' après la copie de M-Gau, après „Apriles" on voit les chiffres XIII, qui n'ont aucun sens". Ce sera une répétition fautive du chiffre (XIII) qui suit Cos." (lies Caesare"). Ich habe in meiner „Aeg. Chronologie" diese angeblich falsche Ziffer **13 XIII** ausserhalb des Datums „13 tes Consulat des Caesar Aug." (= 751 der Stadt = 3 v. unserer Aera) auf Aenigmatik gedeutet, nämlich als ob Numonius, durch den Epochalnamen *Νουμήνιος* angeregt, den Uebergang des Sothisfrühaufgangs auf den 1. Tag des 12. Monats: Mesori habe bezeichnen wollen. In der That würde XII/I, wie analog XVII/XI im Zodiaque rectangulaire, dieses Datum darstellen, welches zugleich mit Christi Geburt in die Mitte der epochalen Tetraëteris 5—2 vor unserer Aera fällt.

Dass Gau seine Lesart nicht aus einer fälschlichen Wiederholung geschöpft habe, dafür bürgt der Platz dieses zweiten XIII (am Ende), so wie die bekannte Genauigkeit dieses Sammlers. Ich will noch, weil es ohnehin zum Gegenstande gehört, eine von ihm und Niebuhr in Nubien copirte Inschrift vorführen.

Es sind 13 Hexameter nebst dem Anfange eines 14ten, der übrigens zu dem bisher unentdeckt gebliebenen Buchstaben-Akrostichon zu gehören scheint.

Invicti veneranda ducis per saecula vellent
Victrices Musae, Pallas, crinitus Apollo
Laeta serenifico defundere carmina coelo —
Intemerata malas hominum set numina fraudes
Jurgiaque arcanis et perfida pectora curis
Fūgēre; Hadriani tamen ad pia saecula verti
Ausa per occultas remeant rimata latebras(.)
Ut spirent cautes ac tempora prisca salute[nt
Sacra Mamertino sonuerunt praeside sig[na;
Tum Superûm manifesta fides: stetit inclutus [heros
I[ncolumis] sospes diti pede pressit haren[as.
Namque inter celsi densata sedilia templi,
Incola quo plebes tectis effunditur altis.
Munera coeli.

Der Praefect Mamertinus (Petronius) der hier erwähnt ist, hörte den Memnon. VI. Idus Martias Serviano III et Varo Coss. = 10. März 134 n Chr. also nicht lange vor der Epoche 135/136 n. Chr., wo sich unter Hadrian die Sothisperiode erneuerte. Ob sonst noch ein Stück dieses Dichters oder Versifex des Akrostichons: JVLI FAVSTINI bekannt sei, möge den Litterarhistorikern überlassen bleiben zu ermitteln. Die beiden Akrosticha des Julius Faustinus und des Catilius brachten mich auf den Gedanken, ob nicht Ovid's räthselhaftes Gedicht JBIS, trotz seines ägyptischen Anstrichs sich als Palindrom von SIBI herausstellen sollte!

Zum Schlusse stehe hier die griechische Inschrift der sogenannten Pompejussäule in Alexandria:

Τὸν ὁσιώτατον Αὐτοκράτορα, τὸν πολιοῦχον Ἀλεξανδρείας: Διοκλητιανὸν τὸν ἀνίκητον Πομπήϊος (II) *ἔπαρχος Αἰγύπτου* [*τὸν εὐεργέτην* sc. *ἔστησεν*]. Das bezieht sich auf ein Standbild des Diocletian (nicht Reiterstatue), welches ein alter Plan wirklich auf dem Capitäle der 33 Meter hohen Säule zeigt.

Da die an Diocletian als Aera martyrum angeknüpfte Zeitrechnung der christlichen Kopten, mit der Epoche: 29 ter August = 1. Thoth bis heute fortdauert, so mag die seinen Namen tragende Säule gleichsam als chronologischer Wegweiser betrachtet werden.

Historische Classe.

Sitzung vom 5. Mai 1877.

Herr Föringer hielt einen Vortrag:

Ueber Joh. Albr. Widmannstadt.

Derselbe wird später in den Sitzungsberichten veröffentlicht werden.

Philosophisch-philologische Classe.

Sitzung vom 2. Juni 1877.

Herr Bursian trug ein die Bedeutung und die Verdienste des Philologen Friedr. Aug. Wolf betreffendes Bruchstück seiner voraussichtlich im künftigen Jahre erscheinenden „Geschichte der classischen Alterthumswissenschaft“ vor.

Historische Classe.

Sitzung vom 2. Juni 1877.

Herr Heigel hielt einen Vortrag über:

„Die Correspondenz des Kurfürsten und Kaisers Karl Albert mit dem Grafen Franz v. Seinsheim."

Derselbe wird in den „Abhandlungen" veröffentlicht.

Philosophisch-philologische Classe.

Sitzung vom 7. Juli 1877.

Herr v. Christ machte Mittheilung über das Ergebniss seiner Untersuchungen über:

„Die Theile der griechischen Chorgesänge und ihre Bedeutung für den Vortrag."

Dieselben werden in den „Abhandlungen" veröffentlicht werden.

Herr Brunn legte eine Zuschrift des Herrn Sigismond Mineyko in Janina vor, welcher eine Abschrift einer von ihm an die Académie des Inscriptions gerichteten Darlegung einsandte, worin genannter Herr Mineyko gegenüber den in der Sitzung vom 5. Mai von Herrn Bursian vorgelegten Mittheilungen des Herrn Konst. Karapanos „über Dodona und dessen Ruinen" (— s. oben S. 163 ff. —) durchgängig die Priorität der betreffenden Ausgrabungen und Entdeckungen für sich in Anspruch nimmt.

Verzeichniss der eingelaufenen Büchergeschenke.

Vom historischen Verein in Neuburg:

Neuburger Collectaneen-Blatt. 40. Jahrg. 1876. 8.

Vom Carl-Friedrichs-Gymnasium in Eisenach:

Jahresbericht f. d. J. 1876/77. 1877. 4.

Von der Universität zu Leyden:

Annales academici 1872—73. Lugd. Bat. 1876. 4.

Von dem Verein für Geschichte und Naturgeschichte der Baar und der angrenzenden Landestheile in Donaueschingen:

Schriften. Heft I. II. 1870—72. Carlsruhe 1871—72. 8.

Von der k. Akademie der Wissenschaften in Berlin:

a) Corpus inscriptionum Atticarum. Vol. II. pars I. 1877. 4.
b) Monatsbericht. Januar 1877. 8.

Von der k. Universität in Christiania:

a) Heilagra Manna Sögur udg. of C. R. Unger I. 1877. 8.
b) Forhandlinger i Videnskabs-Selskabet i Christiania Aar 1875. 1876. 8.
c) Det Kgl. Norsko Frederiks Universitats Aarsberetning for Aaret 1875. 1876. 8.

Von der société provinciale des arts et des sciences in Utrecht:

a) Jaarverslag 1875—76. 8.
b) Sectieverslag 1875—76. 8.

c) Het Klooster te Windesheim. dor J. G. R. Acquoy. 2 Deel 1876. 8.
d) La construction de l'église parossiale de St. Jacques à Utrecht, par W. Pleyte. Leide 1876. fol.

Von dem k. Instituut voor de Taal, Land-en Volkenkunde van Nederlandsch-Indië in s'Gravenhage:

a) Beydragen tot de Taal, Land-en Volkenkunde van Nederlandsch-Indië. IV. Reeks. Deel I. 1876—77. 8.
b) Verslag der Feestviering van het 25 jarig bestaan van het Instituut. (1851—1876) 1876. 8.

Von der Section historique de l'Institut Royal Grand-Ducal de Luxembourg:

a) Publications. Vol. XXXI. Année 1876. 1877. 8
b) Chartes de la famille de Reinach déposées aux Archives du Grand-Duché de Luxembourg. 1877. 8.

Von der Teyler's godgeleerd Genootschap in Harlem:

Verhandelingen rakende den natuurlyken en geopenbaarden Godsdienst. N. Ser. Deel I. Stuk 1. 2. (1868—69.) 8.

Von der Lese- und Redehalle der deutschen Studenten in Prag:

Jahresbericht. Vereinsjahr 1876—77. 1877. 8.

Von der k. Akademie der Wissenschaften in Kopenhagen:

Oversigt ever det k. Danske Videnskabernes Selskabs-Forhandlinger 1876 u. 1877. 8.

Von der k. Gesellschaft der Wissenschaften in Göttingen:

a) Das geographische Wörterbuch des El-Bekri herausg. v. Ferdinand Wüstenfeld. Band II. 1. u. 2. Halbband. 1876. 8.
b) Abhandlungen. 21. Bd. vom Jahre 1876. 8.

Vom Hennebergischen alterthumsforschenden Verein in Meiningen:

Hennebergisches Urkundenbuch. Von Georg Brückner VII. Theil 1877. 4.

Vom historischen Verein für Schwaben und Neuburg in Augsburg:

Zeitschrift, 3. Jahrgang, nebst Jahresbericht für d. J. 1875. 1876. 8.

Vom Verein für mecklenburgische Geschichte und Alterthumskunde in Schwerin:

Jahrbücher. 41. Jahrgang. 1876. 8.

Vom historischen Verein in Ingolstadt:

Sammelblatt. Heft I. u. II. 1876—77. 8.

Von der gelehrten esthnischen Gesellschaft in Dorpat:

Sitzungsberichte 1876. 1877. 8.

Von der k. böhmischen Gesellschaft der Wissenschaften in Prag:

a) Abhandlungen VI. Folge. Bd. VIII. 1877. 4.
b) Jahresbericht ausgegeben am 12. Mai 1876. 1876. 8.
c) Sitzungsberichte Jahrgang 1876. 1877. 8.

Von der Historisch Genootschap in Utrecht:

a) Kronick. 31. Jaargang 1875. (VI. Ser. VI. Deel.) 1876. 8.
b) Werken N. Ser. Nr. 23 u. 24. 1876. 8.

Von der k. Akademie der Wissenschaften zu Amsterdam:

a) Verhandelingen. Afd. Letterkunde Bd. 16. 1876. 4.
b) Jaarbock voor 1875. 8.
c) Catalogus van de Bockerij. Deel III. 1876. 8.
d) Hollandia carmen Francisci Pavesi 1876. 8.

Von der Royal Society of Edinburgh:

Proceedings. Session 1875 - 76. 8.

Von dem Comité royal d'histoire nationale in Turin:

Historiae patriae monumenta. Leges municipales. Tomus II. pars 1. 2. 1876 fol.

Von der südslavischen Akademie der Wissenschaften in Agram:

a) Rad (Arbeiten) Bd. 37. 1876. 8.

b) Monumenta historico-juridica Slavorum meridionalium. Pars I. Vol. 1. Statuta et leges civitatis Cursulae. 1877. 8.

Von der Astor Library in New-York:

28th Annual Report of the Trustus. 1877. 8.

Vom Herrn Alfred von Reumont in Bonn:

Il principe e la principessa di Craon. Firenze 1877. 8.

Vom Herrn J. Perles in München:

Eine neuerschlossene Quelle über Uriel-Acosta. Krotoschin 1877. 8.

Vom Herrn Charles Schoebel in Paris:

La légende du Juif-errant. 1877. 8.

Vom Herrn Francesco Casotti in Lecce.

Lettera al Duca Sigismondo Castromediano intorno alla tavola dipinta delle Benedettine di Lecce. Firenze 1877. 8.

Vom Herrn J. O. Opel in Halle:

Wallenstein und die Stadt Halle 1625—1627. 1877. 8.

Vom Herrn Adalbert von Keller in Tübingen:

Ein Gedicht Uhlands. 1876. 8.

Vom Herrn E. Wagner in Carlsruhe:

Die grossherzoglich badische Alterthümer-Sammlung in Carlsruhe. Auswahl ihrer besten Gegenstände in unveränderlichem Lichtdrucke Heft I. 1877. 2.

Vom Herrn Heinrich Keil in Halle:

Audacis ars grammatica ed Henr. Keil. 1877. 4.

Vom Herrn Albert Jahn in Bern:

a) Referat über E. Desor, die Blüthezeit des Bronzealters der Pfahlbauten in der Schweiz. 1875. 8.

b) Antikritisches zur Geschichte der Burgundionen und Burgundiens in Nr. 4 des „Antikritiker". Liegnitz 1877. 8.

Von den Herren Alois Brinz und Conrad Maurer in München:

Festgabe zum Doctor-Jubiläum des Herrn Professors Dr. Leonhard von Spengel von Alois Brinz und Conrad Maurer. 1877. 8.

Sitzungsberichte

der

königl. bayer. Akademie der Wissenschaften.

Oeffentliche Sitzung
zur Vorfeier des Geburts- und Namensfestes
Seiner Majestät des Königs Ludwig II.
am 25. Juli 1877.

Wahlen.

Die in der allgemeinen Sitzung vom 20. Juni vorgenommene Wahl neuer Mitglieder erhielt die Allerhöchste Bestätigung und zwar:

A. Als ausserordentliches Mitglied:

Der philosophisch-philologischen Classe:

Wilh. Meyer, Secretär an der k. Hof- und Staatsbibliothek in München.

B. Als auswärtige Mitglieder:

Der philosophisch-philologischen Classe:

1) Carl Johann Schlyter, Professor an der Universität zu Lund.
2) Dr. Friedrich Müller, Professor an der Universität zu Wien.

Der historischen Classe:

Leopold Delisle, General-Administrator der National-Bibliothek zu Paris.

C. Als correspondirende Mitglieder:

Der historischen Classe:

1) Dr. Theodor Menke in Gotha.
2) Dr. Sigmund Riezler, Vorstand des fürstlich Fürstenbergischen Archives zu Donaueschingen.

Sitzung vom 3. November 1877.

Philosophisch-philologische Classe.

Herr v. Maurer legte vor:

„Die Berechnung der Verwandtschaft nach altnorwegischem Rechte".

In meiner Schrift: „Island von seiner ersten Entdeckung bis zum Untergange des Freistaats" (München, 1874) habe ich mich, S. 325—329, mit der Organisation der Verwandtschaft nach isländischem Rechte, und insbesondere mit der Art beschäftigt, wie man auf Island die Verwandtschaftsnähe berechnete. Ich habe dabei dargethan, dass ein nächster Kreis von Verwandten von einem entfernteren unterschieden wurde, und dass jener erstere nur den ersten Grad der absteigenden, aufsteigenden und Seitenlinie, also die Kinder, Æltern und Geschwister umfasste, wogegen der letztere die entferntere Verwandtschaft bis zum fünften gleichen Grade kanonischer Computation einschliesslich enthielt, mit welchem fünften Grade alle Verwandtschaft endigte. Ich habe ferner bemerkt, dass die isländische Rechtssprache nur für die Angehörigen jenes engeren Kreises individuelle technische Bezeichnungen kennt, und zwar Bezeichnungen, welche allen germanischen Stämmen gemein sind und ebendamit ihr hohes Alter erweisen (faðir und móðir, sonr und dóttir, bróðir und systir), wogegen über diesen engsten Kreis hinaus nur noch für die Grossæltern und Urgrossæltern Bezeichnungen vorkommen (afi und amma, ái und edda), welche jedoch juristisch nicht verwendet werden, und weiterhin nur noch Ausdrücke zu Gebote stehen, welche abgeleiteter Art sind. Ich habe endlich darauf aufmerksam gemacht, dass sogar abgeleitete Bezeichnungen zunächst nur für die Geschwisterkinder (bræðrúngar, systrúngar, systkinabörn), Nachgeschwisterkinder (næsta bræðra), dann für die Kinder und Enkel von Nachgeschwisterkinder (annarra bræðra; þriðja bræðra), also für den zweiten, dritten, vierten und fünften gleichen Grad kanonischer Computation vorhanden sind, während man sich für die ungleichen Grade mit Umschreibungen (manni nánari enn næsta bræðra, manni firnari enn næsta bræðra, u. dgl.) behelfen musste, und dass die gebrauchte Terminologie darauf hinweist, dass man in der Seitenlinie die im gleichen Grade Stehenden ursprünglich sämmtlich als Brüder bezeichnet, und nur als nächste Brüder (d. h. Geschwisterkinder), zweite Brüder (d. h. Nachgeschwisterkinder), u. s. w. unterschieden haben muss. Die Berechnungsweise ergab sich demnach für das isländische Recht als genau dieselbe wie im kanonischen Rechte, nur dass, ganz wie in unserem Sachsenspiegel, der erste Grad in die Sibbezahl dort noch nicht eingerechnet wurde; es erklärt sich hieraus, dass in isländische Quellen zumal kirchenrechtlichen Inhaltes auch Ausdrücke wie þrímenníngar, fjórmenníngar u. dgl. Eingang finden konnten, welche lediglich Uebersetzungen der im kanonischen Rechte üblichen Bezeichnungen sind, und muss nur dabei stets beachtet werden, dass diese kanonischrechtliche Bezeichnung der Grade der national-isländischen stets um einen Grad voraus ist. —

Ich habe aber an der angeführten Stelle auch auszusprechen gehabt, dass sich nicht mit Sicherheit feststellen lasse, wieweit jene Art, die Verwandtschaft zu berechnen und zu bezeichnen, bereits von Norwegen aus überkommen, oder aber erst auf Island selbst entwickelt worden sei, und war dabei des Umstandes zu gedenken gewesen, dass die norwegischen Rechtsquellen consequent nur jene aus dem kanonischen Rechte herübergenommenen Bezeichnungen der verschiedenen Grade der Verwandtschaft gebrauchen, und nur wenige dunkle Spuren einer älteren Berechnung der Verwandtschaft nach Knieen erhalten zeigen, welche der des isländischen Rechtes näher gestanden zu sein scheint. Diese letzteren Spuren möchte ich nun hier etwas genauer verfolgen, weil deren richtige Würdigung in der That von erheblichem rechtsgeschichtlichem Interesse zu sein scheint.

Unter der Ueberschrift: „Baðer mælto þetta" finden wir in den GþL. § 24 folgende Bestimmung: „þat er nu þvi nest. at várr scal engi eiga frendkono sina at kono ser. En ef maðr verðr at þvi kunnr oc sannr at hann a kono nanare ser. en i logom er mælt þa scal hann bœta firi þat morcom 3 biscope. oc lata af kononne. oc ganga til skripta. oc bœta við Krist. En oss er sva lovat at taca at siaunda kne. oc siaunda lið frendkonor varar. En konor þær aðrar er frendkonor varar ero at fimta kne oc fimta lið. Sva þær konor er þær eigu frendseme saman kona su er hann atte aðr. oc hin er hann tecr. En ef tecr kono nanare en nu hevi ec talt. M. æðr tecr annars mannz kono. æða kono undir sina kono. Baðer. þa scal hann bœta 3 morcom biscope oc lata af kononne oc ganga til scripta oc bœta við Crist. En ef hann vill þat eigi. þa scolo þau bæðe fara or landeign konongs várs". Die Wortfassung der Stelle giebt in mehr als einer Beziehung Anstoss. Einmal insoferne, als sie den 7. sowohl als den 5. Grad doppelt bezeichnet, nämlich als das 7. und beziehungsweise 5. Knie sowohl als Glied, während doch offenbar die eine dieser beiden Bezeichnungen genügen müsste, wenn beide wirklich völlig gleicher Bedeutung wären; sodann aber noch weit mehr insoferne, als in den Worten „en konor þær aðrar er frendkonar varar ero" offenbar ein Verderbniss liegen muss, wenn nicht die auf sie bezügliche Bestimmung mit der unmittelbar vorhergehenden in Widerspruch stehen soll. Die Vermuthung liegt nahe, dass die Verwirrung in unserem Text, der ja aus zwei verschiedenen Redactionen des Rechtsbuches compilirt ist, durch irgendwelche Ungeschicklichkeit des Compilators verschuldet wurde; leider lässt sich aber mit den für die GþL. selbst zu Gebote stehenden Hülfsmitteln der Sachverhalt nicht aufklären, da deren Textüberlieferung an der fraglichen Stelle nur auf zwei Hss., dem Codex Ranzoviauus nämlich und der ihm nahe verwandten Hs. B. beruht, während von den sonst etwa diensamen Behelfen das jüngere Christenrecht des Gulaþínges an der einschlägigen Stelle, §. 30, neueres Recht enthält, das sogenannte Christenrecht K. Sverrir's aber, §. 56, in der ganzen fraglichen Lehre den FrþL. und nicht den GþL. folgt.

Etwas weiter hilft uns dagegen die Vergleichung der FrþL., III, §. 1; hier heisst es nämlich: „Sva er mællt at engi skal taka kono i ætt sina annars kostar en mællt er oc biskup lœyfði a mostrar þingi oc aller mænn vurðu asatter. Telia skal fra syzskinum tueim 6 mænn a huarntueggia uegh oc taka at hinum seaunda. En ef maðr uil taka kono þa er frende hans atte .. þa skal telia fiora mænn a huarntueggia uegh fra brœðrom tueim oc taka at hinum fimta. Sua skal hitt sama telia ef maðr uil taka frendkono þeirrar er hann atte aðr". Augenscheinlich werden hier 3 verschiedene Fälle unterschieden, nämlich einmal der Fall, da die Heirath unter Blutsverwandten in Frage steht, — zweitens der Fall, da Jemand die Wittwe eines Blutsfreundes heirathen will, — endlich drittens der Fall, da ein Wittwer eine Blutsfreundinn seiner früheren Frau heirathen will. Für den ersten Fall wird dabei die Regel aufgestellt, dass der 6. gleiche Grad der Verwandtschaft noch verboten, der 7. gleiche Grad dagegen erlaubt sein solle, und stimmt diese Regel vollkommen mit der in unserer Stelle der GþL. ausgesprochenen Vorschrift überein. Für den zweiten Fall soll der 4. gleiche Grad noch als verboten, dagegen der 5. gleiche bereits als erlaubt gelten, und ebenso die Grenze auch für den dritten Fall gezogen sein; nach der angeführten Stelle der GþL. aber wird auch noch ein zweiter und dritter Fall ausgeschieden, in welchen gleichmässig der 5. gleiche Grad der erste erlaubte sein soll, und ist dabei der dritte Fall unzweifelhaft identisch mit dem dritten Falle der FrþL., während der zweite gerade durch die oben bemängelten Worte: „en konor þær aðrar er frendkonor varar ero" bezeichnet wird. Offenbar müssen hiernach diese Worte ursprünglich eine Fassung gehabt haben, welche denselben Sinn wie die Worte der FrþL.: „kono þa er frende hans atte" gab, und gilt es nur, jene ursprüngliche Wortfassung ausfindig zu machen. Dazu verhilft uns nun eine Stelle jenes Auszuges aus dem Christenrechte des älteren Stadtrechtes, welcher uns erhalten ist, soferne es hier, BjarkR. I, §. 9, heisst: „Engi maðr skal taka frendkono sina i kaupange hælldr en i heraðe nanare en i logum er mællt. En ef maðr tækr guðziuiu sina i kaupange eða frend leif sina þa liggr slikt uið i kaupange sem i heraðe". Der Ausdruck frændleif, d. h. Verlassenschaft eines Blutsfreundes, steht hier für die Wittwe eines solchen gebraucht, und „konor þær er frændleifar várar ero", wird es demnach wohl auch in den GþL. geheissen haben; früh ausser Gebrauch gekommen, scheint das Wort von dem Schreiber unserer Hs. oder ihrer Vorlage nicht mehr verstanden, und darum durch einen ihm geläufigeren, aber an dieser Stelle freilich keinen vernünftigen Sinn gebenden Ausdruck ersetzt worden zu sein. — Noch in einer zweiten, und mit der hier zu behandelnden Frage in näherer Beziehung stehenden Richtung gewährt aber unsere Stelle der FrþL. erwünschte Belehrung, nämlich hinsichtlich der Art, wie die Grade der Verwandtschaft gezählt werden. Soweit die Blutsfreundschaft zwischen zwei Nupturienten geprüft werden will, sagt sie, solle man von zwei Geschwistern ab beiderseits 6 Personen herabzählen, und zwischen den 7ten die Ehe zulassen; soweit die Blutsfreundschaft mit dem verstorbenen Manne einer Wittwe zu prüfen kommt, solle man ferner 4 Personen beiderseits von zwei Geschwister ab zählen, und erst beim fünften Grade heirathen lassen. An und für sich würden diese Bestimmungen allerdings zweifelhaft lassen, ob dabei die Geschwister, wie nach kanonischem Recht, mitgezählt, oder aber, wie nach isländischem Rechte, ausser Ansatz gelassen werden wollen, und ob somit der 6. oder der 7. gleiche Grad kanonischer Computation als der letzte verbotene zu gelten habe; aber die Schlussworte des §. 1 bringen in dieser Beziehung Gewissheit. Es heisst nämlich hier: „En ef maðr tekr brœðrung sina eða systrung sina þa er þar siðast 3 marka sekt. En vpp fra þui sem frændzemi oskylldizt þa skolu falla 2 aurar (silfrmetnir, fügen die Hss. A, B und S bei) af kne hueriu. þa værðr þat mork at setta kne". Da ist nun zunächst klar, dass die Lesart „silfrmetnir" die richtige ist. Von den 4 Hss., welche unsere Stelle überhaupt enthalten, haben das Wort 3, und darunter B, welcher Codex mit dem einzigen, in welchem das Wort fehlt, von derselben Hand geschrieben ist; überdiess erklärt sich weit eher ein späteres Wegfallen, als ein späteres Einschieben des Wortes, und giebt die Stelle nur unter der Voraussetzung seiner Æchtheit einen ziffermässig richtigen Sinn: dass auch das sog. Christenrecht Sverrir's, §. 56, der falschen Lesart folgt, ist unter solchen Umständen ohne Erheblichkeit, zumal da umgekehrt BjarkR. III, §. 66, wider die richtige Lesart bietet. Wir wissen aber aus geschichtlichen Quellen (Heimskr. Magnús s. Erlíngssonar, cap. 16, S. 792; Fagrskinna, §. 268, S. 179), dass am Schlusse des 12. Jahrhunderts der „sakmetinn eyrir", d. h die Zahlung in gewöhnlichen Zahlmitteln, nur halb so viel galt wie der „silfrmetinn eyrir", d. h. die Zahlung in Silber, und wissen aus unserem Rechtsbuche selbst (FrþL. III, § 2), dass zwar regelmässig die im Christenrechte angedrohten Strafgelder in Silber, bei einer Reihe von Vergehen aber, und darunter den „kvenna mál", nur in gewöhnlichen Zahlmitteln entrichtet werden sollten. Fassen wir nun an unserer Stelle die „3 marka sekt", welche für die Heirath unter Geschwisterkindern fällig wird, und die Mark, welche „at sètta knè" verwirkt sein soll, als in sakmetinn eyrir angesetzt auf, so ergiebt sich, dass bei einem Abschlage von 2 aurar silfrmetnir = 4 aurar sakmetnir für den Grad die Zahlung bei Nachgeschwisterkindern auf 2½, beim nächsten gleichen Grade auf 2, beim übernächsten auf 1½, und bei dem noch weiter abliegenden auf 1 Mark herabsinkt. Mit anderen Worten: die Rechnung der Stelle wird vollkommen richtig, wenn man die Geschwisterkinder als zweiten, nicht aber als ersten Grad zählt, wenn man also nach kanonischer Computation, nicht nach altisländischer Zählweise rechnet; unter jeder anderen Voraussetzung dagegen wäre die Rechnung der Stelle eine völlig verkehrte. Hiezu stimmt aber auch, dass in FrþL. VI, §. 11, nachdem zuvor die Verwandtschaft bis zu den „eptirbrœðrasynir", d. h. dem 3. gleichen Grade kanonischer Computation besprochen worden war, noch von denen die „fiórða manne", „fimta manne" und „sètta manne" sind gehandelt, und sodann bemerkt wird, dass mit diesem 6. Grade die Verwandtschaft schliesse; auch dabei sind nämlich sichtlich die Geschwister als erster Grad mitgezählt.

Die Zeit, in welcher die eben besprochene Stelle der FrþL. die Gestalt erhielt, in welcher sie uns vorliegt, lässt sich mit ziemlicher Sicherheit feststellen. Ich darf als völlig gesichertes Ergebniss früherer, fremder und eigener, Untersuchungen betrachten, dass das Christenrecht der FrþL. der Hauptsache nach der „Goldfeder" entstammt, welche Erzb. Eysteinn gemeinsam mit K. Magnús Erlíngsson, beziehungsweise dessen Vater, zu Stande gebracht hatte, wenn dasselbe auch einzelne Ænderungen in späterer Zeit erfuhr, ehe es durch K. Hákon gamli und Erzb. Sigurð gemeinsam seine derzeitige Gestalt erhielt; dass aber gerade die hier in Frage stehende Stelle zu dem ursprünglichen Bestande der Goldfeder gehörte und nicht erst auf spätere Umgestaltungen zurückzuführen ist, lässt sich leicht darthun. Im Jahre 1215 nämlich wurde durch das IV. lateranische Concil das Eheverbot auf den 4. gleichen Grad der Verwandtschaft beschränkt, und diese neuere Vorschrift ist denn auch in das neuere Christenrecht des Borgarþínges (§. 21) sowohl als des Gulaþínges (§. 30) übergegangen, gleichwie sie auch in dem Christenrechte Erzb. Jóns (§. 47) sich findet; dass dem gegenüber unsere FrþL. noch die ältere Regel festhalten, zeigt somit recht deutlich, dass sie an unserer Stelle ihrer älteren Quelle folgen, und dieselbe durch keine spätere Satzung umgestaltet haben. Selbstverständlich werden wir die übereinstimmenden Vorschriften der GþL. ebenfalls auf deren Magnús'sche Redaction zurückzuführen haben; ob aber die Ólaf'sche Redaction beider Rechtsbücher bereits eine nach Form und Inhalt gleichartige Bestimmung enthalten habe oder nicht, ist eine Frage für sich, welche noch nicht als dadurch erledigt gelten darf, dass unsere Stelle der FrþL. ausdrücklich auf die am Mostrarþínge zwischen dem heil. Ólaf und B. Grímkell getroffenen Abmachungen Bezug nimmt. Der Umstand, dass sowohl das augenscheinlich aus einem älteren Texte der FrþL. geflossene Christenrecht des Stadtrechtes den Ausdruck frændleif nennt, welchen unser Text dieses Rechtsbuches bereits fallen gelassen hat, als auch an unserer Stelle der GþL. derselbe Ausdruck ursprünglich gestanden haben muss, lässt vielmehr darauf schliessen, dass die Ólaf'sche Redaction beider Rechtsbücher mehrfach anders geartet gewesen sein müsse als deren uns vorliegender Text, und eröffnet sich damit die Möglichkeit, dass auch der auffällige Ausdruck „at sjáunda knè ok sjáunda liŏ", „at fimta knè ok fimta liŏ" der GþL. von hier aus seine Aufklärung erhalten könnte.

Die bisherigen Ergebnisse werden theils bekräftigt, theils vervollständigt durch die Vergleichung der beiden noch übrigen Volksrechte. In den EþL. I, §. 30, liest die eine Hs.: „þat er oc firiboŏet at nockor maŏr skal fa frenkono sinnar . ser til kono eŏa frenndlæinar sinnar . ne guŏciuia sin . allar ero unndan skildar . nema su æin kona æi . er maŏr læiŏir i kirkiu . þui at þat er æcki nema kosgirni æinn. Nu skal tælia frensemi þæirra i 5ta kne oc take at 7da. En at frenndlæif . tæli 3 kne oc take at 5ta. En ef maŏr tæckr ner mæir . þa ma æi æiga at lagum". Die andere Hs. giebt dagegen den hier besonders bedeutsamen Satz so: „Nu skal tælia fra fæŏr frensemi þæirra . tælia fra 6 kne oc taka at 7da. En frændlæiua skall tælia i 4 kne oc taka at 5ta", und änlich liest der kürzere Text, II, §. 26: „Nu skal tæliæ frændsæmi þæiræ i 6 kne ok take at siaunda. En frændlæif tæliæ i 4 kne ok take at fimtæ". Auch hier also steht zunächst der ältere Ausdruck frændleif gebraucht; ausserdem wird aber zwar in allen Recensionen gleichmässig ganz wie in den GþL. und FrþL. die Ehe mit der frændkona erst im 7. und mit der frændleif erst im 5. Grade gestattet, dagegen in der ersten Hs. dort der 5. und hier der 3. Grad als der letzte verbotene bezeichnet, während freilich die beiden anderen Hss als den letzten verbotenen dort den 6. und hier den 4. Grad nennen. Nun wäre freilich sehr einfach, die Lesart der letzteren beiden Hss. als die richtige, und die der ersteren als die falsche zu erklären; aber doch würde damit nicht nur gegen den bekannten Grundsatz verstossen, dass im Zweifel die schwerer verständliche Lesart vorzuziehen sei, sondern es wäre auch an sich schon schwer abzusehen, wie der Schreiber der ersteren Hs. dazu gekommen sein sollte, in zwei Ziffern unmittelbar nach einander nach einer Richtung hin sich zu verschreiben, wogegen sich sehr leicht erklärt, dass die Schreiber der beiden anderen Hss. die ihnen unerklärlich scheinenden Ziffern sehr bewusst änderten. Hält man aber an der schwierigeren Lesart als an der ursprünglicheren fest, so ergiebt sich, dass das 5. und beziehungsweise 3. Knie als der letzte verbotene Grad, dagegen das 7. und beziehungsweise 5. als der erste erlaubte bezeichnet wird; es muss demnach entweder angenommen werden, dass zwischen dem letzten verbotenen und dem ersten erlaubten ein Grad in Mitte gelegen sei, der weder dieses noch jenes, d. h. relativ erlaubt oder dispensabel war, wie dergleichen allerdings auf Island vorkommt, oder man muss in unserer Stelle eine zwiefache Zählung der Verwandtschaftsgrade erkennen, deren eine der anderen um einen Grad vorauseilt, weil der erste erlaubte Grad der einen von dem letzten verbotenen der anderen um zwei Ziffern absteht. Gegen die erstere Annahme dürfte sprechen, dass ein in Mitte liegender dispensabler Grad doch wohl des Näheren besprochen, und die Art der Dispenserholung angegeben sein müsste, wie ja auch auf Island die Zahlungen (fègjald, fèvíti, tíund hin meiri) genau geregelt sind, durch welche der Dispens erkauft werden kann (vgl. meine Abhandlung über den Hauptzehnt, S. 215—21); für die zweite dagegen lässt sich anführen, dass dieselbe durch die Analogie des isländischen Rechtes ganz vollständig gedeckt wird. Die Vergleichung der betreffenden Stellen der GþL. und FrþL. zeigt nämlich, dass die zu den höheren Ziffern führende Zählweise die des kanonischen Rechtes ist; die zu den nidrigeren Ziffern führende müsste also eine ältere, nationale sein, ganz wie auf Island eine solche neben der kanonischen Computation steht, und der Abstand dieser letzteren von der ersteren wäre durch die Vermuthung sehr einfach erklärt, dass man in Norwegen ebenso wie auf Island und nach manchen anderen germanischen Stammrechten die Geschwister noch nicht in die Sibbezahl einrechnete. Ueberdiess liegt aber auch noch die weitere Vermuthung nahe, dass auch in der vorhin besprochenen Stelle der GþL., welche eine Zählung nach Knieen und nach Gliedern neben einander nennt, ursprünglich bei diesen beiden Zählungen auch verschiedene Ziffern genannt gewesen seien, und zwar doch wohl in der Art, dass die ältere Ólaf'sche Redaction der nationalen, die jüngere Magnús'sche dagegen der kanonischen Zählweise gefolgt wäre; derselbe ungeschickte Compilator oder Schreiber, welcher aus der frændleif eine frændkona machte, hätte dann erst die ursprünglich ungleichen Ziffern der Knie- und der Gliedrechnung gleich gemacht, und damit den oben gerügten Widersinn in unsere Stelle hereingebracht. Ich habe in meinen Studien über das sogenannte Christenrecht König Sverrir's (Festgabe zum Doctor-Jubilæum Leonhard von Spengel's, 1877), S. 21—25, darauf aufmerksam gemacht und an einem einzelnen Beispiele nachgewiesen, wie unter Umständen ein gemischter Text der GþL. nur durch eine gehörige Scheidung seiner Bestandtheile verständlich gemacht werden könne; in dem vorliegenden Falle wäre ich nun nicht abgeneigt ein weiteres Beispiel einer auf diesem Wege zu beseitigenden Verderbniss zu erkennen, und die hier fraglichen Worte unseres Textes etwa folgendermassen zu emendiren: „En oss er sva lovat at taca at (Ol. sietta kne; M. siaunda lið; Baðer) frendkonor varar. En konor þær aðrar er frendleifar varar ero at (Ol. fiorða kne; M. fimta lið)".

Die Betrachtung des Rechtes von Vikin scheint ganz geeignet, diese Vermuthung zu unterstützen. In der ersten

Recension dieses Rechtsbuches, deren Text an der hier fraglichen Stelle allerdings nur auf einer einzigen Hs. beruht, heisst es, BþL. I, §. 15: „Nu skall ængi maðr fa frendkono sina skyldri en at 5 kne, oc at fimta manne frendlæif“, wogegen freilich II, §. 6 steht: „Nv skal ængi madr fa frenkono sinnar skyldri en at 7 kne. ok fimta manne at frenseme“, und III, §. 6: „Nv skall ængi madr fa frendkono sinnar skylldri en at 7 kne. oc at fimta manna frendlæif“. Auch hier sehen wir also wider einen unverständlich gewordenen Text in verschiedener Richtung verderbt. Die frændleif zunächst, welche Text I und III richtig festhalten, ist in Text II beseitigt, gleichviel übrigens, ob wir sie als völlig ausgefallen, oder aber als, änlich wie in den GþL., durch die Worte „at frenseme“ ersetzt betrachten wollen; bezüglich ihrer wird aber nach kanonischer Zählung und mit der Ausdrucksweise des kanonischen Rechts (at fimta manni) die anderswoher schon bekannte Verwandtschaftsgrenze festgehalten. Bezüglich der frændkona dagegen setzen zwar Text II und III den 7. Grad als den ersten erlaubten, und folgen somit augenscheinlich der kanonischen Computation; Text I dagegen bezeichnet das 5. Knie als den ersten erlaubten Grad, und den Ausdruck „knè“ brauchen auch jene ersteren Texte. Stünden die BþL. für sich allein, so würde man zweifellos sich für berechtigt halten in Text I für das 5. Knie das 7. zu emendiren; im Zusammenhalte aber mit den oben besprochenen Stellen dürfte sich doch ein anderer Ausweg mehr empfelen. Ich wenigstens möchte vermuthen, dass in BþL. I ursprünglich ein änlich gestalteter Text vorgelegen habe wie in EþL. I, aus welchem unsere Hs. ihr 5. Knie, nur freilich verkehrter Weise als ersten erlaubten statt als letzten verbotenen Grad sich erhalten hat, wogegen die beiden anderen Texte der BþL. nur den 7. Grad der kanonischen Computation beibehielten, und dafür die nationale Zählweise ganz fallen liessen; ob dabei die Worte des Textes II: „ok fimta manna at frensemi" einen Ueberrest dieser letzteren, oder aber eine verkehrte Emendation der auf die frændleif bezüglichen Satzung darstellen, lasse ich auf sich beruhen.

Man sieht, die von den FrþL. ganz unzweideutig ausgesprochene Vorschrift, dass die Ehe unter Verwandten erst im 7. gleichen Grade kanonischer Computation erlaubt sei, und die Ehe mit der Wittwe eines Verwandten erst im 5. gleichen Grade derselben Computation, geht durch alle vier Provincialrechte ganz gleichmässig durch; aber die Verwandtschaftszählung und Bezeichnung ist in denselben eine etwas verschiedene. Nicht nur der Ausdruck frændleif für die Wittwe eines Verwandten, welcher ursprünglich in ihnen allen gestanden zu haben scheint, ist in einem derselben (FrþL.) durch eine den Sinn desselben richtig wiedergebende Umschreibung ersetzt, in einem zweiten (GþL.) in das durchaus widersinnige „frændkona" verwandelt, und in einem dritten (BþL. II) sei es nun völlig beseitigt oder durch die gleichfalls widersinnigen Worte „at frændsemi" vertreten, sondern es steht sich in ihnen auch eine doppelte Bezeichnung der Verwandtschaftsgrade gegenüber, deren eine, dem kanonischen Rechte entnommene, vor der anderen, nationalen um einen Grad vorangeht. Dabei zeigt sich diese letztere, welche der Sache, wenn auch nicht der Terminologie nach völlig mit der auf Island üblichen nationalen Berechnungsweise übereinstimmt, in den norwegischen Rechtsquellen entschieden bereits antiquirt und dem Verständnisse des Volkes fremd geworden; nur in einem einzigen Rechtsbuche (EþL. I) ist sie noch einigermassen klar erhalten, in einem zweiten (GþL.) widersinnig mit der neueren Computation vermischt, in einem dritten (BþL. I) nur eben noch durchschimmernd, wogegen wir in anderen Recensionen der gleichen Rechtsbücher (EþL. II; BþL. III) die ältere Berechnungsweise in die neuere verwandelt, und in dem jüngsten

Rechtsbuche (FrþL.) diese letztere in neu gewähltem Ausdrucke zur alleinigen Herrschaft gebracht sehen. Vielleicht gelingt es, von diesem Ergebnisse aus zur Lösung einer Schwierigkeit zu gelangen, welche uns eine kirchliche Bestimmung macht, welche, ursprünglich für Norwegen ergangen, doch auch in die Quellen des gemeinen kanonischen Rechtes übergegangen ist. Ich habe diese Bestimmung schon vor Jahren aus anderem Anlasse zu besprechen gehabt (vgl. meinen Artikel „Grágás" in der Ersch und Gruber'schen Allgemeinen Encyklopædie der Wissenschaften und Künste, Section I, Bd. LXXVII, S. 80—81), glaube aber jetzt zu etwas anderen und richtigeren Resultaten bezüglich derselben gelangt zu sein als damals.

Es lautet aber cap. 3, X, de consanguin. et affin. (IV, 14), unter der Ueberschrift: „Cœlestinus III." folgendermassen: „Quod dilectio tua (Et infra) Quæsivisti, utrum is, qui a stipite per descendentem lineam sexto vel septimo gradu distat, possit ei, quæ ex altera parte per lineam descendentem ab eodem stipite secundo vel tertio gradu distat, matrimonialiter copulari, propter indulgentiam felicis memoriæ Adriani Papæ, tunc Albanensis episcopi, in Norwegiam apostolicæ sedis legati, qua permissum est hominibus terræ illius in sexto (septimo, Cod. Ludovic.) gradu coniungi. Quod tibi videtur convenienter posse fieri secundum regulam, a quibusdam doctoribus approbatam, qua dicitur: quoto gradu quis distat a stipite, et a quolibet, per aliam lineam descendentium ab eodem, quum tamen de consuetudine terræ, si quando talis casus emerserit, incolæ terræ propter proximiorem gradum coniunctos separent, et impediant copulari volentes, sicut literarum tuarum series demonstravit. Nos itaque sic consultationi tuæ respondemus, quod indulgentia illa sic est intelligenda, quod uterque coniungendorum distet a stipite sexto gradu, cognatione secundum canones computata. Si vero alter sexto vel septimo gradu distat a stipite, alter autem secundo vel tertio gradu, coniungi non debent. Unde in hac parte consultius duximus multitudini et observatæ consuetudini deferendum, quam aliud in dissensionem et scandalum populi statuendum, quadam adhibita novitate". Ein Erlass also P. Cölestin's III. (1191—98), dessen Datum sich zur Zeit nicht feststellen lässt (vgl. Jaffé, Regesta pontificum, nr. 10,734), bezeugt gelegentlich der Entscheidung einer uns hier nicht interessirenden Streitfrage über die Behandlung der ungleichen Verwandtschaftsgrade, dass Papst Hadrian IV. zu der Zeit, da er als Cardinallegat Norwegen besuchte, also im Jahre 1152, dem dortigen Volke die Indulgenz ertheilt habe, bereits im 6. gleichen Grade heirathen zu dürfen, in einem Grade also, welcher, wenn wir ihn nach der kanonischen Computation verstehen, nach dem übereinstimmenden Zeugnisse der norwegischen Provincialrechte noch zu den verbotenen gehörte. Man kann den Widerspruch, in welchen unsere Stelle hiernach zu den verlässigsten einheimischen Quellen tritt, nicht durch den Hinweis auf die oben verzeichnete Variante des Codex Ludovicianus beseitigen, denn diese Variante beseitigt den anstössigen 6. Grad nur in einem der in Frage stehenden Sätze, während in dem zweiten keine entsprechende Variante aus der Hs. verzeichnet ist, und überdiess bliebe immerhin bedenklich, auf die Autoritæt einer einzelnen Hs. hin den Text zu verändern; dagegen liesse sich die Schwierigkeit leicht heben, wenn man annemen dürfte, dass der 6. gleiche Grad, in welchem P. Hadrian den Norwegern die Ehe erlaubte, nicht nach kanonischer, sondern nach altnorwegischer Computation zu verstehen war: in solchem Falle entsprach derselbe dem 7. gleichen Grade der kanonischen Zählweise, und führt sich die erwiesene Regel des norwegischen und isländischen Rechtes, welche in diesem Grade die Ehe als erlaubt betrachtete, während sie nach gemeinem kanonischen Recht als verboten galt, sehr einfach auf die Indulgenz dieses

Papstes zurück. Freilich will P. Cölestin den fraglichen 6. Grad ausdrücklich „secundum canones" computirt wissen; aber das konnte ja recht wohl ein bloses Misverständniss seinerseits sein, dadurch veranlasst, dass der Fragesteller, an welchen der Erlass gerichtet ist, der nationalen Bezeichnung der Grade sich bedient hatte, und beachtenswerth ist jedenfalls, dass die Worte „cognatione secundum canones computata" an derjenigen Stelle nicht stehen, welche auf die Indulgenz P. Hadrian's ausdrücklich Bezug nimmt.

Zum Schlusse mag noch eine weitere Bemerkung verstattet sein. Ich habe bisher die von der kanonischen Computation abweichende Zählweise der Grade als die ältere nicht nur, sondern auch als die für Norwegen nationale bezeichnet; es lässt sich nun aber die Frage aufwerfen, ob diese Bezeichnung ihrem vollen Wortlaute nach berechtigt, und ob nicht vielleicht dieselbe auch ihrerseits aus der Fremde nach Norwegen gekommen sei? Wir finden in den Gesetzen K. Æðelrêd's von England, VI, §. 12, folgende Bestimmung: „And æfre ne geweorðe, þæt cristen man gewîfige in 6 manna sib-fæce on his âgenum cynne, þæt is binnan þâm feorðan cneôwe, ne on þæs lâfe, þe swâ neâh wære on woroldcundre sibbe, ne on þæs wîfes nŷd-magan, þe he ǽr hæfde"; ferner in K. Knút's Gesetzen, I, §. 7, die Vorschrift: „And we lǽrað and biddað and on Godes naman beôdað, þæt ǽnig cristen mann binnan 6 manna sib-fæce on his âgenan cynne æfre ne gewîfie, ne on his mæges lâfe, þe swâ neâh sib wǽre, ne on þæs wîfes nêd-magan, þe he sylf ǽr hæfde"; endlich im Northumbrischen Priesterrechte, §. 61 (bei Schmid, Anhang II, S. 370), den Satz: „and nân man ne wifige on neâh-sibban mâ þonne wið-ûtan þâm 4 cneôwe, ne nân man his godsibbe ne wîfige". Wir finden in den beiden ersten dieser Stellen den in der nordischen Sprache so selten auftretenden und so früh verschwindenden Ausdruck frændleif als „his mæges lâf" oder

„þæs lâf, þe swâ neâh wǣre on woroldcundre sibbe“ wider; wir finden ferner die Rechnung nach Knieen, und wir finden überdiess neben ihr zugleich eine von ihr abweichende Rechnung nach Sibbe-Fächern; Guðbrand Vigfússon's Vermuthung aber, dass die isländisch-norwegische Bezeichnung knèrunnr für die Verwandtschaftslinie nur aus dem angelsächsischen Worte cneôwrîm entstellt sei, welches für die Sibbezahl nachweisbar vorkommt, könnte zur Unterstützung einer Zurückführung jener älteren Computationsweise der norwegischen Quellen auf angelsächsische Einflüsse um so mehr geltend gemacht werden, als ja der enge Zusammenhang Norwegens mit England gerade für das kirchenrechtliche Gebiet und Alles, was mit diesem zusammenhängt, unzweifelhaft feststeht. Dennoch neme ich Anstand, einer derartigen Vermuthung mich anzuschliessen. In sprachlicher Beziehung zunächst scheint mir Guðbrand's Bemerkung, so scharfsinnig sie ist, doch keineswegs überzeugend. Dem Ausdrucke knèrúnnr stehen in der norwegischen Rechtssprache andere Zusammensetzungen mit knè zur Seite, die sich nicht aus dem Angelsächsischen erklären lassen, wie z. B. kvennknè, d. h. weiblicher Grad in der Verwandtschaft (z. B. Hákonar s. gamla, cap. 12, S. 251: er konúngborinn væri at faðerni allt til heiðni, svá at ekki kvennknè hafði á milli komit; cap. 87, S 327: hefir þessu ríki ráðit maðr eptir mann, ok aldri kvennknè í komit), oder knèskot, d. h. Verwandtschaftsgrad (GþL. §. 105: nú verðr knèskot í erfðum, þá skal sá hafa, er nánare er, wo man dem Worte nicht, wie Guðbrandr will, die Bedeutung „a dishonour, humiliation, af a member of a family“ beilegen darf); die Wurzelhaftigkeit der Rechnung nach Knieen im norwegischen Rechte dürfte hiernach feststehen, und deren Widerkehr im angelsächsischen Rechte somit auf organischem, nicht auf mechanischem Wege zu erklären sein. Die Zusammensetzung knèrunnr aber dürfte sich ebenfalls ganz gut als eine ursprüngliche halten lassen, da die Vergleichung einer Verwandtschaftslinie mit einem aufspriessenden Busche (runnr) einem Volke ganz mundgerecht sein mochte, welches die Nachkommenschaft einer Person sich unter dem Bilde eines aufwachsenden Baumes mit weit verzweigten Æsten, oder eines aufsprossenden Krautes mit üppig wuchernden Halmstengeln und Blüthen vorzustellen liebte, wie diess die Traumerscheinungen der Ragnhildr, Hálfdan svarti's Frau, und der Signý Valbrandsdóttir, des Bárðr snæfellsáss und des Þorgils örrabeinsstjúpr darthun (Heimskr. Hálfdanar s. svarta, cap. 6, S. 46; Hólmverja s., cap. 7, S. 17—18; Bárðar s. snæfellsáss, cap. 1, S. 2—3; Flóamanna s., cap. 24, S. 146). In sachlicher Beziehung aber zeigt sich bei einer genaueren Vergleichung der hier massgebenden Stellen der angelsächsischen Gesetze mit denen der norwegischen Rechtsbücher, dass zwischen beiden keineswegs vollständige Uebereinstimmung herrscht. Darauf zwar lege ich kein Gewicht, dass die Eheverbote in Norwegen für die frændkona um zwei Grade weiter reichten als für die Ehe mit der frændleif, während das angelsächsische Recht, der kirchlichen Anschauung folgend, dass Mann und Weib ein Fleisch seien, beide Fälle vollkommen gleich behandelte; insoweit nämlich liegt eine Verschiedenheit des Rechts vor, welche bewusst gesetzt sein mochte, und welche jedenfalls mit der Art der Gradzählung nicht das Mindeste zu thun hat. Bedeutsam will mir dagegen scheinen, dass in den angeführten Stellen des angelsächsischen Rechtes zwar änlich wie in den norwegischen Rechten eine zwiefache Zählweise der Grade neben einander steht, dass aber die Knierechnung in England um zwei Grade hinter der nach Sibbefächern zurückbleibt, während dieselbe in Norwegen nur um einen Grad von der kanonischen Computation absteht. Glaubt man demnach die Rechnung nach Sibbefächern im angelsächsischen Rechte mit der kanonischen Computationsweise identisch nemen zu sollen, so erreicht man zwar insoferne ein befriedigendes Ergebniss, als unter dieser Voraussetzung der 6. gleiche Grad kanonischer Computation in England wie in Norwegen der letzte verbotene war; dagegen müsste solchenfalls die nationale Knierechnung in England nicht nur, wie in Norwegen, die Geschwister, sondern auch noch die Geschwisterkinder ausser Betracht gelassen haben, was mit anderweitigen Angaben schwer vereinbar ist, und überdiess jede Möglichkeit einer Ableitung der norwegischen Zählweise von der englischen ausschliessen würde. Hält man dagegen, wie diess neuerdings Karl von Amira in seiner schönen Schrift über Erbenfolge und Verwandtschafts-Gliederung nach den altniederdeutschen Rechten (1874), S. 81—83, gethan hat, dafür, dass bei der Rechnung nach Sibbefächern, anders als nach der kanonischen Computation, auch der Stammvater selbst mitgezählt worden sei, so ergiebt sich allerdings für die englische Kniezählung wie für die norwegische der zweite Grad der kanonischen Computation als der erste der nationalen Zählweise; aber der letzte verbotene Grad wird dann für England der 5. und nicht der 6. des kanonischen Rechts, und verschwindet somit die Uebereinstimmung des englischen Rechtes mit dem norwegischen auf diesem Punkte. Da endlich auch die Uebereinstimmung der Ausdrücke frændleif und mæges lâf recht wohl auf organischer Sprachverwandtschaft statt auf mechanischer Entlehnung beruhen kann, so erscheint mir die Wurzelhaftigkeit der oben nachgewiesenen älteren Gradberechnung im Norden immerhin wahrscheinlich; die Alterthümlichkeit der Bezeichnungen, welche das isländische Recht für diese verwendet, und die Unmöglichkeit, diese isländischen Bezeichnungen auf englischen oder sonstigen fremden Einfluss zurückzuführen, dürfte diese Wahrscheinlichkeit meines Erachtens nahezu zur Gewissheit machen.

Philosophisch-philologische Classe.

Herr Bursian legt vor:

„Die Aristophanesscholien und der Codex Venetus A.“ Von Jos. Augsberger.

Wer sich mit ernsten Aristophanesstudien beschäftigt, wird kaum darauf Verzicht leisten wollen, die bunt zusammengewürfelte Masse antiker Interpretationsgelehrsamkeit seiner Beachtung zu unterstellen, welche uns in den sogenannten Scholien zugleich mit dem Texte des Dichters überliefert ist. Nicht nur der moderne Commentator wird sich darin umsehen, was in der Erklärung des Dichters zu einer demselben viel näher stehenden Zeit geleistet worden ist, sondern die unter einer Masse von Wust verborgenen werthvollen Bemerkungen aus alter Zeit bieten Gelegenheit zu verschiedenen Untersuchungen, welche zwar nicht gleich grosse Resultate versprechen wie die verwandten Arbeiten auf dem Gebiete der Homerscholien, aber doch geeignet sein möchten, noch manche Perle dem Schatze philologischen Wissens einzuverleiben.

Als Apparat zu diesen Forschungen besitzen wir erstens die Ausgabe der Aristophanesscholien von W. Dindorf in drei Theilen, Oxford 1838, oder die noch handlichere Ausgabe von Dübner in einem Band, welche im Jahre 1842 bei Didot in Paris erschien. Letztere will, was man aus dem Titelblatte und der Vorrede ersieht, etwas mehr sein als ein blosser Abdruck der Dindorf'schen Ausgabe, und wer da auf dem Titel liest: cum varietate lectionis optimorum codicum integra, ceterorum selecta, glaubt das diplomatische Material für die weitgehendsten Scholienstudien in Händen zu haben. Besonders meint Dübner den Dank der Leser dadurch verdient zu haben, dass er diejenigen Scholien, welche in einem der beiden Hauptcodices oder in allen beiden fehlen, durch dreierlei Klammern von den übrigen unterscheidet. Es ist diese Bezeichnung auch wirklich, wenn man sich einmal daran gewöhnt hat, ein Behelf, weil die Dübner'sche Einrichtung der adnotatio in einem gesonderten Theile des Buches viel unangenehmer für den Gebrauch ist als die Noten unter dem Text, wie Dindorf sie hat.

Aber über so kleine Unannehmlichkeiten einer Ausgabe könnte man sich leicht beruhigen, dürfte man nur der festen Ueberzeugung sein, dass man in allen Fällen die Lesarten der Hauptcodices, sei es im Texte, sei es in der adnotatio, besitze. Leider muss ich dieses nach einer nur kurzen Einsicht des Codex Venetus A, der für den Text des Dichters in zweiter, für die Scholien vielleicht in erster Linie von Wichtigkeit ist, in Bezug auf beide genannten Ausgaben in Abrede stellen. Ich werde im Folgenden die Ungenauigkeiten und Unrichtigkeiten, welche ich in dem geringen von mir verglichenen Theile der Scholien gefunden habe, näher darlegen, mit der Ueberzeugung, dass dieses Wenige schon genügen wird, das Vertrauen auf die Verlässigkeit der Ausgaben etwas zu erschüttern, zuvor aber will ich einiges über die Beschaffenheit des Codex selbst berichten, mit Anfügung des Wunsches, dass auch in dieser Beziehung die Notizen der Ausgaben weniger mangelhaft sein möchten.

Was Dindorf in der praefatio seiner Scholienausgabe

über den Venetus sagt, gibt über das **Aussehen** gar keinen Aufschluss, weit befriedigender ist, was sen in der praefatio seiner Ausgabe der **Ritter**, Lei sagt: Codex Venetus (V) membranaceus, **inter** 474, forma quadrata majore, foliorum 172, saeculo tus. Fabulas continet septem, quarum index in p pagina versa exstat: ἀριστοφάνους πλοῦτος: νεφέλα χοι: ἱππεῖς: ὄρνιϑες: εἰρήνη: σφῆκες: Exaratus est ejusdem aetatis duabus, quarum alteri folia 1—61r tum vs. 1008, quem excipit vacuum usque ad finem spatium) debentur, alteri multo illi elegantiori folia 61 Scholia addita sunt a primis manibus, sed postea tores perpessa ... Das gibt mit wenig Worten eine lich guten Begriff von dem Codex, nur ist dem V ein kleiner Irrtum untergelaufen, indem die erste Ha bis Equitum vs. 1008 geschrieben hat, sondern b narum vs. 1008. Die Ritter sind bereits ganz v zweiten Hand geschrieben, die bei Velsen als multo ele bezeichnet wird, ein Urtheil, dem ich mich nicht ansch kann. Die zweite Schrift ist entschieden deutlicher, licher, was sich aber bekanntlich mit dem Begriff ele nicht immer deckt.

Die Scholien sind von derselben Hand geschrieben w Worte des Dichters, und auch hier ist dem Benützer des die zweite Hand lieber als die erste, nicht bloss wegen der seren Deutlichkeit, sondern auch darum, weil von dem zw Schreiber die Scholien genau auf die Seite gesetzt sind. welcher der zu erklärende Vers steht, und ausser den Lem Beziehungszeichen von den mannigfaltigsten Formen (z

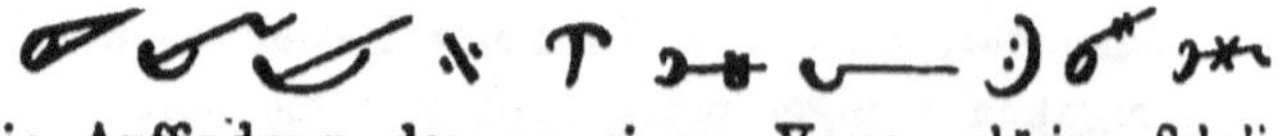

die Auffindung des zu einem Verse gehörigen Scholi und umgekehrt erleichtern. Die erste Hand scheint zu eine Anzahl von Seiten weit nur den dichterischen T vielleicht ein ganzes Stück durchaus, geschrieben und dann erst die ihr vorliegende Scholienmasse auf die Ränder rechts und links vertheilt zu haben. Die Beziehung ist durch Buchstaben bezeichnet (z B. $\bar{o}$, $\overline{o\alpha}$, $\overline{o\beta}$). Es kommt aber vor, dass ein Scholium 3—4 Seiten vor dem zugehörigen Verse steht. Uebrigens habe ich in der ersten Partie des Codex nur sehr wenig nachgesehen, da ich mir zur Aufgabe gemacht hatte, die Scholien zu den Rittern ein Stück weit zu vergleichen. Die Resultate dieser Thätigkeit will ich nun darlegen.

Die *ὑποθέσεις* der Ritter beginnen Fol. 69$^{v.}$ oben mit der in den Ausgaben mit I bezeichneten, in einer deutlichen Schrift, welche so ziemlich die Grösse des dichterischen Textes hat. Die Gleichmässigkeit der Schrift im Codex ist wesentlich garantiert durch die Linien, welche mit einem nicht zu spitzen stilus auf den Blättern eingraviert sind. Die Linien sind ziemlich eng und gleichmässig ausgezirkelt. Die Ränder rechts und links sind durch abwärts gezogene Linien von dem inneren Raume geschieden. Auf Fol. 69$^{v.}$ ist nur links (aussen) ein Rand gelassen und anderweitig beschrieben, nach innen zu läuft die Schrift durch. Auf *ὑπόθεσις* I folgt II der Ausgaben, als etwas Neues durch eine neue Zeile und ein einfaches Zeichen, ein rasch hingeworfenes aufrechtes Kreuz, das in dieser sondernden Bedeutung öfter wiederkehrt, bezeichnet. Sie schliesst mit den Worten des vorletzten Abschnittes der Ausgaben *καὶ εἰς Θῆτας*. Die didaskalische Notiz dagegen steht auf dem linken Rande hinter der *ὑπόθεσις* III, welche in kleinerer, an Grösse den Scholien entsprechender Schrift, die auch weit mehr Silbenkürzungen enthält, oben neben der ersten *ὑπόθεσις* beginnt: *ἀριστοφάνους γραμματικοῦ* ῡ *ἱππέων: παράγει — καλῆς*. Darauf folgt also die didaskalische Notiz *ἐδιδάχθη — Ὑλοφόροις*, dann noch, rein als Spielerei zur Raumausfüllung auf fünf Zeilen vertheilt: *οἰκία ἡ πόλις, δεσπότης ὁ δῆμος, θεράποντες οἱ στρατηγοί*.

Der Schluss der *ὑπ.* II hat sich bereits auf Fol. 70^r hinübergezogen, wo nach den Worten *καὶ εἰς ϑῆτας* in der nächsten Zeile zu lesen ist:

Τὰ τοῦ δράματος πρόσωπα: — Δημοσϑένης. Ἀγοράκριτος ὁ καὶ ἀλλαντοπώλης: Χόρος ἱππέων. Νικίας. Κλέων. Δῆμος: — Ἀριστοφάνους ἱππεῖς. Der Titel des Stückes steht weder in einer eigenen Zeile, noch ist er durch irgend etwas besonders hervorgehoben. Gleich in der nächsten Zeile steht in gleicher Schriftgrösse der erste Vers, und das erste Wort *Ἰατταταιὰξ* hat schon ein Beziehungszeichen (), das sich am oberen Rande dieser Seite wiederfindet, wo die Scholien beginnen. Sie nehmen auf dieser Seite vom oberen Rande drei Zeilen ein, setzen sich dann rechts aussen und zuletzt am unteren Rande fort. Ausser den Beziehungszeichen sind meistens auch Lemmata zur Angabe der Zugehörigkeit vorhanden. In dem von der zweiten Hand geschriebenen Theile des Codex ist es Regel, dass die Hauptmasse der Scholien auf dem oberen Rande beginnt, sich auf einem der beiden Seitenränder eine Strecke weit fortsetzt, dann auf den anderen Seitenrand übergeht und zuletzt den unter dem Text befindlichen Raum einnimmt. Ist für eine Seite eine besonders grosse Masse von Scholien unterzubringen, so ist darauf die Zahl der Verse beschränkt, auf welche Weise z. B. Fol. 72^r oben Raum für neun Zeilen Scholien gewonnen ist.

Von dieser fortlaufenden Hauptmasse der Scholien, denen man den Namen Randscholien geben kann, unterscheiden sich die Interlinearscholien und eine damit sehr verwandte, kaum zu unterscheidende Art, die bei geeigneten Raumverhältnissen möglichst nahe neben, bei der letzten Verszeile einer Seite auch unter das zu erklärende Wort gesetzten Scholien, die eben deswegen auch kein Lemma oder Beziehungszeichen haben. Sie alle miteinander Glossen zu nennen, erschwert häufig der Inhalt oder die verhältnissmässige Länge dieser Bemerkungen, denn es finden sich ganz ähnliche unter die zusammenhängend geschriebenen Randscholien eingereiht. Jedenfalls wäre das eine zu wünschen, was in unseren beiden Ausgaben nicht der Fall ist, dass diese Art von Scholien gesondert, d. h. mit unterscheidenden Zeichen aufgeführt würde. Beispiele von derartigen Scholien folgen weiter unten.

Es dürfte jedoch Zeit sein, dass ich an meine Hauptaufgabe gehe und berichte, inwiefern die Ausgaben die Lesarten des Venetus A nicht richtig wiedergeben. Am wichtigsten sind ohne Zweifel solche Fälle, wo uns die Ausgaben sagen, ein ganzes Scholium oder ein bedeutender Theil eines solchen sei nicht in der Handschrift enthalten, während es sich doch vollständig dort vorfindet. Ich habe von den Scholien der Ritter wegen unzureichender Zeit nur ein kleines Stück, Fol. 69ᵛ — Fol. 73ᵛ incl., d. i. die Scholien zu den ersten 196 Versen des Stückes vergleichen können, aber hier schon zu bemerken Gelegenheit gehabt:

schol. 13 *τίς οὖν γένοιτ' ἂν λέγε σύ*: *Τίς — εἴπῃ*, ein Scholium, das in der Ausgabe Dindorf's über vier Zeilen einnimmt, enthält dort unter dem Texte die Anmerkung: *τίς οὖν — εἴπῃ* om. R. V. und Dübner hat, jedenfalls nach dieser Bemerkung, das ganze Scholium mit Doppelklammern eingeschlossen, was bei ihm bedeutet, es fehle in den beiden Hauptcodices. Gleichwohl steht es vollständig in der Hschr.

schol. 29 *ὀτιὴ τὸ δέρμα — αὐτομολούντων* steht im V., erst *τῶν δεφομένων — ἀποδέρωσι* fehlt, während nach den Ausgaben das Ganze in den beiden Hauptcodd. fehlte.

schol. 42 *δύσκολον γερόντιον*: *Δυστράπηλον — Ἀθηναῖοι* om. R. V. schreibt Dindorf, und Dübner klammert die Worte doppelt ein. Im V. aber fehlt nur das Wort *δυστράπηλον*, das andere ist enthalten, allerdings in etwas veränderter Ordnung, indem die in den Ausgaben nachgesetzten Worte *ὑπόκωφον — λεγομένων* in der Hschr. voranstehen.

schol. 70 *ὀκταπλάσιον χέζομεν — πόλει* steht im V. trotz der gegentheiligen Notizen der Ausgaben.

schol. 73 *κράτιστ' ἐκείνην — ἐναντίους* steht im V.

schol. 107 in der Mitte: *ἢ πρὸς τὴν Θρᾴκην. δέον εἰπεῖν — πίνοντα* steht im V. Es fehlt dort nur nach *Θρᾴκην: ἐστίν. Ἄλλως.*

Entschuldbarer als diese geradezu unrichtigen Angaben ist eine andere, dass die in den Ausgaben zu V. 133 geschriebene, zu V. 136 gehörige Bemerkung *δέον δὲ εἰπεῖν στρατηγὸς Παφλαγὼν εἶπε* nicht im V. enthalten sei, denn sie steht wirklich im Codex nicht an dieser Stelle, sondern ist durch irgend einen Zufall auf die nächste Seite ganz unten hin hinter das Scholium zu V. 165 gerathen. Ferner ist zu V. 133 *κρατεῖν* die Glosse, im V. enthalten: *ἄρχειν καὶ διέπειν τὰ πολιτικά* trotz der entgegengesetzten Behauptung Dindorfs.

Eine andere unangenehme Wahrnehmung ist es, dass in der adnotatio der Ausgaben häufig Ald. citirt wird, wo ganz genau die Lesart des Venetus angegeben wird, so dass man glauben möchte, der Codex biete, weil er nicht besonders genannt wird, die in den Text der Ausgabe aufgenommene Lesart. Dies ist schon im arg. I dreimal der Fall, Zeile 16 (Dübner) *ὅ τε*, 27 *ὥσπερ περιφανῆς*, 28 *ἐκβάλλεται*. Dieses sind Lesarten des Venetus, nicht blos, wie beide Ausgaben berichten, der editio Aldina. Dieselbe Erscheinung wiederholt sich in den Scholien zu 41 *ἐπεὶ ἀντὶ ψήφων*, 55 *Ἐπιάλτου*, 59 *ἐναλλαγὴν στοιχείου ἐργασάμενος* post *Κλέωνα* addit. Ald (id. V.), 61 *εἰκότως*, 84 *Ἕλληνες εἶτα δουλεύσουσι*, 85 *ἐκαλεῖτο ἡ κρᾶσις*, 95 *ἡγησάμενος* und *πίνοιεν*, 103 *τῷ ἔτνει*, 112 *τοῦ κακοδαίμονος*, 129 *στυππιοπώλης*, 147 *ἐπεὶ καὶ ὁ — ἐπεφάνη αὐτοῖς*, 170 in Ald. (et in V.) *ἀπὸ τοῦ συμβεβηκότος καὶ αὐτὸς ὠνόμασε, βουλόμενος δηλῶσαι τὰς κυκλάδας νήσους κύκλῳ κειμένας*. 189 *χωρεῖ*. Allen diesen Lesarten ist die Bezeichnung Ald. beigesetzt, obwohl es genau die Lesarten des V. sind und es viel wichtiger ist zu wissen, was die Handschriften, und zumal die wichtigeren, bieten, als die editiones und sei es auch die ed. princeps.

Eine andere Art von Ungenauigkeit ist die Weglassung von Glossen, (so nenne ich der Kürze halber die oben erwähnten Scholien zweiter Art) die in der Handschrift stehen.

Zu V. 37 *οὐ χεῖρον* ist, wenn auch in sehr undeutlicher Schrift, zu lesen: *ἀντὶ τοῦ βέλτιον, οὐκ ἄτοπον.*

Unmittelbar neben V. 60 *τοὺς ῥήτορας* steht die Bemerkung *δέον εἰπεῖν τὰς μύας.*

Zu V. 76 *κλωπιδῶν* enthält der Codex die Randglosse *παρὰ τὸ κλέπτειν.*

Zu V. 145 *φέρε* ist ein Interlinearscholium vorhanden: *ἄγε, ἡ σύνταξις ἀρχαία.*

Zu V. 146 *ἀλλ' ὁδὶ πρoσέρχεται* steht geschrieben: *ἀλλ' αὐτὸς οὗτος παραγίνεται.*

Hier lässt sich vielleicht anreihen, dass die in beiden Ausgaben unmittelbar aufeinander folgenden Scholien 24 und 26 im V. als e i n Scholium zusammengeschrieben sind, ohne dass in der adn. eine diesbezügliche Bemerkung enthalten wäre.

Zu V. 60 ist in den Ausgaben eine Glosse gegeben: *ἀποδιώκει* V. Soll das vielleicht zu *ἀποσοβεῖ* gehören? Gewiss nicht und es ist auch im V. dorthin geschrieben, wo es hingehört, zu *ἀπελαύνει* V. 58.

Bei den bisher aufgeführten Fällen war fast überall volle Uebereinstimmung der beiden eingangs von mir genannten Ausgaben vorhanden, die zu dem Schlusse führt, dass Dübner im guten Glauben auf Dindorf's Genauigkeit diesem nachschrieb. Ich kann mir indess nicht versagen, auch ein paar Fälle anzuführen, wo Dübner die ihm vorliegende Dindorf'sche Ausgabe so flüchtig ansah, dass ihm einige richtige Angaben derselben entgingen. Z. B.

schol. 9 *ξυναυλίαν*: .... *μιμησώμεθα* — *ὀδυρώμεθα* ist bei Dübner mit R. bezeichnet ohne die mindeste Angabe, dass die Worte *μιμησόμεθα οὖν τὴν συναυλίαν Ὀλύμπου* im V., ja nach Dindorf überhaupt in den Codices enthalten seien.

schol. 11 *τί κινυρόμεθα*: *Τί δακρύομεν* — *ἀνωφελές* bemerkt Dindorf richtig: scholion om. V. Dübner hat weder die gewöhnliche eckige Klammer noch eine Bemerkung in der adnotatio.

schol. 59 hat Dübner die kurze Anmerkung Dindorf's nicht beachtet: *μυρσίνην* — *ῥήτορας εἶπε* R., d. h. die zwischen diesen Worten stehenden Sätze stehen nur im Ravennas, was Dübner in keiner Weise notiert.

Nach diesen nicht unbedeutenden Anklagen gegen die von einer Ausgabe vorauszusetzende Genauigkeit, welche um so schwerer in's Gewicht fallen müssen, weil das Material dafür aus der Vergleichung einer winzigen Partie eines einzigen, allerdings wichtigen Codex sich ergeben hat, macht es wenig Eindruck mehr, wenn ich die störende Inconsequenz bedauere, mit welcher Dübner ein in dem oder jenem Hauptcodex fehlendes Scholium (beziehungsweise den Theil eines solchen) einmal mit der betreffenden Klammer versieht, ein anderes Mal nur in der hinten angefügten adnotatio als im Codex fehlend anführt.

Aber das muss ich noch bemerken, dass man durchaus nicht glauben darf, man besitze mit der adnotatio der Ausgaben einen kritischen Apparat. Es ist ein solcher allerdings bei einer Scholienausgabe nicht in grösster Ausdehnung nothwendig, allein bei der Fülle von wichtigen Untersuchungen, die sich auf die Scholien stützen, bei der Möglichkeit, in einzelnen Fällen für den Text selbst Schlüsse aus den Scholien zu ziehen, dürfte doch eine Auswahl von Lesarten notiert werden.

Es ist kaum nöthig, die aus meinen Wahrnehmungen zu ziehenden Consequenzen eigens in Worte zu fassen Die Ausgaben können für eine Reihe von Untersuchungen nur als ein annähernd sicherer Grund betrachtet werden, am wenigsten Halt aber bieten sie für solche Forschungen, die den Werth und das Alter von Scholien aus dem Vorkommen oder Nichtvorkommen derselben in diesem oder jenem Codex erschliessen möchten. Dass unter solchen Umständen eine weiter gehende Vergleichung der Handschriften nur wünschenswerth sein kann, ist klar, und ich selbst gedenke insofern an diese Arbeit zu gehen, als ich eine kritische Ausgabe der Frösche nebst den Scholien vorbereite.

Philosophisch-philologische Classe.

Herr von Prantl legt vor:

„Daniel Wyttenbach als Gegner Kants."

Daniel Wyttenbach (geboren 1746 in Bern, 1771 Professor des Griechischen am Athenäum in Amsterdam, woselbst er 1779 den Lehrstuhl der Philosophie übernahm, dann von 1799 bis 1816 Professor der Rhetorik in Leyden, gestorben 1820) ist im Gebiete der classischen Philologie rühmlich bekannt durch seine Arbeiten über Plutarch und Plato, sowie durch die (von 1777 bis 1808) von ihm veröffentlichte Bibliotheca critica, durch sein zweibändiges Werk *Φιλομαθίας τὰ σποράδην* (der lateinische Titel lautet „Miscellanea doctrina") und wohl noch mehr durch seine „Vita Ruhnkenii" (1799). Sowie er aber auch im Umkreise der Philosophie sich durch Veröffentlichung einer „Logica" und einer „Metaphysica" literarisch bethätigte, so lag für ihn in dieser letzteren Beschäftigung die Veranlassung zu einer entschiedenen, ja selbst heftigen Bekämpfung Kant's, welche wesentlich einen persönlichen Character annahm. Es hatte nemlich ein strebsamer Holländer, Paul van Hemert (welcher früher Theologe gewesen war, aber nach seinem Verzichte auf priesterliche Thätigkeit die Professur der Philosophie zu Amsterdam als Wyttenbach's Nachfolger übernahm) sich mit Begeisterung der kantischen Philosophie zugewendet und zur Beförderung und Verbreitung des Kantianismus in Holland ein eigenes Organ, betitelt „Magazin voor de Kritische Wysgeerte" gegründet (1799), in welchem er einmal von sich sagt: „Magnus extitit Kantius propheta, et ego huius inter Batavos exorior hypopheta"[1]). In ähnlicher Weise hatte seit dem letzten Jahrzehnte des vorigen Jahrhunderts die Philosophie Kant's unter Ueberschreitung der Gränzen Deutschlands Aufnahme gefunden in England und Schottland durch Home, Nitsch, Willichs und Beck, sowie in Frankreich durch Villers, Kinker, Destutt de Tracy und Dégérando.

Der Unterschied des philosophischen Standpunktes der beiden nachmaligen Gegner war bei dem Einen derselben bereits in früheren Jahren zu Tag getreten. Nemlich Wyttenbach hatte schon in seiner von der Stolpe'schen Stiftung i. J. 1779 gekrönten „Disputatio de unitate dei" (gedruckt Lugd. 1780. 4) gegen Kant's i. J. 1763 erschienene Schrift „Einzig möglicher Beweis vom Dasein Gottes", welche derselbe bekanntlich später in der Kritik der r. Vern. selbst preisgab, eine Polemik geführt, deren Standpunct die Uebereinstimmung mit den Anschauungen der weitverbreiteten leibnizisch-wolffischen Gegner Kant's deutlich zeigt[2]). Ferner

1) Wyttenbach, Epist. ad Lyndenum; Opusc. II, 201—8.

2) Opusc. II, 445: Ratio Kantii ..... eo redit „Deus continet ultimam causam possibilitatis omnium aliarum rerum; igitur aliae res omnes in tantum sunt possibiles, in quantum ab eo ente necessario tanquam a causa proficiscuntur; igitur non plures esse possunt dii seu plura entia necessaria" ...... Eas res tantum ad possibilitatem refert, quae ad existentiam pervenire possunt, quae est externa possibilitas, non illas etiam, quae sibi ipsae non repugnant, quae est interna possibilitas ...... Aliud est vitium: ..... Demonstrandum fuisset, res non necessarias non posse

äusserte Wyttenbach schon in der ersten Auflage seiner „Praecepta philosophiae logicae" (1782) auf Grund der üblichen Schul-Logik seine Bedenken gegen die von Kant i. J. 1762 verfasste Abhandlung „Von der falschen Spitzfindigkeit der vier syllogist. Figuren" (s. unten Anm. 9). Nachdem aber nun i. J. 1796 Van Hemert in holländischer Sprache eine Darlegung der „Elemente der kantischen Philosophie" veröffentlicht und hiedurch deutlich die Absicht kundgegeben hatte, den Kantianismus bei seinen Landsleuten populär zu machen[3]), nahm Wyttenbach in seiner „Vita Ruhnkenii" (1799) von dem Umstande, dass Ruhnken in Königsberg ein Mitschüler Kant's gewesen war[4]), die Veranlassung, unter Hinweis auf den anmuthigen Stil des Hemsterhuis und auf die schriftstellerische Eleganz des Mendelssohn, des Sulzer und A. den Kantianern Deutschlands den Rath zu geben, dass sie sich von dem dunklen Wort-Krame befreien und im Hinblicke auf den praktischen Nutzen der Philosophie dem gewöhnlichen Verständnisse durch eine sachliche und durchsichtige Schreibweise Rechnung tragen sollen[5]). Und bezüglich seiner eigenen Lands-

---

causam possibilitatis suae habere in pluribus entibus necessariis. Itaque manifestum est vitium, quod vulgo a petitione principii appellatur. Vgl. unten Anm. 13 am Schlusse.

3) Van Hemert, Epist. ad Wyttenb., p. 42.

4) Wyttenbach, Vita Ruhnk., Opusc. I, 630: Kantium (i. e. condiscipulum Ruhnkenii) sive casus sive quidam ingenii aestus ad philosophiam detulit, in qua quum aetatem consumeret, senex eam protulit metaphysicam rationem, quae nunc maxime ipsius nomine celebratur.

5) Ebend. p. 576 f.: Hemsterhuisius ..... metaphysices abstrusissima argumenta suaviter ac dilucide exposuit ...... Quam rationem adhuc in Germania elegantissimi quique tenuerunt philosophi, Mendelssohni, Sultzeri, alii; et eandem profecto repetent seque ipsi ex verborum obscuritate et involucris ad popularem captum et Socraticam perspicuitatem explicabunt novissimi illi doctrinae a Regiomontano Ruhnkenii condiscipulo proditae sequaces, si quidem philosophia ad communem

leute glaubt er den nachtheiligen Einfluss, welchen in Deutschland die Wolffische Philosophie auf die schöne Literatur ausgeübt habe, seitens des Kantianismus darum weniger befürchten zu müssen, weil im Gegensatze gegen die ältere Philosophie, welche in einem von struppigen und unerhörten Worten freiem Stile auf die populäre Fassungsgabe wirkte, diese neue Secte durch ihre Eigenthümlichkeiten eher abschreckend auftrete[6]).

Gegen diese Ausfälle Wyttenbachs, welche allerdings nur die stilistische Form der kantischen Literatur betrafen, wendete sich nun Van Hemert wiederholt in seinem „Magazin voor de kritische Wysgeerte", dessen erstes Heft er in dem nemlichen Jahre (1799) veröffentlichte, in welchem die Vita Ruhnkenii erschienen war[7]). Hiedurch gereizt schrieb Wyttenbach i. J. 1807 im zwölften (letzten) Bande seiner seit 1775 fortgesetzten Bibliotheca critica die „Epistola ad Lyndenum", welche lediglich eine heftige Polemik gegen Van Hemert, d. h. gegen den „Horrearius" (— so nemlich bezeichnet er ihn stets, ohne jemals den wirklichen Namen zu nennen —), zum Inhalte hat. Gegenüber den Entgegnungen Van Hemert's, welche er dem Gekneife der Hunde („latratiunculae canicularum") gleichstellt, geht er nun auch

humani generis utilitatem intelligentiamque spectat nec eius studiosi magis verbis quam rebus fidunt.

6) Ebend. p. 625: Apud Germanos immoderatus Wolfiani studii fervor literas veluti tempestatis calamitate afflixit ..... Novissima a vetere Regiomontano Ruhnkenii condiscipulo prodita ratio apud nos quidem literis non obfuit nec, ut speramus, oberit; siquidem priores illae (sc. rationes, d. h. er meint hiemit Newton, Locke, Leibniz u. A.) partim maximarum scientiam rerum profiterentur, partim disserendi spinis et verborum novitate minus obstructam haberent cognitionem, partim interpretes nascerentur, qui eas ad communem captum intelligentiamque explicarent; quae et secus sunt in hac novissima ratione et plurimum valent ad studii cum frequentiam tum diuturnitatem.

7) Van Hemert, Epist. ad Wyttenb. p. 3.

auf die kantische Philosophie überhaupt näher ein, ja er übt sogar in einzelnen Puncten eine speculative Kritik, welcher durchaus nicht jede Berechtigung abgesprochen werden kann (— auf Letzteres aber erst unten näher zurückzukommen, möge einstweilen vorbehalten bleiben —). Wyttenbach bekennt in dieser Epistola[8]) offen seine Sympathie mit Eberhard, Mendelssohn, Platner, Garve, Herder, Feder, Meiners, Tiedemann, Schwab, Nicolai, Wieland, Reinhard, Falck, Henning, Weishaupt, ja auch mit Stattler (!), so dass wir schon hiedurch über die Parteistellung hinreichend orientirt sind. Er erkennt wohl an, dass Kant, scharfsinnig und geistreich, manches Einzelne fein entwickelt habe, aber findet doch, dass aus der Neuerungssucht und Eitelkeit desselben nur eine von Anfang bis zu Ende unhaltbare Lehre hervorgegangen sei[9]), welche namentlich auch an einer folgenschweren, von den Anhängern aber nicht beachteten Unkenntniss der Geschichte der Philosophie leide[10]). Man stosse bei Kant's ungewohnter Redeweise auf eine Finster-

---

8) Opusc. II, 198.

9) Ebend. p. 164 f.: Noveram auctorem (d. h. Kantium) ex aliis quibusdam eius scriptis ut acutum et ingeniosum, sed eundem captatorem novitatis et admirabilitatis, nec mihi probatur in argumento de unitate dei et iudicio de falsa argutia figurarum syllogisticarum (s. Anm. 2). Ebend p. 196: Sunt vero etiam, quae probem, nimirum singularum quarundam partium expolitionem et acutas nonnullas animadversiones; at universam doctrinam, principia et exitum, probare me non posse fateor.

10) Ebend. p. 187 f.: Omnino ultra quam philosophum decet, literae ei defuerunt, ut in historia philosophiae vix supra Spinozae et Cartesii aetatem progressus videatur. Qui si priores et antiquos cognitos et pertractatos habuisset, a multis sibi erroribus cavisset. Fortasse, nisi eum novae sectae condendae gloria decepisset. Ebend. p. 198: Cui viro, quod novitatis et admirabilitatis captatio adfuit, literarum scientia et philosophiae historia defuit, nil ei obfuit apud novos ignaros nec animadvertentes.

niss, welche, je weiter man lese, immer dichter werde, und bei dem Mangel aller Beweisführung sei man nur auf kühne und unwahrscheinliche Behauptungen angewiesen[11]); die Kritik der reinen Vernunft, vergleichbar einem von Stacheln starrenden Igel oder einem vielarmigen Polypen, vermöge es nicht, den stumpfen Blick ihres niederhängenden Kopfes irgend vom Boden zu erheben[12]). Der Kantianismus, welcher wie ein ansteckendes Fieber grassirte und zu einer Zeit, als man ihn in Deutschland bereits für veraltet hätte halten können, mit geringem Erfolge in die Niederlande einzudringen versucht habe[13]), geberde sich wohl gar gewaltig, halte sich für die einzig wahre Philosophie und bedaure es, seine Herrschaft nicht über den Erdkreis verbreiten zu können, aber er führe durch seine Spitzfindigkeiten selbst seinen Sturz herbei und entfremde sich trotz allem win-

---

11) Ebend. p. 168: Novum et inusitatum dicendi genus, spissae tenebrae, tum ipsa tractatio, spissiores etiam tenebrae et cum lectionis progressu ingravescentes. Tantum quidem dispiciebam, consequentiam argumentorum deesse, pleraque temere ac sine demonstratione poni, postulari nec ad probabilitatem explicari.

12) Ebend. p. 160 f: Fuit (sc. Critica rationis purae) aut horrens spinis echinus aut creber flagellis polypus ..... Haec ei conveuit forma vocali, incurvae, capite humi demissae, in terram intuenti et obtusa oculorum acie ultra experientiae terminos, quod ipsa fatetur, prospicere haud valenti.

13) Ebend. p. 157 f.: Tunc apud Germanos nova ista metaphysica iam obsolescebat et nunc obsoluit ..... Jam duodeviginta annos nata erat, quum nostri homines eam apud nos producerent et Belgice crepare cogerent; apud Germanos tunc vetula habebatur et erat sane pro ingenio seculi effoeta (die Kritik der reinen Vernunft erschien 1781, Van Hemert aber begann sein Magazin 1799, und in diese letztere Zeit fällt bereits Fichte) ..... Febris erat, ut olim Wolfiana, antea Cartesiana, ... sic ista Kantiana non quidem, ut illae, late per Batavam terram fusa, sed intra paucos conclusa ..... Adolescentulus Wolfiana febri laboravi (vgl. Anm. 2).

digen Geschrei durch seine Sophismen und se
ständlichkeit gerade alle Besseren[14]. All seinen
gegen Kant sammelt Wyttenbach in eine läng
in welcher er mit den glänzendsten Farben der
keit die verderbliche Verbreitung schildert, welc
cimmerischer Finsterniss und Nordpol-Eis bestehend
Philosophie in Deutschland gefunden habe[15].

14) Ebend p. 154 f.: Nova extitit secta .... volens
tuari, alias sectas ad ipsius formulam adigere conari, se
profiteri, indignari, se umbraculis suis inclusam teneri n
suum per terrarum orbem latius proferre posse: necquicq
ipsa se suis acuminibus compungens et labefactans tortuosis
culis et nova verborum obscuritate φιλοκάλους dilucidae f
sapientiae amantes avertens, quamvis clamosa et ventos
ventis.

15) Ebend p. 169—72: Kantianus liber vix amplius i
dibus Germaniae memoratus, ut nemini intellectus, in obliv
videbatur. At vero ..... adhuc neglectus iam produci, cel
studium primo latius serpere, tum ubique differri, denique
Germaniam pervadere, fervere. Auctor illud congruum se
frigori opus tanquam Cimmeriis tenebris et boreali glacie
protulerat ..... Ac prouti Ixion amore Junonis ... captus ..
nube .... cum ea congressus Centauros genuit, ... sic Kan
tiarum reginam deperiens Metaphysicam ab ea deceptus Cim
gine eam iniens genus scientiae procreavit Centauricum, trans
appellitatum, sepimenta prioris philosophiae transsiliens, viret
que vastans. Pater suum foetum in librum includens et tanq
dorae dolium proponens non dubitabat, id .... philosophantium
dia sibi conciliaturum. Avus Boreas adspirans coeptis doliun
.... et supra Germaniam volans in Saxoniam dolium deiecit,
aliquot annos neglectum iacuit. Philosophantes unus et alter ..
operculum, dolium interius inspiciunt, vident plenum materia
gredinis et gravis odoris. Veterani operculum rursus imponunt,
novitios item facere, ne materia calore aëris effervescens in e
pita erumpat. Pater ingloriam dolii sortem audiens faces ad i
dum submittit, quibus admotis dolio aperto vapores a materia
surgentes ignem concipiunt et subito cum fulgure sonitum edun
novitii puerique ad rumorem novitatemque spectaculi excitare, a

in Liebe zur Königin der Wissenschaften entbrannt, wie Ixion durch Umarmung der Juno, aus täuschendem Nebel ein centaurisches Wesen, die Transcendental-Philosophie, gezeugt und diese Frucht seiner Liebe in ein Pandora-Fass gelegt, welches dann der Grossvater Boreas über Deutschland führte, wo es in Sachsen niederfiel und eine Zeitlang unbeachtet liegen blieb[16]). Bei Oeffnung des Fasses aber habe man einen pechschwarzen stinkenden Stoff gefunden, und in Folge hievon sei von den Aelteren auf schleunigen Wiederverschluss desselben gedrungen worden. Hierüber

---

adstare, stupere, mirari, gaudere, gestire, ignem quisque et materiae partem rapere et auferre; massa picea concutiendo agitandoque exardescens crepitansque dissiluit, rapientium vultus atra fuligine implevit, capita furore instinxit, ut sibi pulcri et sapientes viderentur, per vicos oppidaque discurrentes debaccharentur, deorum hominumque fidem obtestarentur, se pristinis liberatam tenebris philosophiam ipsamque veritatem afferre. Pater .... foetui duas submittit sorores criticas, Rationis practicae et Facultatis iudicandi, tum alios et alios novos natos ..... Sic per decennium haec sola viguit veritas in scholis, libris, ephemeridibus decantata et criticae philosophiae nomine celebrata...... In hac scholastica conversione extiterunt demagogi nullo aut mediocri ingenio per obscuritatem antea ignorati ..... hanc inclarescendi occasionem arripientes pervulgatas novae doctrinae formulas brevi tempore discentes et memoriae tradentes easdem mox in conventiculis, circulis, stabulis, cauponis, thermopoliis imperito et miranti vulgo tanquam agyrtae medici collyrium lippitudinis, panaceam caecutientis ingenii ostentantes et venditantes.

16) Bei der Nennung Sachsens werden wir kaum an den Leipziger Born denken dürfen, welcher bekanntlich die drei Kritiken Kant's in das Lateinische übersetzte (jedenfalls finden wir, dass Wyttenbach Stellen aus Kant nicht in der Born'schen Uebersetzung anführt), wohl aber an Heydenreich in Leipzig, sowie an Schmid, Heusinger und Schütz in Jena, ja vielleicht am meisten an Reinhold's Briefe, welche 1784 im Deutschen Mercur erschienen. Dürften wir aber „Sachsen" in weiterer Bedeutung nehmen, so käme vor Allem Halle in Betracht, wo Tieftrunk, Jacob, Hoffbauer, J. S. Beck wirkten, sowie auch an den Magdeburger Mellin erinnert werden könnte.

ärgerlich habe Kant Fackeln unter das Fass gebracht, worauf es mit Blitz und Knall explodirte[17]). Nun seien die Neulinge und die Knaben zahlreichst herbeigekommen, und in verrücktem Freuden-Taumel habe Jeder ein Stückchen des Pech-Stoffes fortgenommen, wodurch ihre Gesichter geschwärzt und ihre Köpfe mit der Wahn-Vorstellung der Weisheit erfüllt worden, so dass sie wie trunken umherliefen und überall verkündeten, sie seien die Träger der wirklichen von früherer Finsterniss befreiten Wahrheit. Dann habe Kant noch zwei kritische Töchter und mehrere Söhnlein gezeugt, und zehn Jahre hindurch sei die neue Weisheit überall ausschliesslich gefeiert worden, wobei auch ganz obscure Leute die wohlfeile Gelegenheit, berühmt zu werden, gierigst ergriffen, den kantischen Formel-Kram auswendig lernten und als „Demagogen"[18]) aller Orten wie marktschreierische Quacksalber die Panacee, durch welche alle geistige Blindheit geheilt werden könne, feil boten.

Bei solcher Kampfweise Wyttenbach's wäre es wahrlich entschuldigt gewesen, wenn Van Hemert in seiner „Epistola ad Danielem Wyttenbachium", welche er im J. 1809 als Entgegnung veröffentlichte, sich in stärkeren Ausdrücken bewegt hätte, als er wirklich thut. Denn nach demjenigen, was wir soeben anführten, durfte sich Wyttenbach in der That kaum beschweren, wenn Van Hemert öfters von „nugae" oder von „ineptissimus garritus" oder selbst wenn er von „impudentia" redet[19]). Derselbe erkennt ausdrücklich

---

17) Unter diesen Fackeln haben wir wohl die „Prolegomena" (1783) zu verstehen, doch in Erwägung der Parteistellung Wyttenbach's könnte man auch an die Recension denken, welche Kant über Herder's „Ideen" in der Jenaer Literatur-Zeitung, 1785, veröffentlichte.

18) Somit die nämliche gehässige Denunciation, durch welche auch Herder in seiner Metakritik die Polizei gegen den Kantianismus zu Hilfe rief.

19) Van Hemert, Epist. ad Wyttenb. p. 15, 16, 32, 41.

an, dass Wyttenbach im Gebiete der Philologie mit Glanz in erster Reihe stehe, darf aber auch hinzufügen, dass derselbe in der neueren Philosophie gar schwach bestellt sei[20]). Auch die Insulten, welche Wyttenbach der kantischen Philosophie zugefügt hatte, führt Van Hemert darauf zurück, dass jener eine Verdunklung seines sonst wohlverdienten Ruhmes und zugleich die Aufdeckung seines Mangels an philosophischem Wissen befürchtet habe[21]). So spricht Van Hemert, — abgesehen von der Widerlegung einzelner speculativer Bedenken, worauf wir, wie oben gesagt, unten zurückkommen werden, — öfters im Allgemeinen den Vorwurf der Unkenntniss aus[22]), und wir werden ihm z. B. auch bezüglich einer scheinbaren Kleinigkeit gewiss nicht Unrecht geben, insoferne er es rügt, dass Wyttenbach häufig für die Philosophie Kant's die Bezeichnung „Metaphysik" wählte, denn jeder Kundige weiss, dass es sich bei Kant gerade um Beseitigung aller damals üblichen Metaphysik handelte[23]); darum ist auch die Rechtfertigung, welche Wyttenbach

---

20) Ebend. p. 44: Uti in literis regnas atque ἐν προμάχοις iure summo censeris, ita in recentiore philosophia plane ἀνάλκις es καὶ οὐτιδανός.

21) Ebend. p. 11: An quemquam latere posse putas, te nulla alia de causa doctrinae Kantianae adeo vehementer insultare eosque qui eam profitentur, tam flagranti odio persequi, nisi quod verearis, ne tuis obstruatur luminibus et tua, quam iactas, philosophiae peritia prorsus nulla esse deprehendatur.

22) Z. B. ebend. p. 16: Te in maxima rei, contra quam disputasti, ignoratione versari, ostendam ..... (p. 18) Doctrinam ipsam non recte cepisti, nedum percepisti aut animo totam penitusque eam comprehendisti.

23) Ebend. p. 25 f.: Toto coelo erras ..... Purae rationis criticam considerando velut systema quoddam metaphysicum novamque appellando metaphysicam ..... Estque hic tuus error eiusmodi, ut nullis fere aliis argumentis mihi opus sit, ... te doctrinae Kantianae ..... omnino ignarum esse et de mente ac praecipuo philosophi, quem insectaris, consilio nihil quidquam animo percepisse.

hierüber zu geben versucht, eine schwache[24]). Uebrigens hatte Van Hemert gleichzeitig mit dieser Epistola durch Einen seiner Freunde — wohl gewiss Heumann — den nemlichen Inhalt in holländischer Sprache zu einem Aufsatze in dem „Oekonomisch-literarischen Theater" verarbeiten lassen und somit auch für populäre Verbreitung dieser Polemik gesorgt[25]).

Wyttenbach aber beeilte sich sofort in dem nemlichen Jahre 1809 im ersten Bande des oben erwähnten Werkes „*Φιλομαθίας* etc." (Misc. doctr.) einen langen Aufsatz mit der Ueberschrift „*Καθάρσιον*" zu veröffentlichen, in welchem er neben abermaliger Besprechung der eigentlich speculativen Streitpunkte (s. sogleich unten) in den heftigsten Worten seinen Zorn über Van Hemert ausschüttete. Er sagt z. B., dass bei demselben die Schmähsucht durch einen Mangel an Vernunft und Talent, welcher sich bis zum Wahnsinne und zu tollem Geschrei steigere, noch übertroffen werde[26]), oder er nennt ihn geradezu einen unverschämten Hund, welcher einfältige Lügen ausschütte und es für Lateinschreiben halte, wenn er die Redewendungen der belgischen Fischweiber lateinisch übersetze[27]) u. dgl. mehr.

---

24) Wyttenbach, Misc. doctr. I, p. 39: Et tamen vulgo, a Kantianis adeo, subinde appellatur nomine metaphysicae Kantianae.

25) Ebend. I, p. 22.

26) Misc. doctr. I, p. 24 f.: Equidem tantam maledicentiam exspectaveram, tantam inopiam rationis et ingenii non exspectaveram, quae nisi homini defuissent, poterat aliquid et brevius et acrius de ista materia conficere; nunc iracundia eum paulatim a iudicio ad insaniam compulit, ut nil nisi vociferaretur et debaccharetur.

27) Ebend. p. 121: Prorsus e suo libello discedit, ut praecisa canis cauda, nam canem quidem impudentia et latratu per totum libellum se praestitit cum in effutiendis stolidis mendaciis et conviciis tum quod non dubitavit latine scribere nesciens, latinitatem constare puritate et urbanitate, utrumque ignorans, putans, hoc esse latine scribere, si ea, quae piscariarum dictionibus Belgice composuisset, latinis verbis redderet,

Haben wir hiemit diese literarische Fehde mehr im Allgemeinen und nach ihrem äusseren Auftreten betrachtet, so dürfte hiebei unser Urtheil sich kaum zu Gunsten Wyttenbach's gestalten, denn durch Gereiztheit und Feindseligkeit wird noch keine vortheilhafte Stellung erreicht gegenüber einem Gegner, welcher seinen Standpunkt mit Begeisterung ergriffen hat und denselben mit Wärme, aber nicht mit Wuth, festhält. Wyttenbach erinnert uns nach dieser Seite wirklich an die Philologen der Renaissance-Periode, welche in ihrer Voreingenommenheit für ciceronische Rhetorik nur mit Hass und Spott über die aristotelische Logik herfielen. Aber wenn wir nun unseren Blick auf die speculative Kritik richten, welche er an einzelnen Puncten der kantischen Philosophie übte, so finden wir, dass ihm weder Unwissenheit in der damaligen Philosophie vorgeworfen noch auch eine gewisse Schärfe philosophischen Urtheils abgesprochen werden kann. Er gibt z. B. in Kürze den Hauptkern des Kantianismus in einer Weise an, welche wir durchaus nicht als unrichtig bezeichnen können[28]), und sowie er sichtlich die Einwände kennt, welche seitens der leibniz-wolffischen Richtung und anderer Gegner (s. ob. Anm. 8) gegen Kant erhoben worden waren, so begnügt er sich für seinen Zweck, einige Puncte, welche er als besonders massgebend beur-

quamvis belgicismos retineret. Die eben erwähnte „urbanitas" können wir allerdings in solcher Schreibweise nicht entdecken, und ausserdem empfangen wir den Eindruck einer recht schulmeisterlichen Weise, wenn er p. 85 ff. in Einzelnheiten über die Latinität Van Hemert's herfällt. Aeusserungen höchster Entrüstung über Van Hemert finden wir auch in den von Mahne herausgegebenen Epistolae selectae Wyttenbachii (Gent, 1829), z. B. Fasc. I, S. 90: „Emeritus theologus, vetus maledicentiae athleta et philosophiae Kantianae praeco me ab illa secta alienum expertus dirissima convicia e triviis collecta, latinitate barbara, in me effundere conatus est" und ähnlich ebend. S. 95 u. 101; aber über Kant's Philosophie selbst kommt in dieser Briefsammlung Nichts vor.

28) Epist. ad Lyndenum, Opusc. II, p. 176 f.

theilte, in scharfer Formulirung ins Feld zu führen. Der eine oder andere darunter ist derartig, dass er zu allen Zeiten bei einer Prüfung der kantischen Philosophie sich aufdrängen muss. Van Hemert hingegen war eben Kantianer der strictesten Observanz, und so muss es kommen, dass wir Epigonen in dem Bestreben, Kant's inhaltsschwere Verdienste und Kant's folgenreiche Schwächen richtig zu schätzen, den beiden Gegnern mit getheiltem Beifalle folgen werden, indem wir an dem Einen sowie an dem Anderen bald die Berechtigung bald die Befangenheit beachten.

Sechs Puncte sind es, welche Wyttenbach in den Vordergrund gestellt hatte, und bezüglich deren auch sowohl die Replik Van Hemerts als die Duplik des ersteren in Betracht gezogen werden muss.

Allerdings nicht von grossem Belange ist der erste Einwand, in welchem Wyttenbach gegenüber der Annahme, Kant habe durch seine Kritik den Streit zwischen Dogmatismus und Skepsis geschlichtet, hervorhebt, dass der Gegensatz des Dogmatismus nur in der Schule der Akademiker zu erblicken sei, welche die Erkennbarkeit der Wahrheit geradezu verneinen, wohingegen das skeptische Princip des Zweifels gerade in Mitte zwischen Bejahung und Verneinung stehe; Kant selbst aber sei bald Dogmatist bald Akademisch bald Skeptiker; ausserdem noch sei das Wort „Kritik" eine völlig willkürliche und unpassende Bezeichnung des Bestrebens die Gränzen der menschlichen Geistesfähigkeit festzustellen[29]). Van Hemert erwidert hierauf nicht unrichtig,

29) Ebend. p. 175: Pronunciant: Duplex adhuc metaphysicae ac diversum fuit institutum, alterum dogmaticorum, ... alterum scepticorum, ... hanc tandem contentionem sedavit Kantius adferens criticam ..... Illa divisio nec historiae fidei nec logicae legibus congruit; quippe dogmaticis .. .. verum cognosci posse affirmantibus opponendi sunt ii, qui hoc negant, ut Academici, ... horum in medio sunt sceptici ..... Kantius autem aliis in rebus est dogmaticus, in aliis

dass nicht abzusehen sei, warum nicht auch die Akademiker den Vertretern eines Dogmatismus beigezählt werden sollen, und dass die Bemänglung des Wortgebrauches „Kritik" einfach gehässig sei[30]). Und wenn hiegegen sich Wyttenbach dadurch vertheidigt, dass dann den Gegensatz der Dogmatisten jene Philosophen bilden müssten, welche überhaupt ihren Mund nicht öffnen und sonach die Philosophen in redende und schweigende einzutheilen wären, so dürfte diess schwerlich unseren Beifall finden[31]).

Tiefer aber geht der zweite Einwurf, ja derselbe trifft einen innersten Kern der kantischen Philosophie, welcher noch heutzutage ein Gegenstand schwierigster Controversen ist und es wohl noch lange Zeit bleiben wird. Wyttenbach frägt, wie denn der Philosoph, welcher die menschliche Erkenntniss auf die Erscheinung beschränkt und aus einer objectiven zu einer subjectiven gemacht hat, jemals auf gemeingültig wahre und hiemit objective Gränzen des Erkennens gelangen könne; es sei ja unmöglich, dass der menschlichen bloss subjectiven Vernunft unabänderliche ewige Ge-

---

negans, in quibusdam scepticus. Deinde fines facultatum animi et materiae cognoscendae designare et inter se comparare propositum fuit ..... Hanc autem finium designationem se perfecisse et criticam dixit primus Kantius solita sibi verborum licentia ..... Critica cognomen magis ad opinionem vulgi valebat.

30) Epist. ad Wytt. p. 19: Quo tandem iure eos, qui cum secundae tertiaeque philosophis Academiae omnino negant, verum cognosci posse, dogmaticorum numero eximendos censes? ...... p, 23: Quo garritu ecquid imperitius dici aut odiosius potest? nam quae tandem illa est vel esse potest, quam crepas, verborum licentia? latetne illa in nomine Criticae?

31) Misc. doctr. I, p. 34 f.: Ergo illi Academici iidem sunt dogmatici, quia aliquid statuunt negantes, quidquam percipi posse? hoccine unquam δόγμα et δογματίζειν dictum est? ..... Quin potius qui dogmaticus esse non vult, ne loquatur omnino neque os aperiat; itaque duas habebimus formas philosophiae, φάσιν et ἀφασίαν, ... et duas faciemus philosophorum sectas, loquentes et tacentes.

setze einwohnen, welche nur in der göttlichen Vernunft sich finden können[32]). Van Hemert entgegnet zunächst, dass „wahr“ und „objectiv“ durchaus nicht identisch seien, und sodann dass Kant in der That ausschliesslich nur von den subjectiven Gränzen des Erkennens spreche und an objective Gränzen, von welchen wir nichts wissen, schlechterdings nicht gedacht werden dürfe; was aber die Bemerkung über die göttliche Vernunft betreffe, so beruhe diess auf einer Misskennung der ganz verschiedenen Stellung und Geltung der reinen und der praktischen Vernunft[33]). Wyttenbach aber verbleibt mit dem Zugeständnisse, dass er eigentlich richtiger „zweifelhaft“ statt „subjectiv“ und „gewiss“ statt „objectiv“ hätte sagen sollen, doch bei seiner vorigen Auffassung, indem er darauf hinweist, dass man gewiss nicht aus der Subjectivität des Erkennens auf die Subjectivität des zu erkennenden Objectes schliessen dürfe[34]). Abgesehen

32) Opusc. II, p 178 f.: Qui cognitionem humanam nec modo sensibilem eius partem sed et intelligibilem a scientia et veritate ad opinionem ac speciem traduxit seu, ut nunc loquuntur, ex obiectiva subiectivam fecit, ... quomodo is cum subiectiva sua cognitione fines veros, quos vocant obiectivos, cognoscat? ..... Quae tandem est illa ratio? scilicet humana, opinabilis, subiectiva. Huius leges igitur sunt aeternae et immutabiles? Ita quidem de divina ratione loquuntur alii philosophi, et fas est ita loqui, non de humana.

33) Epist. ad Wytt. p. 29 f.: Ne ipsam quidem vocabulorum, quae reprehendis, vim a te intellectam esse patet..... Unde tibi constitit, fines veros Kantio eosdem dici haberique cum illis, quos nunc vulgo obiectivos appellant? ..... Qui enim veros humanae cognitionis fines se nobis designaturum profitetur, is profecto...... subiectivos, quos vocant, fines eosque solos intelligat necesse est, ut de obiectivis finibus ne vel cogitasse censeri possit; de his quippe nulla esse potest aut cogitatio aut quaestio...... p. 32: Dic igitur, quonam in libro haec legeris, quae lectori narras..... Confundis nimirum rationem, quam theoreticam cum ea, quam practicam vocant, et utriusque diversam vim diversumque usum.

34) Misc doctr. I, p. 43: Istius reprehensionis ansam non dedissem, si pro „subiectivo“ „dubium“, pro „obiectivo“ „certum“ posuissem

von dem Streite über die Bedeutung des Wortes „objectiv“, wobei Wyttenbach nicht völlig im Rechte, Van Hemert aber fast ganz im Unrechte ist, berührt hiemit Ersterer jene vielbesprochene Einseitigkeit Kant's, welche sowohl in der ausschliesslichen Subjectivität der Anschauungsformen Raum und Zeit, als auch in der bedenklichen Stellung des Dinges an sich ihre Rolle spielt und schliesslich dazu führt, dass das Menschen-Subject aus dem Zusammenhange mit dem Universum losgeschält wird, — kurz wir stehen hier vor jenem tiefsten Puncte, welcher stets allen jenen zu Gemüth geführt werden sollte, welche heutzutage in den Grundfragen eine Rückkehr zu Kant empfehlen und uns hiemit zumuthen, dass der ganze folgerichtige Abweg, welchen die Philosophie nach Kant betreten musste, noch einmal abgewickelt werde. Doch diese Fragen weiter zu verfolgen, ist hier nicht der Ort, und wir kehren hiemit zu unseren beiden Kämpfern zurück.

Nicht minder beachtenswerth ist das dritte Bedenken Wyttenbach's. Er weist nemlich darauf hin, dass die Kategorien, insoferne dieselben nach Kant's Auffassung vor aller Erfahrung im Denken liegen und doch nicht wirklich gedacht werden sollen, ehe die Erfahrung hiezu die Anregung bringt, einen inneren Widerspruch gegen die Apriorität überhaupt enthalten; es seien auf diese Weise die Kategorien im Denken und dabei zugleich doch nicht im Denken, und wenn man annehmen müsse, dass die Seele gleichsam vierzehen leere Zellen (die zwei reinen Anschauungsformen und die zwölf reinen Verstandesbegriffe) enthalte, so sei es unfassbar, wie in diesen Zellen vor dem Eintritte der Erfahrung etwas liegen solle, während Nichts in denselben

...... Sed en mirum Horrearii acumen: omnis finium, inquit, cognitio est subiectiva, ergo fines omnes sunt subiectivi. Nil vidi minus. Sic dicas „Omnis cognitio trianguli est subiectiva, ergo omne triangulum est subiectivum.“ Quod quis sanus non rideat?

sei. Spricht hiemit Wyttenbach auch hier das nicl rechtigte Gefühl aus, dass die kantische Isolirung (jectes zur unbestimmbaren Leere führe, so knüpf gleich eine positive Forderung an, welche uns s Jacobi erinnert; man solle nemlich bedenken, dass selbstbewussten Ich, wie eben dasselbe thatsächlich Motiv der sinnlichen Erfahrung sich miteingeschlosse: und somit in diesem vollen Menschen-Subjecte eine ontologischer Grund-Begriffe liege, welche der mehr entsprechen, als der kantische Formalismus[35] türlich behaupten wir nicht, dass Wyttenbach das schwierigste Problem einer speculativen Verein zwischen Subject und Object (bezüglich des Raum(Zeit, der Bewegung u. s. f.) bereits wirklich gelöst und andererseits verargen wir es ihm nicht, dass e:

35) Opusc. II, p. 181 ff.: Categoriae illae a Kantio sic infor ut proprium metaphysicae officium quod in „via a priori" posit evertant. Dicit enim, eas ante sensibilium visorum adventum ir esse nec tamen cogitari, sed per illa demum excitari .... Sed K: categoriis plane accidit illud Aristophanis de Euripide, de quo interroganti, an domi sit, respondet: ἔνδον καὶ οὐκ ἔνδον..... animus tabula rasa est, non tamen plane, sed quasi distincta p vel ollis exstantibus vel receptaculis depressis tanquam lacunis au apum duodecim categoriis et duabus conditionibus intuitionis t et spatio ..... Illud autem volebam, Kantium per istam categoriar anitatem ipsum hoc suum a priori natum opus elementarium, hanc sive physicam sive puram rationem, funditus tollere. Nam illae profecto f illa receptacula vacua sunt, anteaquam experientia quid in ea infuder nihil habent; hoc autem nihil aliquid esse, liceat criticis philo affirmare..... p. 185 f.: Haec „conscientia", hoc „ego" habet in volutum sensum,..... durationis suae, successionis, temporis, liber .... Ipsum „ego" protinus infixam notionem habet substantiae, s distinguit accidentia..... Ex quantitate materia, finitum, infin perfectum, imperfectum, ex qualitate forma, ordo, temeritas seu c sio, bonum et malum, suave et insuave, pulcrum et turpe. Hae notiones praecipuae ontologicae..... Accedunt novae corporum, e sionis, soliditatis, spatii, motus.

an der Hand der Geschichte der Logik die Hinfälligkeit der ganzen Kategorienlehre Kant's aufgezeigt hat; aber wir geben ihm zu, dass er auf eine der wundesten Stellen des Kantianismus hingedeutet hat. Daher finden wir es auch erklärlich, dass Van Hemert als ächter befangener Kantianer nur eine sehr schwache Erwiderung zu geben vermag. Derselbe stützt sich nemlich auf eine blosse Analogie, indem er betont, dass auch in der Sinneswahrnehmung die in den Organen liegenden Formen erst in's wirkliche Dasein gerufen werden (— wie verhängnissvoll diese Analogie werden könne, und wie im Gefolge derselben sich der gegenwärtige Streit zwischen Nativismus und Empirismus einstellen müsse, konnte er allerdings nicht ahnen —), und ausserdem verwendet er nur das wohlfeile Mittel, seinem Gegner Unkenntniss und Verwechslungen vorzuwerfen[36]). Bei solcher Sachlage konnte dann auch Wyttenbach kaum etwas anderes thun, als dass er die Analogie zurückwies und den Vorwurf der Verwechslung einfach zurückgab[37]).

---

36) Epist. ad Wytt. p. 36 ff.: Totum hoc categoriarum negotium haudquaquam a te intellectum esse, ex iis, quae dixisti, manifesto iam apparuit ..... Rogatum te unice velim, ecqua in eo posita esse repugnantia possit, si quis categorias, h. e. cogitandi formas, ante sensibilium visorum adventum in animo iam esse nec tamen cogitari, sed per illa demum excitari statuat. Vel an et hoc tibi absurdum esse sibique ipsum repugnare videtur, formam videndi audiendive in fabrica nostrorum oculorum vel aurium latere? ..... Quod igitur de commento categoriarum .... effutiisti, crassa illud pinguique Minerva a te fictum certoque simul argumento est, te ne vel primae rei, quam impugnas, elementa cognita habere ..... Categorias confundis cum aliis animi notionibus principibus, velut conscientia sui etc...... Odiosis quibusdam imperiosisque edictis reprehensioni tuae apud idiotas auctoritatem concilias.

37) Misc. doctr. I, p. 53 f.: Diversissima coniungit bonus Horrearius cogitandi et sentiendi officia. In sensibus corporis concedimus ut in corporea natura, in animo non concedimus...... Horrearius mea cum suis commiscet. Quis enim nescit, quae sint duodecim illae categoriae Kantianae, neque in his ego numeravi conscientiam sui etc., sed

Eine vierte Gruppe von Einwänden Wyttenbach's betrifft gleichfalls die Kategorien, indem zunächst die logische Herkunft derselben überhaupt als eine ungeeignete bezeichnet wird, da eine feste Grundlage der Philosophie nicht durch eine nominalistische Logik, sondern nur durch reale metaphysiche Kategorien gewonnen werden könne. Sodann tadelt er, dass die Limitation, welche zur Quantität gehöre, bei der Qualität eingereiht ist, sowie (— gewiss mit Recht —), dass das sog. unendliche Urtheil nicht in genügender Weise vom verneinenden unterschieden wird, ferner dass bei den mehrfältigen Kategorien der Relation und der Modalität die Dreizahl nur künstlich erzwungen sei. Ausserdem findet er es ungehörig, dass das Principium identitatis in der Kategorientafel gar keine Stelle gefunden, und das Principium causalitatis durch die Einfügung in die Relation förmlich in die Ecke gestellt worden sei, sowie letzteres durch die Beschränkung auf den Umkreis der Erfahrung von vornherein wankend gemacht werde und untauglich bleibe, zu einer letzten göttlichen Causalität fortzuschreiten[38]). Hiebei

---

pronuntiavi, has et alias contineri in classe notionum principum et seminalium multo magis, quam plerasque categorias Kantianas.

38) Opusc. II, p. 183 f.: Categoriae istae neque ortu neque numero sunt id, quod debent esse, i. e. non habent iustum ortum, et numerus duodenarius temere iis ut necessarius affingitur. Categorias enim . . . . . non volumus logicas, sed metaphysicas, ut vulgo loquuntur, reales, non nominales, non logici quadro ordinatas, sed ante omnem non modo logicam institutionem, sed experientiae actionem et rerum externarum ad sensus corporis appulsionem in animo impressas. Cui autem bono fuit, aedificium ad aeternas et immutabiles, ut ipse ait, rationis leges exactum tam vago logicae de enuntiationum divisione praecepto superstruere? . . . . . Limitatio, quae est species quantitatis et eadem quae particularitas, qualitati subiicitur; . . . . . . eadem limitatio ducitur ex enuntiatione infinita, et haec ipsa non satis accurate ab enuntiatione negante distinguitur; . . . . . . relationis et modalitatis, quum sex utrique categoriae recenseantur, hae non nisi pro tribus numerantur, sc. ut numerus duodenarius extorqueatur . . . . . p. 188 f.: In eadem philoso-

ist ersichtlich, wie sehr Wyttenbach eben doch in der alten Schule befangen bleibt, von der üblichen theologisirenden Metaphysik, neben welcher die formale Logik losgerissen, in der niedrigeren Stellung eines Werkzeuges herlaufen soll, sich nicht zu trennen vermag, und in der Auffassung des A priori und A posteriori dem leibniz-wolffischen Pfade folgend dem traditionellen Dualismus huldigt. Und so war es auch für Van Hemert kaum möglich, bei so völlig verschiedener Grundanschauung in eine Einzeln-Discussion einzutreten. Er schweigt in der Epist. ad Wyttenb. über diese Puncte, und nur sein Freund hat in dem oben (Anm. 25) erwähnten Aufsatze zur Erwiderung den Ausdruck gebraucht, dass es Wortklauberei („verborum captio") sei, was Wyttenbach gesagt habe[39]).

Indem hierauf Wyttenbach in einem fünften Einwurfe es tadelt, dass von den Kategorien kein inneres Band zu den höchsten Gegenständen des Erkennens führe, berührt er das allbekannte Verhältniss der reinen Vernunft zur praktischen Vernunft und findet es, wie sämmtliche Gegner Kant's, völlig ungehörig, dass letztere über das Gebiet des Praktischen hinausgreife und in Bezug auf Gott, Freiheit und Unsterblichkeit zu theoretischer Statuirung gelangen wolle, während doch bei richtigem Verfahren umgekehrt das Praktische aus dem Theoretischen abgeleitet werden müsse; auf dem Umwege eines überdiess zweifelhaften Ge-

phia critica ex illis duobus omnis cogitationis fundamentis et omni naturae cogitanti praesentibus quasi luminibus, principiis repugnantiae et causae, ut illud omittitur, sic hoc categoriae relationis subiicitur, ex illustri loco in angulum abiicitur et omnino quasi ludibrio habetur .... Et quum metaphysicam non ultra fines experientiae pertinere vult, inprimis huis principii vim labefactat; negat enim, illud nos adducere ad cognitionem causae primae omnium rerum, i. e. dei ...... In illa autem vetustiorum ennoiogonia principium causae habet necessitatem et auctoritatem universalem.

39) Misc. doctr. I, p 70.

fühles werde mittelst des kategorischen Impera schliesslich als „Deus ex machina" eingeführt[40]). entgegnet hierauf Van Hemert nur durch die B seines kantischen Standpunctes, dass jene drei Idee nur Gegenstand der praktischen Vernunft seien, auch von Jedem zugegeben werden müsse, welch deutung der Antinomien, die sich für die theoreti nunft ergeben, zu erfassen vermöge[41]). Letzteres w Wyttenbach durch die Bemerkung zurück, dass di mien nur eitle Sophismen seien, und auch er verbleibt bei seiner Meinung, indem er alle Postul haupt als einfältigen Aberglauben bezeichnet[42]).

---

40) Opusc. II, p. 190 f.: Non consentaneus sibi est ir quum categorias a priori intelligibiles et antiquiores esse statuit, ab his nullum progressum ad nova intelligibilia con Tum quod illa tria placita „dei, immortalitatis, libertatis" ex sica ad ethicam, ex theoretica ratione ad practicam relegat, haec ipsa placita labefactat, ex lucido firmoque intelligentia in lubricam et confusam interni sensus latebram reiiciens, sed ἀς agit et ipsum primum philosophiae officium negligit...... dogmata ex practico ducuntur contra naturam philosophiae, practica ex theoretico ducere..... Illa tria theoretica dogm dilucidiora et minus incerta sunt, quam ille sensus moralis controversus..... novo habitu imperatorio, inaudito nomine i categorici in scenam revocatus et productus. Nonne hoc est machina inducere?

41) Epist. ad Wytt. p. 39 f.: Aegre ferre videris,..... naturae ac providentiae, libertatis atque immortalitatis anim strorum probationem non purae rationis, sed practicae rationis gumentum. Ita certe statuit Kantius. Et recte quidem, ut norun quotquot illius vim doctrinae illustremque, qui est de antinomii satis perceperunt.

42) Misc. doctr. I, p. 56: Virum se praestitisset, si ostendis illustres antinomias iustas argumentationes nec vana sophismata e (p. 57) Quod omnium longe est παραδοξότατον et manifestum πρότερον, theoretica dogmata ex practico ducuntur..... (p. 58

Endlich der sechste Punct bezieht sich auf jene Grundlage, welche Kant seiner ganzen Philosophie durch die transscendentale Aesthetik gegeben hat. Wyttenbach nemlich bemerkt, Kant sei durch die von Niemandem geleugnete Thatsache, dass alle Sinneswahrnehmung an Raum und Zeit gebunden ist, zu dem Schlusse verleitet worden, dass alles Nicht-sinnliche nicht an Raum und Zeit gebunden sei; diess aber sei nach den Regeln einer jeden Logik ebenso unbedacht und verfehlt, wie wenn man z. B. folgendermassen schliessen wollte: „Alle Hunde haben vier Füsse, folglich hat Alles, was nicht Hund ist, nicht vier Füsse"[43]). Je mehr aber Wyttenbach hiemit wirklich den Nagel auf den Kopf getroffen hat, desto kläglicher ist die Erwiderung, durch welche der Freund Van Hemert's (s. Anm. 25) die Vertheidigung zu führen versuchte; derselbe sagt nemlich: Wenn Jemand jene vier Füsse durch ein grünes Glas betrachte, müssen ihm dieselben nothwendig grün erscheinen[44]). Dass hiemit die ganze Erkenntnisslehre Kant's preisgegeben sei, scheint der ungeschickte Freund nicht bemerkt zu haben, und Wyttenbach befindet sich in der günstigen Lage, diese

---

ita sunt conclusa, quasi comica persona superstitiosa eadem et stupida agatur, non quasi philosophus loquatur, quid sit postulatum, quid consequentia, intelligens.

43) Opusc. II, p. 192 f.: Quum omnes ab omni aevo tenuerint philosophi, res sensibiles ad tempus et spatium esse adstrictas, hi novi critici ita iactarunt, quasi soli scirent et reperissent. Et sane aliquid adiecerunt, hanc sc. conclusionem: „Ergo res non sensibiles non ad tempus et spatium adstrictae sunt," quod aeque eleganter conclusum est atque illud: „Omnes canes habent quatuor pedes, ergo qui non sunt canes non habent quatuor pedes." Scilicet non attenderunt ad magnitudinem subiecti et praedicati eorumque proportionem. Sed huiusmodi paralogismi apud novos istos criticos non sunt infrequentes.

44) Misc. doctr. I, p. 72: Fingamus, tuos pedes et pedes canis esse *νοούμενα* et esse aliquem, qui eos adspiciat per dioptram vitri viridis; necesse erit, ut ei hi pedes viridis coloris esse videantur.

Wendung des Gegners völligst für sich ausnützen zu können, indem er erwidert, dass bei solcher Annahme ganz gewiss auch sämmtliche Noumena an Raum und Zeit gebunden sind[45]).

So hat Wyttenbach bei aller Ungehörigkeit der Form, in welcher er Polemik übte, seinen Zeitgenossen Manches über Kant's Philosophie zu denken gegeben, was auch heutzutage noch nicht seinen Werth verloren hat, sondern bei jedem Bestreben, (— wie man sich ausdrückte —) „um Kant herumzukommen", erwogen werden soll.

45) Ebend. p. 73: Nonne videt hinc sequi, quia res sensibiles per hanc nostram quasi sensuum dioptram spatio ac tempori adstrictae sunt, etiam intelligibiles res iisdem adstrictas esse et his utrumque eodem iure, quo sensibilibus, tribui debere.

Sitzung vom 3. November 1877.

Historische Classe.

Herr v. Giesebrecht theilte mit:

„Beiträge zur Geschichte Kaiser Friedrich's I."

Philosophisch-philologische Classe.

Herr Trumpp legte vor:

„Ueber das indische Schuldrecht" von J. Jolly.

Abkürzungen.

Brih. — Brihaspati. D. — Colebrooke's Digest. Gaut. — Gautama. Kâty. — Kâtyâyana. Kull. — Kullûka. M. — Manu. May. — Vyavahâramayûkha. Mit. — Mitâksharâ. N. — Nârada. Vaij. — Vaijayantî. Vas. — Vasishtha. Vi. — Vishnu. Vir. — Vîramitrodaya. Viv. — Vivâdacintâmani. Y. — Yâjnavalkya.

§. 1. Allgemeines. Quellen und Anordnung.

Das Schuldrecht nebst dem damit untrennbar verbundenen Pfand- und Bürgschaftsrecht steht in den eigentlichen Rechtswerken der Inder durchaus im Vordergrund der Betrachtung. Nicht nur nimmt in den drei sonst mehrfach differirenden Aufzählungen der 18 Klagegründe oder Rechtsmaterien, die uns überliefert sind, bei M., N. und Brih., die Eintreibung einer Schuld *riṇâdâna* allemal die erste Stelle ein[1]), sondern es wird auch in der ganzen Lehre vom

1) Auch bei Y., der die Vivâdapada nicht kennt, wird das Schuldrecht doch an erster Stelle (2, 37 ff.) abgehandelt, bei Vi. (abgesehen vom Erbrecht) an letzter, aber in einem eigenen Capitel, dem 6., während das vorausgehende 5. fast alle übrigen Rechtsmaterien umfasst.

Gerichtsverfahren stets in erster Linie auf Schuldklagen Bezug genommen. Da eine Darstellung des indischen Processes einer besonderen Arbeit vorbehalten werden muss, so sei hier nur erwähnt, dass bei N.[2]) das Schuldrecht nicht mit den übrigen Rechtsmaterien im zweiten Theile seines Werks, sondern schon in adhy. 3 und 4 in Zusammenhang mit dem Process vorgetragen wird, dass bei M. sogar das ganze Zeugenverfahren nebst den Ordalien nur als eine Art Intermezzo des Schuldrechts erscheint (8, 47—61. 139—178), und dass bei Vi. und Y. ebenfalls eine ganze Reihe processualischer Regeln (z. B. Vi. 9, 4 ff. Y. 2, 11. 18. 20), namentlich der ganze Abschnitt über Beweis durch Schriftstücke (Vi. 7. Y. 2, 84—94), vornemlich auf Schuldklagen Bezug haben. Die vorherrschend religiösen Rechtsbücher enthalten entweder wie Baudhâyana und Âpastamba gar keine, oder wie Gaut. (12, 29—36. 40—42) und Vas. (16) nur ganz wenige das Schuldrecht betreffende Bestimmungen. Neben den genannten vollständigen Gesetzbüchern bilden die nur aus Citaten in den späteren Compendien (Dharmanibandhas) bekannten Werke des Bṛih., Kâty., Vyâsa etc. die zweite Hauptquelle. Von den Dharmanibandhas waren mir die Drucke des Vîr., Viv., Ragh. (Vyavahâratattva), Kull. und der Mit. sowie gute Hss. der Vaij. — Jagannâtha's Vivâdabhaṅgârṇava und der May. nur in den englischen Uebersetzungen Colebrooke's (Digest of H. L.) und Borrodaile's zugänglich. Die Citate in den beiden letzteren Werken sind in der Regel nur zur Controle des Textes und als Hülfe bei der Uebersetzung benützt, da wo sich aus einem der Sanskritwerke der Wortlaut des Originalcitates entnehmen liess, was meistentheils der Fall war. Auch in der Anordnung folge ich so viel als möglich den Quellen, und zwar dem Vîr. und den anderen späteren und desshalb

2) Aus Vas. gehört hieher der erste çl. in 16 = N. IV, 2.

ausführlicheren und systematischeren Dharmanibandhas, deren Eintheilung des Stoffes übrigens im Wesentlichen aus M. übernommen scheint; nur wird bei diesem die Lehre von der Eintreibung der Schulden vorangestellt. Sowohl von M. als unter einander weichen die übrigen vollständigen alten Gesetzbücher in der Reihenfolge der Materien ab; über die nur aus Citaten bekannten lässt sich natürlich nach dieser Seite hin kein Urtheil fällen. Die im Allgemeinen so schätzbaren Glossen etc. in den Dharmanibandhas sind mit Vorsicht verwerthet; sehr oft kommt den Commentatoren auch in diesem Theile des Rechts ihre Theorie von der prästabilirten Harmonie aller Smṛitistellen, zumal der unter dem gleichen Autornamen gehenden, in die Quere. So findet sich, um hier von vielen Beispielen nur eines zu erwähnen, bei Bṛih.[3]) die Bestimmung, dass ein Pfand, auch wenn das darauf geliehene Gold zusammen mit den Zinsen die doppelte Höhe des ursprünglichen Capitals erreicht hat und daher nicht weiter zu verzinsen, sondern sofort zurückzuzahlen ist, erst nach 14 Tagen eingelöst zu werden braucht; aber derselbe Bṛih. gewährt an einer anderen Stelle im gleichen Falle dem Schuldner nur eine Frist von 10 Tagen. Der Vîr. (p. 316) urgirt in der ersteren Stelle das Wort Gold und bezieht das zweite Citat aus Bṛih. ausschliesslich auf anderweitige Darlehen z. B. von Kleidern, obschon es ganz allgemein gefasst ist. Noch grundloser will der Ratnâkara (citirt im D. I, 3, CXVI) die zweite Stelle nur auf ortsanwesende, die erste nur auf verreiste (entflohene) Schuldner bezogen wissen. Dass indessen den Glossatoren, wenn nicht die Idee einer zeitlichen Entwicklung, doch die einer localen Verschiedenheit der Gesetze ganz geläufig war, zeigt auch hier der häufige Gebrauch, den sie von einem

3) Mit. 88, May. V, 2, 6. Im Vîr. 315 wird diese Stelle dem Bṛih. und Vyâsa, im D. I, 3, CXVI dem Vyâsa allein beigelegt.

Spruche des N. über die Verschiedenheit des Zinsfusses je nach dem Orte (§ 3) machen, um die sehr starken Discrepanzen der Smṛitis in diesem Puncte zu erklären.

§. 2. Namen und Form, Entstehung und Beendigung der Schuldverträge.

Das gewöhnliche Wort für „Schuld", *ṛiṇa*, weist denselben Bedeutungsübergang wie *debitum* auf; die Bedeutung „Verpflichtung" tritt in den Vedas und in zend. *arena*[1]) noch deutlich hervor, auch lat. *reus* ist vielleicht damit verwandt. Daneben wird speciell für Gelddarlehen der Ausdruck *kusîda* gebraucht, d. h. etwas fest Sitzendes, wovon man sich nicht befreien kann (B. R.); nach Brih. wäre es dagegen von *kutsita* und *sîdat* abzuleiten, als eine Schuld sammt Zinsen, die man von einem „Bedrängten" und „im Elend Befindlichen" zurückfordert (sic.)

Vor der Einführung der Schrift in Indien, die bekanntlich nicht wohl früher als in das 3. Jahrh. v. Chr. gesetzt werden kann, hing die Gültigkeit der Schuld- wie aller Verträge hauptsächlich von der Anwesenheit von Zeugen bei der Abschliessung ab. Dies ist im Wesentlichen noch der Standpunkt M.'s, der die Minimalzahl der Zeugen auf drei festsetzt, die Qualitäten eines gültigen und ungültigen Zeugen aufzählt und überhaupt das Zeugenrecht mit grosser Ausführlichkeit tractirt. Dagegen weist auf schriftliche Verträge deutlich nur M. 8, 168 hin, wo von der Ungültigkeit erzwungener Verschreibungen die Rede ist, und dieser çl. kann, da er auch bei N. 4, 55 vorkommt, bei M. interpolirt sein. Auch den Ausdruck *karaṇa* 8, 52. 154 bezieht Kull. auf Urkunden; allein er bedeutet an ersterer Stelle

---

1) Haug, Sitzungsber. d. bayr. Ak. 1872, I, 133, Fick, Wörterbuch I, 226.

wie in 51 (*karaṇena lekhyasâkshidivyâdinâ* Kull.) Beweismittel, an letzterer einen Vertrag, der durchaus nicht schriftlich zu sein braucht. Auch Gaut., Baudhâyana, Âpastamba kennen nur den Beweis durch Zeugen, während bei Vas. Vi. Y. N. die Schriftstücke als ein zweites und zwar entscheidenderes (N. 4, 70) Beweismittel erscheinen, dem die drei letzteren einen besonderen Abschnitt (*lekhyavidhi*) widmen. Wie schon in § 1 erwähnt, ist darin vornemlich von Schuldverträgen die Rede: so erwähnt Y., dass in einer Urkunde der Name des Gläubigers voranstehen müsse, Vi. und Y. geben an, was zu thun ist, wenn der in einer Urkunde unterzeichnete Gläubiger, Schuldner, Zeuge oder Schreiber nicht mehr am Leben sind[5]). Die genauen Vorschriften über Prüfung der Schriftstücke nach der Handschrift der Parteien, besonderen Zeichen u. s. w. beweisen, dass Fälschungen häufig vorkamen. Im Allgemeinen stellen M. Y. Vi. N. es als Voraussetzung für die Gültigkeit eines Vertrags auf, dass kein Betrug und auch kein Zwang dabei im Spiele gewesen sei. Ueber die gleichfalls vorausgesetzte Rechtsfähigkeit der Paciscenten s. § 6.

Die Form der Rückzahlung hängt von der Form der Eingehung der Schuld ab, d. h. eine vor Zeugen contrahirte Schuld muss vor Zeugen zurückerstattet werden (Vi. Y. N.), bei der Rückgabe einer schriftlich stipulirten Schuld muss der Gläubiger den Schuldschein zurückgeben (N.) oder zerreissen (Y. Vi.) oder eine Quittung ausstellen, bei ratenweiser Abzahlung muss jedesmal auf der Rückseite des Schuldscheins eine bez. Bemerkung eingetragen (Y.) oder, wenn der Schuldschein nicht zur Stelle ist (Vi.), eine besondere Quittung ausgestellt werden (Y. Vi.). Hat der

5) Erst bei Brih., Vyâsa u. a. späteren Autoren kommen zu den Schuldverträgen auch schriftliche Verträge über Erbtheilung, Kauf und Verkauf, Grenzstreitigkeiten u. a. Angelegenheiten hinzu.

Schuldner sich keine Quittung oder öffentliche Empfangsbestätigung verschafft, so muss er die Schuld weiter verzinsen (N.). Umgekehrt soll der Gläubiger, der sich weigert eine Schuldsumme, deren Rückzahlung ihm angeboten wird, anzunehmen, keine weiteren Zinsen erhalten (Gaut. Vi. Y. N.); nach Y. soll die Summe bei einem Unparteiischen deponirt werden. Mit einem insolventen Schuldner kann man bei Ablauf der Zahlungsfrist einen neuen Vertrag „in der Form von Radzins" eingehen, worin das ursprüngliche Capital um die fälligen Zinsen vermehrt erscheint (M. Katy. Bṛih.); kann er wenigstens die Zinsen bezahlen, so soll nach M. in den neuen Vertrag nur die ursprüngliche Forderung aufgenommen werden. Natürlich kann der Gläubiger in diesen Fällen, wenn er will, auch auf seinem Schein bestehen, s. § 7. Hat ein Schuldner mehrere Forderungen zugleich zu befriedigen, so soll er nach Kâty. im Allgemeinen die zuerst gemachte Schuld zuerst bezahlen, abgesehen davon, dass die Forderungen eines Königs oder schriftgelehrten Brahmanen allen anderen vorgehen; sind alle Schulden am gleichen Tage contrahirt, so stehen die Ansprüche der Gläubiger einander in jeder Hinsicht gleich.

§ 3. Zinsen.

Bei der hervorragenden Wichtigkeit, welche die indischen Gesetzgeber dem Schuldrecht beilegen, begreift es sich, dass ungeachtet aller moralisirenden Tendenzen an ein Verbot oder eine starke Beschränkung des Zinsennehmens bei ihnen nicht zu denken ist. *kusîda* wird von den meisten Autoren (z. B. M. 1, 90. Vi. 2, 5. Vas. 2 med.) als eine der Hauptbeschäftigungen der dritten Kaste angeführt und zählt bei N. wenn nicht zu den ganz reinen, doch mit Ackerbau, Handel u. s. w. zu den fleckigen Erwerbsarten, nicht wie Spiel u. s. w. zu den schwarzen. Die *kusîdinaḥ* „Geldverleiher" scheinen nach demselben eine eigene Klasse innerhalb der dritten Kaste gebildet zu haben, und selbst den Wucher (*vârdhushya*) verbietet er dem Vaiçya nicht, wohl aber dem Brahmanen, der auch in Nothzeiten nie zum Wucherer werden soll, während sonst der Brahmane und Kshatriya in der Noth zu den Erwerbsarten der dritten Kaste übergehen dürfen. Was ist Wucher? Die gesetzlichen Zinsbeschränkungen gehen theils auf Festsetzung eines gewissen Maximums, über welches hinaus das Capital sammt Zinsen nicht anwachsen darf, theils auf Normirung des Zinsfusses, theils auf völlige Verbietung des Zinsennehmens in gewissen Fällen, theils auf Untersagung gewisser Arten von Zinsen.

1) Nach M. soll bei Gold die Schuld nebst Zinsen das Doppelte, bei Getreide, Frucht, Wolle und Zugthieren das Fünffache des ursprünglichen Darlehens bei einer Abzahlung en bloc niemals übersteigen dürfen; fast ebenso verfügt Gaut. Dagegen setzen Vi. Y. N. die Grenzen bei Gold, Kleidern und Getreide auf das zwei-, drei- und vierfache, bei Flüssigkeiten auf das achtfache fest und fügen hinzu, dass bei Vieh und Weibern (Sclavinnen) deren Sprösslinge als Zinsen gelten sollen. Ausserdem soll nach Vi. bei Hefe, Baumwolle, Garn, Leder, Waffen, Ziegelsteinen und Kohlen, nach N. ferner „bei allen möglichen anderen Dingen", insbesondere auch bei Zinn, Blei, Kupfer und Eisen, der Zins unbegrenzt sein[6]). Das Achtfache als Grenze soll nach N. auch bei Oelen jeder Art, berauschenden Getränken, Honig, Butter, Zucker und Salz gelten; fast ebenso Kâty., ähnlich Vyâsa. Uebrigens soll wie bei Gold, nach Vi. bei allen „ungenannten" (d. h. allen ausser den obigen) Gegenständen, nach Kâty. bei Silber und Pretiosen, sowie bei den Produkten von Früchten, Insekten und Schafen d. h. bei

6) *akshayâ*, dazu Vîr. 300 *mûlapratipâdanâbhâve çatagunâ 'pi vardhata evety arthaḥ*.

Baumwoll-, Seide- und Wollstoffen das Doppelte als die Grenze gelten. Hârîta setzt dieselbe bei Getreide (je nach den Umständen) auf das Zwei- oder Dreifache fest. Die genaueste Scala bietet Bṛih., der bei Gold auf das Doppelte, bei Kleidern und unedlen Metallen auf das Dreifache, bei Getreide, Frucht, Zugthieren und Wolle auf das Vierfache, bei Gemüsen auf das Fünffache, bei Samen und Zuckerrohr auf das Sechsfache, bei Salz, Oel, berauschenden Getränken, Zucker und Honig auf das Achtfache geht, als unbegrenzt[7]) endlich den Zins bei Gras, Holz, Ziegelsteinen, Faden, Hefe, Leder, Knochen, Panzern *(varman)*, Geschossen *(heti)*, Blumen und Früchten bezeichnet. Mehrere hieher gehörige Aussprüche, die in verschiedenen Werken aus Vas. angeführt werden, widersprechen einander und sind in seinem Dharmaçâstra nicht enthalten. Die Verschiedenheit der Landessitte in diesen Dingen wird in zwei dem N. beigelegten çl., wovon aber nur der eine in den Hss. steht, besonders betont. Das Princip aller obigen Scalen ist offenbar dies, dass der erlaubte Grad der Vervielfachung der ursprünglichen Schuld nebst Zinsen in umgekehrtem Verhältniss zu dem Werthe des geliehenen Gegenstandes zunimmt. Schliesslich ist hier zu erwähnen, dass M. 8, 153 verbietet über ein Jahr hinaus Zinsen zu nehmen; Gaut. erwähnt dieses Verbot nur als die Ansicht Einiger. Vgl. u. 4.

2) Den gesetzlichen Zinsfuss setzen die meisten Autoren in verschiedenen Ausdrücken, aber sachlicher Uebereinstimmung auf 1¼ % monatlich fest. M. 8, 140 schreibt diese Vorschrift dem Vas. zu, und wirklich findet sie sich zwar nicht in seinem Dharmaçâstra, doch in einem ihm beige-

7) ... *vṛiddhis tu na nivartate* Vîr. ibid., dagegen Viv. 9 *vṛiddhis tu na vidhiyate* und D. I, 2, LXIX „no interest is ordained", vgl. aber die obigen Stellen aus Vi. und N. und die angebliche Vas.-stelle im Vîr. l. c.

legten Çl., ausserdem aber auch bei Gaut. Y. Bṛih. Dieser an sich schon hohe Zinsfuss von 15% jährlich soll noch erhöht werden, wenn dem Gläubiger kein Pfand zur Aufbewahrung überliefert worden ist; in diesem Falle soll der Schuldner je nach seiner Kaste vom Brahmanen abwärts den nemlichen Autoren und Vi. zufolge 2, 3, 4 und 5% an den Gläubiger entrichten. Ist zwar kein Pfand, aber ein Bürge vorhanden, so ist nach Vyâsa $\frac{1}{80}$ (v. l. $\frac{1}{80} + \frac{1}{160}$) als Zins zu entrichten. 5% ist für M. das absolute Maximum. Nur für den Gewinnstantheil eines Spediteurs, den er ebenfalls unter den Begriff der Zinsen bringt, scheint er keine Grenze zu fixiren, da er für den Fall, dass ein solcher seinen Vertrag nicht vollkommen einhält, ihm soviel zubilligt, als geschäftskundige Männer für recht halten. Nach Y. soll wer in eine schwer passirbare Gegend (*kântarâ*) reisen will 10%, ein Seefahrer 20% zahlen, nach demselben und Vi. ist Jeder, gleichviel welcher Kaste er angehört, verpflichtet, den Zins, den er selbst versprochen hat, auch zu bezahlen. Hiemit hört dann freilich jede Beschränkung des Zinsfusses auf.

3) Unverzinslich sind der Natur der Sache nach vor Allem freundschaftliche Darlehen, für die nicht ein Zins ausdrücklich verabredet wurde (N. Kâty.). Doch soll nach N. auch bei ihnen, ausser wenn es sich um Getreide handelt, nach Ablauf eines halben Jahres der übliche Zinsfuss eintreten, nach Vi. erst nach einem Jahre, doch bemerkt derselbe, dass wer eine Summe unter dem Versprechen sie etwa Tags darauf zurückzuzahlen geborgt habe, sie aber aus Habgier nicht erstatte, von da an Zinsen dafür entrichten müsse. Genaueres findet sich bei Katy. Freundschaftliche Darlehen sollen dann 5% Zinsen tragen (vorausgesetzt der Schuldner ist ein Çûdra, fügen die Comm. bei, s. o. 2.), wenn sie auf Aufforderung nicht zurückerstattet werden, und zwar soll die Verzinsung bei einem zum Gebrauch ent-

lehnten Gegenstand (*yâcitaka*), wenn der Borger verreist (entflieht), nach drei Jahreszeiten (= ½ Jahr[8]), bei einem unverzinslichen Gelddarlehen *(uddhâra)* im gleichen Falle schon nach drei Monaten eintreten. Auch wenn der Schuldner zu Hause bleibt, aber das Darlehen nach wiederholter Mahnung[9]) nicht zurückgibt, muss er Zinsen dafür zahlen. Ferner muss man nach Kâty. für folgende andere an sich unverzinsliche Dinge Zinsen geben; für den Preis einer gekauften Waare, wenn man sich entfernt, ohne ihn gezahlt zu haben, für ein Depositum, für rückständige Zinsen, für Nichtauslieferung der Waare oder ihres Preises, auch wenn man am Orte bleibt, und zwar in den letzteren Fällen 5%. Als im Allgemeinen unverzinslich führt derselbe noch an Panzer, (*varma*°, v. l. *carma*° „Leder", darnach D. I, 2, LXXIV) Getreide (s. dagegen o.), geistige Getränke, Spielschulden, Frauengut und Bürgschaftssummen. Eine andere fälschlich dem N. zugeschriebene Aufzählung nennt den Preis für eine Waare[10]), Lohn, Deposita, eine vom Gericht auferlegte Busse, unnöthige Versprechungen und Wetten im Spiel; ein Citat aus Vyâsa: Bürgschaftssummen, benützte Pfänder (s. § 4), vom Gläubiger zurückgewiesene Schuldsummen (§ 2), Geldbussen, ein aus Anlass der Hochzeit[11]) gemachtes Geschenk und etwas bloss Versprochenes; ein viertes Verzeichniss, von Saṃvarta, Frauengut, Zinsen selbst, eigentliche Deposita oder irgendwie anvertrautes Gut, bestrittene

8) So nach der Lesart des Vi. 6 *çitutrayasyoparishṭât*, die auch Col. vorlag (D. I, 2, LVII); im Vîr. 301, Mit. 64 *ûrdhvaṃ saṃvatsarât*, hienach May. V, 1, 4 „after one year."

9) So nach Vîr. 7 *yâcito 'sakṛit* und D. I, 2, LV, May. V, 1, 4. Mit. Vîr. haben *na dadyâd yâcitaḥ kvacit.*

10) So nach Mit. Vîr.; Viv. D. May. haben andere Lesearten.

11) So *çulka* h. l. nach Colebrooke D. I, 2, LXXV; doch passen auch die Bedeutungen „Preis für eine Waare" oder „Zoll."

Schulden, Bürgschaftssummen. Die Unverzinslichkeit des Frauenguts ist auf den Fall zu beziehen, dass der Mann oder Vormund es in der Noth mit Zustimmung der Frau angreift. (Vgl. Ueb. d. rechtl. Stell. d. Frauen, S. 22.)

4) Saṃvarta in der soeben erwähnten und Bṛih. in einer nur im D. (I, 2, XXXV) citirten Stelle verbieten den Zins vom Zinse oder Radzins. Viel weiter geht M. 8, 153, wo folgende Arten von Zinsen verboten werden: Radzins *(cakravṛiddhi)*, zeitlicher Zins (*kâlavṛiddhi*), verabredeter *(kâritâ)* und körperlicher oder Capitalzins (*kâyikâ*). Indessen halte ich die Echtheit dieser Stelle[12]) für zweifelhaft, weil die drei letzten Ausdrücke sonst bei M. gar nicht vorkommen, *cakravṛiddhi* aber 156 „Miethe für einen Wagen, Fracht" bedeutet, weil Zinseszins 155 in einem gewissen Falle ausdrücklich gestattet wird (§ 2), *kâlikâ* und *kâyikâ* aber der gewöhnliche 140 ff. vorgeschriebene Zins sind, und weil auch die erste Hälfte des çl. bedenklich ist. Denn das darin enthaltene Verbot, über ein Jahr hinaus Zinsen zu nehmen, steht fast isolirt da und widerspricht 151, da ein Capital auch bei fünfprocentiger Verzinsung in einem Jahre noch nicht auf das Doppelte anwächst; überdies ist dort nur von auf einmal gezahlten Zinsen die Rede (s. 1), wodurch das erlaubte Maximum noch steigt. Auch Vi. und Y. lassen die vier Arten von Zinsen ganz unerwähnt. Jedenfalls erscheinen sie, wo sie sonst vorkommen, vielmehr als die gewöhnlichen Hauptarten von Zins. So bei N., der *kâyikâ* (von *kâya* „Capital") als täglich, *kâlikâ* als monatlich zahlbaren, *kâritâ* als vom Schuldner selbst (über den üblichen Zinsfuss hinaus, vgl. o. 2), versprochenen, *cakravṛiddhi* als Zinseszins definirt. Bṛih. sagt: es gibt 4, nach Anderen 5, nach Anderen (v. l. „nach mir") 6 Arten von Zins; diese sind

12) Einen sehr geschraubten Versuch, sie mit der u. angeführten Bṛih.-stelle in Einklang zu bringen, s. bei Kull. ad h. l.

ausser den vier obigen noch *bhogalâbha* „der Genuss eines (immobilen) Pfandes" und *cikhâvṛiddhi* „Haarzins", der wie Haar wächst, also mit N.'s *kâyikâ* identisch ist. *kâyikâ* heisst bei Bṛih. und bei Vyâsa die Nutzniessung eines verpfändeten Hausthieres (von *kâya* „Körper"). Gaut. zählt die nemlichen 6 Arten auf, nur sagt er *âdhibhoga* für *bhogalâbha*; bei Kâty. finden sich an verschiedenen Stellen *kâritâ*, der nach ihm in Nothzeiten stipulirt werden darf, *cikhâvṛiddhi*, nach ihm nur „wiederholt entrichteter", *âdhibhoga* und *cakravṛiddhi* erwähnt. Die drückende Natur der Zinsarten *cikhâvṛiddhi*, *kâritâ*, *cakravṛiddhi* bedarf keiner Hervorhebung.

§ 4. Pfandrecht.

Die Ueberlieferung eines Pfandes (*âdhi* d. h. Hinterlegung oder *bandha* d. h. Bindung, Band) scheint bei den meisten Schuldverträgen für unerlässlich gegolten zu haben, da sich der übliche Zinsfuss auf diesen Fall bezieht (§ 3). Zwei Hauptgrundsätze des Pfandrechts finden sich schon bei M., nemlich 1) Das Pfand ist entweder blos aufzubewahren, oder der Gläubiger hat die Nutzniessung davon; im letzteren Falle vertritt der daraus gezogene Nutzen die Stelle der Zinsen. Wer ein Pfand der ersteren Art widerrechtlich benützt, soll die Zinsen dafür einbüssen, eventuell den Werth desselben ersetzen; nach einer anderen Stelle geht er im gleichen Falle nur der halben Zinsen verlustig[13]). 2) Pfänder verjähren nicht; auch wenn der Gläubiger ein Pfand noch so lange besessen hat, darf er es nicht veräussern, der Schuldner es immer noch zurückfordern. — Die

13) Der Widerspruch ist wie in anderen Fällen aus der allmäligen Entstehung des Manutextes zu erklären. Kull. versucht vergeblich ihn wegzudeuten, indem er den Ausdruck *balât* in der ersten Stelle (8, 144) urgirt; es kann damit nichts anderes als widerrechtliche Benutzung gemeint sein, d. h. „ohne Erlaubniss des Eigenthümers", wie es an der zweiten Stelle (8, 150) heisst.

Unverlierbarkeit der Pfänder scheint auch Vas. 16 in dem dritten çl. auszusprechen, dessen Schluss wahrscheinlich nach M. 8, 149 zu emendiren ist. Vi. und Gaut. heben ebenfalls die Unverzinslichkeit der benützten Pfänder hervor; ist das Pfand verdorben, so muss der Gläubiger es ersetzen, ausser wenn der Verlust durch das Schicksal oder den König eintrat[14]). Ferner ist nach Vi. das Pfand nach Abzahlung der letzten Rate zurückzugeben, ausser wenn es sich um ein immobiles Pfand handelt, (wovon der Gläubiger den Niessbrauch hat); ein solches braucht überhaupt ohne besondere Uebereinkunft nicht zurückerstattet zu werden, wohl aber dann, wenn Rückgabe bei Bezahlung der Schuld ausbedungen wurde und die Zahlung wirklich erfolgt ist. Auf eine zugleich an zwei Gläubiger verpfändete Sache hat das bessere Anrecht, wer zuerst ohne Gewaltsamkeit davon Besitz ergriffen hat; der Verpfänder ist strafbar (Vi. 5).

Weit speciellere und systematischere Vorschriften geben Y. und N. Gültig wird ein Pfand erst, wenn es der Gläubiger wirklich erhalten hat. Nicht blos die Benützung eines blos aufzubewahrenden, sondern auch die Beschädigung eines zu benützenden Pfandes ist mit Zinsenverlust strafbar; ein verdorbenes oder vernichtetes Pfand ist zu ersetzen, ausser wenn das Schicksal oder der König den Verlust verursacht haben; für ein durch die Länge der Zeit werthlos gewordenes Pfand muss jedoch der Schuldner ein anderes liefern oder die Schuld bezahlen. Pfänder sind der gewöhnlichen Verjährungsfrist nicht unterworfen. Doch sollen nach N. auch sie nach 20 Jahren in das Eigenthum des Besitzers überübergehen; Y. unterscheidet zwischen dem auf bestimmte Zeit gegebenen *(kâlakṛita)*, das bei Ablauf der Frist verfällt, dem gewöhnlichen Pfand, das verfällt, wenn das Ca-

14) So nach der Calc. und der Erklärung der Vaij.; eine andere Abtheilung der Sûtra und daher andere Uebersetzung im D. I, 2, CX.

pital doppelt geworden ist, ohne eingelöst zu werden, und dem zu benützenden, das niemals verfällt. Letzteres ist zurückzugeben, wenn die Schuld doppelt geworden ist und zugleich der Gläubiger aus dem Pfand einen ebenso grossen Nutzen gezogen hat. Wie die Eintheilung in aufzubewahrende und zu benützende, hat N. auch die Eintheilung in zu einer bestimmten Zeit und nach Abzahlung der Schuld verfallende (bei ihm *kṛitakâlopaneya* u. *yâvaddeyodyata)* Pfänder mit Y. gemein; ausserdem hebt er wie Vi. das immobile Pfand (*sthâvara*) hervor, dem er das mobile (*jaṅgama)* gegenüberstellt. Ueber die Rückgabe stellt Y. den allgemeinen Grundsatz auf, dass sie erfolgen soll, wenn der Schuldner seine Verpflichtungen erfüllt; ist der Gläubiger abwesend oder gestorben, so soll ihm dessen Familie gegen Bezahlung der Schuld das Pfand herausgeben oder er soll es, nachdem sein derzeitiger Werth abgeschätzt worden ist, dort lassen und braucht in diesem Falle keine Zinsen mehr zu entrichten. Dagegen hat der Gläubiger, wenn der Schuldner nicht vorhanden ist, das Recht, das Pfand vor Zeugen zu verkaufen. Die schwierigen term. techn. *caritrabandhaka* und *satyaṃkâra* Y. 2, 61 übersetze ich „Pfand als Vertrauenssache" und „Handgeld" (bei einem Kauf u. dgl.[15]). Das Vertrauen besteht darin, dass der Borger bei dem Gläubiger ein verhältnissmässig sehr werthvolles Pfand hinterlegt oder dieser ihm eine im Verhältniss zu dem überlieferten Pfande sehr bedeutende Summe vorstreckt. Ein solches Pfand oder Handgeld soll nicht verfallen, sondern der Schuldner, (wenn die Schuld doppelt geworden ist) zur Bezahlung der Schuld mit Zinsen d. h. der doppelten Summe gerichtlich angehalten

15) So nach der ersten Erklärung der Mit., vgl. B. R. s. v. *satyaṃkâra*; die Bedeutung „Handgeld" auch in der Vyâsastelle Vtr. 441. Nach der zweiten Erklärung der Mit., der Stenzler zu folgen scheint, wäre *caritrabandhaka* auf Verpfändung religiöser Handlungen wie Bäder im Ganges u. dgl., *satyaṃkâra* auf feierliche Versprechungen zu beziehen.

werden. Wird dieselbe Sache wiederholt verpfändet (oder verschenkt oder verkauft), so ist nach Y. und N. der frühere Act gültig. N. hat noch eine seltsame Etymologie des Wortes *âdhi*, das von *adhikriyate* „es wird ein subsidiäres Recht darauf ertheilt" herkommen soll.

Von den nur aus Citaten bekannten Autoren fügt Bṛih. zu den drei Paaren des N. noch ein viertes hinzu: schriftlich stipulirte und nur durch Zeugen garantirte Pfänder. Den wirklichen Besitz des Pfandes macht er wie Vi. zum Kriterium der besseren Berechtigung, wo zwei Pfandgläubiger vorhanden sind. Betreffs unerlaubter Benützung, Beschädigung und Vernichtung des Pfandes verfügt er wie Y. und N., nur hinzusetzend, dass die Vernichtung eines verhältnissmässig sehr werthvollen Pfandes den Verlust des Capitals nach sich zieht, unter Umständen noch eine besondere Entschädigung zu entrichten ist. Seine Bestimmungen betreffs des Termins der Rückgabe stimmen im Ganzen mit Y. überein, nur gewährt er dem Schuldner eine Einlösungsfrist. Nach einer Stelle soll, wenn die Schuld doppelt geworden und der Termin abgelaufen ist, der Gläubiger das Pfand zu eigen erhalten, nachdem er noch weitere 14 Tage gewartet hat; zahlt der Schuldner binnen dieser Zeit seine Schuld, so erhält er das Pfand zurück. An einer anderen Stelle wird der Einlösungstermin auf 10 Tage fixirt, an einer dritten bestimmt, dass im Falle die Schuld doppelt geworden und der Schuldner gestorben oder verschollen (*nashṭa*) ist, der Gläubiger das Pfand vor Zeugen verkaufen darf; oder er soll es öffentlich schätzen lassen und 10 Tage lang noch bei sich verwahren, dann verkaufen und aus dem Erlös seine Forderung befriedigen, den etwaigen Ueberschuss aber nicht behalten, vielmehr (so der Comm.) an die Verwandten des Schuldners oder den König ausliefern. Von Vyâsa (vgl. auch § 1) und Kâty. werden mehrere mit den bisher erwähnten übereinstimmende, ausserdem aber von letzterem folgende Vorschriften angeführt. Wenn ein Gläubiger ein Pfand (d. h. eine verpfändete Sclavin u. s. w.) gegen dessen Willen und ohne Erlaubniss des Verpfänders zu einer Arbeit zwingt, so muss er die Früchte (d. h. den Ertrag der Arbeit oder den sonst dafür zu zahlenden Lohn) an den Verpfänder herausgeben oder verliert seine Zinsen; insultirt oder schlägt er den verpfändeten Dienstboten, weil er sich weigert zu arbeiten[16]), so soll er die erste Geldstrafe (250 Paṇa) bezahlen. Ist das Pfand nicht mehr vorhanden und der Gläubiger erhebt trotzdem auf Grund seines Scheines Forderungen an den Schuldner, so soll ihn der König strafen und den Schein vernichten lassen. Wenn der Schuldner nicht da ist (also nur in diesem Falle?), soll der Gläubiger Anzeige erstatten und dann mit Erlaubniss des Königs das Pfand verkaufen; übersteigt der Erlös den Betrag seiner Forderung, so muss er den Ueberschuss dem Könige geben. Ist die nemliche Sache an zwei verschiedene Personen verpfändet worden, so gilt der frühere Vertrag, und der Verpfänder ist wie ein Dieb zu strafen. Concurriren bei demselben Gegenstand Verpfändung, Verkauf und Verschenkung und geschahen die Stipulationen theils schriftlich, theils mündlich, so gilt die schriftliche Verabredung mehr; von zwei Schriftstücken, die sich auf das nemliche Object beziehen, hat das genauer specificirte die grössere Geltung. Verspricht Jemand zuerst sein ganzes Vermögen zu verpfänden und gibt dann (bei Abfassung des schriftlichen Vertrags Vîr.) nur ein einzelnes näher bezeichnetes Stück daraus zum Pfand, so gilt der letztere Act. Auf wiederholte Verpfändung oder sonstige Vergebung der gleichen Sache haben auch einige mit Unrecht dem Vas. beigelegte Aussprüche Bezug, die in seinem Dharmaçâstra nicht enthalten sind,

---

16) Vîr. 308 *karma kurvâṇam* „bei der Arbeit"; ich lese *karmâ 'kurvâṇam* nach der Uebersetzung im D. I, 3, XC, May. V, 2, 2.

auch die Casuistik, ganz im Gegensatz zu dem wirklichen Vas., auf der vorgeschrittensten Stufe zeigen. Dieser Pseudo-Vas. lässt nemlich bei gleichzeitiger Verpfändung wie Bṛih. und Vi. die Priorität des Besitzes entscheiden; kommen beide Gläubiger zugleich herbei um von der Sache Besitz zu ergreifen *(bhoktukâmau)*, so soll das Pfand zwischen ihnen zu gleichen Theilen getheilt werden. Ist eine Sache zuerst verpfändet, dann verkauft worden, so soll der frühere Act die grössere Kraft haben; wie aber, wenn sie am gleichen Tage verschenkt, verpfändet und verkauft worden ist? In diesem Falle soll die Sache getheilt werden, und zwar so dass der Pfandgläubiger und Käufer nach dem Zeitverhältniss ihrer Verträge *(kriyânusâreṇa)* bedacht worden, der Beschenkte aber ein volles Drittel erhält. — Hârîta bietet nichts Neues, Prajâpati nur die Verordnung, dass wenn der Gläubiger das Pfand einem Anderen um den Betrag seines Darlehens veräussert, dafür ein neuer Pfandschein auszustellen oder der frühere zu überliefern sei. — Bhâradvâja ist eine Viertheilung der Pfänder in *bhogya, gopya, pratyayâdhi* und *âjnayâ kṛita* eigenthümlich. Die dritte Art erklärt er als „Vertrauen betreffs der Schuld einflössend", man vgl. o. Y.'s *caritrabandhaka* und den *pratyayapratibhû* § 5. Mit der vierten Art sind gerichtlich bestellte Pfänder gemeint.

§ 5. Bürgschaft.

Zwei Sicherungsmittel, bemerkt N., stehen dem Gläubiger zu Gebot: Pfänder und Bürgen (*pratibhû* „Ersatzmann"). Schon M. theilt die Bürgen in zwei Arten ein, für Erscheinen *darçana* und Bezahlen *dâna* (s. u.), die sich in dem Grade der Verpflichtung wesentlich unterscheiden. Schafft der Bürge für Erscheinen den Schuldner am Zahlungstage nicht zur Stelle, so haftet er nur für seine Person für die Schuld; dagegen haften für einen Bürgen für Bezahlen auch seine Söhne. Doch soll, auch wenn der Bürge nicht die Bezahlung der Schuld garantirt hat, die Haftbarkeit auf seine Söhne in dem Falle übergehen, dass er von dem Schuldner nachweislich eine zur Deckung der Schuld ausreichende Summe empfangen hatte. Vas. hat nur einen çl. (= M. 8, 159) über die Unvererblichkeit der Bürgschaft und Gaut. einen entsprechenden Spruch in Prosa: also werden beide die obige Unterscheidung mit ihren rechtlichen Folgen noch nicht gekannt haben. Dagegen kennen Vi., Y., N., die hier zum Theil wörtlich übereinstimmen (Vi. 6, 40 = Y. 2, 53. Vi. 6, 41, 42 = N. 4, 49, 50. Y. 2, 54—56 fast = N. 4, 48—50.), drei Arten von Bürgen, nemlich ausser den beiden obigen (für *darçana* sagt N. *upasthâna*) noch einen Bürgen für Zutrauen *pratyaya*, den sie hinsichtlich der Nichtverpflichtung der Söhne dem *darçanapratibhû* gleichstellen; sie machen, wo eine Mehrheit von Bürgen vorhanden ist, jeden für den von ihm übernommenen Theil verantwortlich, gestatten aber dem Gläubiger sich an einen beliebigen unter ihnen zu halten, wenn sie sich solidarisch verpflichtet haben; und sie geben, wenn der Bürge, öffentlich vom Gläubiger dazu gedrängt, die Schuld bezahlt hat, dem ersteren einen auf das Doppelte gehenden Ersatzanspruch. Ausserdem verfügt N. (XIII, 39), dass in Gütergemeinschaft lebende Brüder, Y. genauer, dass Brüder, Vater und Sohn, Mann und Frau, nicht für einander Bürgschaft leisten können. Y. erweitert ferner die Ersatzpflicht des Schuldners dahin, dass Getreide dreifach, Kleider vierfach, Flüssigkeiten achtfach, und mit Vieh und Weibern (Sclavinnen) auch deren Sprösslinge dem Bürgen zurückzuerstatten seien. An einer anderen Stelle (2, 10) bestimmt er, dass auch bei Processen von jeder der beiden Parteien ein geeigneter Bürge zu stellen sei.

Bṛih. nennt nach den drei obigen noch eine vierte Classe von Bürgen, nemlich für Auslieferung der Effecten des

Schuldners[17]), womit nach dem Vîr. insbesondere sein Hausrath gemeint ist. Der erste, bemerkt er zur Erläuterung, erklärt: Ich werde den Schuldner zur Stelle schaffen, der zweite: Er ist zuverlässig, der dritte: Ich will seine Schuld bezahlen, der vierte: Ich will (seine Effecten) ausliefern. Bei der dritten und vierten Classe haften auch die Söhne. Der Gläubiger soll gegen die Bürgen mild verfahren; er darf sie nur zu allmäliger Abzahlung anhalten, bei Anwesenheit des Schuldners gar nicht an sie gehen, und ist er entflohen, so muss er dem Bürgen je nach der Entfernung eine Frist von 14 Tagen, einem oder anderthalb Monaten gewähren, um ihn zu suchen. Auch dem Schuldner gibt er für den zu leistenden Ersatz, den er wie Y., Vi., N. auf das Doppelte festsetzt, eine Frist von anderthalb Monaten. Sind mehrere solidarische Bürgen vorhanden, aber abwesend, so soll der anwesende Sohn eines derselben für die ganze Schuld haften, der Sohn eines verstorbenen aber nur für den Antheil seines Vaters. Erfüllt ein Bürge seine Verpflichtungen nicht, so soll ihn der König zur Leistung an den Gläubiger anhalten und ihm eine Geldbusse im gleichen Betrag auferlegen; benimmt er sich hinter dem Rücken des Schuldners mit dem Gläubiger, so soll er den doppelten Betrag der Forderung als Busse entrichten. — Hârîta unterscheidet fünf Arten von Bürgen: für Bezahlen, Erscheinen, Vertrauen, Sicherheit oder sicheres Geleit *(abhaya)* und Herbeibringen *upasthâna*, das bei ihm Auslieferung der Effecten des Schuldners an den Gläubiger bedeutet (Vîr. — oder sollte die Auslieferung eines ver-

---

17) *ṛiṇidravyârpaṇe*, was von Einigen auf Auslieferung der Früchte eines Pfandes, z. B. eines verpfändeten Feldes bezogen wird (D. I, 4, CXLII). Viv. liest *ṛiṇe dravyârpaṇe* und bezieht letzteren Ausdruck auf einen zum Gebrauch geliehenen Gegenstand, *yâcitaka* (Schmuck u. dgl.).

sprochenen Pfandes gemeint sein?), also mit Bṛih.'s vierter Art übereinkommt. Ueber die eventuelle Haftbarkeit der Söhne bestimmt er, dass dieselbe sich nur auf das Capital, nicht auf die Zinsen erstrecken soll[18]). Auch für ein Pfand kann Bürgschaft geleistet werden; die Verpflichtung des Bürgen geht in diesem Falle auf Ueberlieferung des Pfandes oder Entrichtung der Schuld an den Gläubiger. Ebenso Pitâmaha. — Auch Kâty. nimmt fünf Arten an, wobei aber neben dem Bürgen für Bezahlen *dâna,* Erscheinen *upasthâna* und Vertrauen, hier *viçvâsa,* als vierter ein Bürge in einem Process (vgl. o. Y.) und als fünfter ein Bürge für Vollziehung eines Gottesurtheils erscheint. Neben diese Aufzählung tritt bei ihm eine lange Liste derjenigen Personen, welche ungeeignet sind Bürgen zu werden, nemlich: der Herr oder der Feind des Gläubigers oder der Verwalter seines Herrn, ein Gefangener, einer der eine Geldbusse (noch) zu bezahlen hat, ein Bescholtener *(sandigdha,* nach Mit. Vîr. = *abhiçasta),* ein (mit einer der beiden Parteien, vgl. o. Y. N.) in Gütergemeinschaft Lebender, ein Freund des Gläubigers, ein geistlicher Schüler auf Lebenszeit *(atyantavâsin,* nach Mit. Vîr. = *naishṭhikabrahmacârin),* ein in Angelegenheiten des Königs Beschäftigter, ein frommer Bettler, einer der ausser Stande ist dem Gläubiger die Schuld und an den König eine ebenso grosse Busse zu bezahlen, Jemand dessen Vater noch am Leben ist (vgl. § 6) oder der blos nach Laune zu handeln pflegt *(icchâpravartaka,* vgl. die *aprakṛiti* § 6), endlich ein Unbekannter. Vgl. die hiemit mehrfach übereinstimmenden Aufzählungen der ungültigen Zeugen M. 8, 64—67. Y. 2, 70. 71. Vi. 8, 2—5. N. 5, 10—18. 35—47. Der Bürge für Erscheinen ist nicht haftbar, wenn er durch das Schicksal oder den König verhindert wurde, den Schuldner

---

18) Vîr. 310. Ibid. 326 wird dieser Ausspruch aus N., Mit. 83 und D. I, 4, CLIX ohne Quellenangabe citirt.

zur Stelle zu schaffen; auch seine Söhne sind haftbar, wenn bewiesen wird, dass er von dem Schuldner ein Pfand erhielt. Ueber die Haftbarkeit der Söhne, wo mehrere solidarische Bürgen vorhanden sind, und betreffs des Maximums der Frist für Aufsuchung eines entflohenen Schuldners verfügt er wie Bṛih.; nach Ablauf dieser Frist und ebenso wenn der Schuldner gestorben ist, soll der Bürge die Schuld bezahlen. Die Söhne macht auch er nur für das Capital verantwortlich, die Enkel sollen zu gar nichts verpflichtet sein. Die Ersatzpflicht des Schuldners geht bei ihm nur einfach auf den Betrag der von dem Bürgen bezahlten Summe, ein Widerspruch zu der obigen Maxime der Vi. Y. N. Bṛih., den die Commentatoren auf verschiedene Weise zu beseitigen bemüht sind. — Vyâsa endlich stellt sieben Classen von Bürgen auf, nemlich ausser den schon bekannten: für Zahlen, Erscheinen, Vertrauen, Auslieferung der Effecten des Schuldners[19]) und Gottesurtheil noch 6) für einen schriftlichen Vertrag und 7) für Ueberlieferung eines versprochenen Pfandes (vgl. o. Hârîta). Ausserdem bietet auch er die Maxime, dass nur der Sohn, nicht der Enkel, und dass ersterer nur für das Capital, nicht für die Zinsen zu haften hat.

§ 6. Haftung für Schulden.

Die Lehre von der Rechtsfähigkeit und Rechtsverbindlichkeit wird grösstentheils in Zusammenhang mit dem Schuldrecht, am ausführlichsten von N. entwickelt. Vollkommen selbständig ist nur das Familienhaupt, der König und ein Lehrer; unselbständig und daher unfähig gültige Rechtsgeschäfte abzuschliessen sind nicht blos Frauen, Sclaven und Kinder unter 15 Jahren, sondern auch volljährige Söhne, deren Vater noch am Leben ist und jüngere

19) Die Lesart *ṛiṇidravyârpaṇe* auch hier.

Brüder oder überhaupt alle Familienmitglieder ausser dem Familienhaupt, ausserdem alle diejenigen Personen, welche sich im Zustande temporärer Handlungsunfähigkeit *aprakṛiti* befinden, d. h. Betrunkene, Geisteskranke, von Furcht, Zorn oder Liebe Getriebene u. dgl. (N. 3, 43. M. 8, 163. Y. 2, 32). Doch haben auch die Handlungen unselbständiger Personen rechtliche Verbindlichkeit, wenn dieselben von dem Familienhaupt etc. dazu autorisirt waren, oder erlangen sie, wenn sie zum Besten der Familie oder des Haushalts *kuṭumbârthe* vorgenommen wurden, und ebenso sind die gültigen Handlungen selbständiger Personen nicht nur für sie selbst, sondern auch für ihre Erben verbindlich.

Als Consequenzen dieser ohne Frage sehr alten Grundsätze finden wir zunächst bei M. Vas. Gaut. die Regel, dass die Söhne (zwar für alle anderen, aber) nicht für diejenigen Verbindlichkeiten ihres Vaters haften, die er als Bürge (s. jedoch § 5) oder mittelst unnöthiger Versprechungen oder im Spiel oder für geistige Getränke oder in Folge einer Geldstrafe oder eines Zolles beim Handel eingegangen und nicht oder nur theilweise erfüllt hat. Die beiden letzteren Ausnahmen sind wohl aus der drückenden Höhe der Geldbussen und Zölle zu erklären M. Gaut. sagen ausserdem ausdrücklich, dass im Allgemeinen die Erben für die Schulden des Erblassers aufzukommen haben, doch müssen dieselben nach M. zum Besten der Familie contrahirt sein. Solche Schulden sind aber jederzeit verbindlich, selbst dann wenn sie von einem Sclaven der betreffenden Familie contrahirt worden sind. Aehnliche Anschauungen, aber bedeutend mehr entwickelt, treffen wir bei Vi. Nicht blos die Söhne, sondern auch die Enkel, nicht blos eines Verstorbenen, sondern auch eines in den Stand der frommen Bettelei Getretenen oder seit 20 Jahren Abwesenden sollen seine Schulden bezahlen; weiterhin hört die gesetzliche Verpflichtung auf. Ganz allgemein sind die Erben haftbar, und zwar wird, wo Activa fehlen, als Erbe auch der betrachtet, welcher die Wittwe d. h. die Vormundschaft über sie übernimmt (*strîgrâhin*). In einer ungetheilten d. h. in Gütergemeinschaft lebenden Familie muss dasjenige Familienmitglied, welches gerade da ist, für die Schulden der übrigen, auch die vom Vater ererbten, aufkommen; nach einer Theilung nur im Verhältnisse zu seinem Antheil. Nicht zahlungspflichtig ist der Vater für Schulden der Söhne, die Frau für Schulden des Mannes oder der Söhne, der Mann und die Söhne für Schulden der Frau oder Mutter; doch verpflichten Schulden, welche die Frauen von Hirten, Verfertigern geistiger Getränke, Schauspielern, Wäschern oder Jägern contrahirt haben, auch ihre Männer. Das Haupt der Familie muss nicht nur die von ihm selbst, sondern auch die von irgend Jemand sonst der Familie wegen gemachten Schulden bezahlen[20]). Mit Vi. stimmt hier Y. wieder fast durchaus überein. Die Verpflichtung der Hirten etc. für die Schulden ihrer Frauen motivirt er damit, dass ihr Lebensunterhalt von der Frau abhängt. Die Frau verpflichtet er im Allgemeinen in drei Fällen: für Schulden, die sie selbst, oder mit ihrem Manne gemacht, oder die ihr Mann anerkannt hat. Vererben sollen die Schulden zuerst auf den Sohn oder Enkel, wenn kein mündiger oder rechtsfähiger Sohn oder Enkel da ist, auf den Erben des Ver-

---

20) Für *vâkpratipannaṃ nâdeyaṃ kasyacit* | *kuṭumbârthe kṛitaṃ ca* Calc[1, 2] und die 4 Londoner Hss. (dazu Vaij.: *yeshâṃ stryâdinâm ṛiṇâdânaṃ nishiddhaṃ teshâṃ sarveshâm api svayaṃ vâcâ pratipannam aṅgîkritaṃ ced aham idam ṛiṇaṃ dâsyâmiti tadâ adeyaṃ na kintu deyam evetyarthaḥ*, also auf eine Lesart *na deyam* deutend) ist nach D. I, 5, CXCII „Vishnu: A debt of which payment has been previously promised, or which was contracted by any person for the behoof of the family, must be paid by the housekeeper“ augenscheinlich zu lesen . . . *kuṭumbinâ deyaṃ* | *kasyacit* . . . Vergl. M. 8, 167. N. 3, 13 etc.

mögens oder den welcher die Wittwe nimmt, in letzter Linie auf den (wegen Unmündigkeit etc.) zur Vermögensverwaltung ungeeigneten Sohn. Zwischen den nemlichen nahen Verwandten, die nicht für einander Bürgen werden können, findet auch kein Schuldenmachen statt. Bei N. sind besonders die Bestimmungen bezüglich der Haftung der Frauen erweitert. Die Wittwe soll selbst dann die Schulden ihres Mannes bezahlen, wenn sie nur kurz vor seinem Tode von ihm Auftrag dazu erhalten oder wenn er keinen Sohn hinterlassen hat, resp. wenn sie seine Erbin ist. Lebt die Wittwe (wie gewöhnlich) bei einem anderen Manne oder Vormund, so kommt es darauf an, ob sie einen Sohn oder Vermögen hat oder nicht, ob sie ihren Sohn zurückgelassen oder mitgenommen hat, ob derselbe der Verwaltung des Vermögens fähig ist oder nicht: in den letzteren Fällen haftet jedesmal der Mann, bei dem sie lebt, allgemein auch bei gewissen unter besonderen Umständen eingegangenen ausserehelichen Verhältnissen. Zu den für die Söhne nicht verbindlichen Schulden des Vaters rechnet N. auch solche, die aus Liebe oder Zorn contrahirt worden sind; umgekehrt sollen die Söhne noch bei Lebzeiten des Vaters seine Schulden bezahlen, nicht blos wenn er lange abwesend, sondern auch wenn er krank, wahnsinnig oder hochbetagt ist. Im vierten Gliede, heisst es hier ausdrücklich, hört die Verpflichtung für Schulden auf. Neben seinen sehr ins Detail ausgeführten Sätzen über die Rechtsfähigkeit bietet N. interessante religiöse Motivirungen der Zahlungspflicht. Wer seine Schulden nicht zahlt, kommt in die Hölle oder wird im Hause des Gläubigers als dessen Sclave wiedergeboren oder verliert wenigstens die Frucht seiner frommen Werke an ihn; um den verstorbenen Vater hievor zu bewahren, muss der Sohn seine Schulden eifrigst einlösen.

Uçanas[21]) nennt unter den Schulden, welche die Söhne des Contrahenten nicht verpflichten, auch solche welche der guten Sitte widerstreben *(na vyavahârikam)*; dies ist jedoch wohl nur ein zusammenfassender Ausdruck für die Spielschulden etc. der anderen Autoren. Bṛih. stimmt im Ganzen mit N. überein. Wie bei Bürgschaftsummen die Söhne (§ 5), so sollen bei Schulden im Allgemeinen die Enkel nur das Capital zu bezahlen brauchen; doch soll zuerst die grossväterliche, dann die väterliche, erst zuletzt die eigene Schuld abgetragen werden. Bei Lebzeiten des Vaters sollen die Söhne dann seine Schulden bezahlen, wenn er von Geburt an blind oder taub oder wenn er wahnsinnig[22]) oder mit der Schwindsucht oder dem Aussatz oder einer sonstigen unheilbaren Krankheit behaftet ist. Am speciellsten ist wieder Kâty. Die Zahlungspflicht der Söhne soll erst mit dem mündigen Alter beginnen; erfüllen sie nach Eintritt desselben ihre Verpflichtungen nicht, so sollen sie in der Hölle wohnen. Die Liebes- und Zornesschulden des Vaters, für welche die Söhne nicht haften, sind nach Kâty.: erstere schriftliche oder mündliche Versprechungen an eine Frau, die schon einen anderen Mann gehabt hat, *parapûrvâ*, d. h. von zweifelhaftem Rufe ist, letztere Versprechungen, die man, um seinen Zorn an einem Anderen auszulassen, zur Beschädigung seiner Person oder zum Nachtheil seines Eigenthums gemacht hat. Die grossväterlichen Schulden sind zu bezahlen, wenn sie bewiesen oder schon theilweise liquidirt sind, nicht aber wenn sie mit einem Makel behaftet *sadosha* d. h. im Spiel, für Getränke u. dgl. contrahirt sind (Viv.), oder wenn der Vater sie nicht anerkannt hatte. Die Söhne sollen bei einer Theilung des Vermögens ihren Theil erst

21) Mit. 71, Vîr. 343, May. V, 4, 15. Dagegen nach Viv. 17, D. I, 5, CCIII Vyâsa.

22) *jâtyandhabadhironmatta*° Viv.; Colebrooke D. I, 5, CLXXVIII übersetzt offenbar eine Lesart °*patitonmatta*°.

nach Abzug der Beträge, die für die Schulden ihres Vaters fällig sind, ausgeliefert erhalten; stirbt der Vater ohne Hinterlassung von Vermögen, so müssen sie gleichwohl für seine Schulden aufkommen. Auch die Schulden anderer Familienglieder, für welche das Haupt derselben pflichtig ist, definirt Kâty. näher und zwar als solche, die, während er zur Führung des Haushalts ausser Stande oder krank[23]) war, zum Besten des Haushalts oder während eines feindlichen Einfalls oder in Nothzeiten oder für die Hochzeit seiner Tochter oder für ein Begräbniss contrahirt worden sind. Betreffs der Reihenfolge der für die Schulden eines verstorbenen Familienvaters verpflichteten Personen verfügt er wie Y. N. Bṛih., dass wenn der Sohn unfähig ist, zunächst der Erbe, dann der welcher die Wittwe übernimmt *(purandhrîhṛit)* haften soll, bestimmt aber die Unfähigkeit des Sohnes näher als „nicht in Calamitäten befindlich *(nirupadrava)*, vermögensfähig und geeignet zur Vermögensverwaltung (d. h. mündig)." Die Schulden einer Frau sind ausser den früher erwähnten Fällen nach Kâty. auch dann für ihren Mann oder ihre Söhne verbindlich, wenn sie dieselben des Haushalts wegen gemacht hat, während der Ernährer ohne für sie zu sorgen verreist war. Die Berufsarten, bei denen der Mann für die Schulden seiner Frau verpflichtet ist, weil er sich nicht ohne ihre Hülfe ernähren kann, sind nach Kâty. diejenigen des Verfertigers geistiger Getränke, Jägers, Wäschers (für ° *janaka* ° Vîr. l. ° *rajaka* °) Hirten und Schiffers[24]). In solchen (also nicht in anderen; vgl. dagegen o. Vi., mit dem N. übereinstimmt) Familien ist, wenn der Mann ohne Hinterlassung von Vermögen und männlicher Nachkommen-

---

23) So nach der Lesart des Vîr. 352, wo nur *vyâdhite* für *vyâdhine* zu lesen ist; anders D. I, 5, CXCIII.

24) Das zweite, abweichende bez. Citat aus „Kâty." im Vîr. 354 gehört diesem nicht zu.

schaft gestorben ist, derjenige für seine Schulden haftbar, der seine Frau besitzt *(strîṇâm upabhoktâ)*.

§ 7. Eintreibung der Schulden

a) durch den Gläubiger selbst.

Die Mittel um einen säumigen Schuldner zur Zahlung zu zwingen tractirt M. von allen Theilen des Schuldrechts am ausführlichsten. Vor Allem hebt er wiederholt die vollkommene Legalität der Selbsthülfe seitens des Gläubigers hervor; der König soll nicht nur die gesetzlichen Zwangsmittel, durch welche er sich in den Besitz seines Eigenthums gesetzt hat, gutheissen, sondern auch den desshalb vor Gericht klagenden Schuldner in eine Busse verurtheilen, deren Betrag einem Viertel der eingetriebenen Schuld gleichkommen soll. Als gesetzliche Zwangsmittel nennt M. folgende fünf: Frömmigkeit, öffentliches Gericht (?), der herkömmliche Weg, Täuschung und Gewalt: etwas dunkle und offenbar technische Ausdrücke, die erst bei den späteren Autoren näher bestimmt werden (s. u.). Ausserdem kann der insolvente Schuldner auch zur Zwangsarbeit angehalten werden, um seine Schuld abzuverdienen, doch nur wenn er aus gleicher oder niedrigerer Kaste ist als der Gläubiger; ist er aus höherer Kaste, so soll er sie allmälig abbezahlen. Da Gaut. und Vas. über die Eintreibung der Schulden völlig schweigen, so wenden wir uns direkt zu Vi., der nur ebenfalls hervorhebt, dass den seine Forderung auf irgend eine Weise eintreibenden Gläubiger seitens des Königs kein Vorwurf treffe; der Schuldner, der sich desshalb beim Könige beschwert, soll sogar eine dem Betrag der Schuld gleichkommende Geldbusse bezahlen. Y. verpflichtet dagegen im gleichen Falle den Schuldner nur zur Bezahlung seiner Schuld. Das Abverdienen schränkt er auf arme Schuldner aus niederer Kaste *(hînajâti)* ein; ein insolventer Brahmane soll die Schuld ratenweise je nach seinen Einnahmen abtragen.

Auch N. ist hier unergibig. Die Brahmanen begünstigt er nur als Gläubiger, indem eine an einen verstorbenen Brahmanen zahlbare Schuld zunächst an seine Nachkommen, in deren Ermangelung an seine näheren oder ferneren Verwandten, dann die anderen Mitglieder seiner Kaste abbezahlt, wenn auch solche fehlen, ins Wasser geworfen werden soll. Vgl. die Erbfolge ausgezeichneter Brahmanen in das Erbe eines ohne Hinterlassung von Verwandten verstorbenen Mitgliedes ihrer Kaste M. 9, 188. Vi. 17, 14. Vas. 17, 32 etc. Die Vergünstigung die Schuld in Raten abzutragen gewährt N. generell ohne Unterschied der Kaste dem durch Ungunst der Zeit *(kalaviparyayât)* insolvent gewordenen Schuldner. Dass er indessen das Abverdienen der Schuld auch gekannt hat, beweist die Aufzählung der Schuldknechtschaft[25]) unter den 15 Arten der Sclaverei; sie entsteht dadurch, dass der Schuldner „von einer grossen Schuld befreit" wird und endigt, wenn er die Schuld sammt Zinsen abträgt (V, 25. 31). Statt der fünf Zwangsmittel M.'s führen Bṛih. und Kâty. deren sechs (? s. May. V, 4, 1) und sieben an und gebrauchen dafür mehrere neue Ausdrücke; doch geht die thatsächliche Verschiedenheit nicht über die Zerlegung von einigen der alten Zwangsmittel in Unterarten und die Hinzunahme der Zwangsarbeit, wofür bei Bṛih. *vyavahâra* wegbleibt, hinaus. Näher bestimmt Bṛih. 1) die „Frömmigkeit" *(dharma*, bei Kâty. *sântva)* dahin, dass sich Freunde oder Verwandte ins Mittel legen oder dass der Gläubiger dem Schuldner in Güte zuredet oder sich an seine Fersen heftet und ihm beständig seine Forderung vorträgt[26]).

---

25) Das Wort *ṛiṇadâsa* „Schuldknecht" gebrauchen allerdings nur die Commentatoren, nicht N. selbst. Doch liegt die Vorstellung, dass der Schuldner mit seiner Person haftet, auch dem Institut des „Bürgen für Erscheinen" (§ 5) zu Grunde.

26) *prâyeṇa*, nach Vîr. = *prârthanâbâhulyena;* dagegen Viv.:

2) M.'s zweites Zwangsmittel *vyavahâra* fassen Kull. und Mit. (67) in seiner gewöhnlichen Bedeutung „Process, Klage und Beweisführung vor Gericht", ebenso Vîr. Dagegen erblickt der Ratnâkara (D. I, 6, CCXXXVII) und der Viv. 20 eine Art der Selbsthülfe des Gläubigers darin und zieht hieher einen Ausspruch des Kâty., wonach der Gläubiger einen insolventen Schuldner gewaltsam vor eine Versammlung von Menschen (*janasaṃsadi*, es ist wohl ein Schiedsgericht gemeint) führen und dann bei sich in Gewahrsam halten soll, je nach der Landessitte (dies beziehen die Comm. entweder darauf, dass die Festnehmung durch den Gläubiger selbst oder durch den König stattfinden soll, oder darauf, dass der Gläubiger eine der Ortssitte entsprechende Zwangsarbeit verrichten muss), bis er seine Schuld getilgt hat. Auch Medâtithi (bei Kull.) bezieht M.'s *vyavahâra*, das er in der Bedeutung „Beschäftigung" zu fassen scheint, auf Zwangsarbeit d. h. Feldarbeit, Handel u. dgl., die der insolvente Schuldner für den Gläubiger, nachdem dieser ihm ein Capital vorgeschossen, treiben und ihm den Ertrag erstatten soll[27]). Auch der Zusammenhang bei M. spricht entschieden dafür, *vyavahâra* nicht auf gerichtliche Klagen zu beziehen. Für das wahrscheinlichste halte ich, dass das von Kâty. angedeutete Schiedsgericht oder allgemein „die Oeffentlichkeit" damit gemeint ist; man könnte auch an die Bedeutung „allgemeiner Brauch" (B. R. s. v. 7) denken, vgl. *âcarita*. 3) Die Täuschung *chula*, bei Bṛih. *upadhi*, bei Kâty. *vyâja*, besteht nach ersterem darin, dass der Gläubiger dem Schuldner, unter dem Vorwande sie für irgend einen Zweck zu bedürfen, eine ihm gehörige Sache (Schmuck u. dgl.) abborgt und nachher

---

prâyaḥ prâyopaveçanam d. h. wohl „Drohung sich durch Fasten zu tödten", wonach dieses Zwangsmittel mit *âcarita* zusammenfiele, s. u.

27) *niḥsvo yaḥ sa vyahavâreṇa dâpayitavyaḥ anyat karmopakaraṇaṃ dhanaṃ dattvâ kṛishivâṇijyâdinâ* *v y a v a h â r a y i t a v y a ḥ* *tadutpannaṃ dhanaṃ gṛihṇiyâd ity âha.*

nicht zurückgibt, oder dass er ein von ihm zur Rückgabe an den Eigenthümer oder sonstwie erhaltenes Depositum zurückhält[28]). 4) Der „herkömmliche Weg" *âcarita*, bei Bṛih. ebenso und als *gṛihasaṃrodhâ*, bei Kâty. wieder ebenso oder als *uparodha* bezeichnet, besteht nach Ersterem darin, dass man den Sohn, die Frau oder das Vieh des Schuldners ihm raubt und vorenthält oder seine Thüre belagert. Dieses Zwangsmittel ist mit einem noch heutzutage vorkommenden Gebrauche, dem sogen. Dharna-Sitzen, identisch[29]). Der merkwürdige Rechtsbrauch, dem die Vorstellung von der Heiligkeit des Lebens eines Brahmanen zu Grunde liegt, besteht darin, dass der Gläubiger, welcher der Brahmanenkaste angehören muss, sich mit Gift oder einem Dolch versehen vor das Haus des säumigen Schuldners begibt und droht sich damit das Leben zu nehmen, wenn derselbe an ihm vorbeigehen würde; er fastet von da an, und der Schuldner ist durch die Sitte gezwungen mitzufasten; wer es am längsten aushält, ist der Sieger. 5) Die „Gewalt" *bala*, Bṛih.'s *balâtkâra*, bei Kâty. *pîḍana*, definirt ersterer dahin, dass der Gläubiger den Schuldner gebunden in sein Haus führt und dort mit Schlägen, Drohungen u. s. w. zur Erfüllung seiner Verpflichtungen zwingt. Von besonderem Interesse ist 6) die „Arbeit" *karma* in sofern, als sie vornemlich die indische Form der Schuldknechtschaft repräsentirt, die wir auch bei N. und als das zweite Zwangsmittel erwähnt fanden.

---

28) Andere Fälle von erlaubter Täuschung sind die probeweise Hinterlegung eines Depositums bei Jemand, der in Verdacht steht ein anderes unterschlagen zu haben, und der Meineid, wo das Leben eines Menschen auf dem Spiele steht und in ähnlichen Fällen (M. 8, 182 ff. 104. Vas. 16 extr. etc.).

29) S. Sir H. Maine's Lectures on the Early Hist. of Instit. (London 1875) 297 ff., wo auch eine höchst auffallende Parallele aus dem altirischen Recht nachgewiesen wird. Die Mit. erklärt M.'s *âcarita* geradezu mit *abhojana* „Fasten."

Bṛih. bestimmt darüber, dass sie bei vermögenslosen Schuldnern in Anwendung kommen soll, jedoch nicht bei Brahmanen, die vielmehr nur zu ratenweiser Abzahlung der Schuld gezwungen werden können (wie bei M. Y.); der Schuldner soll in das Haus des Gläubigers gebracht und dort zum Destilliren von Spirituosen und ähnlichen Arbeiten angehalten werden. Demnach unterschiede sich dieses Zwangsmittel von *vyavahâra* dadurch, dass bei letzterem entweder ein öffentlicher Act vorhergeht, oder die Zwangsarbeit nicht im Hause des Gläubigers stattfindet. Auch Kâty. beschränkt *karma* auf Schuldner aus den drei unteren Kasten, welche gleicher oder niedrigerer Kaste sein müssen als der Gläubiger, und verordnet letzterem, wenn er den Schuldner zu einer nicht von Anfang an stipulirten, unreinen Arbeit anhält, als Strafe die Entrichtung der ersten Geldbusse (250 Paṇa) und Befreiung des Schuldners von seiner Verpflichtung. Da die Sclaven sonst gerade die unreine Arbeit *açubhaṃ karma* zu verrichten haben (N. V, 5), so muss die Schuldknechtschaft eine mildere Form der Sclaverei gewesen sein. Hinsichtlich der nicht „von Anfang an stipulirten" Arbeit ist Bṛih.'s Definition von *dâsapatra* „Sclavereivertrag" (Vîr. 189) zu vergleichen als einer Schrift, die ein von Kleidung und Nahrung Entblösster, in der Wildniss Befindlicher ausstellt, und die das Versprechen enthält: Ich will dir Dienste thun. Wahrscheinlich ist hier an Schuldsclaverei zu denken. Zur Beantwortung der Frage, in welchen Fällen und mit welcher relativen Häufigkeit die einzelnen Zwangsmittel zur Anwendung gekommen seien, bietet Kâty. einige Anhaltspunkte. Den König, seinen Herrn und einen Brahmanen[30])

---

30) So Vîr. 333 f., Viv. 21, May. V, 4, 3, fast ebenso D. I, 6, CCXLII; dagegen liest Mit. 68 abgesehen von anderen Abweichungen: *râjâ tu svâmine vipraṃ sântvenaiva pradâpayet | deçâcâreṇa câ 'nyâṃs tu* . . .

soll man durch sanfte Mittel, einen Erben oder Freund durch Täuschung, Kaufleute, Ackerbauer und Handwerker nach der Landessitte (d. h. durch *vyavahâra* oder *karma* s. o.), unredliche Leute gewaltsam *(sampîḍya*, d. h. nach dem Vîr. durch *balâtkâra* oder *âcarita)* zur Zahlung nöthigen. Hieraus dürfte hervorgehen, dass die Schuldhaft oder Zwangsarbeit am häufigsten zur Anwendung kam. Kâty. äussert sich auch über die Modalitäten der Haft. Will ein in Schuldhaft Befindlicher seine Nothdurft verrichten, so darf er nur in Begleitung eines Wächters oder in Ketten sein Gefängniss verlassen. Hat er jedoch einen Bürgen (für Erscheinen) gestellt, so muss man ihn Tag für Tag zur Zeit der Mahlzeiten entlassen, dessgleichen, wenn der Bürge für ihn gut sagt, auch in der Nacht. Nur wenn er keinen Bürgen finden kann oder sich keines solchen bedienen will, soll er im Kerker eingeschlossen oder von Wächtern bewacht werden. Kâty. fügt hinzu, dass ein angesehener, zuverlässiger und ehrenhafter Mann nicht eingekerkert werden dürfe; man soll ihn auf sein Ehrenwort hin *(nibaddhaḥ çapathena)* freilassen. Vgl. o. die Befreiung der Brahmanen von der Zwangsarbeit. Auch das Verhältniss der letzteren zur Haft klärt Kâty. auf: die Haft soll nur subsidiär eintreten, wenn der Schuldner zur Verrichtung von Arbeit ausser Stande ist.

b) Gerichtliche Klage und Execution.

Dass *vyavahâra* als Zwangsmittel bei M. nicht „Process, gerichtliche Klage" bedeuten kann, geht ganz deutlich auch daraus hervor, dass er dem König als Richter aufgibt, eine von dem Gläubiger durch dieses Mittel bewerkstelligte Eintreibung der Schuld seinerseits zu ratificiren. Von der gerichtlichen Klage handelt er besonders. Sie kann entweder vom Gläubiger oder von dem Schuldner, gegen den der Gläubiger eines der Zwangsmittel in Anwendung bringt, ausgehen;

unterliegt der Schuldner, so soll er ausser der Schuld im ersteren Falle eine kleine Geldbusse bezahlen, betreffs des letzteren Falles s. o. An einer anderen Stelle werden dagegen sowohl Kläger als Beklagter, wenn sie unterliegen, in eine Succumbenzbusse im doppelten Betrag der Streitsumme verfällt, an einer dritten dem von dem Gläubiger angeklagten Schuldner blos Beträge von 5% oder 10%, je nachdem er die Schuld eingestanden oder abgeleugnet hat, als Busse an den König auferlegt. Für das Beweisverfahren gelten die allgemeinen Normen; entscheidend ist bei M., wie schon in § 2 erwähnt, der Zeugenbeweis, in letzter Instanz ein Gottesurtheil. Vi. und Y. vertheilen die Gerichtssporteln zwischen dem klagenden Gläubiger und dem überführten Schuldner: der erstere soll 5, der letztere 10% zahlen; der Gläubiger soll für eine falsche Klage das Doppelte, der leugnende, aber überführte Schuldner das Einfache der Streitsumme als Busse entrichten. Ferner stellen Vi., Y. und N. die Maxime auf, dass derjenige, welcher die ganze Schuld ableugnet und nur betreffs eines Theils derselben überführt wird, das Ganze zu zahlen hat. N. beschränkt die Gerichtssporteln auf 5%, welche der König von einem renitenten, vermögenden Schuldner erheben soll. Vyâsa (Vir. 360, etwas anders D. I, 6, CCLXX) bemerkt, dass im Falle des Unterliegens beide Parteien das Doppelte der Streitsumme als Busse bezahlen sollen, sowohl wenn die Vertheidigung sich auf einen besonderen Umstand, als wenn sie sich auf ein früheres Urtheil stützte, oder auf eine einfache Verneinung der Anklage hinauslief. Hiernach fiele diese Busse also nur bei der letzten der vier traditionellen Arten der Antwort, dem Eingeständniss (*pratipatti* oder *satyottara)* weg. Bṛih. und Kâty. bieten hier nur einige Bestimmungen, die zur genauen Abgrenzung des gerichtlichen Verfahrens gegenüber der Selbsthülfe dienen. Letztere ist zunächst nur für den Fall geeignet, dass der Schuldner die

Richtigkeit der Forderung nicht bestreitet. Erhebt er vor Gericht Protest dagegen, so ist nunmehr der Gläubiger, der fortfährt ihn zu bedrängen, ebenso strafbar wie sonst der Schuldner, der sich wegen Anwendung eines der Zwangsmittel gegen ihn bei Gericht beschwert hat. Bṛih. verfügt nur im Allgemeinen die Bestrafung des Gläubigers, der in einer zweifelhaften oder bestrittenen Sache *(sandigdhe 'rthe)* gegen den Schuldner, der an die Gerichte appellirt hat, gewaltsam vorgeht, ein Grundsatz, den in etwas allgemeinerer Fassung schon N. 1, 43 aufstellt. Kâty. setzt die Strafe für dieses Vergehen auf den gleichen Betrag wie die Streitsumme fest, und die letztere soll der Gläubiger verlieren. Den Ausdruck *sandigdha artha* präcisirt Bṛih. dahin, dass sich zwischen den beiden Parteien irgend eine Differenz erhoben hat betreffs der Natur oder Quantität *(saṅkhyâ)* der in Rede stehenden Sache oder betreffs des fälligen Zinsenbetrags. Die Appellation an die Gerichte soll einfach darin bestehen, dass der Schuldner (vor Gericht) erklärt, das bezahlen zu wollen, wozu er von Rechtswegen verpflichtet sei.

Worin bestand das gerichtliche Executionsverfahren? Folgt man der o. Anm. 30 angeführten Lesart der Kâty.-stelle über die Anwendung der Zwangsmittel je nach der Person des Schuldners, so müssten dem König d. h. den Gerichten einfach die nemlichen Mittel wie dem Privatmann zu Gebote gestanden haben; da indessen die „Täuschung" als gerichtliches Zwangsmittel völlig undenkbar ist, so kann die Lesart der Mit. höchstens theilweise richtig sein. Auf die Einschliessung renitenter Schuldner in königliche Kerker deuten einige Stellen in den Commentaren hin; auch die obigen Vorschriften Kâty.'s über die Behandlung der Schuldgefangenen sind möglicher Weise hierauf zu beziehen. M. 8, 415 erwähnt den „Sclaven für eine Geldbusse" *(daṇḍadâsa)*, der verknechtet worden ist, weil er eine gerichtliche Busse nicht bezahlen konnte, und schreibt 9, 229 im gleichen Falle Angehörigen der drei unteren Kasten vor, die Busse durch Arbeit abzuverdienen; hiemit wurden freilich nur die Ansprüche des Fiscus befriedigt. Eine ganz deutliche Anspielung auf Eintreibung von Schulden durch den König d. h. die Gerichte liegt nur in der N.-stelle[31]), wonach der König einen vermögenden, aber renitenten Schuldner zur Zahlung zwingen und 5% der Summe für sich behalten soll, und in der Y.-stelle vor, wonach er im gleichen Falle von dem Schuldner 10%, von dem Gläubiger 5% der eingetriebenen Summe *(sâdhitât)* erhalten soll. Dagegen ist es nach dem Zusammenhang, in dem M. Bṛih. Kâty. die sechs Zwangsmittel erwähnen, nicht zweifelhaft, dass dieselben nicht minder auch für diejenigen Fälle gemeint sind, in denen der Schuldner seine Verpflichtung vor Gericht bestritten hatte, aber mit seiner Klage abgewiesen worden war. Wahrscheinlich liessen sich die Gerichte in der Regel nur auf die Feststellung des Thatbestands ein; zur Vollstreckung des Urtheils reichte ihre Macht nicht aus, sie wurde dem Gläubiger überlassen.

§ 8. Chronologische Resultate.

Bei der grossen Unsicherheit aller anderen, auch der aus der Form oder Sprache geschöpften Kriterien für das relative Alter der indischen Gesetzbücher, ist die Vergleichung des Inhalts ohne Frage von entscheidender Bedeutung für die Bestimmung desselben. Es wird daher nicht überflüssig sein, die Resultate, die sich in dieser Hinsicht aus einem so wichtigen und umfassenden Theile des Systems,

31) In einem sonst gleichlautenden Citat Viv 23, D. I, 6, CCLXVIII, May. V, 4, 8, angeblich aus Yama, wird die Busse des Schuldners auf den doppelten Betrag der Schuld fixirt.

wie es das Schuldrecht ist, ergeben, hier in Kürze ausdrücklich zu constatiren.

Unter den vollständigen Gesetzbüchern war das des Vas. am unergibigsten, was bei der sonstigen Alterthümlichkeit des Inhalts, worauf ich Z. d. d. m. G. XXXI, 132 hingewiesen habe, und den bekannten weiteren Gründen gewiss aus der geringen Entwicklung des Schuldrechts in seiner Zeit erklärt werden darf; die Stelle über Schriftstücke als Beweismittel (§ 2) ist vielleicht eine Interpolation. Gaut. kennt nur den Zeugenbeweis und trifft über Pfandrecht und Bürgschaft nahezu, über die Eintreibung der Schulden gar keine Bestimmungen; andererseits fällt seine Erwähnung von sechs Arten des Zinses schwer in die Wagschale. Im Ganzen macht seine Behandlung des Schuldrechts einen entschieden alterthümlicheren Eindruck als die des M., dem sich dagegen hier nicht nur wie überall Y., sondern auch Vi. in entscheidenden Punkten als posterior erweist. Auffallend ist die weitgehende, oft wörtliche Uebereinstimmung zwischen Y. und Vi. N. schliesst wie sonst den Reigen; es genügt auf seine Definition der Zinsarten und seine höchst ausführlichen Erörterungen über Haftung für Schulden zu verweisen.

Bedeutend schwieriger ist es bei den nur aus Citaten bekannten Gesetzbüchern, soweit sie hier in Betracht kommen, nemlich den Werken des Uçanas, Kâty., Pitâmaha, Prajâpati, Bṛih., Bhâradvâja, Yama (?), Vyâsa, Saṃvarta und Hârita, zu einem chronologischen Ergebniss zu gelangen, da wir gar kein Mittel haben um festzustellen, inwieweit die Citate den bez. Inhalt dieser Werke erschöpfen; auch herrscht in den im Obigen bemerkten und einigen anderen Fällen eine bedenkliche Unsicherheit betreffs der Zugehörigkeit der Citate an die verschiedenen Autoren, die sich hier nicht wie bei den vermeinten Vas.-, Vi.- und N.-stellen durch Vergleichung des Originals beseitigen lässt. Dennoch kann mit Bestimmtheit von den beiden am häufigsten citirten Autoren Kâty und Bṛih., und mit grosser Wahrscheinlichkeit auch von Vyâsa und Hârîta behauptet werden, dass sie dem jüngsten der obigen Autoren, N., in der Behandlung des Schuldrechts posterior sind, und betreffs der übrigen liegt in dem sehr spärlichen Material wenigstens kein Grund zu der Annahme des Gegentheils vor[32]). Der Fortschritt gegenüber N. und den anderen alten Autoren besteht freilich vielfach nur in einer entwickelteren Casuistik, aber eben darum können die Discrepanzen z. B. zwischen Kâty. oder Bṛih. und N. nur auf einer zeitlichen, nicht auf einer localen Verschiedenheit beruhen. Ueberall schliessen sich diese späteren Autoren an die alten auf's engste an und treten z. B. in der Lehre von den Executionsmitteln fast wie Commentatoren zu M. auf. Eine andere Frage ist es, ob die verschiedenartige Behandlung des Schuldrechts bei den verschiedenen späteren Autoren gleichfalls chronologisch zu erklären ist, und welche Reihenfolge etwa unter ihnen aufzustellen wäre; hierüber lässt sich vom Standpunkte des Schuldrechts allein aus zu keiner Entscheidung gelangen.

32) Es rechtfertigt sich hiemit auch von dieser Seite, wie betreffs des Frauenrechts, die früher (Nâr., Preface p. XVIII) von mir ohne Beweis vorgetragene Behauptung von der Posteriorität des Kâty., Bṛih. und Vyâsa gegenüber N. Aehnliche Ergebnisse bez. der Behandlung der Ordalien schon bei Stenzler Z. d. d. m. G. IX, 664. Dass auch die übrigen blos citirten Smṛitis später als N. sind, hoffe ich in den Anmerkungen zu meiner Edition zu zeigen.

Herr v. Christ hielt einen Vortrag über

„Die rhythmische Continuität der griechischen Chorgesänge."

Derselbe wird in den „Abhandlungen" veröffentlicht werden.

Verzeichniss der eingelaufenen Büchergeschenke.

Vom historischen Verein von Unterfranken und Aschaffenburg in Würzburg:

a) Archiv. 24. Bd. 1877. 8.
b) Die Geschichte des Bauernkrieges in Ostfranken von Magister Lorenz Fries, von Dr. Schäffler und Dr. Henner. 1876. 8.

Von der öffentlichen Bibliothek in Stuttgart:

Festschrift zur 4. Saecularfeier der Eberhard-Karls-Universität. 1877. 4.

Vom Verein für Meklenburgische Geschichte und Alterthumskunde in Schwerin:

a) Meklenburgisches Urkundenbuch. X. Band 1346—1350. Nachträge zu Band I—X. 1877. 4.
b) Jahrbücher und Jahresbericht. 40. Jahrgang. 1875. 8.

Von der deutschen Morgenländischen Gesellschaft in Leipzig:

Zeitschrift. 31. Band. Register zu Band XXI—XXX. 1877. 8.

Von dem Thüring.-Sächs. Verein für Erforschung des vaterl. Alterthums und Erhaltung seiner Denkmäler in Halle:

Neue Mittheilungen aus dem Gebiete historisch-antiquarischer Forschungen. Band XIV. 1875. 8.

Von der Gesellschaft für Pommer'sche Geschichte und Alterthumskunde in Stettin:

Baltische Studien. 27. Jahrgang. 1877. 8.

Vom Verein für siebenbürgische Landeskunde in Hermanstadt:

a) Archiv. Neue Folge. 13. Bd. 1876. 77. 8.
b) Jahresbericht für das Vereinsjahr 1875/76. 8.

Von der Studienanstalt zu Bamberg:

Jahresbericht für 1876/77 mit Programm von Schramm, die Metaphysik des Aristoteles. 1877. 8.

Von der Akademie der Wissenschaften in Agram:

Rad (Arbeiten). Bd. XXXIX. 1877. 8.

Von der allgemein geschichtsforschenden Gesellschaft der Schweiz in Bern:

Quellen zur Schweizer-Geschichte Bd. I. Basel 1877. 8.

Von der akademischen Lesehalle in Czernowitz:

I. Verwaltungsbericht. 1877. 8.

Vom Verein für Kunst- und Alterthum zu Ulm:

Correspondenzblatt 1877. No. 6. 4.

Von der Gesellschaft für Schleswig-Holstein-Lauenburgische Geschichte in Kiel:

a) Zeitschrift. Bd. VII. 1877. 8.
b) Register zum Diplomatarium des Klosters Arensbök von G. v. Buchwald. 1877. 4.

Vom Alterthumsverein in Lüneburg:

Urkundenbuch der Stadt Lüneburg, bearb. von W. F. Volger. Bd. III. 1877. 8.

Vom k. Sächsischen Alterthums-Verein in Dresden:

Mittheilungen. Heft 26 und 27. 1877. 8.

Von der k. k. Akademie der Wissenschaften in Krakau:

a) Monumenta medii aevi historica. Tom. II. 1876. 4.
b) Rocznik (Almanach). 1876. 1877. 8.

c) Rozprawy (Sitzungsberichte). Histor. Classe. Tom. 6. 7. 1877. 8.
d) Oskar Kolberg, Lud. Serie XI. 1877. 8.

Von der k. Universität in München:

Chronik auf das Jahr 1876/77. 1877. 4.

Vom historischen Verein für Steiermark in Graz:

a) Mittheilungen. Heft XXV. 1877. 8.
b) Beiträge zur Kunde steiermärkischer Geschichtsquellen. 14. Jahrgang. 1877. 8.

Vom statistisch-topographischen Bureau in Stuttgart:

Württembergische Jahrbücher für Statistik und Landeskunde. Jahrgang 1876. 1877. 4.

Vom Verein von Alterthumsfreunden im Rheinlande zu Bonn:

Jahrbücher. Heft 59. 60. 1876. 77. gr. 8.

Von der Universität in Kiel:

a) Schriften der Universität Kiel aus dem Jahre 1876. Bd. XXIII. 1877.
b) Die Einweihungsfeier des neuen Universitäts-Gebäudes zu Kiel, von Frd. Volbehr. 1876. 8.

Vom Verein für nassauische Alterthumskunde und Geschichtsforschung in Wiesbaden:

Annalen. Bd. XIV. 1875—77. 8.

Von der Academia Lucchese di scienze, lettere ed arti in Lucca:

Atti. Tomo XX. 1876.

Von der Commission Impériale Archéologique in St. Petersburg:

Compte-rendu pour l'année 1872—74 avec Atlas. fol.

Vom Herrn Bidermann in Graz:

Die Romanen und ihre Verbreitung in Oesterreich. 1877. 8.

Vom Herrn A. Mühry in Göttingen:

Ueber die exacte Natur-Philosophie. 1877. 8.

Vom Herrn Wilhelm Soltau in Zabern:

Der Verfasser der Chronik des Matthias von Neuenburg. 1877. 4.

Vom Herrn W. Schlötel in Stuttgart:

Amtliches Plagiat? oder Was? Ein Circular. 1877. 8.

Vom Herrn Matthias Lexer in Würzburg:

Mittelhochdeutsches Handwörterbuch. Lief. XVI. Leipzig 1877. 8.

Vom Herrn Amand Baumgarten in Kremsmünster:

a) Das älteste Urbarium von Kremsmünster. Zur XI. Saecularfeier des Stiftes herausgegeben von P. Leonard Achleuthner. Wien 1877. 8.
b) Die Pflege der Musik im Stifte Kremsmünster, von Georg Huemer. Wels 1877. 8.
c) Catalogus codicum manuscriptorum in bibliotheca monasterii Cremifanensis. Ed. P. Hugo Schmid. Lentii 1877. 8.

Vom Herrn Karl von Weber in Dresden:

Archiv für die sächsische Geschichte. Neue Folge. Bd. IV. Heft 1 und 2. Leipzig 1877. 8.

Vom Herrn Franz Joseph Lauth in München:

a) Das germanische Runen-Fudark. 1847. 8.
b) Das vollständige Universal-Alphabet. 1855. 8.
c) Manetho und der Turiner Königs-Papyrus. 1865. 8.
d) Moses der Ebraeer. 1868. 8.
e) Aegyptische Chronologie. 1877. 8.

Vom Herrn Dr. Conrad von Maurer in München:

Das älteste Hofrecht des Nordens. 1877. 8.

Historische Classe.

Sitzung vom 1. Dezember 1877.

Herr Gregorovius trug vor:

„Ein deutscher Bericht über die Eroberung Roms durch die kaiserliche Armee Carl's V. im Jahr 1527, von dem Augenzeugen Ambrosius von Gumppenberg."

Der Gegenstand meiner Mittheilung ist ein in der Münchner Staatsbibliothek befindliches Manuscript, welches folgenden Titel führt:

Beschreibung aller Händel, die sich anno 1527 zu Rom verlaufen wie die Stadt von des Röm. Kaysers Caroli V. Kriegsvolk eingenommen und geplündert worden, und wie sich solcher Krieg vom Anfang biss zum Ende verlaufen hat, durch den Hochwürdigen und Edeln Herrn Ambrosi von Gumppenberg, Prothonotarium Apostolicum, Domprobsten zu Basel, Domherrn zu Würzburg, Augsburg, Regensburg etc. so der Zeit zu Rom selb mit und beigewesen mit eigner Handt beschrieben.

Der Verfasser dieses Schriftstückes von 37 Blättern in Quart war ein bairischer Edelmann, ohne besondere Bedeutung im öffentlichen Leben seiner grossen Zeit, aber von sehr viel praktischer Erfahrung und Weltkenntniss. Sein

Name ist hauptsächlich nur in Verbindung mit dem seines verdienten, sehr merkwürdigen Zeitgenossen bekannt geworden, des deutschen Orientalisten Johann Albert Widmanstadt oder Lucretius.

Herr Oberbibliothekar Föhringer hat, wenn ich nicht irre, in einer Frühjahrssitzung unserer Classe die Beziehungen dieser Männer wieder in Erinnerung gebracht. Seiner Gefälligkeit verdanke ich die Bekanntschaft mit dem Manuscript, von dem ich reden will, und dies geschah durch Zufall. Ich wurde nämlich in Rom auf jene beiden Deutschen aufmerksam, als ich dort im Frühjahr 1876 die Register des Gemeindearchivs untersuchte, um älteste und ältere Bürgerbriefe, sogenannte Literae civilitatis aufzufinden und mich über die Veranlassung von deren Ertheilung und ihre Formel in vergangenen Jahrhunderten zu unterrichten. Bei dieser Gelegenheit fand ich in den Protokollen der Rathsitzungen verzeichnet, dass Messer Ambrogio Gumpenbergh am 10. December 1537, der magnifico Giovanni Alberto di Lucretio di Germania am 15. Mai 1551 das römische Bürgerrecht erhalten hatten. Dem ersten, welcher als Eigenthümer eines Grundstücks in Rom darum eingekommen war, wurde durch Zufall dieses Recht gleichzeitig mit Michel Angelo zu Theil.

In Folge der Mittheilung dieser Notizen machte mich Herr Föhringer auf das Vorhandensein einiger Schriftstücke aufmerksam, welche von jenem Ambrosius verfasst sind. Unter diesen überraschte und reizte mich ganz besonders die genannte Beschreibung der Ereignisse Roms im Jahre 1527, als ein in deutscher Sprache geschriebener und bisher unbeachteter Originalbericht.

Ehe ich mich über den Inhalt desselben auslasse, würde es meine Pflicht sein, von dem Leben des Verfassers selbst zu berichten, wenn solches für uns von wirklicher Bedeutung wäre, oder wenn mich dessen nicht überhöbe die zwar nur als Manuscript für die Stammesgenossen gedruckte, aber uns doch zugängliche „Geschichte der Familie von Gumppenberg." Sie hat zu Würzburg im Jahre 1856 ein Angehöriger dieses noch fortdauernden alten und namhaften Hauses veröffentlicht. Ich will mich auf einige meinem Zweck doch zukommende Daten beschränken, die ich meist aus den schriftlichen Nachrichten jenes Ambrosius gezogen habe.

Er selbst hat in dem noch vorhandenen Bruchstück seiner Autobiographie (Cod. bav. 1306, und Abschrift im Cod. bav. 2127) sein Geburtsjahr nicht angegeben. Ausgerüstet mit so viel Studien, als er in Tübingen und Ingolstadt gemacht hatte, begab er sich als ein junger mittelloser Glücksritter nach Rom. Das Jahr seiner Ankunft bemerkt er nicht. Er sagt einmal folgendes: „ich pin nach Italien gekomen, da ich etwan 24 Jar alt gewest pin, und pin gen Rom komen, hab mich nit geschämet, alss edel ich gewest pin, das ich mich dem wenigsten sowohl dienstbar gemacht habe, als dem allergrössesten Herrn." Nun berichtet er in seiner Schrift über den Krieg im Jahre 1527, dass er zur Zeit, da der Connetable von Bourbon im Anzuge gegen Florenz begriffen war, also im Monate April jenes Jahres „ein junger beherzter geselle von ain 25 Jaren" gewesen sei. Demnach muss Gumpenberg etwa im Jahre 1525 nach Rom gekommen sein. Weil er aber zugleich behauptet, dass er ehe die Stadt durch die Kaiserlichen erobert ward, in mancherlei Geschäften des Papstes zum siebenten Mal in Deutschland gewesen sei, so kann diese Behauptung mit der eben gemachten Berechnung nicht gut vereinigt werden. Denn bei der Schwierigkeit des Reisens in jener Zeit ist es nicht glaublich, dass jemand innerhalb zweier Jahre in geschäftlichen Angelegenheiten siebenmal zwischen Rom und Baiern hin und her gegangen sei. Vielleicht hat der Abschreiber des Manuscripts (dieses ist nur in Copie vorhanden) aus der arabischen Ziffer 2 eine 7 gemacht. Doch das mag auf sich beruhen. Die Geschäftsreise Gumppenbergs von Rom an den Hof der bairischen Herzoge im Jahre 1526 beweist, dass, wie geringfügig auch sein damaliger Auftrag gewesen sein mag, der junge Deutsche in kurzer Zeit die Gunst grosser Herren erworben hatte.

Rom war damals nicht mehr das glanzvolle Theater künstlerischer und wissenschaftlicher Thätigkeit wie zur Zeit Julius II. und Leo's X. Ein Bruch in dieser Hinsicht war eingetreten unter der musenfeindlichen Regierung des unglücklichen Hadrian VI. Jedoch waren Akademiker und Künstler seit der Erhebung Clemens des VII. auf den heil. Stuhl zu neuem Leben zurückgekehrt: Männer wie Giberti und Sadoleto bekleideten das Amt des Secretärs im Dienst des zweiten Medici. Ausländer konnten in Rom nach wie vor die Schulen ausgezeichneter Professoren besuchen, die Schätze der Bibliotheken ausbeuten, und den Umgang vieler genialer Männer geniessen.

Es waren aber schwerlich wissenschaftliche Triebe, die unsern jungen Landsmann nach Rom geführt hatten. Er hat sich nirgend im Zusammenhang mit Humanisten und Gelehrten Roms oder Italiens gezeigt, noch dort oder später in Deutschland in irgend einer Weise an der Wissenschaft oder auch nur an den kirchlichen Tagesfragen sich betheiligt. Er war ein Mann der Praxis; als solcher suchte er sein Glück zu machen, und das war in Rom nicht schwer, wo zwar die literarische Laufbahn Hindernisse und wenig Lohn finden konnte, aber die einträgliche des Curtisan jedem begabten Menschen jeder Nation immer offen stand.

Ambrosius hat sich über seine römischen Lehrjahre nur ganz im Allgemeinen ausgesprochen, und das ist zu bedauern, denn es wäre doch eine dankbare Aufgabe gewesen, am eigenen Beispiel das Emporkommen eines armen

Fremdlings gerade in Rom darzustellen. Es gab dort immer Deutsche, die als Höflinge es zu etwas gebracht haben, und denen bisweilen die Nachwelt auf Grund ihrer amtlichen Eigenschaft bei der Curie schätzenswerthe Denkmäler ihrer Zeit zu verdanken hatte, wie dem Strassburger Burkard und den beiden Westphalen Niem und Gobelin Persona.

„Ich pin, so sagt Ambrosius, bei allen meinen Gedanken dahin gestanden, wie ich doch thun mechte, dass es meinem Herren gefiele, dass ich in meins Herrn Gnade komen und darin bleiben mechte, dan zu Rom komen treue fleissige Diener bei ihren Herren hinfurt, es sein die Welschen wie pes bueben sie wollen, so gefält ihnen ein feiner, frumer treuer erlich Diener wol; sie suchen Wege und Mittel ihm aufzuhelfen; darumb ist dass die Ursache, das da jederman gen Rom lauffet, und sunder wass wie geschickte ingenia sein, das ein armer geselle so bald zu einem grossen Prällat, Bistum, Cardinalat und gar zum Papat komen mege, als kein grosser Herr nit.“ Er habe sich deshalb, so sagt er weiter, in Rom, wo nur das Talent und nicht die Geburt gelte, nicht gar viel auf seinen alten Adel verlassen, sondern sich in Dienst der grossen Herren begeben mit solchem Fleiss und Eifer, dass er bald emporgekommen sei. Man habe ihm mit der Zeit aus allen Landen Sachen zugeschickt (d. h. Geschäfte anvertraut), sogar aus der Insel Zea bei Constantinopel.

Der Beruf, in welchem sich der junge Glücksjäger zu Rom ausbildete, war also der eines Geschäftsführers in kleinen und grossen Angelegenheiten der Curie, oder hoher römischer Prälaten, wie deutscher Bischöfe und Fürsten, welche hundert Dinge auf dem geistlichen Weltmarkt Rom zu erhandeln und zu betreiben hatten. Mit der Zeit erlangte Ambrosius eine so grosse Gewandtheit in seiner Kunst, dass er vom Kaiser Carl V. zum Procurator der deutschen Nation bestellt ward. Auch die zahlreiche Klasse solcher

Agenten wurde mit dem allgemeineren Begriff des Curialen und Curtisan bezeichnet, und dieser war in unserem von der römischen Curie so schamlos ausgebeuteten Vaterlande verrufen und tief verhasst. Gumppenberg wusste und erfuhr das mehr als genug, darum suchte er in jenen wenigen Nachrichten von seinem Leben diesen Flecken zu tilgen oder zu beschönigen. Er erklärt, dass er sich des Namens eines Curtisan gar nicht schäme. „Ich wollt, so schreibt er, mein hand darum geben, dass ganz Deutschland ein Cortisan wer und cortes handelt, so stünd unser arm Deutschland besser dan also da, und wer sich Roms schämet, hat gar wenig gesehen und erfahren. Ja man will sagen zu Rom sei alles Buberei, und da sehe und lerne man alle böse Stücke, und so einer gen Rom ziehet, so fände er gleich den Schalk und corrumpire sein gut Gewissen zusamt seinen moribus.“ Wo aber, so fragt er, kommen denn die grossen Schelmen und Bösewichter in Deutschland her, die da Rom und Welschland nie gesehen haben; wo haben sie alle ihre Unehrbarkeit, ihre Trunksucht und Völlerei gelernt? Sodann behauptet er, dass man nirgend in der Welt frommere, ehrbarere, diensthaftere und geschicktere Leute finde, als in Rom: dort lerne man vom Sehen und Hören mehr, als in Deutschland aus Büchern und auf einer hohen Stuben bei einem unnützen studio. Hier haben wir also Aussprüche eines Deutschen über das römische Curtisanenwesen, welche die Satiren Huttens und die Pasquille der Reformatoren Lügen strafen sollen.

Ein Zeitgenosse der Reformation, ein Landsmann Aventins, der Curial des Cardinals Caetanus, hatte kein Bewusstsein davon, dass es gerade das verachtete Studium in den hohen Stuben war, was sein Vaterland Deutschland wieder gross und bedeutend machte, und die gesammte Kirche erschütterte, nachdem das Bücherstudium der italienischen Humanisten schon seit dem Costnizer Conzil die moralische

Revolution der Welt begonnen hatte. Etwas freilich von gewissen Eigenschaften des Curtisans durfte Gumppenberg immerhin seinen Landsleuten wünschen, ich meine jene Cortesia selbst im besten Sinne Castiglione's, die in einem gebildeten und geistreichen Volk entstandene Renaissance der alten Urbanitas. Sie hatte den in höfischen Sitten erfahrenen Erasmus unter andern Vorzügen schöner Menschlichkeit in Rom bezaubert. Ut urbis liceat oblivisci quaerendus mihi est fluvius aliquis Lethaeus: so schrieb er an den Cardinal von Nantes. Wenn Gumpenberg einmal ausruft: hätte ich tausend Söhne, so müsste mir ein jeder nach Rom, ehe er das vierundzwanzigste Jahr erreicht hat, so hat er hier, wie ich glauben will, nicht bloss die Kunst curialer Geschäfte und der Sporteln im Auge gehabt. Seine Landslente, so viele sich voll Hass und Abscheu vom römischen Wesen hinweg gewendet hatten, konnte er freilich nicht von der Ueberzeugung bekehren, dass die Liebenswürdigkeit des Curtisans meist nur die blendende Tünche der Laster des ränkevollen, gewissenlosen und habgierigen Höflings sei. In Deutschland galt auch Ambrosius als der vollkommen ausgelernte Curtisan (perfectus curtisanus) im übelsten Sinn des Worts. So heisst er in einer Anekdote De Eccio et Gumpenbergio in comitiis Augustanis, welche in Schelhorns Ergötzlichkeiten aus der Kirchenhistorie (II. 741) unter der Rubrik Narrationes jucundae zu lesen ist; und diese Anekdoten sollen den Vorlesungen Melanchtons entnommen sein. Zu untersuchen, ob ihm bei solchem Urtheil seiner Landsleute Recht oder Unrecht geschah, ist nicht meine Aufgabe.

Er trat in die Dienste des in Deutschland von Augsburg her wohl bekannten Cardinals Thomas de Vio oder Caetanus, wie auch Widmanstadt später Familiär eines Cardinals wurde, nämlich Schombergs. In diesem Höflingsverhältniss hat Ambrosius sein Glück begründet; und jener

Cardinal ist wohl vorzugsweise der Herr, um dessen Gunst und Gnade er sich bemüht gezeigt hat. Im Adelspiegel des Cyriacus Spangenberg wird von ihm nichts anderes bemerkt als dies: Ambrosius von Gumpenberg in Italia lang studiert, und bey dem Cardinal Caetano wol daran gewesen.

In den Stürmen des Jahres 1527 machte sich Ambrosius durch grössere dem Papst und den Cardinälen geleistete Dienste zuerst einen Namen. Er war Unterhändler und Dolmetsch während der Gefangenschaft Clemens' VII. in der Engelsburg; er befand sich in gleicher oder schon höherer amtlicher Eigenschaft im Heer des Kaisers Carl bei den schrecklichen Belagerungen der Städte Neapel und Florenz. Er begleitete im Juli 1532 den Cardinallegaten Hippolyt Medici auf dem begonnenen, aber an den Grenzen Ungarns stille stehenden Kreuzzug der Bundesarmee gegen den Sultan Soliman, wohl als Kriegscommissar. Er selbst behauptet, dass er während der langen Jahre, die er unter den Päpsten Clemens VII. und Paul III. in Rom gelebt hatte, fünfmal oberster Commissarius und zwar allemal bei einer Armee von 20,000 bis 30,000 Mann gewesen sei. Er sagt sogar, dass er schon im Jahre 1527 oberster Commissarius über die Landsknechte war, und sie dreimal musterte.

Die Pfründen und Belohnungen, die er von den Päpsten und grossen Herren, auch wohl vom Kaiser erhalten hatte und seine fortgesetzten Geschäfte, deren jährliches Einkommen er selbst auf die für jene Zeit recht ansehnliche Summe von 3000 Gulden berechnet hat, verhalfen dem Curtisan dazu, sich in Rom bequem einzurichten. Er kaufte ein Haus, welches der Abtei Farfa gehörte. In dem giftigen und gemeinen Pamphlet seines römischen Vertheidigers Scaltelus wider Widmanstadt (bei Schelhorn Amoenitates Literariae T. XIII) heisst es von ihm: „er bewohnt in der Stadt ein sehr geräumiges Haus, welches angefüllt ist mit antiken Marmorfiguren, mit Bildwerken, Gemälden, Krystallen und schönem Gerät. Seine grosse treffliche Bibliothek ist jeder Mann geöffnet, wie auch sein ganzes Haus allen offen steht, zumal angesehenen Männern oder solchen, welche in irgend einer Wissenschaft und Kunst hervorragen. Fast den ganzen Tag bringt er im Dienste der Mächtigen und Grossen zu, wie man's so in Rom zu treiben pflegt, oder er widmet sich der Unterstützung der Freunde und Clienten. Kehrt er von Geschäften heim, so erholt er sich bei dem edeln Genuss, den ihm sein Haus gewährt, wo er oft ausgezeichnete Männer, Redner und Dichter zum Gespräch versammelt. Er schenkt allen seine Gastfreundschaft, zumal den Deutschen, welchen er seine hilfreiche Hand darzubieten nicht ermüdet."

Wenn die Schmeicheleien eines bezahlten Advocaten auf Wahrheit begründet sind, so hat der Protonotarius und Procurator der deutschen Nation als ein einflussreicher Mann in den traurigen Zeiten, die auf das Jahr 1527 folgten, eine hervorragende gesellschaftliche Stellung, namentlich unter den Deutschen in Rom gehabt. Doch nahm er schwerlich jenen schöneren Platz ein, den sein Landsmann, der alte gefeierte Luxemburger Goritz, der Liebling der römischen Akademiker durch so lange Jahre behauptet hatte, ehe ihn und seine geistvollen Freunde die furchtbare Katastrophe des Jahres 1527 in's Elend stürzte. Indess eines Tags, am 26. October 1540 wurde Gumppenberg aus seinem schönen Hause von Häschern des Gerichts in die Torre di Nona abgeführt: dies hatte sein Landsmann Widmanstadt, welcher ehedem sein eigener Gast gewesen war, bei der römischen Polizei durchgesetzt. In einem langen Schreiben oder einer Apologie, welche Ambrosius noch in späteren Jahren an den römischen König Ferdinand richtete, hat er die in jenem grauenvollen Staatsgefängniss ausgestandene Hölle mit lebhaften Farben geschildert (Cod. bav. 1306, fol. 209). Er war damals, wie er sagt, bereits seit 16 Jahren der röm. Kays. Maj. Procurator durch ganz Deutschland gewesen, eine Berechnung, die indess nicht genau sein dürfte.

Es ist nicht meine Aufgabe, hier von dem berüchtigten Process zwischen Gumppenberg und Widmanstadt zu reden, dessen Ursache war, — um nur diese kurz anzugeben — die Bemühung des neuen Bischofs von Eichstädt Moritz von Hutten, die von ihm bis zum Jahre 1539 innegehabte Dompropstei in Würzburg auch als Bischof fortzugeniessen. Bei dieser Bemühung sind jene beiden Deutschen als Procuratoren eines und desselben Prälaten und eines und desselben bei der römischen Curie zu vermittelnden Geschäfts in tödtlichen Streit gerathen. Dieser Process ist wenig ehrenvoll für deutsche Männer, um so weniger, als er nicht, wie so viele erbitterte Feindschaften unter italienischen Humanisten mit wissenschaftlichen Motiven verbunden war. Doch darf hier Widmanstadt vorweg unsere Sympathie in Anspruch nehmen, als ein Mann von wirklichen wissenschaftlichen Verdiensten. Ich übergehe endlich alle weiteren Schicksale des Ambrosius und bemerke nur, dass derselbe, wie es scheint, im Jahre 1545 nach Deutschland zurückgekehrt ist, und zwar im Dienst des Cardinals Alexander Farnese. Hier wurde er als Generalcommissar der päpstlichen Hilfstruppen unter Octavio Farnese im Schmalkaldischen Donaukriege sichtbar, in welcher Eigenschaft ihn Herr Dr. v. Druffel in dem von ihm soeben herausgegebenen Tagebuch des Viglius van Zwichem bemerkt hat. Der unruhige, streitsüchtige, vielgeschäftige Mann starb zu Eichstädt am 4. Sept. 1574.

Ich komme nun auf meinen eigentlichen Gegenstand, die von Gumppenberg hinterlassenen Schriftstücke. Ein Mann, der 20 Jahre in Rom und noch lange Zeit in dem tief aufgeregten Deutschland lebte mitten in dem Umgestaltungsprocess der europäischen Welt durch das Kaiserthum Carls V. und die Reformation, der als Augenzeuge, hie und da als amtlich Theilnehmender so grosse Ereignisse sich vollziehen sah, und die bedeutenden Personen persönlich kannte, ein solcher Mann war, das darstellende Talent vorausgesetzt, wohl dazu berufen, in einer Autobiographie ein Zeitgemälde der Nachwelt zu überliefern. In der That fühlte Ambrosius, in sein Vaterland zurückgekehrt, bei grösserer Musse den Trieb, seine denkwürdigen Erinnerungen niederzuschreiben. Er begann seine Biographie im Kanzeleistil einer Urkunde oder eines Testaments mit Aufzählung aller seiner Pfründen und Ehrentitel: Ich Ambrosy von Gumppenberg, Erbmarschall in Oberbaiern etc. Diese Adresse ad posteros richtete er ausdrücklich an die eigene Familie, als deren merkwürdigstes Mitglied er sich zu betrachten Ursache hatte. Nicht anders ist der alte Götz von Berlichingen verfahren; er hat seine ritterliche Thaten aufgezeichnet seinen „Erben, Kindern und Nachkommen zu Ehren und Gutem."

Die Lebensbeschreibung Gumppenbergs, erhalten in dem flüchtig und hieroglyphisch geschriebenen Original und in einer nur halbverständlichen Abschrift, umfasst indess nicht mehr als 13 Blätter. Der Autor beginnt mit dem trockenen Verzeichniss seiner nächsten Familienglieder; dann springt er, ohne sich bei seiner Erziehung und seinen Studienjahren aufzuhalten, schnell nach Rom über, und verbreitet sich in allgemeiner Weise über den dort von ihm erwählten Beruf. Hierauf kommt er ohne weitere Vermittlung zu den Ereignissen des Jahres 1527. Er gibt hastige Nachricht von seiner Verwicklung in dieselben bis zum Augenblick, wo der Connetable vor den Mauern der Stadt erscheint. Hier bricht das Manuscript ab. Entweder ging die Folge verloren, oder (und das halte ich nach der dürftigen Anlage dieser Aufzeichnung für wahrscheinlich), der

Biograph gab seinen Plan auf, weil er ihm doch nicht gewachsen war.

Hätte er nicht mit so viel Emphase seine Absicht angekündigt, sein Leben und Thun „von der Kindheit bis zur Grube" darzustellen und seinen Nachkommen und Vettern zu ihres Stammes Ehre als ein „Exempel und Memory" zu hinterlassen, so würden wir kein Recht haben, dies Fragment auf solche Verheissung hin erwartungsvoll anzusehen. Nun aber bedauern wir, dass wir um versprochene deutsche Memoiren gekommen sind, welche auf die Geschichte und Zeiten Carls V., Clemens VII. und Pauls III. in biographischer Weise sich würden bezogen haben.

Der lobenswerthe Versuch eines vielerfahrenen Deutschen jener Zeit in seiner Muttersprache sein Leben niederzuschreiben, ist aber schon als solcher der Aufmerksamkeit werth. Die deutsche Literatur ist nicht reich an Biographieen und Memoiren, dieser wichtigen Gattung der historischen Kunst, welche man den psychologischen Spiegel nennen darf, worin Nationen das geistige Bild ihres Staats und ihrer Gesellschaft als persönliches Porträt des Zeitalters erkennen. Wir haben den biographischen Sammlungen der Franzosen und Engländer nichts Ebenbürtiges an die Seite zu stellen. Wir besitzen aus unserer älteren Vergangenheit nichts, was sich einem Joinville, Froissart oder Comines, oder jenen Denkwürdigkeiten vergleichen liesse, mit denen ein Papst, Pius II. Piccolomini, die Nachwelt beschenkt hat.

Die sich selbst beobachtende, die historische Erfahrung der eigenen Welt zum Bewusstsein der Zeit gestaltende Persönlichkeit wurde bei uns erst durch die Stürme der Reformation losgelöst, aber die Anfänge, die wir damals in der biographischen Literatur, meist durch die italienische Charakteristik angeregt, gemacht haben, gingen in der Verwilderung der Gesellschaft und der deutschen Sprache während des 17. Jahrhunderts folgelos verloren. Durch das Gestrüpp dieser in officiellen wie privaten Gebieten sich hindurch zu arbeiten, ist wohl die schwierigste, fast herkulische Arbeit, welche heute auch dem geduldigsten deutschen Geschichtsforscher auferlegt werden kann. In solchem vernachlässigten, weit zurückgebliebenen Sprachstoff zu versuchen, die erlebte Welt in allem Reichthum menschlicher Verhältnisse abzuschildern, konnte unsre Staatsmänner und Beobachter noch bis über die Zeiten Friedrichs des Grossen nicht reizen; und selbst als dieser Verfall und Tumult der Sprache noch nicht eingetreten war, in den Zeiten sprachschöpferischer Kraft Luthers, Aventins und Tschudi's würde einem deutschen Benvenuto Cellini die Sprache unsres edeln Albrecht Dürer mehr als ein Hinderniss des Ausdrucks gewesen sein. Man wird das Leben des Götz von Berlichingen heute kaum noch ein Zeitgemälde nennen, es sei denn von den rohesten Zügen ohne psychologischen Blick für den Menschen, ohne Spur individualisirender Kunst, und endlich ermüdend durch die verworrene, langathmige, schwerfällig pedantische Sprache, welche den Sinn in Dunkelheit hüllt.

Ich bin von meinem bescheidenen Gegenstand, dem deutschen Curtisan in Rom aus der grossen Zeit Luthers und Carls V. abgekommen, welcher, wie ich sagte, den rühmenswerthen Versuch einer Selbstbiographie gemacht hat. Dieser weltkundige Mann verunglückte dabei, aber die Schuld lag an seiner mangelhaften Bildung und persönlichen Unbedeutung überhaupt, nicht an seiner besondern Unfähigkeit sich deutsch gut auszudrücken. Er hatte in der Fremde seine Muttersprache nicht verlernt. Sie ist bei ihm, vom baierischen Dialect gefärbt, mit Fremdwörtern nicht zu sehr angefüllt, unbeholfen und ungebildet, oft roh im Ausdruck, aber immerhin so lesbar, wie jene seines Zeitgenossen Adam Reissner.

Nun aber hat er doch seine Lebensgeschichte fortgesetzt, weil sie ihm wichtig erschien, und sie war es sicher durch die Fülle erlebter grosser Dinge; ja, wie dankbar würden wir ihm noch heute sein, wenn er verstanden hätte, sie uns wichtig zu machen. Er schrieb den Bericht über die Ereignisse des Jahres 1527, welcher als ein herausgenommenes und mehr ausgeführtes Stück eines grösseren Ganzen zu betrachten ist. Es reicht vom Monat April, wo Clemens VII. von Florenz aus mit dem Connetable unterhandelte, bis zum 29. November, wo die sechs päpstlichen Geiseln aus der Haft der Landsknechte glücklich entronnen sind. Da bricht auch dies Manuscript plötzlich ab. Die Erzählung Gumpenbergs ist erst aus der Erinnerung geschrieben zwischen den Jahren 1549 und 1555, als Julius III. del Monte Papst war. Die Abschrift des Manuscripts besorgte sein damaliger Secretär Johann Baptist Fickler. Dieser Mann, ein Würtemberger von Geburt, ist nachher in Salzburg und München zu einigem Ruf gekommen, als Theologe, Canonist, Uebersetzer, Numismatiker, als eifriger Katholik. Er erlangte auch dadurch eine besondere Bedeutung, dass er Lehrer Maximilians I. von Baiern in der Rechtswissenschaft wurde. Er starb an der Schwelle des dreissigjährigen Kriegs im Jahre 1612.

Auch Fickler hat sich, und das erregt als ein Trieb jener Zeit wiederum Aufmerksamkeit, an einer Autobiographie versucht, in deutscher Sprache, die nicht besser und gebildeter ist als die seines ehemaligen Principals Gumpenberg (Cod. bav. 3085). Auch ist sein Versuch ebenso dürftig und geistlos ausgefallen. Er erzählt, dass er im Jahr 1555 mit Johann Agricola den Grad des magister artium zu Ingolstadt erhalten habe, und sagt weiter: „Nicht lang nach dieser Zeit bin ich zue Herrn Ambrosius von Gumpenberg in Dinst khomen, und sein Secretari worden, bey dem als einem selzamen Unruwigen Kopf, hab ich bey vier Jahr vil Unruhe und Arbeitt, mit schreyben und Reysen, gefahr, zue hause und Landt erlitten und überstanden, wie denjenigen bewusst, so Jne Herrn und mich zur selbigen zayt gekannt, solchen unruwigen und schwären Dienst als ich Ime auf ettliche Jahr verschrieben gewesen, hab ich mit geduldt überstandten, bis Gott der Allmechtige gnadt und gelegenhait geschickt, das ich nach gehabtem Reychstag zue Augspurg anno 1559 zu dem hochwürdigsten Fürsten und Herren, Herrn Michel Erzbischoffen zu Salzburg und legaten des Stuhls zu Rohm, des geschlechts von Kienburg in Dienst khomen bin."

In der von Fickler revidirten Abschrift ist also der Gumppenbergische Bericht erhalten. Man erwarte in ihm weder die Aufschlüsse eines in die Politik der Zeit eingeweihten Staatsmanns, noch die Genauigkeit eines Geschichtsschreibers. Es gibt darin Irrthümer genug, selbst Verwechslung und Entstellung italienischer Namen, welche doch dem Verfasser besonders geläufig hätten sein sollen. Es sind Fehler des Gedächtnisses, der Flüchtigkeit, bisweilen wirklicher Unwissenheit. Seine Schrift ist keine ernstliche Arbeit; Studium hat er daran nicht gewendet. Ihr Zweck war auch viel weniger ein historischer als ein biographischer, und dieser Gesichtspunkt war gerade dasjenige, was mich bei diesen Aufzeichnungen Gumppenbergs gefesselt hat. Er verleiht ihnen Züge des Persönlichen von Werth.

Unter allen Relationen über den Sacco di Roma ist keine in solcher Weise geschrieben worden, dass die Person des Augenzeugen und Erzählers in der Mitte der Dinge sichtbar bleibt, und dadurch diesen selbst persönliches Leben gibt. Das ist nicht einmal von den italienischen Darstellern geschehen, welche in dieser Literatur die Mehrzahl bilden. Der Römer Marcello Alberini, von dem die umfassendste, noch unedirte Beschreibung der Katastrophe herrührt, war ihr Augenzeuge, aber zu jener Zeit erst sechzehn Jahre alt. So kostbar die wenigen Blätter sind, welche Benvenuto Cellini jenem Ereigniss gewidmet hat, so macht er uns doch bedauern, dass er dasselbe nur als flüchtige Episode in seinem wunderbaren Leben behandelt hat. Das Local seiner Beobachtung war nur die Engelsburg. Ueberhaupt ist es auffallend, dass wir von den in jenem Drama als Handelnde oder Zuschauer betheiligten und gar von den hervorragenden Personen so wenige Aufzeichnungen des Erlebten besitzen. Es ist ein erstaunlicher Zufall, dass wir den Bericht eines damaligen Cardinals haben, des Scaramuccia Trivulzio von Como, in einem Brief an seinen Secretär. Das furchtbare Ereigniss hatte selbst die Beobachtungsgabe der Italiener gelähmt; das Individuelle und Charakteristische müssen wir meist aus den Depeschen der Gesandten schöpfen. Heute würde ein so grosser Vorgang von hundert neugierig zudringenden, geistreich beobachtenden, auch kühn ihr Leben an die Feder wagenden Zeitungscorrespondenten in allen Sprachen Europa's beschrieben worden sein. Denn wir besitzen jetzt eine in loco et actu improvisirte Geschichtschreibung: das schon auf dem Geschehen ertappte Ereigniss wird gleichsam literarisch photographirt. Die Macht der Cultur hat dem Menschengeist eine erstaunliche Schnellwissenheit gegeben. Ein weiter Abstand trennt unser heutiges historisches Erfahren von jenem Zustand des Mittelalters, wo die mühsam, sparsam und spät überlieferten und entstellten Kunden der Zeit der Klostermönch in seine Chronik eintrug, und auch von jenem nachmittelalterlichen langsamer Depeschen der Gesandten und der ersten Anfänge der Zeitungen als blattweise circulirende Avvisi und Neuigkeiten. Wie dürftig ist der Bericht des Franzosen Cesar Grolier vom Sacco di Roma, und doch war er Augenzeuge. Auch die italienischen, zum Theil mit dem Bewusstsein geschichtlicher Kunst ausgearbeiteten Darstellungen von Luigi Guicciardini, Francesco Vettori, ferner die Compilationen, welche den Namen Jacopo Buonaparte und de Rossi tragen, und anderes, haben nichts persönliches. Deutschland war an der Umwälzung Roms zu jener Zeit am tiefsten betheiligt. Es stand in einem zweifachen Krieg wider den Papst, dem politischen unter der Führung des Kaisers, dem moralischen und deshalb wahrhaft nationalen unter der Führung Luthers. Es musste daher mehr als jede andere Nation seine Aufmerksamkeit auf das zusammenstürzende Rom richten. Gewiss gelangten damals manche, doch sicherlich nur lakonische Berichte von Augenzeugen dorthin. Sie gingen verloren, oder sind hie und da erhalten in der Form von „Sendschreiben", „Historien, welcher gestalt die Stadt Rom erobert worden" und bearbeitet als „wahrhaftige und kurze Betrachtung" u. s. w., immer in höchst mangelhafter Weise. Ich rede hier von Schriftstücken in deutscher Sprache, nicht von solchen, welche von Gelehrten lateinisch verfasst worden sind, wie die gerinfügige Halosis Romae.

Es fand sich aber doch bei uns ein tüchtiger Zeitgenosse, der es unternahm, die Kriege des Kaisers in den Jahren 1526 und 1527 in unserer Sprache zu beschreiben, nämlich Adam Reissner. Es ist nicht wenig merkwürdig, dass er dies im Rahmen einer Biographie gethan hat. Er gab uns die Memoiren der beiden Frundsberg, ein unbeholfener Versuch in dieser Gattung, dem das persönliche Leben, die psychologische Beobachtung und die naive Grazie fehlt, mit welcher der Loyal Serviteur die Geschichte des berühmten Gegners Frundsbergs auf dem Schlachtfeld, des bon chevalier sans peur et sans reproche ausgestattet hat. Aber doch ist es ein sehr achtungswerther Versuch, von dem man bedauern muss, dass er keine Folge in unserer Literatur gehabt hat, zumal für den dreissigjährigen Krieg. Reissner schrieb unter dem Einfluss des Paul Jovius, dem er meist sclavisch folgt, und Jovius war auch ein Meister im biographischen Porträt, welches die Italiener zu so hoher Vollendung gebracht hatten.

Da ist ferner ein anderer Mann aus der Kriegschule Frundsbergs, der nach Deutschland zurückgekehrt in der Musse des Alters die Feder ergriff, um seine Denkwürdigkeiten in der Muttersprache aufzuzeichnen. Es ist der weitberühmte Ritter Sebastian Schertlin von Burtenbach. Er war schon einer der angesehensten Hauptleute im Heer der Landsknechte gewesen; er hatte Rom mit erstürmt, den Papst in der Engelsburg mit bewacht. Und doch fertigt er alle seine damaligen Erlebnisse, ja das ganze gewaltige Jahr 1527 auf ein paar Blättern ab. Man glaubt sein grosses Schlachtschwert rasseln zu hören, wenn er wie ein Spartaner schreibt: „Den 6 Tag May haben wir Rom mit dem Sturm genommen, ob 6000 Mann darin zu todt geschlagen, die ganze Stadt geplündert, in allen Kirchen und ob der Erd genommen was wir gefunden, ein guten Teil der Stadt abgebrannt."

Kein anderer seiner Waffengenossen hat eigene Erlebnisse aufgezeichnet. Es hat keinen Xenophon unter jenen frummen Landsknechten gegeben. Wir sind also auf Reissner und Schertlin beschränkt, und zu ihnen gesellt sich jetzt als dritter Ambrosius von Gumppenberg. Seine Erzählung ist durchaus selbständig; er hat nichts von Andern; es ist ihm nur darum zu thun, die eigene Person als höchst wichtig erscheinen zu lassen. Und gerade desshalb hat er manches, was neu und merkwürdig ist. Er erzählt, dass er von seiner Sendung zu den Herzogen Bayerns nach Rom zurückreisend, unterwegs in Trient Georg von Frundsberg traf. Es war also in der ersten Hälfte des November 1526, wo der berühmte Feldhauptmann im Begriffe stand, mit seinem Kriegsvolk den schwierigen Alpenübergang in die Lombardei zu wagen, welchen Reissner geschildert hat. Gumpenberg war mit Frundsberg verwandt: er nennt ihn seinen Schwager. Der General forderte ihn auf, bei ihm zu bleiben, den Zug nach Italien als sein Dolmetsch mit zu machen; er versprach ihm Reichthümer, sogar, was seltsam genug zu hören ist, einen möglichen Cardinalshut. So trat der Versucher an den jungen Curtisan heran: die glücklich begonnene Laufbahn des römischen Herrendieners sollte er aufgeben, um als Feind des Papsts unter grimmigen Lutheranern nach Italien, vielleicht gar nach Rom zurückzukehren. Er lehnte den Antrag ab, und reiste weiter, sehr langsam. Denn erst nach Monaten, im folgenden Jahr 1527 kommt er, über Venedig gehend, nach Florenz, wo gerade die Signorie dieser Republik und der Cardinal Silvio Passerini mit der kaiserlichen Armee unterhandelten, die am Fuss des Appenin angelangt das reiche Florenz bedrohte. Es war am Ende des März, oder in den ersten Tagen des April.

Der Papst hatte, was Gumppenberg dort hören musste, am 15. März den Vertrag mit dem Vicekönig Lannoy abgeschlossen. Er hatte Unterhändler in das Lager Bourbons geschickt, ihn vom Weitermarsch abzuhalten, erst Fieramosca, dann in steigender Angst den Vicekönig selbst. Gumppenberg sagt nichts von dieser Sendung Lannoys und dessen Zusammenkunft mit Bourbon, welche am 20. April bei Pieve di Santo Stefano stattgefunden hatte. Denn davon zu reden, passte wahrscheinlich nicht in seine selbstgefällige Absicht. Aber er erzählt eine für uns neue Thatsache, nämlich, dass der Papst auch einen deutschen Boten nach Florenz geschickt hatte, den Erzbischof von Riga, Johann Blankenfeld. Dieser furchtsame alte Herr hatte wohl vernommen, dass die Florentiner Abgesandten, selbst der Vicekönig und der ihn begleitende Bischof von Vaison nur mit Noth den empörten Bauernhaufen im Appennin entronnen waren; er weigerte sich desshalb als Unterhändler zu Bourbon zu gehen. Er forderte aber Gumppenberg auf, die Sendung an seiner Statt zu übernehmen, und dieser hatte bereits den Befehl vom Papst erhalten, in Florenz zu bleiben und der Signorie zu Diensten zu sein. Ein solcher Auftrag war für einen jungen Mann nicht wenig schmeichelhaft und ehrenvoll. Er erklärt sich daraus, dass Gumppenberg, was man in Rom wissen mochte, ein Verwandter des gefürchteten Frundsberg war, und ausserdem manche deutsche Edelleute im Lager Bourbons persönlich kannte.

Hier ist merkwürdig, was Ambrosius erzählt: dass unter den Versprechungen, mit welchen der geängstigte Papst den Rückzug der Kaiserlichen zu erkaufen gedachte, auch diese war, dem Sohne des deutschen Generals, Caspar von Frundsberg, der als Hauptmann bei Leyva in Mailand zurückgeblieben war, seine eigene Verwandte zu vermählen. Die noch sehr junge Catarina Medici (der vergessliche Gumppenberg nennt sie Margareta, weil er ihren Namen mit dem der natürlichen Tochter Carls V. verwechselte) befand sich damals in Florenz. In dem Schachspiel der päpstlichen Politik ist sie oft genug als Puppe ausgespielt worden, und mancher grosse Herr, unter andern auch Philibert von Oranien, hat sich auf diese Partie Rechnung gemacht.

Der Antrag des Papsts an Frundsberg erscheint so verzweifelt, dass man fast Mühe hat, an ihn zu glauben; aber warum hätte ihn Gumppenberg erfinden wollen? Ich halte ihn für wahr: Clemens VII. konnte immerhin sich einbilden, dass Frundsberg, dessen Erkrankung und Entfernung nach Ferrara ihm noch nicht bekannt war, das trügerische Versprechen als baare Münze annehmen würde. Die Reise Gumppenbergs in das Lager Bourbons unterblieb. Er ging nach Rom mit jenem Bischof Blankenfeld. In seinen biographischen Nachrichten hat er erzählt, dass der Unheil ahnende Prälat, nachdem er im Vatican Bericht abgestattet hatte, sich eilig aus dem Staube machte, um nach Deutschland zurückzukehren. Nun rückte Bourbon in rasender Schnelligkeit heran.

Es ist richtig, was Gumppenberg hier als seine Ansicht ausspricht, dass der Connetable nicht die Absicht hatte, sich auf Rom zu werfen. Die Erstürmung der grossen fest ummauerten Stadt mit einer vom Mangel geschwächten Armee ohne Belagerungsgeschütz, während der Herzog von Urbino ihr auf den Fersen war, hätte von vornherein als ein wahnsinniges Unternehmen erscheinen müssen. Sie war auch nur ein von der Verzweiflung abgenöthigter Handstreich. Was Bourbon ursprünglich beabsichtigt hat, ist sicher dies gewesen: einen Pass über den Tiber bei Rom zu gewinnen, und mit Hülfe der kaiserlich gesinnten Colonna, welche er dort zuversichtlich erwartete, in das befreundete vom Feind ganz freie Land Neapel zu gelangen. So hat das Gumppenberg richtig dargestellt. Er schildert sodann, was hinlänglich bekannt ist, die Verwirrung in Rom, die Mangelhaftigkeit der Vertheidigungsanstalten nach Abdankung der schwarzen Banden auf Grund der Habsucht des an der Curie allmächtigen Jacopo Salviati, eines arglistig bös Juden, Finanzers und Kaufmanns, wie er denselben nennt. Die Verlegenheit des Papsts muss schrecklich gewesen sein, wenn er selbst Gumppenberg um seinen Rath befragte. Der Rath war: mit den Kaiserlichen zu accordiren.

Es ist aus anderen Berichten bekannt, dass am Tage des Sturms die Conservatoren Roms den jungen Markgrafen Gumprecht von Brandenburg, welcher sich seit einiger Zeit in der Stadt aufhielt, bewogen als ihr Unterhändler sich zum Bourbon zu begeben. Diese Thatsache erfahren wir jetzt von Gumppenberg als etwas persönlich erlebtes. Denn auch er wurde damals auf das Capitol gerufen. Er hat den Brandenburger bei dem Ritt nach Ponte Sisto begleitet. Der Auftrag des Markgrafen misslang, denn das wütende Kriegsvolk wälzte sich ihm über jene Brücke stürmend entgegen. Der Prinz und Gumppenberg wendeten die Pferde zur Flucht, um dem Gemetzel zu entrinnen. Unser Autor erzählt, dass er seinen Begleiter zwar in sein Haus zurückgebracht, aber die Thüre nicht schnell genug habe schliessen können, da der wilde Kriegshaufe nachdrang. Auch im Bericht bei Buder heisst es: die Feinde seien vorgedrungen „dermassen das dem Edeln Fürsten von Brandenburg wenig weil wardt yn eyn Hauss zu komen, sein leben zu erretten." Von der Gefangennahme des Markgrafen redet Gumppenberg nicht; in der Halosis Romae wird erzählt, dass Gumprecht (dort irrig Albertus genannt) erst ausgeplündert, dann gefangen, und nur durch die List eines deutschen Hauptmanns aus den Händen der Spanier errettet ward.

Gumppenberg sagt nicht, ob er selbst in der ersten Flucht sich in die Engelsburg gerettet hat und dort geblieben ist. War das der Fall, so würde er wol davon geredet, sich seiner Mitgefangenschaft neben dem Papst, so vielen Cardinälen, Diplomaten und grossen Herren gerühmt haben. Wahrscheinlich hat ihm die Bekanntschaft mit deutschen Hauptleuten zur Rettung gedient, und alsbald bedurfte man auf beiden Seiten seiner Dienste.

Die Vorgänge während der Plünderung Roms hat er nur im Allgemeinen geschildert. Seine Hauptsache bleibt die Stellung, welche er jetzt selber einnahm. Es war die des Dolmetsch und Vermittlers zwischen dem Papst und den deutschen Landsknechten; aus Eitelkeit hat er seine Wichtigkeit zu steigern gesucht. In keinem Bericht der Zeitgenossen oder Actenstück wird sein Name genannt. Da wo man ihn etwa hätte erwarten dürfen, findet er sich nicht. Ich meine die genauen spanischen Depeschen des kaiserlichen Secretärs Perez. Wir lesen sie jetzt in den im Jahre 1875 zu Madrid von Antonio Rodriguez Villa veröffentlichten Memorias para la Historia del Asalto y Saqueo de Roma en 1527 por el ejercito imperial, einer wichtigen diplomatischen Bereicherung der Geschichte jener Ereignisse. Am ausführlichsten hat Gumppenberg in seiner Denkschrift von seinen Beziehungen zu den empörten, nach Sold schreienden Landsknechten geredet, und zwischen ihrem lärmenden

Hauptquartier auf Campo di Fiore und der grauenvollen Engelsburg ist er oft hin und hergegangen. Um so mehr muss man bedauern, dass er die Zustände in dem Castell nicht geschildert hat. Bei Gelegenheit seiner Mittheilung vom Einschmelzen goldner und silberner Gefässe und Reliquien in der Engelsburg, um daraus Geld für das deutsche Kriegsvolk zu prägen, hat er zu demjenigen, was Benvenuto Cellini erzählt, etwas Neues hinzugefügt, nämlich die Schelmereien, welche sich ein deutscher Münzmeister Angelo Schaur, damals im Dienst des Papstes, zu Schulden kommen liess. Man mag sich vorstellen, wie es bei diesem Geschäft in der Engelsburg hergegangen ist; hat doch Benvenuto selbst später dem Papst gestanden, dass er nach dem Schmelzen etwa ein und ein halb Pfund Gold in der Asche gefunden und sich aus Noth angeeignet hatte.

Gumppenberg versichert mehrmals, der Papst habe sich zu ihm beklagt, dass die Deutschen ihn den Spaniern so ganz und gar überliessen, denn er hábe lieber von jenen als von diesen bewacht sein wollen. Das mag wahr sein für die Zeit, als Clemens fürchtete, von den Spaniern zu Schiff nach Neapel und gar weiter fortgeführt zu werden.

Am 1. Juli schrieb Perez an den Kaiser: „die Deutschen haben versucht, den Papst an sich zu nehmen; sie begannen einen Aufruhr und verlangten ihren Sold; als die Spanier das sahen, erhoben auch sie sich im Tumult; sie sagten, die Deutschen thäten Recht ihren Sold zu verlangen, auch sie wollten bezahlt sein, aber nicht erlauben, dass die Deutschen den Papst aufheben, denn das sei nicht Gottes Dienst, noch gezieme es dem Dienst und der Autorität E. Majestät. Der Prinz von Oranien, Don Hugo und Alarcon, der Abate von Nagera und Juan de Urbina haben zwischen beiden Nationen dahin vermittelt, dass jede sechs Bevollmächtigte erwählt — ich weiss nicht was sie beschliessen werden, denn die Deutschen beharren darauf, dass sie den Papst und die Cardinäle haben wollen" (Villa, p. 234). Aus andern Depeschen desselben Perez geht hervor, dass Spanier und Deutsche fortdauernd um den Besitz des Papstes und der Cardinäle haderten, und die wüthenden Landsknechte seine Fortführung nach Neapel nicht zulassen wollten, vielmehr damit umgingen, ihn mit sich hinweg zu führen. Als sie aus ihren Sommerquartieren in Umbrien wieder zurückkehrten, und Rom zu zerstören, den Papst und die Cardinäle umzubringen drohten, wenn sie nicht bezahlt würden, erfolgte das neue Abkommen mit ihnen und die Auslieferung der sechs Bürgen, unter denen sich sogar der Datar Giberti und der reiche Jacopo Salviati befanden. Die Uebergabe dieser Opfer an die Officiere der Landsknechte im Saal der Engelsburg ist von Gumppenberg lebhaft beschrieben worden; was er erzählt, stimmt mit der Schilderung in der Depesche des Perez überein. Beide sagen, dass der Papst voll Verzweiflung erklärte, er selbst wolle das Loos der Gefangenen theilen, und mit ihnen zu den Kriegsknechten sich begeben. Perez sagt nicht, dass er Augenzeuge bei diesem merkwürdigen, höchst tragischen Auftritt war, aber Gumppenberg hat ihn mit angesehen. Er erzählt, dass ihn die Landsknechte in das Castell verordneten, um in ihrem Namen vom Papst die Geiseln in Empfang zu nehmen, und zu ihnen auf den Campo di Fiore zu bringen. Mit ihm gingen zwei Hauptleute, Diepolt Häl und Sebastian Schertlin nebst 200 Doppelsöldnern, welche die Escorte bilden sollten. Die Schilderung der Scene ist die beste Partie in der Schrift Gumppenbergs. Er stellt sich hier freilich ganz und gar in den Vordergrund, wie er überhaupt bei den Unterhandlungen mit den Landsknechten kaum eine der Hauptpersonen dieses Dramas mit Namen nennt, zum Beispiel nichts von Morone, Don Ugo Moncada, Nágera, Gattinara und Oranien zu sagen weiss. So verschweigt er auch, dass es Alarcon selbst war, welcher die Geiseln im Saal der Engelsburg übernahm und von dort hinausführte. „Alarcon, so berichtet Perez am 12. Oct. an den Kaiser, sah die Nothwendigkeit ein, die gedachten Geiseln den Deutschen auszuliefern, weil sie sich dargeboten hatten, und weil durch sie der Ruin Roms verhütet wurde. Er bestand also solange darauf, bis er sie aus dem Castell nahm; er ging mit ihnen bis auf den Campo di Fiore, alle zu Fuss. Aber da man sie im Saal wo sie standen aus dem Bereich des Papstes und der Cardinäle zu nehmen sich anschickte, erhob sich ein solches Weinen und Geschrei, dass es schien, die Welt stürze ein und S. Heiligkeit sagte, ehe sie in ihre Auslieferung willige, wolle sie sich selbst in die Gewalt der Deutschen begeben, und dasselbe sagten die Cardinäle: aber endlich nahm sie Alarcon hinweg, und gab sie in die Hände der Deutschen.“ (S. 289 Villa.)

Gumppenberg schreibt: „Da saget der Papst mit wainenden Augen, da stehen sie, nembt sie mit Euch hin, und last Euch befolhen sein, und will Euch nit allein die Bürgen geben, sonder unser aigen Person darzue, und erbutte sich mit uns zu gehen, und gieng woll 3 oder 4 tritt mit uns für sich, da bath Ich und die Haubtleut sein Heiligkeit, das er solt stiller stehn, und alda beleiben —“

Mit ermüdender Breite hat sodann Gumppenberg die Misshandlung dieser sechs Geiseln geschildert — es war unter ihnen auch ein künftiger Papst Julius III. del Monte, damals Erzbischof von Siponto. — Nachdem er ihre Befreiung und Flucht aus dem Palast der Cancellaria erzählt hat, bricht er ab; sein Secretär Fickler hat unter das Manuscript geschrieben: „biss hieher und weiter ist es vom Herrn Scribenten nit continuiret worden“

Am 17. Februar 1528 zogen die Spanier und Landsknechte endlich aus dem 9 Monate lang barbarisch misshandelten Rom ab, um sich in Neapel den Franzosen unter Lautrec entgegen zu werfen. Ich denke mir, dass Gumppen-

berg das abziehende Kriegsvolk in amtlicher Stel
gleitet hat, denn in solcher befand er sich bei d
während der Belagerung Neapels.

Was ich von seinem Bericht über das Jahr 15 getheilt habe, wird, so glaube ich, meine Ansicht r tigen, dass derselbe der Aufbewahrung und Veröffent werth ist. Als literarischer Versuch seiner Zeit freilich nur darthun, wie wenig ausreichend das Tal Mannes, wie gross seine Flüchtigkeit und sein Ung gewesen ist den beneidenswerthesten Schatz von Erinne und Erfahrungen zu verwerthen; als selbständiger de Bericht aber eines Augenzeugen wird er die nich reichen Mittheilungen vermehren, welche wir von den Zeitgenossen über ein so folgenschweres Ereigniss weisen haben. Keine der Katastrophen, die das zu tischen Weltmacht gewordene Papstthum in der lange schichte seines Kampfes mit den Staatsgewalten erf hat, kommt bis auf die allerletzte im Jahr 1870 erli jener von 1527 gleich, auch nicht einmal seine gewal Bezwingung in den Zeiten des Investiturkampfes durch kühnen Staatsstreich des Kaisers Heinrich V. Im 1527 handelte es sich ganz einfach um den Fortbestand Papstthums überhaupt in seiner bisherigen geschichtli Gestalt. Das Werk Luthers zunächst gewann durch leichtsinnigen Krieg Clemens des VII mit Carl V. und s tiefe Niederlage eine mächtige Förderung. Zwar hat Kaiser sich nicht an die Spitze der deutschen Beweg gestellt, zwar hat er das Dominium Temporale wieder a gerichtet, die Krone aus den Händen seines so schmähl misshandelten Feindes genommen, und mit dem Papstth das Bündniss geschlossen, welches dann zum Verderl Deutschlands und Oesterreichs die Habsburgische Dynas hartnäckig festgehalten hat, sowohl auf Grund ihres Besitz in Italien als um ihre imperiale Stellung gegen die Ide und Absichten der Protestanten erblich zu behaupten. Doch hat das Papstthum im Jahre 1527 die moralische und politische Führung Italiens verloren; der Kirchenstaat Julius des II., so viel unverhoffte Vergrösserung er auch noch am Ende des XVI. Jahrhunderts erfuhr, blieb nur eine Gleichgewichtsfrage der europäischen Mächte Spanien, Oesterreich und Frankreich, so lange bis der Einheitsgedanke Italiens durch die Mitwirkung des reformatorischen Princips Deutschlands die Macht gewann, das Dominium Temporale als eine nur italienische Angelegenheit zu behandeln, das heisst aufzuzehren. Der merkwürdige Papst, welcher schon 31 Jahre lang und noch heute auf dem Stuhle Petri sitzt, ein moralisch Gefangener im Vatican aber doch durch historische Nothwendigkeit dort so confinirt und festgehalten, erinnert an die Schicksale Clemens VII. Unter Pius IX. hat das Papstthum den letzten Augenblick gehabt, wo ihm die moralische und politische Führung der italienischen Nation dargeboten ward. Er ist ungenützt vorüber gegangen, und das war ein Glück in Bezug auf die von der Papstkirche zwar bestrittene, auch gehemmte, aber doch nicht mehr zu bewältigende Neugestaltung Europas. Das Dominium Temporale ist gefallen; Rom ist am 20. September 1870 wiederum erobert worden; aber bei dieser neuesten und entscheidenden Halosis Romae ist es — was Geschichtschreiber und Menschenfreunde erfreuen kann — nur wie beim Vollzug des spruchreif gewordenen Rechtserkenntnisses eines historischen Prozesses und daher sauberer hergegangen, als bei jener Einnahme, von der unser Manuscript berichtet.

Beschreibung aller Hendel, die sich Anno 1527 zu Rom verloffen wie die Statt von des Röm. Kaysers Caroli V. Kriegsvolk eingenomen, und geplündert worden, und wie sich solcher Krieg vom Anfang biss zum Ende verloffen hat, durch den Hochwirdigen und Edlen Herrn Ambrosi von Gumpenberg, Prothonotarium Apostolic. Domprobsten zu Basel, Domherrn zue Würtzburg, Augspurg, Regenspurg etc. so der Zeit zue Rom selb mit und beigewesen, mit aigner Handt beschrieben.

Und ist solche Beschreibung von dem Original, mit Fleiss abzuschreiben, durch Joan. Bapt. Ficklern der Rechten Doctorn, von Bäpstl. Heil. gemachten Rittern, Prothonotarium und Comitem Palatinum, Frstl. Bayer. und Saltzb. Rath, bevolchen und collationiert worden.*)

Pabst Clement der Siebent seines Namens, der hat zuevor geheissen Cardinalis Julius de Medicis, vicecancellarius, ist gestorben Anno 1534 am 25. Sept. umb den mittentag, ist sechs ganzer Monat krank gelegen, und von fuessen auf gestorben, wie des geschlechts Medicis gebrauch sein solle, hat regiert 10 Jar etc.

Undter im, Im 1527 Jar, am 6ten tag May zwischen sechs und fünf Uhren zu morgen, da hat der Herzog von Borbon, mit den Deutschen, Spaniern und Italienern Rom bey dem Belvidere bey dem Thor zu S. Pangracio und die Porten bey der Schweitzer Guardi mit steiglaittern zum Sturm angeloffen, bestigen und die Burg zue Sant Peter mit gwalt gewunnen, und geplündert, und ist der Herzog von Borbon in dem Nebel, den es denselben morgen (gab) von ainem

*) Das Manuscript habe ich sprachlich nirgend verändert, doch bisweilen Unwichtiges, oder durch Wiederholung ermüdendes fortgelassen.

Spanier*) und den Unsern an dem Sturm an ainer steiglaiter erschossen worden, dessen seel und aller gläubigen seelen Gott pflege.

Auf solche Eroberung der Burgen, da hat der ganz exercitus Caesaris in der Burg S[ti] Petri grhuet, und ain andern Obristen erwelet, als nemblich den Principe de Orangie, der Marchess de Guasto war auch da, aber er kundt vor dem Principe de Orangie nit hinzue komen, auf dissmall.

Zwischen zwayen und dreyen desselben tags nach Mittentag da war der ganz Exercitus Caesaris wider in Armis, und fiengen an, gegen der Statt Rom zu stürmen hindter Sant Spiritus bey der starcken Pastion die Pabst Paulus tertius seither darumb gepauet hat, und zwischen 6 u 7 Uhr gegen Nacht, da hetten sie mit dem Sturm gewunnen alt Rom, Pietro montorio mit sambt allen dreyen prucken über die Tyber, als ponte Sisto, ponte Maria, und ponte quatro Capi, der Ich alles mit augen gesehen habe, und wie sie die ponte Sixti anlieffen, inen mit aller marter darob endtridt, das Ich nit erschlagen wurdt, wie andere, und kamen also daselbst herein in Rom auf den campo flor und Agon, da machten sie Ir schlacht Ordnung zum thail, behielten aber gleich wol die Burg Sant Peters**) und alt Rom darneben damit Inen vom Duca di Urbino die Statt und Burg nit widerumb abgetrungen wurde, welcher Inen ob den 80000 stark***), mit der welschen Liga Kriegsvolk als Ir Obrister, des Kaysers exercitu auf dem Hals war, welcher Exercitus Caesaris nit über 30000 stark war, noch dannoch wolt ers nit angreiffen oder

---

*) Die Sage von dem am Connetable verübten Verrath scheint von Gumpenb. geglaubt worden zu sein, aber wunderlicher Weise setzt er „und den Unsern" hinzu.

**) D. i. der Borgo.

***) Das Bundesheer betrug kaum 20000 Mann.

die Imperialischen in Irem thuen verhindern, das mar thet, er hets dem Pabst Clementi das Pangket ver dan er Im nit holdt war auch er über 6 Tage da nii blibe*), sondern von stund an ohn alle not mit *sei* e r c i t u abzug, und liesse des Kaisers e x e r c i t o Irs ge mit Rom unverhindert handlen, das dan 13 ganze t ain ander geplündert wardt, und der vogl im Lufft ni war, auch meniglichen ohn allen r i s p e t t o er wer k risch, Päbstisch oder französisch mit aller c r u d e l t fangen, geschetzt, geplündert, gemartert, und erwürget und Ir's gefallens jung und alt, frau auch man besche wurde ohn einredt der Obristen.

Der Pabst war in das Castel S^ti^ A n g e l i gef mit 13 Cardinalibus und grossen Anzall der Prelaten grossen Herren, also das dass Castel mit unnuzen Volk *i* setzt war, es war auch das Volk nit geschickt zu der W so waren sie auch schedlich darin, der Proviant halber sie unnuz hinweckh frassen dermassen, das sie benöti wurden diss Volks vill in der feindt Handt herauss zu stos Also richt sich der e x e r c i t u s I m p e r a t o r i s das Sch zu umbgeben und macheten in der Statt Rom vor der En pruckh vom t u r r e d e N o n a herab biss in A l t o v hauss**) ein grossen tiefen aufgeworfnen graben das die dem Castel nit herauss in sie fallen khundten unversehe Ding, und im selbigen graben waren stäts des Kaysers Hacke schützen, die schussen die im Castel S. A n g e l i ohn und lass von den Zinnen und Irer wehr herab, das sie sich i Castel nit wohl regen kundten.

An der andern Seitten des Castels, ihnerhalb der Tybe da hetten die Kayserischen bey der Porten, da der Schweiz Guardj ist ain langen graben angefangen zue machen, ha

---

*) Vielmehr 12 Tage lang.

**) Der Palast Altoviti (in der Handschrift fehlerhaft Altiniti ge schrieben) dauert noch heute fort.

an der Stattmauer, welcher Graben stets under sich gieng under die Erden in die tieffen, und arbeittet Haubtmann Conradin mit 3500 Deutschen Erzknappen daran*), und waren gar hinab kommen zum Castel, und wolten das undtergraben und das Castel mit Pulver das undter übersich werffen, und den Pabst, alle Cardinäl und Prälaten darin mit einander verderben, und waren schon zue den fundamenten kumben ohn allen widerstandt; dan du sollest ex judicio der grossen Haubtleut wissen das dass Castel St. Angeli nit stark ist, dan es ist zue eng das man sich darin nit woll weren kan; wenig Leut erschiessen nichts, vill kunden sich darin nit gerüren, darumb kan man auch nit vil Proviant darin halten, und ist allein contra furorem populi, wan in Rom das Volk aufrürig wurdt, so kan sich ain Pabst alda vor aim gwallt enthalten, biss er zu verhör und zu einem theding komen mag, oder andere notwehr suecht.

Also da sie alle ding zuem zersprengen zugericht hetten, da zug der Duca de Vrbino ab, da sahen die Kayserischen das sie kain widerstandt hetten, und der Pabst ohn ainhe hilf oder entsezung verlassen war, da bedachten sie sich aines bessern raths dieweil sie wisten das der Pabst kein hilf mehr het zu verhoffen, noch villweniger nottwendige proviant, das er mit sovil unnuzen volk über ain Monat oder 6 Wochen zu essen het, so fanden sie im rath, sie sollen das schloss belegert halten, das nit ain Vogel auss oder ein mecht kumen, also und sie theten. — —

Sie entschlussen sich den Pabst zu belegern, und das Castel gar nit mehr zu zersprengen, auss disen Ursachen, zersprengten sie das Castel, so verderbten sie so ain trefflich Veste das dem Kayser künfftige Zeit mehr zu nachtail komen mecht, gegen seinen feindten, dan zu guettem, wo und er Rom anderst behalten wolt, wie sie verhofften, zum

*) Die Erzknappen sind eine Erfindung Gumppenbergs.

andern so forchten sie Inen, dieweill sie on des Kaisers Wissen und willen Rom gewunnen, geplündert und zerstöret hetten, sollen sie erst den Pabst und Cardinäl mit so vill Prelaten im Castel umbringen, und die Bevestigung zerreissen, das Inen zu ewigen Ungnaden, schmach und verderbung reichen mecht, dergleichen so war Inen der Kayser Neun monat soldt schuldig, die wurden sie auch verlieren, darumben wer besser sie belegerten das Castel ob der Pabst sich mit Inen in ain Vertrag und Concordj einlassen wolt, das Inen das Castel in Ir handt wurde, und das sich der Pabst dem Kayser begebe, und Iren soldaten Ir ausstendig 9. Monat soldt zu bezalen zusaget, und wie sie dass Castel begraben und belegert hetten, da namen sie ettliche notschlangen und falkonetten und richteten die auss dem Belvidere ans Pabsts gemach, und schussen zu obrist hinauf in das Castel, an die Zinnen, da schluegen die stein dermassen umb sie, das Jemandts im Castel sicher war, und hetten schier ohn alles gewer den Pabst erschossen alsso das da weder Pabst oder yemandts auss seinem gemach dorffte, und dieweill er sich dan ohne Hilf oder trost fandt, und sach den grossen Jammer in Rom, und das täglichen nur übler hergieng, da fandt sein Heyligkeit im rath, er solt sprache begeren, und sich in ain Vertrag mit Inen einlassen, als dan sein Heil. thet, und begehrt sprache, die wardt Im zuegelassen, und da waren auss des Kaysers exercitu von allen Nationibus commissari zu Ir Heiligkeit in das Schloss deputiert, denen sich Ir Hl. mit den Pacten ergaben,

Erstlich wollt Ir Hl. Person frey sein, und sich in yemandts handt nit gefangen geben, so war auch yemandts vons Kaysers wegen da, der so frech sein wollt, ain Pabst gefangen zu nemben oder handt an seiner Person anzulegen, wiewoll er gefangen genueg war, man sezt im gleich ein hietlen auf wie man wolle auss nachvolgenden Ursachen,

Er saget zu und versprache, dem Exercitu Ire 9

Monat soldt zu bezalen, und in Ir Bewarsamb zu bleiben, biss und sie bezalt weren, zum andern, wollt er den Kayserischen das Castel einantwortten, darin sie In zu Ir sicherhait inhaben und bewaren solten biss und sie bezalt wurden, aber so sie bezalt weren, so soll sein Hl. und das Castel wider ledig sein, und sollen ohn schaden aus Rom ziehn, und niemandts mehr fahen, schezen, belaidigen, oder sein nemben noch verdörben.

Du hast aber verstanden, wie der Princeps de Orangie nach absterben des Duca de Borbon zum Oberisten Veldthaubtmann erwehlt war, über die spanier war Johan de Urbina Obrister, ain vast geschickter und sehr trefflicher freudig Capitan ungefehrlichen bei 12000.

Über die welschen Soldaten war der signor Ferramuscha, ist ain Neapolitaner gewest vast ain erfarner, geschickter und sehr reicher man, der war obrister über 10000 ungeferlichen,

Über die Landsknechte der auch ungeferlichen bey 13000 man waren und nit gar, der Ichs bass wissen solt dan ain andrer, dan Ich als ain Obrister Commissari über sie, sy dreymal gemustert habe, das war Obrister über sie Herr Geörge von Fronsperg zu Mündelhaim Ritter, und Herr Conradt von Bembelberg den man das klain hesslen lange Zeit gehaissen hat der war sein Obrister leittnambt, aber Herr Geörg von Fronsperg der war Krankheit halber nit im einfall zu Rom dan Ine auss Zorn bey Ferrara *) der schlag troffen hat, das er sich ob der Landtsknecht ungeschickten Weiss erzirnet, und das man In gehn Ferrara fueren muest, under die Medici, da huelt In Duca Alphonso ain gantz Jar auss, biss er ain wenig wider zue Im selbst kamb, da schicket er haim gehn Mindelheim

*) Das Ereigniss fand statt am 16. März 1527 im Lager zu S. Giovanni bei Bologna.

zue seiner Hausfrauen die war ain Gräfin von Lo
bürttig auss der Grafschafft Tyroll, da war er s
nit gewest, den ganzen tag, und wolten sagen er het
sein Narrenweiss auss grosser Lieb und Begier mit Ir
das In der schlag abermals traffe, davor uns Gott
also das er am morgen im Pedt todt bliben.

Nun der von Bembelberg als Obrister Leitena
muest mit dem Duca de Borbon fortrucken auf I
mit dem hellen Hauffen, da gab Herr Geörg von Fr
dem von Bembelberg zue rath und beystandt zue, da
mit einand an sein stat diesen teutschen Hauffen
sollen, mitsambt dem Bembelberger, nemblichen di
Haubtleut mit namen, 1. Haubtman Corradino
auss der Ötsch ains Pfaffen Sun ain vast alter und b
ter Haubtman hat 5 fendl Knecht under sich, 2. Ha
Sigmundt Wechinger war auch auss der Ötsch ha
fendl Knecht under sich, 3. Haubtman Mathiess
war vom Adel vast geschickt und grosser erfarnuss anc
Hanndt geschwindt, aber überauss wunderliche
yemandts bey Im bleiben kundt der hat 3 fendl
under sich,

4. Haubtman Sebastian Scherttlin, der hat nur ain f
Knecht under Im,

5. Haubtman Diepoldt Helle, hat nur ain fendle I
undersich, er war auch nit vast ain erfarner Hau
sonder er war ains guetten Verstandts und wize, u
gut schwezmaul, damit er sich mehr herfür bracht
mit seinen Kriegsthaten.

Nun mein guetter H. Conradt von Bembelber
Obrister Leitenambt wollt absolute allein regieren, un
gesellen oder Ueberpain haben und thet was In lustet und g
sach yemandts nit an, und war stets mit den ersten
und welche sich neben Im brechen wolten, die huelt er
massen, das sie tag und nacht hinweck stelten, wie da

Haubtman Stumpf und Wechinger zue Rom mit einander auf Venedig fueren, und underwegen gefangen und geplündert wurden, und Inen sehr übel gieng, darob sie an der letzt auch gestorben sein, Schertl, Corradin und Hel*), die bliben beim hauffen, warteten Irer Haubtmanschaft auss, und liessen dem Bembelberger das Regiment allein, das liess er sie auch zuefrieden und war guetter ding mit Inen.

Über den raisigen Zeuge, in Irer Maj. Exercitu da war obrister Don fernando de Gunsago der jetzt Röm. Kays. Maj. Stadthalter ist zu Maylandt und vor Jaren Vicere in Sicilien gewest ist.

Wie sich die päbstlich Heil. auf obengezeigt mittel ergabe, da antwortteten sein Heil. das Castel S. Angeli ein, und das sie sein Heil. verwareten biss und sie bezalt wurden, da verordnet der Oberist der Spanier ain fendlen spagnoli in das Castel, der Italiener Obrist auch ains, der von Bembelberg verordnet den Haubtman Corradin mit aim Vendle Landtsknecht, welche bestia sorg truegen, sie kundten nit frey und unflettig sein, das Irs gefallens stetigs zum wein gehn kundten, und wolten nit darin bleiben, da verordnete man den haubtman Georg Prantten mit sein fendlen Knecht, der war auch etwan ain vier oder fünf tag darin, da hat er des Castels auch genueg, und wolt auch nit mehr darinnen sein, sondern bei dem lieben vino greco an der stat, und verluessen die Teutschen das Castel dermassen unbillicher weiss dem Pabst zuwider, dan er sie lieber gehabt het, und sich mehr zue Inen vertraut als zu kainer Nation nit, als mir es der Pabst selbst zum offter klaget schier mit weinenden augen, das wir Teutschen uns nicht nit annemben wolten, und das wir die Hispanier so gar regieren luessen, und damit dus nit für ain Lügen helst, oder sagen mechst, wie das dirs der Pabst vor andern klagt hat, was haimbliche

*) Conrad von Glürnitz u. Dibold Häl von Meynburg, nach Reissner.

gemeinschafft hast du mit Im gehabt, das will Ich dir sagen,

Ehe und Rom gewunnen wardt, da bin Ich dem Pabst in manicherlay geschefften zum 7ten mal in Teutschland gewest, Ich war auch dasselbig mal wie der Exercitus Caesaris in welschlandt anziehen solt, da war Ich von seiner Heil. wegen bei dem alten Churfürsten Pfalzgraf Ludwigen und herzog Wilhelmen von Bayern seligl., und am wiederreitten gehn Rom, da fandt Ich mein schwager Herr Geörgen von fronsperg mit saim schnellen Hauffen zue Triendt, das er am anziehen war, da wollt er mich nur schlecht bey Im behalten, und verhüesse mich Cardinal und Reich zu machen*), aber Ich wollt es nit thuen, sonder mein Befelch verrichten, wie woll der Zug nit fürgenumben war auf Rom, sondern wider die Pündtnuss, die der Pabst, Franzosen und Venediger mit den andern Potentaten in Italia wider den Kayser gemacht hetten, auss Italia zu schlahen, über welche Pündtnuss signor Johan de Medicis des Pabst Clementi Vetter Obrister war gar ain treflicher Kriegsman und grosser Tyran, und seiner besen welschen possen vol, derselb lag mit der Liga Volk zwischen Mantua et Ferrara am Poo, des Kaysers Kriegsvolk ingressum zu verhüeten wie er thet und hefftig weret, darob im der linck Schenckel oben im Dieck abgeschossen wurdt, das man (ihn) gehn Mantua füeret, den Fuss abschneidt, darob er sturbe, da drucket des Kaysers Exercitus auf den von Ferrara der auch in der Pündtnuss war, und wardt er benöttigt, das er muest freundt werden, gellt, proviant und geschitz geben, das man Im das Landt nitt einnembe, und verheret, Da kam ain Mörderei unter den ganzen Exercito, das sie schlecht nit weitter ziehen noch dienen wolten, sie weren den zuvor

*) In einem Bruchstück der Autobiographie Gumpenbergs (Cod. Bav. 2127) wiederholt derselbe dies Versprechen Frundsbergs, und fügt hinzu, dass dieser ihn als Dolmetsch habe gebrauchen wollen.

vom Duca de Borbon und den Obristen bezalt, darob auss Zorn Herr Georg von fronsperg krank war, wie du oben vernommen hast, Nun da war kain gellt, trost oder hofnung, und wist der Borbon nit wie er all sein sachen thuen sollt, dan sein sach auf zwayen dingen stundt, entlauffen oder sich von Inen zu todtschlagen oder fahen lassen, und machet sich in ainer Verzweiflung mit dem Exercito auf, und namb den weg auf Bononi, ob er dasselbig unversehener Ding einnemben, plündern und gellt machen mecht, damit er das Kriegsvolk stillet, aber der Pabst war Im zu geschwindt, bracht Im zu vill Volks in die Statt, das ers nit gewinnen kundt, und muest neben fürziehen mit schweren verzweifelten gemuet, und namb den weg auf Tuscana zue, das er nit wist was er thuen sollt, oder wohin er ziehen solt das er gelt machen mechte zu rettung seines Namens, thrauen und glauben, da trug der Pabst fürsorg, die weil Florensa (die noch ain Freystat war) für sich selbst mit Ir Heil. und andern Potentaten in Italia im Pündtnuss war, Er Borbon würdt Florenza überziehen, oder dasselbig Ir Landt schleipfen, verdörben, prennen und schetzen, dieweil sie kain Kriegsvolk im Landt noch in der Statt hetten, und schicket sein Heil. eülendts Doctor Hannsen Blanckenfeld der war Erzbischof zu Riga und Bischof zu Rainfal*), gen Florenz mit etlichen Capiteln so bald und er vernambe, das sie den weg auf florenz und in Ir Landt nemben wolten, so soll er Inen entgegen ziehen, und in des Pabsts namen und der Statt Florenza den teutschen solch Capitel vorhalten, ob man sie damit abwendig machet, das sie nit fürzugen, sondern ab, und den weg anderstwohin nemben.

---

*) Reval. In dem bezeichneten Fragment der Autobiographie wird der Erzbischof seltsamer Weise als Doctor Rockenbach bezeichnet. Er hiess richtig Johannes Blankenfeld. Siehe Series Episcopor. Eccl. Catholicae ed. P. Pius Bonif. Gams. Regensb. 1873.

Nun derselbige Bischof war zu forchtsamb, wolt Bevelch des Pabst nit verrichten, da hette aber Ich Venedig auss dem Papst auf der Post geschrieben, wa Ich seiner Heil. in Teutschlanden bey obgemelten F ausgericht hette, und wie (ich wegen) unsicherheit der umbreiten muest, damit ich dem Kriegsvolk nit i Hendt keme, und zeiget seiner Heil. mein strassen Weg an, darummb solle mich Ir Heil. meines langen sein endtschuldiget haben, also das der Pabst wisse wo Ich bay aim Peilichen anzuetreffen war, und schicket mi eillende Post unter augen, das ich enlendts gen Floren: stiert zue dem Cardinal Cortona, der da Legatus a tere war, und das Ich alles das thet, was mich derselbig gat und der Senatus zue Florenz hiesse. Nun wie Ich Florenssa kamb, der da mit grossen Freyden und E empfangen war, der war Ich, und dem sonderbar gross verheissen worden, wo ich den Befelch annemben wollt verrichten. Ich war ein junger beherzter gesölle, von 25 Jaren alt, arm, hett nit vil übriges, und wer gern worden, oder etwas gewunnen, das Ichs hineinsezet, mir liederlich forcht, oder an einem Ding leichtfertig ents und sagets zue, wo es mir Erlichen und aumutlich were, so Ichs gern thuen, da zaigten sie mir des obgemelten Bisch gehabten Befelch an, und sein verzagts gemuet, und das sie Im verkürzt wurden, so es von nötten sein würdt, und ga mir die Articl und Capitulation des Bischofs was er im felch hette, dem teutschen Exercito zu proponiren, sie der Statt Florenz noch Landt nit schaden thetten, und welchem Articl der ainer war, das ich des Pabsts Bessl Margarita de Medicis signor Juliano de Medic Tochter*), der ain Herzogin von Alba auss Frankreich

*) Irrig statt Catharina. Derselbe Fehler wird im Fragment d Autobiographie gemacht. Auch war ihr Vater nicht Julian, sondern d

aim Weib gehabt hat, darbey er die Tochter Margarita gehabt hat, welche ain Herrschaft von 6000 Cronen järlichs einkommen hatte, dieselbige Margarita war zwischen 14 und 13 Jaren alt, schön und tugendhafft, zu saumbt grossem Reichtumb, die solle ich Herr Görgen von Fronspergs Sun, Herrn Caspar von Fronsperg, der Oberister zu Mailand war, versprechen und vermeheln, wo und sie ohn schaden, ab und auss dem Lande der Florentiner zügen, welche Margarita de Medicis auf heuttigen tag ain gewaltige reiche Künigin ist, in Frankreich, und jetzt den König Hainrich zu aim Man hat, und bey Im so vil schöne Kinder, das sag Ich darumb, das die Leut offt so hoch unversehener Ding hinauf komben, darnach sie oder der Pabst nhie sollich glick verhofft noch dahin gedacht haben, da aber Kayser Carolus quintus Imperator Invictissimus sein Pastarda Margarita, des Pabsts Nepoten Duca Alexandro de Medicis Herzog in Florenssa, zu ain weib gabe, da wolt der neidisch Imo nerrisch Kunig Franciscus Rex Franciae nit weniger in der Freundtschafft mit dem Pabst sein, dan der Kayser Carl und wo Im Pabst der Kayser Carl ain Pastarda geben, da gab der narret Künig Franciscus sein leiblichen Ehelichen Sun ains Bürger und Kaufmans Tochter zu Florenz, wiewoll der selbig Sun undter den dreyen Küniges Francisci Söhnen der jüngst war, und jemandts gedacht, das er in ewigkait König soll werden, also da sein die zwei eltesten Söhne gestorben, also das der jüngst und unvermaindt König ist worden, und auf die stundt regieret, mit dem die Landtherrn übel zufrieden sein, dass er eines Kaufmans und bürgers Dochter auss Florenz su sein Weib haben solt, und sie für Ir Königin und haben ain weil vermaindt Ine dess-

---

Herzog von Urbino, Lorenzo Medici; ihre Mutter Madelaine la Tour d'Auvergne. Catharina ward geboren 13. April 1519, vermält a. 1533 mit Heinrich Herzog von Orleans.

halber nit anzunemen noch für Iren König zu erken
haben gewolt er solle sie in ain Closter thuen, und ain
nemben, und sonderbar dieweil sie wol 7 oder 8 Jar
hat, das sie faiste halber nhie kain Kündt gemacht l
sie sorg truegen er würdt on Erben sterben, jedoch l
der letzt angefangen Künder zu machen, und hat Im n
3 oder 4 Süne tragen das Im yetzt von Herzen li
Also hastu diese History des glickes, und das Ich wi
die angefangene kumb, Ich lag 13 tag zu Florenz zu
wo doch der Borbon auss wolt, der gar verzweifelt w
nit Proviant noch gelt, villweniger kain obedienti
das er sich als ein erfarner Kriegsmann umb so ge
Stett und in so ain mechtig Lanndt nit begeben da
Florenssa, da war er benettigt, der Feindt Lan
fliehen, und die Freundt zu suechen, damit er sein Ex
tum nit in pericul setzt, und namb den weg auf hohen
und in Ir Lanndt, da die das sahen, da suechten sie weg
persuasiones, das sie den Borbon mit sein Exer
auss Irem Landt fürbass schieben mechten, auf Iren N
barn, und gaben Im gellt und Proviant, und persuadie
den Borbon, er soll sich aufmachen, und in das König
Neapolis das frei von Feinden, das ist des Pabst Liga mi
Potentaten in Italia, darüber Obrister wardt (nach abste
Joanni de Medicis des yezigen Herzogs von Flo
vatter) der obgemelt Herzog von Urbino, und dis
armuet und hunger war ursach das sie fort enleten, damit
nit etwan belegert wurden, und eyleten dem Königreich N
polis zue, da sie gellt, Proviant und entsezung auch alle n
turft gehabt hetten. Nun wollten sie in das Königreich
mussten sie zuvor über die Tyber, und an den orten da
übersolten, da war sie Inen zu gross, und sie waren zu v
für sich komen, dass sie nit mer hindersich kundten, d
die Feindt waren Inen zu nahendt auf dem Halss, und die v
Siena hatten Inen vill Proviant zue gesagt, da sies a

Jrem Lanndt brachten, da hetten sie Inen ungern ain stuck Brott nachgeschickt, Also das der Kayserlich Excercitus ganz machtloss war, und noch Grass frassen vor Hunger, dan sie lenger dan in 8 tagen kain stück Brott nhie gesehen hetten, darumb eylten sie für sich dem Königreich Neapolis zue, und wiewoll sie weder schifbrücken oder der dings kains mit hetten, so sezten sie doch Ir thuen zue Gott und auf des Kaysers Partei und anhang, die Colloneser würden sie nit verlassen, und nit weit von Rom, das sie über die Tyber muesten entgegenkomen, und Inen ein Brucken über die Tyber machen, das sie den Feindten darüber entwischen mechten, das war Ihr vorhaben und hofnung.

Nun gleich zu derselben Zeit, da kriegt der Pabst Clemens mit denselben Collonesern zu Frisolona gegen dem Königreich Neapolis zue*), und thet Inen sehr grossen schaden, verhöret und verprennet Inen das Landt wuest, da legte sich der Vicere von Neapolis in die sachen auss Bevelch des Kaysers und vertrueg die Colloneser und den Pabst mit einand, und machet nit allain Fridt, sondern das yeder thail sein Kriegsvolk abfordern und gar urlauben solten, das thet der Pabst, forderte seine 4000 Schweizer ab, und schicket sie wider haim. Er hat 5000 Italianer, die hiess man die Bandicei Negri**), die hat Johanin de Medicis woll ain Jar 8 oder 10 beyeinander gehabt. Es waren die Bösesten und erfarnisten Pueben in Kriegslauffen die da in langer Zeit nit beyeinander gewest waren, welche sich allerding understehen dorfften, das aber war ist, so wolt der Pabst mit dem Kayser und Collonesern Fridt haben und die Artickel in allen Dingen halten, wies der Vicere Mincrafal***) (wass ain Niederlender und Teutscher Feindt) gemacht hat, und versach sich vom Kayser

*) Der Kampf bei Frosinone fand am Anfange des Februars statt.

**) Bande Nere.

***) Der Vicekönig Charles de Lannoy war Sohn des Juan de Lannoy Herrn von Maingoval.

und den seinen nichts böss, sondern alles guetts, und v
Inen solle auch dasselbige gehalten werden, wie bill
west were, und fordert dieselben 5000 Italiener oder s
Fendl anch ab, und das sie gehn Rom kamen, wie
dan kamen, und Ich sie mit augen hab ainziehen seh
das Ire schwarze Fendl im Kott hernach zugen auf der
von wegen Ires Obristen Johanin de Medicis
Lombardia starb.

Da sie nun gehn Rom kamen, da gab man Ihn
verhofft urlaub, und zalet sie übel mit abrechnung u
schlagung der Besoldung, wie man dan an allen Höfen b
nanzer findt, die Irs aignen nuz halber dahin genaig
yederman das seinig abzubrechen, das eben Jacob
viati thet, der Pabsts Clements schwester zue einem
hett*), und derselb arglistig böss Jud oder Kaufman
man sie nennen muess höflich darvon zu reden, der gube
die ganz Kirchen und alle Ding absolute in sein nuz.
selbig prach Inen ab, und schlueg Inen auf, unangesehe
sie so vil Jar treulich gedienet hetten, welches Inen
wehe that und übel verdrüssen, und waren sogar erzirnet un
pittert, das sie mit dem beherzten gemuet, und langer erfa
die sie hetten, sich understehen dorfften die Kaufleutpr
in Rohm zu plündern**) und wolten in Rom das undter
sich keren, das man sie mit gewalt auss der Statt tr
muest, das sie mit unwillen hinweck zugen, und Rom schw
alles Leidts zue thuen, und lüeffen gleich alle mit einander
Borbon zue, Da der Borbon das vernamb das der P
kain Kriegsvolck het, sonder die alle mit einander mit
willen abgeferttiget hette, auch kains nit umb gelt r
sonnst mehr bekomen mecht, da ersahe er sein vortail

*) Vielmehr Lucrezia Medici, die Schwester Leo's X.

**) Zu jener Zeit waren, wie noch heute in Florenz der Ponte
chio, die Brücken in Rom meist mit Buden der Kaufleute besetzt.
Mittelalter verkauften Juden ihre Waaren selbst auf Ponte Sant Ang

namb ein Herz, und zuge unversehner Ding auf Rom zue, der Hofnung wo er Rom nit erobern kundt, so wolt er doch ausserhalb Rom über die Tyber komen über die Prucken ponte molla vor unserer Frauen de popolo Thor, mehr dan ain teutsche halbe meil wegslang von Rom.

Nun wie das der Pabst höret, das der Borbon auf Rom zuge, und er sich ohne Kriegsvolck fandt, auch davon nit mehr bekommen kundt, da schicket er sein Pottschaft zuem Borbon, was das wer, das er In ungewarnnter Ding, als ain Freundt des Kaysers überziehen wolt, und er het mit dem Vicere an statt des Kaysers Fridt gemacht, den wolt er auch halten, darumb het er sein Kriegsvolck auch geurlaubt, und er het mit Im Borbon nichts zue thuen, Er stuendt in guettem Fridt und ainigkait mit dem Kayser des wolt er sich halten, und des Viceres zuesag.

Darauf antwort der Herzog von Borbon dem Pabst, und sagt es gieng Ine nicht an, was er mit dem Vicere tractiert oder beschlossen hett, Vicere de Neapoli wer so woll ain Diener als eben er, und er hette Im nicht zu gebietten, Er geb auch nicht umb In, er wist woll, was er thuen und lassen solt, und trucket stets auf den Pabst zue damit er in Rom komen mecht, ehe In die Feindt ereylten, die Im auf dem Fuess nachzugen; Da sich der Pabst dermassen beengstiget sahe, da wist er nit wo auss, dan er kundt kain Kriegsvolck nit so erbringen machen, so waren die schwarzen Vendler zu den Kayserischen verloffen, da fienge er an auss verzweiflung zu risten, und sich mit seinen aignen todtsfeinden zu wöhren, und botte aller welt in Rom auf, das da spiess und stangen tragen mecht, das soll die wehr nemben zur Rettung der Statt. Nun wer waren die, mehr des Pabsts Feindte dan Freundt, dan es waren Teutsche, Spagnoli, Niederlender, Neapolitani, Lumbardi. auch Romani selbst, und die grösten und mechtigsten, die dem Kayser anhiengen, dieselbigen sahen das Ding alles gern, und war Inen ain haimbliche Freyd, das dem Pabst ain Kappen kaufft soll werden, vermainten dadurch gross, reich und mechtig zu werden, so der Pfaf undtergetrückt und castigiert wurde, vermainten nit die narreten unsinnigen Leut, so das Kriegsvolk mit gewalt in Rom kam, das man Inen etwas thuen sollt, darumb das sie Kayserisch weren, sonder gedachten es solt alles ob dem Pabst und seinen Pfaffen ausgehen, und fandt vil narrete Romaner die kauffeten und kochten das Beste der Welt, auf des Kaysers Kriegsvolk, so das in Rom kemb, das sie Inen Ehr erbietten mechten, vermainten sie mit ainem mall abzurichten, da war jemandts in Rom von oberzelten Nationibus, der als Kayserisch die wehr wider Ine Kayser oder sein Exercito nemben wolt, und so sie schon mit Iren wöhren auss Forcht auf des Pabsts gebott erschinen, so war es Inen doch nit umb das Herz, sie hettens auch villweniger im sinn, das sie alda bestendig bleiben wolten, sonder Iren haimblichen abzug nemben, so dorfften sich der Franzosen Partt und anhang in Rom auch nit rieren, und die Ursiner allain, mit Iren anhang genuegsam gewest weren, des Kaysers Hoer auss Rom zu behalten, wans schon dreymal so stark gewest were. Aber die Ursiner und der Franzosen Partt, den gefiel das Ding haimblichen nit allain woll sonder sie wolten sich von des Pabsts wegen in kain pericul begeben, noch villweniger wider Iren Herrn den Herzogen von Borbon einlassen, und trugen auch für sorge, als weise Leut, sezeten sie sich wider den Kayser, oder sein Exercito, so wurde des Kaysers Volk und anhang in der Statt Rom, zu dem Exercito Caesaris hinaus fallen, und Inen in die Statt helffen, so wurden also die Kayserisch, sie die französischen und Ursiner, überfallen und zu tode schlagen. Auss diesen Ursachen sassen sie stiller, und behuelt ain schwerdt das ander in der scheiden, auss diesen Ursachen gewan das klain, gering Kriegsvolck diese Statt Rom, ohn ainichen Widerstandt, ausgenommen 4 oder 6. Fendle besoldeter Italiener und anderer

Nation, die dannocht der Pabst in ainer eyll von schneiderstuelen und andern Handwerkern aufbracht hette, solle man sich aber gewört haben, nach ernst und von Herzen, das Volk, das sich zue Rom wider Iren willen von allen Nationibus und Romanern mustern haben lassen pro forma davon warlichen weit über 50000 waren, und mit so köstlichem schön Harnisch, wehren und andern Dingen, sie hetten des Kaysers Volck aus Rom behalten, wan sie zehenmal so stark gewest weren, aber das verfieret die narreten Romaner, das sie vermainten das spill würdt nur ob dem Pabst und seinen Pfaffen aussgehen, und wereten sie nicht nit, dan was sie forcht und ehrenhalber thuen muesten.

Und liessen also des Kaysers Exercito Rom gewinnen, am 6. tag May, im 1527. Jar, und da der Exercitus in Rom kam, wiettet, dobt, und hette in der gerechten Handt sein wehr, in der andern ein stuck Brott, das sie vor den Beckerleden oder in Iren häussern im einfall genomben hetten, das assen sie im Lauffen, wie das wiettig, hungerig gestorben Vich, da luffen die Romaner eines Theyls auss Iren Heusern herauss undter sie auf die gassen und zeigten sich fur guett Kayserisch an, und dancketen Gott dem hern, das ainmal die stundt kommen were, das sie von dem Pfaffen dem Pabst erlediget wurden, und sie batten sy, sie sollen in Ire heuser hinein gehen, da wer Inen essen und trinken, Pett, gewandt und Fusswasser zuegericht, auss rechter inbrünstiger Lieb und charitet, denen sies von Herzen gunneten, und vermainten die Romani der geyzige, hochtragendt Spagnol und Kriegsman der solle sich mit der suppen benuegen lassen.

Aber da der Spagnol Inen genueg geessen und getrunken hatte, da tractieret er den narreten Romaner nach seiner verdienstnus, und namb her des Romaner weib, kinder und töchter, und wolt ain weil seines gefallens auf den weissen untergelegten Leilachen mit Inen scherzen und kurzwillen. Er saget,

Haussherr, gib uns als des Kaisers gethreueu Dienern gellt her, als ein guetter Kayserischer man, damit wir mit den schönen Mädeln triumphieren kunden, dan der Kayser ist uns sovil schuldig, leihe uns diewill dar, Ir. Majt. würdt dirs schon wider geben. Da der Romaner das hörte, sahe und erfuer, da gedacht er erst an der lezt und zue spatt an sein begangene Thorheit, und da das spill an den armen verthanen Pfaffen nit ausgehen wollte, sonder über sie reiche Wucherer, und hetten es gern wider remediert, aber es war Inen unmöglich und zue spatt, und wolten erst anfahen dem Spagnoli und Kriegsvolck vill predigen, ob sie solches als guette Kayserische gewertig sein solten, das wer ye unbillich, da saget das Kriegsvolk, du falscher Laur, gib gellt her, oder wir wollen dich bey den Hoden aufhengen, es ist erlogen das du guett Kayserisch bist, dan werst du's so wehrtest du dich nit uns seiner Maj. gethreuen Dienern so vill Monat soldt darzuleihen, wir wollen ainmall gelt haben, nit allein von dir sondern vom Kayser selbst, so er da wer, und namben die Romaner mit Iren weibern, kindern und töchtern, und gingen Ires gefallens mit Inen umb, schezten, praunten und marterten sie so lange und so vill, biss sie Inen all Ir vermögen gaben, und plünderten sie, fuerten Inen weib und kündt hinweck, erwürgten und erstachen sie, da war all ding frey und preiss, biss an den 13. tag, und das war böss und erbärmlich, so sich jezt ainer von ainem gelöset hette, so lauft er von Im, so kombt ein ander Kriegsman an In, und schezt In von neuem, also das offt ainer nur 10 mal gefangen und geschezt ist worden, und wan er an der lezt nichts mehr gehabt hat, so haben sie Ine erstochen, oder da sy es ainem nit glauben haben wollen, so haben sie ainen so lang gemarttert, biss er Inen in den Hendten gestorben ist, dan kein threuen und glauben bey diesem Kriegsman nit war. Aber het mir Pabst Clement allein gevolgt, so wer es zue dem Jamer und nott gar nit komen, dan wie man am

6. May, das war am Montag Rom überzug mit dem Sturm, da war Ich am 5. tag das war am Sontag nach essen bei Ir. Heyl. als ein geforderter, da sahen wir in des Pabst Camer, hindter dem Belvidere bey des Medici Palast oder Lustgarten*) den Vorzug oder antegnardia auf die Wisen herab ziehen, das Lager schlagen an die Tyber, da fragt mich der Pabst, was mich guett gedunket, da antwortet Ich Ime mit kurzen wortten, das er sich mit Inen vertruege, und zufrieden stellet, dan sie kemen an ein heimblichen Verstandt daher nit, und wären sie so keck, das sie Ir Heyligkeit so truzlich undter augen und für die Statt sich belegerten, so wurden sie solch Ir manlichaitt unversehener Ding erzaigen wollen, und wurden so truzlich sein, auf die heimbliche Verstandt und vertröstung, das sie die Statt unversehener Ding mit dem sturm anlauffen wurden, so het sein Heyligk. kein Kriegsvolk oder yemandts in der Statt, darauf sie Ir Heyligk. vertrösten dörffen, Es wer eytell genöt Volk zu der gegen wehr, und weren nit allein der partt verwant, sonder auch unerfaren Handtwerksleut, die da der Kugel umb die Ohren nit gewohnt hetten, und so baldt sie die hören wurden, so wurden sie all Ire wehren fallen lassen, und darvon fliehen, so wurde Ir Heyligk. verkürzt werden, darumb wer besser, sie liesse sich in ein Vertrag mit Inen ein. Da antwort mir der Pabst, wer zu Inen reitten wollt, ob ich der sein wollt, da sagt Ich ja, Ich were zufryden, so Ir Heyligk. mir drey Ding thuen wolten, da fragt Ir Heyligk. was das wer, da antworttet Ich Ir Heil., das erst wer das sie mir warhafft anzeiget den anfang biss an das endt, was sich zwischen Ime Pabst und dem Borbon und ganz exercito bis auf die stundt verloffen hette, oder was zwischen Inen gehandelt war worden,

Das ander, was Ir Heyligk. entschlossen were, für con-

---

*) Die heutige Villa Madama.

ditiones mit Inen ein zu gehen, und was gestallt sie ein concordj mit Inen annemben wolt,

Zum dritten, wie und was gestalt sie mich versichern wolt, was und Ich dem Exercito in namen Ir Heyl. für schluge, das es von Ir. Heyl. also verzogen solt werden, an ainiherley mangel oder felen.

Darauf sagt mir der Papst mein fürschlag gefuell Im, und er wolt sich darauf bedenken, und Ich solt heimgehen und daheim belaiben, und kain tridt auss dem Haus gehen, damit so sein Heyligk. nach mir schicket das man mich daheim fendt, und gab mir drey seiner Edelleut (oder palphornieri*) genannt, die ain Pabst tragen und auf sein Leib wartten) zue, das sie mein Herberg lernten, damit so man mich eulents haben wolt, das sie mich wisten zu fünden, Ich gang haim, und blib mit schwerem herzen daheim, dan Ich allen apparat und Kriegsrüstung und gegenwehr gern gesehen hette, Aber Ich muest Ir Heyligk. gebott gehorsamb sein, und verlur den ganzen Suntag den tag dahaim mit wartten, doch stige Ich auf das Dach und in einen Turn umbs hauss, darin Ich über Rom sehen möcht in die Weit, des Kaisers Kriegsvolk an zu ziehen, aber mein wartten war umbsunst, und der Pabst wolt sich im Palast Sti.Petri nit mehr vertrauen, sonder gieng, umb Vesperzeit auf der Mauer in das Castell**), da blib er also. Zue morgens am Montag 6. May vor tags, da ristet sich des Kaisers Volk zum scherz, mit Iren Laittern und wehren Rom zu besteigen und zu gewinnen als dan geschahe, und fuel ain Nebel an, der weret vast biss umb 7 Uhr, das Ir glick war, und Inen den Victorj in die Handt gab, das die Burgo St. Petri erobert wardt, darauf sie rhueten von 7 Uhr an, bis gehn Vesper Zeit,

*) Palafrenieri.

**) Der Papst begab sich ins Castell erst nachdem die Leonina am Morgen des 6. Mai erstürmt worden war, wie das Paul Jovius, sein Begleiter, erzählt hat.

da fiengen sie den sturmb widerumb an bai San Spirito. Noch daunocht warttet Ich stets im hauss, wan Ir Heyligk. nach mir schicket, aber der Pabst vermeinet nit das sie Rom so liederlichen und bald gewünnen solten, dan er hat wider in der Statt ain 5. 6. oder 7. Vendlen welsch Soldaten gelegt, so hat er signor Lorenzo de Nucera*) und sein Sun signor Paulo, dergleichen signor Horacio de Balnionibus, als Obriste Haubtleut in der Statt Rom etwan mit ain 4. pferdten (sic!)**) aufs maist, die ritten stets hin und wider, das gebotten Volk an Maurn und allethalber zu der wehr an zu stellen, welche Obristen das aller nöttig ist nit versehen hatten, das sie an jeder Prucken über die Tyber ain schwipbogen abprochen hetten oder eingeworffen, so hetten sie so bald nit über die Tyber, und in die Statt kommen künden, hetten auf das wenigist ain tag zwey oder 3. sich umb die Prucken muessen schlaben, darwill weren sie nit allain zue hunger gestorben auss der grossen obengezaigten noth, sondern auch es wer Inen vill gedachte Liga, der Duca de Urbino mit dem mechtigen exercito auf den Hals gewest, das sie weder für sich noch hinder sich kund hetten, wie dan derselbig Duca am dritten tag, das ist auf den 9. May***) mit allem sein exercito zu Ysola das ist bey 2 teutsche meil vor Rom ankamb, und alda etlich wenig tag lage, und von stund an ohn alle Ursach wider abzug, und lüess den Pabst im Bad sitzen, und dass war ain Ursach, das der Pabst sich so liederlich nit geben wolt, das er sich auf den Duca de Urbino vertröst, und verluesse sich Ir Heiligk. umbsunst.

*) Lorenzo oder Renzo von Ceri.

**) Es ist wol Fendlen zu lesen.

***) Der Herzog von Urbino traf erst am 22. Mai mit der gesammten armee zu Isola ein. Eine Zählung ergab 15000 Mann Infanterie. von Isola wieder ab, am 2. Juni.

Nun umb Vesperzeit, da schicketen die Romar Senato zue mir, und zuvorderist zue dem Durchleu Hochgeborenen fürsten und Herrn Marggraf Gumprec Brandenburg, der ain junger fürst was von 18. o Jaren ungeferlich, und luessen uns beyde bitten, das Inen in das Capitoli komen wolten, da wolten sie si uns beratschlagen, wie der sachen zu thuen were, sie sich vill lieber vertragen und etwas geben, damit der citus ohn schaden hinweck zuge, Ich wolt nit kommen, s des Pabstes erwarten, da schicketen die Romaner zwaima mir, und der jung Margraf, die liessen mich so hoch das und Ich in dieser Irer nott zu willen wurdt, Als Ich auf mein gaul und ritte zue Inen in das Capito Margrafen zu fünden, da beratschluegen sie sich mi ander biss schier 6 Uhr was gehn Nacht, und beschl das die obristen Conservatores der Statt, mit hochgedachtem Margraffen und mir, hinauss solten reitt Exercito mit unsern Trumettern, zu den teutsche Obristen, dan Borbon war zuvor umbkommen, und von Inen versten, ob man mit Inen zue ainem vers komen mecht, und wie wir im Capitoli ausritten, da schon 6 geschlagen, und nahet gegen 7 Uhr gehn Nacht, ritten ob hundert Pferdten mit uns, dan vill leut sich hencketen, als die fürwizigen Welschen, die in kain kain mass halten, die wolten hinauss in Exercito sehen, wie es da aussen zuegieng, und hetten bei 4 Trumet die ritten voran, und die Conservatorj auf sie, der Margraf und Ich ritten hindten nach, zu reden und disputie wie sie für zue bringen und anzugreiffen were, damit w woll aussrichteten. Da wir auf den Ponte Sisto ka da handleten meine ehe gemelten Italianer ohn alle nung voran, und wie sie auf halbe Prucken kamen, da p der ganz kayserisch Exercitus gegen uns daher, und stachen und erschlugen wen sie ansichtig waren, da nam sie auf der gassen yemandts nit gefangen, alle welt muest sterben, das sahe ich nur, und warf mein gaul umb, und saget gegen 'den frumen jungen fürsten, mir nach, haimwarz zue hauss an unser sicherhait, da ist nit zeit mehr zu reden, wir werden kain Exercito nit auf halten, es ist umbsunst und verloren, sonder werden erschlagen wie die andern, und bracht den Margraffen haimb in sein hauss, und kundten nit abstehen, noch die hausthir so schnel zuethuen, der ganz hauffen trucket hernach, da war das hauen, stechen und erwirgen, von Allen, Waib und Kindern das zu erbarmen war, und vill erschrecklicher zue sehen, dan da muest alles sterben was auf der gassen gefunden wardt, es war gleich jung oder alt, waib, man, pfaf oder Münch, da galts alles gleich, auch was mit uns ridt, und vor unss auf die Prucken kam, das wardt alles erschlagen. Und waiss das auf dieselb Nacht auf der gassen und in den häusern hin und wider erschlagen wurden, mehr dan 15. biss in die 20000 Man.

Nun am 7. tag Maij, da fing man an am Morgen vor tags, auch in die Nacht, die gewaltigen Cardinalsheusser und andre gewaltige Pallacio zue stürmen, zu plündern, auch das Castel zue belegern und zue untergraben, also das sich der Pabst aller seiner hofnung bloss fandt, dass er am 21. tag seiner Belegerung*) auss gemelten ursachen aufgeben thet mit anhangenden Pacten und condicionibus und von den dreyen Nationibus die Obristen Irer haubtleut in das Castell verordneten mit drayen Vendlen. Aber unsere Teutschen wolten beim Wein und nit im Castell sizen, das sie den Spaniern die Ehr allein verluessen, unser Nation zue Spott und schaden, und da das Castell offen war, und man anfieng zue handeln, da bedarffte der Pabst und Teutschen aines Interprete der

*) Die Rechnung ist irrig, da die Capitulation des Papstes am 5. Juni abgeschlossen wurde.

alle Ding dolmetschet, da fuel der Pabst und La
auf mich, mir unwisset, und wardt auch zue solchen
Officio als ain ungeübter solcher hendel dahin g
das Ich solch schwer und geferlich sachen über main
nemben muest, Ich habs auch dermassen verricht Go
und Dank, das ich nit weniger Dank und Remun
von den Kayserischen gehabt habe, als von den P
oder Pabste, dan Ich meine sachen allemal frey ri
richtet, und gabs nachmalen Inen zu bedenken,
traffe, was man mir zuvor Antwort gabe, das bi
auch an sein gehöriges ortt. Also hast du a
richt, warumb mir der Pabst offt ein mehreres
dan ainem andern, oder warumb Ich mit seiner H
vil gemainschafft gehabt habe, und ohne rhon
reden, Ich hab offt des tags ain 10. oder 13. mall
dan mir lieb gewesen ist, bei seiner Hlg. der fi
gescheft halben sein müssen, dan Ich ob den
Monaten all Kriegshendel zwischen dem Pabst, dem
andern Nationibus et potentatibus verrichten hal

Die arglistigen Spanier die richten stets uns
Pfliegsamseln an, die da nichts andres singen ku
gellt gelt, und was man Inen sang und saget, so
nichts nit, sonder da wolten sie schlecht gelt gelt,
es die kayserischen Räth gleich wo sie wolten, u
an alles das Übel zue thun, und vil ärgeres als
selbst gethan hette, und kam ein grosser unerhörter
sterben in Rom, und under sie, das des tags an
mischen Pestilenz ob den 3. u 500. Person sturb
handelt der Pabst so vil mit des Kaysers Räthen und
das der Exercitus auss Rom ziehen solt, da
widerumb practicieren mecht das man gelt kund
so wolt sein Heiligk. etlich Stett und Flecken dem E
einautwortten, darin sollen sie dieweil ligen, Ires
gefallens, so lang biss der Papst sie gar bezalet, und

sein Hlg. und das Castell zu Rom dieweil biss zue volkombner Bezalung verwaret werden von den kayserischen zu Ir sicherheit, Und wardt Inen den Landsknechten und Spaniern Narnia eingeben, mit sambt Irem Landt, Stetten und Flecken.

Nun wie der kayserisch Exercitus mit sambt des Pabst Commissarien hinauss zugen, und die Stett und Landt ainnemben wolten, damit Rom von peste und andrer immundicia rain und practicabilis werden mecht, da luess man Haubtman Wendel von Meyer da, mit ainem fendel knecht, das sie auf den Pabst und das Castel warten sollen, mit sambt den andern Nationibus verordnetner Haubtleut und Kriegsvolk, und zug der ganz hell hauffen auf Narnia zue, ist etwan ungeferlich bey 10. teutsch mail, ligt die Statt an ainem felsiegen Berg hinan, und an der andern seitten da rindt der bess wittend fluss oder wasser Narnia*), also das die Statt von natur stark ist, und gar seer bese Pneben alda sein, und so gross franzosen und Kaiser feindt, als in ganz Italia nit sein, vast alles Kriegsvolk. Da sie das erfueren die von Narnia, da macheten sie Ir Statt mit Pollwerk und andrer Kriegsrüstung stark, und besezten die Statt mit 13. oder 14. fendl welscher guetter soldaten, und da der Exercitus Caesaris kamb, da wolten sies schlecht nit einlassen, und stelten sich zur wehr, also dass des Kaysers Exercitus die Statt mit gewalt gewinnen muesst, und muessten sie stirmen durch vorgenandten besen schnellen fluss Narnia, und verluren 3 sturm daran, am viertten da eroberten sies mit gewalt, und erstachen frau und man, künder und alt, u was sie fanden plünderten, zehörtens und verprenntens jämerlichen, wie man es dan auf den heutigen tag siht, und blib der Exercitus daselbst und im Landt ligen, zu losiren ad discretionem, id est sine discretione etwas bei 6 wochen**) da wolt

*) Narni wurde am 17. Juli erstürmt. Der Fluss ist die Nera.

**) Rückkehr der Landsknechte nach Rom am 25. Septbr.

kain gellt nit komben, und erschien stez ain **Zill** üb
andere, an Bezalung, da war der Exercitus auf in
tember, und zug aller mit einander in Rom umb Ir bez
und namben alle heuser und pallaci ein, und wollten da
trinken und das beste von den Romanern und meniglichen
sonst haben, und wolten darzue nit bei der magt, sond
der Patrona und Dochter schlaffen, und thaten alles d
thuen und erdenken kundten, mit Prandt, schezen, n
stellen und vergewaltigen, mit sambt allen besen stucke
war kain Regament, straf oder ordnung nit, da thet alle
was ainer wolt, da dorffte Im kain Obrister oder Haub
nicht darein reden. Nun Ich und andere Verordnete, hand
so vil mit dem Pabst, das er mit Rom und dem armen V
ein erbärmnuss haben wolt, und weg und mittel erdenckten
sie bezalt wurden, und Rom von der tirannide erleset wi
das der guett Pabst dahin bewegt wurde, all sein Silberges
und aller Prelaten im Castello mit sambt Sant Peters R
quia zerprechen und zerschlagen wardt, und wardt An
schaur aim teutschen verdorben henselin und teutschen fe
geben, der verstandt sich auf's minzen, und war auch M
meister in Rom gewesen, der wardt auf dissmal der ma
wider reich, dan der Pabst gab Ime alles vergüldts sil
für schlechts Pruchsilber, da schlug er grob rauche I
gauner auss, da ainer ain Kronen 2. oder 3 gelten se
gefallens, da redt Ime yemandts nicht daran ein, Er schai
das golt davon, und thet darnach dem guetten silber
anderer Betruegerei sein Zusaz, also das er zwiefachen gev
hette, auch dasselbigmal sovil gewan, das er in ainem J
darnach er mit sambt denen im Hof, dem Vicere zue N
polis ob den 40. oder 50000 Cronen liehe, auf den Ve
kauff des Soffran zue Neapolis, auch die am Hof Ime e
Pässlen zue aim waib gaben, wie er sich aber mit Ir gehalt
hett, das waiss niemandts bess dan sie, und Ire freundtscha
dan sie wolt sein nit mehr, und muest zue Nirnberg hinwec

kamb wider gehn Neapolis in armuet, da ist er in der gefenkniss gestorben, das war sein rechter Lohn und ende*).

Nun man machet sovil gelts mit aller marter, das man zwey monat soldt zusamen bracht, damit man doch die unfletter ain wenig stillen mechte, die gab man Inen, und der Pabst sagt Inen zue, in Monatsfristen oder 6. wochen den ganzen rest zu bezalen, darumb wolt er Inen bürgen sezen und geben, wo ers nit zalt, das Diselbigen zalen solten, die dan umb 3. oder viermall sovil genuegsam waren. Sollich Concordj namen die Landtsknecht an, und waren fro, dan in Rom dorfften sie nicht zeren, sonder da muesten Inen die Romaner und Ir Haussherr für sie alle notturfft geben, es kostet was es wolt, so muest es da sein, oder der Haussherr dorft sich nit sehen lassen, und alles unglicks gewerttig sein, und hat offt ain Romaner ain tag in den andern, 10. 20 biss in die 30 Cronen aussgeben, zu unterhaltung der bestia mit seiner fresserei und Ladtschafft, das er stettigs vermeindt, dass wesen würde nit lang weren, so wolt er Inen von aines klain wegen nit waib und kindt behendigen lassen, eher henget ainer immer daran, mit der hofnung das bald ain endt nemben wurdt, biss er gar verdarbe, und sein guett zehenmal wol leichter khaufft hette, dan das er diesen unchristlichen und unglaublichen unkosten thuen solt, zu erhalten der truncken Bestia fresserei und gasterei, die da vast bei 10 ganzen Monat weret, und galt das schaff Korn 32 Cronen. Nun sie namben mit dem Pabst die Concordj der Bezalung halber an, und schlembten und dembten darauf, da stellet Inen der Pabst diese 6. Bürgen zue, Johan Matheo Erzb. zue Bern oder Verona**), Johan Maria Erzb. Sipon-

*) Weder Reissner noch Benvenuto Cellini melden etwas von diesem deutschen Münzmeister. Reissner sagt bei dieser Gelegenheit: Es waren die Müntzmeister und Eysenschneider Bapsts Diener, und hetten keinen Probierer, auffzicher noch Wardein, machten also falsche Müntz.

**) Giammatteo Giberti, Datar.

tinus, das ist der jetzig Pabst Julius der III., Anthonius Puzius den man nennet den Bisch. von Pistoja, und den Erzb. von Pisa, des Cardinals Rudolfo Brudern, Jacob Salviati ders Pabsts Clemente Schwester zue aim waib hette, ain überauss reicher Florentiner Kaufman, auss des Mundts Ich zum offtermalen gehört habe, das er saget, er hette zum dickermalen mit dem Könige von Frankreich ain wechsel getroffen, umb ain Million gelts. Nun wie die Landsknecht zue friden waren, diese obgemelten Bürgen anzuenemben umb den Rest, der da etwan bei zweimall hundert tausend Cronen war und nit mehr, da huelten sie zue Rom auf dem Platz compo flor genandt gemain, und verordneten mich hinein zum Pabst in das Castell zu gehen, das Ich dise Bürgen in namen Ir, von Im Pabst annembe, und zu Inen herauss auf den Plaz fieret, und gaben mir zue Haubtman Diepoldt Heflen und Sebastian Schertell mit sambt bei 200. woll gerister Doppelsölder, die sollen Inen gesellschafft thun, und herauss belaiten in den kraiss. Und wie Ich in das Castell kam hinauf in den grossen Sall, und da gieng der Pabst auss seiner Camer gegen mir herauss mit seinen Cardinelen und Prelatten, und fragte mich was ich wolt, da antwortte Ich Ir Hlg. die Landtsknecht weren auf den Plaz Campo di flor versambelt und hielten alda gemain, hetten mich zue Ir Hlgk. geschickt mit sambt gegeuwertigen Haubtleuten und Doppelsoldenern Ir Hlgk. anzuzeigen, dass sie mit den Bürgen zue friden weren und wollten die annemben, und Ir Hlgk soll mirs überantwortten, so wolt Ichs mitsambt denen Haubtleuten und doppelsoldnern hinauss zum hauffen belaitten, und den gemain in Ir verwarung überantwortten. Da saget der Pabst mit wainenden augen, da stehen sie, nemt sie mit Euch hin, und lasst Euchs befohlen sein, und will Euch nit allein die Bürgen geben, sonder unser aigen Person darzue, und erbutte sich mit unss zue gehen, und gieng woll 3. oder 4. tritt mit unss fur sich, da batte Ich und die Haubtleut sein Hlgk. das er solle stiller stehen, und alda belaiben, wir dorfften In nit mit unss nemben, wir hetten des kein befelch, wurden es auch nit thuen. Da gieng er über den grossen Sall mit unss biss zue der thir, das er stettigs wainet wie ain jung kindt, und bitten thet, das wir In mit unss nemben wolten*), das wir ohn underlass stettigs abschluegen, und mit den Bürgen für druckten, das wir von seiner Hlgk. kommen mechten, dan dieweil die Landtsknecht auss dem schloss waren, und Spagnoli das allein inhielten, da vertrauet er sich gegen Spagnoli gar nichts nit, und truege sorg, das sie bei der nacht etwan haimblich ain schiff für das Castell kommen macheten, und das sie Ine durch die haimbliche thir die auf die Tyber gieng in ain schiff setzen wurden, und mit Im gehn Neapolis oder Hispania zue fahren möchten, das er nit mehr ans tags Licht kämbe, darumb war er gern auss der Spanier handt gewest, und sonderbar des signors Largons**), der ain alter erfahrner listiger Kriegsman wass, und auf den Pabst gericht und geschmizt, welches er sich bei den Landtsknechten nit besorgen hett dörffen, darumb hast du oben anfencklich von mir vernomben, das sein Hlgk. sehr übel zuefriden war, das die teutschen das schloss dermassen verluessen, und sich umb (ihn) nicht nit annemben wolten.

Also namben wir die obgenanten Pürgen und fierten sie hinauf in den ring und in die gemain, da überantwortteten wir Inen die, da waren Ire verordnete, die sprachen wir zue, und huelten wir etlich Artiel für, und ob sie für den Pabst pirg und selbst schuldner sein wolten. das soll ich Inen sagen,

---

*) Mas al sacarlos de poder de su santitad y de los Cardenales de la sala donde estaban, hubo tantos llantos y grita que parecie que se hundie el mundo, diciendo Su Santidad que quería tambien ir en poder de los alemanes . . . Perez an den Kaiser, Rom 12 Oct. 1527. bei Villa S 289.

**) Alarcon.

und Ir antwort von Inen begeren und Inen den Landtsknechten wider interpretiern, das that Ich wie mir befolchen war, da antwortteten dieselben herren Pirgen, Ja sie wollten pirgen und schuldner sein, darauf wolt die gemain mir die überantwortten und zue verwaren befelchen, die Ich nit annemben wolt, dan es mir als aim Comissarj und von Adel nit zuestuendt, da beschlussen sie, man soll die geisslen fieren in die Canzlei, das ist der gross Pallast in Rom, das der Card. Sangiorgi gebaut hatt, das man iezt nendt in der Canzley oder zue S. Lorenzo in damaso, derselbig Pallast, der wass Julii Cardinalis de Collonia*), der was zue selben Zeit Vice Cancellarius sed. ap., ain sehr trefflicher dapferer und geschickter man, grosser kunsterfarnus, und hohen verstandts, ein sehr kaiserischer reicher Cardinal, und der des Kaysers halben sich im Collegio gegen den Pabst sezet, und schlecht nit in die gemelt Bündnuss bewilligen wolt, und protestirt wider den Pabst und das Collegi, und zug zuem thor auss haimb in sein Landt der Colloneser da fordert In der Pabst, da wolt er nit komen, da priviert In der Pabst des Cardinals huet, und kamen aneinander der Pabst und die Colloneser super iniuriis, das der Pabst 4000 Schweizer wider sie komen liesse, zu sambt obgemelten schwarzen Pannern oder Vendlen, und ain Exercitum wider sie von 15. biss in die 20000 stark, und fuel den Collonesern in das Landt, zu verderben umb Frisolona, biss der Niderlender Mincaval Vicere zue Neapolis zwischen Ime Pabst, Kayser und Colloneser ain fridt machet, und als yeder thail sein Kriegsvolck urlauben solt, wie dan geschahe, dass dem Pabst nachmals zue merklichem spott und schaden

*) Es ist bedenklich, dass Gumppenberg selbst der Namen des berühmten Cardinals Pompeo entschwunden war. Der schöne von Bramante errichtete Palast der Cancellaria, welchen diesem Colonna Clemens VII. als Lohn für seine Wahlstimme im Conclave gegeben hatte, war ursprünglich von Rafael Riario, Card. v. S. Georg erbaut worden.

kamb, das er über des Viceres gebnen glauben und thrauen vom Duca de Borbon dermassen unbillicher waiss überzogen, geschezt und gefangen wardt, dem Kayser unwissent, das aber war ist, so baldts sein Maj. in Hispania erfuer, da wardt sie übel zufrieden, und unmuetig, und wolt in vil tagen yemandts nit zue Ir lassen, luesse alle topezeria an den wenden in Iren gemechen abreissen, und schwarze klagtücher aufschlagen, und schicket von stundan Iren Beichtvatter gehn Rom, den Pabst zu klagen und Ine zu entschuldigen mit ernstlichem Befelch an seine Obristen Haubtleut und Regenten des Exercito, das und sie den Pabst ledig luessen und zügen auss Rom, darauf wardt derselbig franciscaner Münch oder Confessor Caesaris vom Pabst zue einem Cardinal gemacht, und genandt Card. Stae Crucis, und ist der, der da der Pfaffen gebett geendert und verkert oder gebessert hat, das man nendt Breviarium Card. S. Crucis iuxta consuetudinem Rom. Curiae*).

Da legt man dieselben Pirgen in desselben Cardinals Colonna Palast, in zwo Camern, die hetten kain fenster nit, und ain Porten allain, und zwey starke vergitterte fenster mit einfallenden Liechtern, darin solten sie alle 6 geissler essen und schlafen, und lagen Inen allemal tag und nacht ain fendl knecht vor der Thier wachend, und gaben Inen ain dolmetscher zue, der hiess Haussman, der was von schlegstett, und was in des Papsts Guardi gewest im einfall zue Rom, aber davon kommen, das er nit erschlagen wardt, aber Ir Haubtman Mock der wardt erschlagen mit vast allen schweizern, über den sein haussfrau fuel zu retten und die Landtsknecht zue bitten umb Ires mans Leben, das er zue aim gefangnen aufgenomben mecht werden, aber da wass von den Lands-

---

*) Francesco Quiñonez, wurde Cardinal erst am 7. Dec. 1527. Die Angabe Gumppenbergs von der Eile des Kaisers, sich beim Pabst zu entschuldigen, ist ganz irrig.

knechten kain gehör nit, stachen und haueten in In, biss er zue stücken fuel, und haueten seiner ehrlichen haussfrauen bayd hend ab, die sie furwarff, Irem Man die straich aufzuhalten.

Nun die guetten frumben geissler die waren da verwart, und der ehegedacht Card. Colonna, der kam hinein gehn Rom in sein pallast, unangesehen, das der Pabst Iue priviert het seines huets, und sein todfaindt wass, und thet den geisslern alle ehr in seinem hauss, thet In allen Unkossten der speiss ab, und tractirte sie nach allem seinem Vermügen, nach gestalt der zeit. Nun Zill und Zeit kamb, das man zalen solt, da war kain gellt nit, die geissler namben aussred, begerten erströckung acht tag, die waren beim gemainen unsinnigen tollen vollen man erlangt mit aller marter. Dieselben 8 tag erschienen auch ohne Zalung, da begerten sie aber 8 tag, die wurden Inen schwerlich geben mit grossem Unlust und gefahr der haubtleut und doppelsoldner, darüber der unsinnig Landtsknecht schrie von wegen solcher verlengerung der Bezalung, aber dieselben 8 tag erschienen ohne frucht, wie die ersten 3 Termine, darob sich der gemain man ganz erzirnet, und unsinnig ward, lueffen zusammen mit Iren wehren auf den Platz, und holeten die hauptleut mit gewalt zue der gemain, und schicketen nach dem Haubtman, der denselben tag die geissler verwaret, das er mit aufgeregtem fendl die geissler zue Inen in die gemain und in offnen ring brecht, als dan geschahe. Da man sie bracht da schrien sie warlich hefftig über sie, der ain wolts an spiessen aufheben, der ander wolts hencken, der dritt der wolt ain kugl durch sie schiessen, und erschröcketen die guetten Herrn sehr übel, das sie sahen wie der bitter todt, und vor forcht nur umbfallen wolten, Aber die Haubtleut und vom Adel auch doppelsoldner redten stettiges das best darzue, ob man den gemain erlindern mecht. Aber da half es alles nit, entsetzten sich ye lenger, ye mehr, wider die geissler, und huelten die Haubtleut (in) verdacht, und schickten den Profosen nach den Ketten, die Geissler daran zu schlagen biss und sie zaleten, also da der Profoss die Ketten bracht, da schueffe (sic!) der gemein man, er solle sie alle 6 darein schlagen, da schlueg der Profoss den Johan de Maria Archiepiscopo Sipontino, der yetzt haist Pabst Julius tertius, und Johan Mathea Gibertus Erzb. zue Bern*), an ain Ketten zuesamen yeden mit ainer handt, den Anthonio Puzio den man nennet Bisch. zue Pistoria nachmals Card. Sti. Quattro genannt wardt, und den Erz. von Pisa an ain ander Ketten zusammen, des Cardinals Rudolpho Brueder und Jacob Salviati auch an ain Ketten zusamen**). Da diss grausam spectacel gesehen wardt, an so grossen alten, ehrlichen und mechtigen Prelaten, da sagten die gemain man gegen Irem dolmetscher, Er soll Inen sagen, das sie gedechten und innerhalb 14 tagen zalten, oder aber sie muesten alle an diesen galgen gehenkt werden, der da gegenwärtig auf dem Plaz stuend, und schickten die geissler mit dem dolmetschen und haubtman oder fendlknecht wider zu hauss, mit betruebtem Herzen, da muessten sie tag und nacht an den Ketten angeschmiedet sein und bei einander schlaffen. Dise Tyrannei die weret bei 6 ganzen Wochen, und muesten alle Ire kleider an der saitten auf geschnitten haben bis an das Hemmet, damit so sie sich niderlegen wolten, das sies vom hals herabpringen mechten. Nun da der Termin der Bezalung kam da wass gleich woll kain gellt nit da, als das erst mall, dan das war die ursach, die weil der Pabst im Castell enthalten war, dergleichen das Castell von Spaniern ingehabt wardt, da sagten der Kirchen Unterthanen, der

---

*) So wurde also noch damals Verona von den Deutschen genannt.

**) Y despues traxeron los hostages de dos en dos -- El Datario y Obispo de Pistoya en una cadena, y los Arçobispos Sepontino y Pisa en otra, Jacobo Salviati y su yerno en otra -- Perez an den Kaiser, 12. Oct. 1527.

Pabst wer nit frey, darumb wolt sich das Land nit schezen lassen noch kain heller nit herausgeben, so war kain obedientia nit da, das sie an der lest woll büessen muesten, da der Pabst wieder frey wurde, umb Ir ungehorsamkeit. So wolt kain Kaufman nicht darleihen. Also muest der Pabst nott und angst leiden bey aller seiner macht. Da nun ain tag oder zwei über die zeit war der Bezalung, da hetten die knecht aber ain gemain, schicketen mich und andere zue den Geisslern ob gelt da wer oder nit, da war leider kains — (Folgt die Wiederholung der Erzählung von der Bedrohung der Bürgen) — Doch die Haubtleut theten all ding zue milt und glimpfen, damit nit handt an sie gelegt wurde, der von Bembelberg darfft nit zue den unsinnigen Leuten, das sie Ine in verdacht hetten, er hielts mit den Geisslern, darumb darffen sie Ime offt des tags durch das hauss lauffen und alles das was nur darinnen zerprechen, also das sich an der lest der theure Ritter nit mehr in seinem aignen Losament finden darfft lassen, sonder muest verstollen in der Spanier Losament hin und wider liegen*). Nun es war so viel gehandelt, das Inen noch andre 8. tag frist geben wardt, dieselben 8 tag erschienen auch, das gleich so wenig kain gelt nit da war, als das erst mall, und war das die ursach, die herren waren gnugsam gewest umb zwo Millionen gelts, und hettens auch allemal aufbracht in ainem Monat und eher, wan sie ledig gewest weren.

Aber also wolt sich weder Kaufleut noch yemandts mit Inen einlassen, das sie sorg truegen, sie kämen zue schaden, und verluren das Irig darob, so sie sich mit den gefangnen einluessen, so wolten Ire freundt das auch nit gestatten, truegen sorg sie würden mit sambt Inen darob verderben, und der Pabst und das Collegium liesse sie sterben.

---

*) Los capitanos alemanes han huido de entre su gente y se han pasado con los españoles, y los mas dellos están en la posada de Iuan de Urbina: Perez an den Kaiser, letzt. Nov. 1527.

Als Ich dan auss des reichen Jacob Salviati muudt höret, das er mit wainenden augen sagt, Nun muess Gott erbarmen, das Ich mein glauben der massen verloren habe, das Ich ain so schlecht gelt, zwei oder drei mal hundert tausend Cronen nit aufbringen kan, und so offt dem König von Frankreich ain Million und anderhalb golts aufpracht, und in 6. Monaten par bezalt habe, wohin ist mein thrauen und glauben jetzt komben.

Nun dieselben 8 tag kamben auch, das die Lanzknecht bezalt sein wolten, und luffen zuesamen auf den Platz campodiflor und berueffen Ire hauptleut zu Inen, die wolten nit komen, da lueffen sie in die heuser, und fuerten die haubtleut und Venderich mit gewalt und mit blutigen köpfen auf den plaz, und in den Ring, da wolten sie gelt oder bluett, und schicketen abermal zum haubtman, das er Inen die Geissler in den Ring brecht, da sprachen sie aber Irem dolmetschen zue, er soll sie fragen, ob gelt da wer oder nit, da waren sie bewilligt, sie wolten ain Geissler oder zwen henken lassen, zu erschröcken die andern, und wolten sonderbar die zwen Layen nemben, als Cardinals Rudolpho Bruedern, und Jacob Salviati Da thaten dannocht die haubtleut als ehrlich verstendig Leut, und wolten es nit zuegeben, das den armen betruebten herrn auf dissmal ain Layd geschehe, und sezten Ir Leib und guett für sich, sie zueretten, was Jamer oder nott das war, das hastu zubedenken, und mit was erschrockenen herzen der pabst Julius 3. mit seinen gesellen da stuenden. Da luessen sie fürtragen, da war kain gelt, sie wüsten auch kains also gefangner weiss nit zue bekomen, und all ding wer umbsunst, man solle Inen gleich thuen wie man wolt, das muesten sie unschuldig leiden, aber die Lanzknecht solten die zwen Layen, als Cardinals Rudolpho Brueder, und den Jacob Salviati als Kauflent ledig lassen, das sie handeln und wandeln kundten Ires gefallens, so wolten sie die vier Bischof mit Leib und guet für sie stehen und pirge sein, dan so baldt die zwen ledig weren, so brachten sie das gelt von stundan auf, und noch zwaimal sovil darzue. Da fuelen die haubtleut den Geisslern zue, u sagten es wer ain genuegsam ehrlich erbuetten, und wolten das der gemain solte annemben, dan wisten die 4 Bischof oder Geissler das nit für gewiss wahr sei, so wurden sie Ir Leib und Leben so liederlich für die zwen andern nit verpfendten, und wolten die haubtleut selbst auch pirg werden.

Aber da wollt der gemain nicht vil davon hören, und kamen hefftig an die haubtleut, und weret das toben und wietten lenger dan 5. ganzer stund nach mittag, das man all augenblick vermeindt, die haubtleut wurden all auf dem plaz todt bleiben mitsambt Fendrich und Doppelsoldnern, und da sie nichts anders haben wolten dan gelt oder bluett und kain ander mittl nit annemben wolten, da wardt doch an der letzt von den haubtleuten die sachen dahin geschlossen, das man die Geissler wider haimb schicken soll, und das sie in 8 Tagen gellt aufbrechten. Und da was die selben 8 tag der gemain man nur wildt auf die Haubtleut, die sie weder sehen noch hören wolten, sonder nur erstechen und erwürgen, mit unschuldigem verdacht, sie nemben miett und geschenk und hälffen den Geisslern hinüber, das aber nit was, sondern die ehrlichen Leut bedachten Ir Ehr des Kaisers wolfart und was args oder guetts darauss entstehen mecht auss solcher erschröcklichen Tyranney des gemainen mans, das sie 4. Erzbischof und 2. so mechtig welsch Kaufleut von des schneden gellts wegen so schendlichen umbpringen solten.

Nun da die acht tag herzuestreichen wolten, da schickten mich die Haubtleut und Obristen zuvor zue denselben herrn Geisslern zue versteben, ob doch gelt da sein wurde oder nit, dan sie sahen die ungeschicklichkeit des groben gemainen Mans, auch die grosse geferlichkeit Leibes und Lebens, darin sie die herrn Geisslern nit allein stüenden, sondern auch die haubtleut, und sie truegen warlich für sorge, das die nechst gemain, die gehalten würdt, Bluett oder gellt sein wurde, dabei sie ye nit gern sein wolten, und sie betten sie zum höchsten, das sie allerlei bedenken wolten, damit doch etwas da were von gellt, wo nit so traueten sie Inen nit ohne gefahr in die Gemain zue kommen, Darauf sie nun mir und meinem mitgesandten, die Herrn Geissler zu antwort gaben, sie hetten kain gellt, und wisten auch kains aufzuebringen, sie hetten sich Gott dem Allmechtigen befohlen, es gieng Inen darob was gestalt es wolle. Dise antwort brachten wür den haubtleuten und Obristen, das was der Herr von Bembelberg, die es warlich mit erschrecken annamen, die den jamerlichen ausgang der sachen als weise leut bedachten, und das nit allein den Herrn Geisslern Leib und Leben auf diesen tag aufgehen wurde, sondern auch Inen den hauptleuten Leib und Leben, Ehr und guett, mit sambt der Röm. Kay. Maj. unsers allergnädigsten Herrn ewige ungnad. Und kämen sie auf diesen ersten Gemainstag so wurden sie sehen wider Iren willen an den Herrn Geisslern tödtliche Handt anlegen, bewilligten sies, so wisten sie woll, was gefahr Ihnen beim Kaiser darauf stuende, bewilligtens sie dan nit, so wurden sies mit der Faust und That erhalten müssen, und all todt auf dem plaz bei einander bleiben und dannocht nichts fruchtbares für sie erhalten wurde, sonder das der Rom. Kais. Maj. heller hauffen zue grundt gieng und darob ganz Italia Landt und Leut verlur, dieweil der Franzos mit so ainem gewaltigen Hauffen in Italien ankomen war, und waren die guetten haubtleut nur laidig und thraurig, und berathschluegen die sachen lenger dan 3 tag, an der letzt entschlussen sie sich, sie wolten bey solchem Jamer nit sein, der Kays. Maj. zue guetten, so verhofften sie dannoch, wan kain Haubtman mit bei Inen were, das sich der doll unsinnig gemain man so freventlichen unterstehen wurde solcher Tyrannei, sonder das sie sich vil aines bessern besinnen wurden. Und ungefärlichen

2 tag zuvor, da sass der Obrister Herr von Beml mit samt allen haubtleuten auf die Ross, und ritten zu auss, und sagten gegen dem gemainen man, dieweil si nit volgen wolten, so wolten sie auch nit bei Inen k übels helffen zu stiften, und zugen also zum thor auf ziano*) zue, ain vast trefliche Befestigung der Ursin in Italia ist, 40 welsch mail von Rom gelegen, in der Ursiner Landt, da waren sie zue Ir Sicherheit, das s gemain unsinnig man nit überfallen solt, all ding zu l schlagen, wie dem Kaiser dieser ungezembter Exerc mit sambt Landt und Leut und ganz Italia erhalten r werden, auch zu sehen, was sie doch auf den bestin tage der Bezalung mit den Herrn Geisslern in der ge anfahen wurden, und waren alle haubt- und Befelchs mit Inen hinweck, und da belib yemandts auf erden, dan und Caspar Schwegler, welcher Zallmeister war, und Ich C missari, solten mit Inen handlen, dan Caspar Schwe mehr an Inen vermocht, dan alle haubtleut einander und wie der tag der Bezalung komen solt als morgen, luffen sie als heut nach essen zuesammen, und hetten nur wiest wesen, da gang Caspar Schwegler ohn mich in hau sie zue geschwaigen, es wer doch der tag noch nit, son erst morgen, warumb sie dan zuesamen lueffen, sie het dessen kain Recht nit, sie sollen auch woll bedenken, v ungeschickt sie gehandelt hetten, das sie mit recht wed gegen Gott noch dem Kaiser verantwortten wurden, darun weren Ire Haubtleut von Inen zogen, und batte sie, sy sol doch mittel und weg mit den Herrn Geisslern und Pabst a nemben mit hilf und rath Ihres Obristen und Haubtleut na denen sie schicken sollen.

---

*) Nach Reissner zogen die Hauptleute nach Rocca di Papa; de Secretär Perez gibt statt dessen die nahe dabei liegende Abtei Grott Ferrata an, und so auch Cäsar Grolierus.

Aber nach langer Predigt des Caspar Schwegler, da erchluegen sie Ime den Kopf voll grosse Löcher mit den Schiesshaken, u weren nit etlig seine guete Freundt gewesen, so hetten sie Ime gar erwürgt. Ich wolt nach mittag zue den trunckenen bestiis in kein ring nit komen, darum bebüelt Ich auch mein kopf ganz, und war doch auf diesen Abendt die sach gestillet, und biss auf den morgen angestellet, da aller jamer zu erwartten war.

Nun am morgen, so baldt der tag herfür brache, da schlueg man umb und gebott aim jeden Landsknecht mit gewertter Hanndt auf den Campoflor zu komben, zwischen 6 u 7 Uhr am morgen, da kamen sie auf den plaz und fiengen ir ungeschickte weiss an, da sies gestern gelassen hetten, und da wolten sie schlecht gellt oder bluett und ain par auss den Herrn Geisslern henken lassen, und schicketen zue dem haubtman Hans Weiskopf, der sie dasselbig mal verwachet, und ain schreier und Pfaffen feindt was, das er die Herrn Geissler auf den plaz antwortten soll in die Gemain.

Nun wie er an der Camerthir anklopfet, 2. 3. oder 4. mall, da wolt Ime niemandts nit antwortt geben, also das er an der letzt die Thir aufbrache, da fand er nit ain mensch in der Camer, sondern in yedem Pett der zwayen Ketten, und ain Laitter im Kumich, und das die Herrn Geissler davon waren, das was ain wüste Rumor, der Haubtman Weisskopf der muest mitsambt dem ganzen fendel knecht den Zorn des wiettenden hörs entfliehen, da luffen sie all hinein in die Camer und Palast, zu sehen wie es war zuegangen, oder wohin sie komen weren, und weren nur wildt, wolten nur wider anfangen Rom zu plündern, und das Kindt in Mutter laib erwürgen.

Und stuenden lenger dan 5 ganzer stundt bei einand versamblet, wie zue beratschlagen, und des mehren thails rath war erwürgen, plündern und alles übel zue thun, das möglich und menschlich were. Aber die Doppelsoldner und die vom Adel die ruethen, sie sollen Ire Haubtleut und Obristen wider zue Inen berueffen, sie wolten Inen volgen und alle gehorsamb laisten, darauf die sach an die letzt geschlossen ward. Was Gott für Mirakel thet, das seine Göttliche gnadt solch herrn Geissler zue höhern Dingen brauchen wolt, dan das die unsinnigen leut Iren hochmuth und Tyrranney mit Inen threiben solten, wie und man dan yetzt scheinbarlichen sicht vor augen, was hohen Befelch Gott der Herr disem Julio tertio geben hat, sein Statt in diser Welt zu erhalten und zu vertreten, darumb behüett Gott die seinigen an der letzt, so er sie zue Zeitten schon etwas laiden lest. Nun die Ketten oder Armring die waren weit und gross, und nit für solch zarte Herrn, welche Inen am anfang klain genueg waren, als sie faist und volkomen waren, von Complexion, aber nachmals da und sie in solche tribulation kamen, da namen sie am Leib ab, also das Inen die eisen alle zu gross waren. So sie das befanden, auch das gross Perikl sahen, und das sie am morgen wider fürgefürt sollen werden, das sie alles nit mit kleinen schmerzen beherzigten, und entschlüssen an der Letzt dahin, es weren ye unter zwaien Besen das besser zu erwehlen der gewiss todt, oder die gefahr der flucht, und woltens wagen und sehen, ob sie die selbige Nacht entflüehen mechten, und wie woll Ire zwo Camer einen aussgang hetten, darvor in der Nacht Ir Dolmetsch lage, und herraussen nochmals das fendl knecht, das sie verwacht, das nit möglich was das ain meussele auss oder ein mecht komen. In Ir Camer was ain Camin, darin sie feur macheten, dasselbig Camin das gieng in der Mauer hinauf über das Dach auss, und gang durch etliche andere staussen (?) oben auf ein Hauss, da niemandts in wohnet, da luessen sie in derselben staussen oben das Camin haimblich aufbrechen, und richteten stricklaitern darin, und stige ainer nach dem andern hinauf in dieselbe öde staussen, und aus denselben öden gemechen, da waren von stundan pruckchen gemacht in ain ander ödt hauss, da kamen sie hinauss gehn St. Maria de Populo, in der Spagnoli Quartier, da sassen sie auf guette türckische Pferdt, und ritten eulents davon, zue unser lieben Frauen de Loretta, dahin sie sich versprochen hetten, und halfe Inen Gott und unser liebe Frau also ohn alles übel davon, das weder der Pfaffenfeindt der Hauptman Weisskopf, noch der Dolmetsch oder yemandts auf erden das wenigist gewahr were worden, dan die vollen seue hetten den ersten schlaf woll und stark gethan, dan die Herrn Geissler hetten Ine Haubtman dieselbige Nacht zue gast geladen, und hetten den Landsknechten 2. oder 3 Eimer wein auf die wacht zue ainem schlaftrunk geschenkt, darin war Pilsensamen gesotten, damit sie schlefferig wurden, das sie nicht hören sollen, als dan geschah. Aber ob dem Dolmetschen etwas geträumt hette oder nit, Er war am morgen aufgestanden und haimblich durch das schlisselloch hinein sehendt, was die herrn Geissler thetten, da hat er kainen an kainem Pett nit gesehen, noch viel weniger in der Camer, da hette er Ine gleich gedacht, da müest es nit recht zugehen, die Herrn Geissler weren darvon*).

Biss hieher und weiter ist es vom Herrn Scribenten nit continuiert worden.

---

*) Die Flucht der Geiseln ward unterstützt durch den Cardinal Colonna, die Spanier und wie Cäsar Grolierus glaubt, auch durch die deutschen Hauptleute, welche daran verzweifelten, ihr Kriegsvolk bändigen zu können, so lange jene Bürgen in seiner Gewalt waren. Die Flucht geschah am 29. Nov. Hierauf folgte am 8. Dez. Nachts die fluchtähnliche Abreise des Papsts aus dem Castell nach Orvieto.

Verzeichniss der eingelaufenen Büchergeschenke.

Vom Instituto di Corrispondenza archeologica in Rom:

a) Bulletino anno 1876, u. Atlas. 1876. 8.
b) Annali. Tom. 48. 1876. 8.

Von der Académie des sciences in Dijon:

Mémoires. Serie III. Tom. 2. 3. Années 1874—76. 8.

Von der Akademie in Metz:

a) Mémoires ' LVIe année 1874—75. 1876. 8.
b) Mémoires 57e Année 1875—76. 3 Ser. 5e Année. Lettres, Sciences, Arts et Agriculture 1877. 8.

Von der Société des Antiquaires du Nord in Kopenhagen:

Mémoires. Nouv. Série 1875—76. 1876. 8.

Von der Société des études historiques in Paris:

L'Investigateur. XLe année. Mai-Juni 1877. 1877. 8.

Von der finnischen Gesellschaft der Wissenschaften in Helsingfors:

Öfversigt of Finska Vetenskaps-Societetens Förhandlingar. Heft XVIII. 1875—76. 1876. 8.

Vom Institut National in Genf:

Mémoires de l'Institut National Genevois. Tom. XIII. 1869—77. 1877. 4.

Von der Société des sciences in Lille:

Mémoires. IIIe u. IVe Sér. 1876 u. 1877. 8.

Von der Akademie der Wissenschaften in Turin:

Iscrizione trilingue sopra lamina di bronzo trovata in Sardegna nel febbrajo 1861. 1877. 1 Tafel in folio.

Von der k. Akademie der Wissenschaften in Stockholm:

Handlingar (Mémoires). Bd. XIII. XIV. 1876. 4.
Öfversigt (Bulletin) Årgång 33. 1876—77. 8.
Minnesteckning öfver Augustin Ehrensvärd. 1876. 8.

Von der kaiserl. Akademie der Wissenschaften in St. Petersburg:

a) Bulletin. Tom. XXIV. 4. 1877.
b) Mémoires. 1876—77. 4.

Von der Haag'sche Genootschap tot verdediging van den christelijken Godsdienst in Leiden:

Werken. V. Reeks. Deel 9. 1877. 8.

Von der Gesellschaft für pommer'sche Geschichte und Alterthumskunde in Greifswald:

a) 38. und 39. Jahresbericht von 1874—77. 1877. 8.
b) Pommer'sche Genealogien von Th. Pyl. und Eug. Rich. Schöpplenberg. Band III. Berlin & Greifswald 1878. 8.

Von der oberlausitzischen Gesellschaft der Wissenschaften in Görlitz:

Neues lausitzisches Magazin. Bd. 53. 1877. 8.

Von der südslavischen Akademie der Wissenschaften in Agram:

a) Rad. Bd. 38. 1877. 8.
b) Monumenta spectantia historiam Slavorum meridionalium. Vol. VI. 1876. 8.

Vom historischen Verein in St. Gallen:

Mittheilungen zur vaterländischen Geschichte. Heft XV u. XVI. 1877. 8.

Von der k. k. Akademie der Wissenschaften in Krakau:

a) Estreicher, Bibliografia Polska. Tom. III in 4 Heften. 1876. 8.
b) Rozprawy (Sitzungsberichte):
α) Philolog. Classe. Tom. IV.
β) Histor. „ „ V.
c) O. Kolberg, Lud. Tom. X. 1876. 8.

Vom Harzverein für Geschichte und Alterthumskunde in Wernigerode:

a) Ergänzungsheft zum IX. Jahrgang der Zeitschrift. 1877. 4.
b) Zeitschrift. 10. Jahrgang 1877. 1877. 8.

Vom litterarischen Verein in Stuttgart:

129. Publication: Quellen zur Geschichte des Bauernkrieges in Oberschwaben von F. L. Baumann. 1876. 8.

Von der Université catholique in Louvain:

a) Revue catholique. Nouv. Série Tom. XV et XVI. 1876. 8.
b) Annuaire. 40ᵉ année 1876. 8.

Von Her Majesty's Secretary of State for India, India Office in London:

The Adi Granth, or the Holy Scriptures of the Sikhs translated by Dr. Ernest Trumpp. 1877. 4.

Vom Department of the Interior, Bureau of Education in Washington:

The international Conference on Education held at Philadelphia. Juli 17 and 18. 1876. 1877. 8.

Von der Universität in Casan:

Iswestija i utschenia sapiski. 1876. No. 1—6. 8.

Von der Smithsonian Institution in Washington:

Annual Report of the Board of Regents of the Smithsonian Institution for the year 1875. 1876. 8.

Von der Historical Society of Pennsylvania in Philadelphia:

Publications. Vol. XII. History, Manners and Customs of the Indian Nations, by John Heckewelder. 1876. 8.

Von der Genootschap van Kunsten en Wetenschappen in Batavia:

a) Tijdschrift voor Indische Taal-Land en Volkenkunde. Deel XXIV. 1876—77. 8.
b) Notulen. Deel XIV. 1876. 1876—77. 8.
c) Het Maleisch der Molukken door F. S. A. de Clercq. 1876. 4.
d) Verslag van eene Verzameling. Handschriften door L. W. C. van den Berg. 1877. 8.
e) Catalogus der ethnologische Afdeeling van het Museum van het Bataviaasch Genootschap. 1877. 8.

Von der Société d'histoire de la Suisse romande in Lausanne:

Mémoires et documents. Tom. 34. 1877. 8.

Von der k. k. Akademie der Wissenschaften in Wien:

a) Archiv für österreichische Geschichte. Band 54. II. Hälfte. 1876. 8.
b) Fontes rerum Austriacarum. II. Abtheilung: Diplomata et Acta. Bd. XXXIX. 1876. 8.
c) Denkschriften: Philos. histor. Cl. Bd. 24. 25. 1876. 4.
d) Sitzungsberichte: Philos.-histor. Classe. Bd. 81, Heft 1—3. 1875. 8.
   „ 82, „ 1—3. 1876. 8.
   „ 83, „ 1—4. 1876. 8.
e) Archiv für österreichische Geschichte. Bd. 54. 1876. 8.
f) Almanach. 26. Jahrgang. 1876. 8.

Vom Verein für Geschichte und Alterthümer der Herzogthümer Bremen und Verden und des Landes Hadeln in Stade:

Archiv. 6. 1877. 8.

Vom historischen Verein für Oberfranken zu Bamberg:

39. Bericht über Bestand und Wirken im Jahre 1876. 1877. 8.

Von der allgem. geschichtsforschenden Gesellschaft der Schweiz in Bern:

Schweizerisches Urkunden-Register. 2. Bd. 5. Heft. 1877. 8.

Von der grossherzogl. Bibliothek in Weimar:

Zuwachs derselben in den Jahren 1874, 1875, 1876. 8.

Von der k. Akademie gemeinnütziger Wissenschaften in Erfurt:

Jahrbücher. Neue Folge Heft 8 und 9. 1877. 8.

Von dem fürstl. Fürstenbergischen Hauptarchiv in Donaueschingen:

Fürstliches Urkundenbuch. Sammlung der Quellen zur Geschichte des Hauses Fürstenberg und Seiner Lande in Schwaben. II. Bd. Tübingen 1877. gr. 4.

Von der k. preuss. Akademie der Wissenschaften in Berlin:

a) Preussische Staatsschriften aus der Regierungszeit Königs Friedrich's II. I. Band. 8. 1877.
b) Corpus inscriptionum Atticarum. Vol. IV fasc. 1. 1877. fol.

Vom Istituto Veneto di Scienze in Venedig:

a) Memorie. Vol. XIX Part. 1, 2, 3. 1876. 4.
b) Atti. Serie V. Tom. I. disp. 10.
" II. " 1—7. 1874—76. 8.

Vom niederösterr. Landesausschuss in Wien:

a) Topographie von Niederösterreich, hsg. vom Verein für Landeskunde von Niederösterreich. Bd. I. II. 1876—77. 4.
b) Geschichte der geistigen Cultur in Niederösterreich von Dr. Ant. Mayer. Bd. I. 1878. 4.

Vom kirchlich-historischen Verein für Geschichte etc. der Erzdiöcese Freiburg:

Freiburger Diöcesan-Archiv. Bd. XI. 1877. 8.

Vom historischen Verein des Cantons Bern in Bern:

a) Archiv. Bd. IX. Heft 2. 1877. 8.
b) Aarberg bis zum Uebergang an Bern. Vortrag von J. Sterchi. 1877. 8.

Von der historischen und antiquarischen Gesellschaft in Basel:

Die Schlacht bei St. Jacob von Aug. Bernoulli. 1877. 8.

Von der Gesellschaft für Salzburger Landeskunde in Salzburg:

a) Mittheilungen. XVII. Vereinsjahr 1877. Heft II nebst Anhang zum 17. Bd 1877. 8.

b) Matsee, die Schlebdorfer und Matseer, von F. V. Zillner. 1877. 8.
c) Mittheilungen. XVII. Vereinsjahr. 1877. 8.

Vom historischen Verein der fünf Orte Luzern etc. in Luzern:

a) Der Geschichtsfreund. Bd. 32. Einsiedeln 1877. 8.
b) Register zu Bd 21—30 des Geschichtsfreundes von Jos. L. Brandstetter. Einsiedeln 1877. 8.

Vom historischen Verein von Oberfranken in Bayreuth:

Dr. Theodorich Morung, der Vorbote der Reformation in Franken, von Lorenz Kraussold. Th. I. 1877. 8.

Von der archäologischen Gesellschaft in Berlin:

Beitrag zur griechischen Gewichtskunde. 37. Programm zum Winckelmannsfeste, von Dr. Schillbach. 1877. 4.

Vom Verein für meklenburgische Geschichte und Alterthumskunde in Schwerin:

Jahrbücher und Jahresbericht. 42. Jahrgang. 1877. 8.

Vom Verein für hamburgische Geschichte in Hamburg:

Mittheilungen. 1877. 8.

Von der k. Gesellschaft der Wissenschaften in Upsala:

Nova acta regiæ societatis scientiarum Upsaliensis. Volumen extra ordinem editum in memoriam quattuor seculorum ab universitate Upsaliensi peractorum. 1877. 4.

Von der Real Academia de la historia in Madrid:

Boletin. Tom. I. Quaderno 1. 1877. 8.

Von der R. Accademia delle scienze in Turin:

Atti. Vol. XII. disp. 1—5. 1876—77. 8.

Von der Académie des siences in Lyon:

Memoires. Classe des Lettres. Tom. XVII. 1876—77. 8.

Von der Academia Olimpica in Vicenza:

Atti. 1876 und Primo Semestre 1877. 1876—77. 8.

Vom Herrn Charles Schoebel in Paris:

Demonstration de l'authenticité de la Genèse. I. 1877. 8.

Vom Herrn Léopold Delisle in Paris:

a) Notice sur vingt manuscrits du Vatican. 1877. 8.
b) La Bibliothèque Nationale en 1876. 1877. 8
c) Fragment du dernier registre d'Alexandre IV. s l. s. a. 8.
d) Notice sur cinq manuscrits de la Bibliothèque nationale contenant des recueils épistolaires de Bérard de Nâples. 1877. 4.
e) Les ouvrages de Bernard Gui. s. l. 1877. 8.

Vom Herrn J. de Witte in Paris:

Satyre, bronze trouvé à Dodone. 1877. 4.

Vom Herrn Klon Stephanos in Athen:

Ἐπιγραφαὶ τῆς νήσου Σύρου. 1875. 8.

Vom Herrn C. N. Sathas in Paris:

Bibliotheca græca medii ævi Vol. I—VI. 1872—77. 8.

Vom Herrn Franz Hoffmann in Würzburg:

Philosophische Schriften. Bd. IV. Erlangen 1877. 8.

Vom Herrn T. A. B. Spratt in London:

Travels and Researches in Crete. 2 vols. 1875. 8.

Vom Herrn Demetrio Salazaro in Neapel:

a) Considerazioni sulla scultura ai tempi di Pericle in confronto dell' arte moderna. 1875. 8.
b) Sulla coltura artistica dell' Italia meridionale del IV. al XIII secolo. 1877. 8.
c) L' Arco di trionfo con le torri di Foderigo II° a Capua. Caserta 1877. 8.
d) Pensieri artistici. 1877. 8.
e) Di un antico dipinto su tavola. s. l. 1875. 8.

Vom Herrn Alfredo Reumont in Bonn:

Frederigo Manfredini e la politica Toscana dei primi anni di Ferdinande III. Firenze 1877. 8.

Vom Herrn Nikolaos Saripolos in Athen:

a) *Σύστημα τῆς ἐν Ἑλλάδι ἰσχυούσης ποινικῆς νομοθεσίας.* 5 voll. 1868—71. 8.

b) *Πραγματεία τοῦ συνταγματικοῦ δικαίου.* 5 voll. 1874—75. 8.

c) *Τὰ τῶν ἐθνῶν ἐν εἰρήνῃ καὶ πολέμῳ νόμιμα.* 2 voll. 1860. 8.

Vom Herrn Ludolf Krehl in Leipzig:

Beiträge zur Charakteristik der Lehre vom Glauben im Islam. 1877. 4.

Vom Herrn Garcin de Tassy in Paris:

La langue et la littérature hindoustanies en 1877. 1878. 8.

Sach-Register.

www.ingramcontent.com/pod-product-compliance
Lightning Source LLC
Chambersburg PA
CBHW020100020526
44112CB00032B/575
* 9 7 8 3 3 3 7 1 7 6 1 6 7 *